U0135743

南懷瑾先生述著

楞嚴大義今釋

老古文化事業公司

封面題字：楊管北先生
國際標準書號：ISBN:978-957-2070-16-1

楞嚴大義今釋

南懷瑾先生　述著

癸亥 1960(49)年八月臺灣初版
庚寅 2010(99)年十月臺灣二版十一刷

●局版臺業字第一五九五號●

發行人：南懷瑾・郭姮晏
出版者：老古文化事業股份有限公司
郵政信箱：台北郵政一一七—六一二號信箱
地　址：台北市100信義路一段五號一樓（附設門市）
電　話：（○二）二三九六—○三三七　傳真：（○二）二三九六—○三四七
郵政劃撥：○一五九四二六—一　帳戶名稱：老古文化事業股份有限公司
香港出版：經世學庫發展有限公司
地　址：香港中環都爹利街八號鑽石會大廈十樓
電　話：（八五二）二八四五—五五五五　傳真：（八五二）二五二五—一二○一
網　址：http://www.laoku.com.tw
電子郵件：laoku@ms31.hinet.net

定價：新臺幣四○○元整

楞嚴大義今釋目錄

又名宇宙人生眞理探原

第五章　修習佛法實驗的原理

敍言

(一)

在這個大時代裡，一切都在變，變動之中，自然亂象紛陳。變亂使凡百俱廢，因之，事事都須從頭整理。專就文化而言，整理固有文化，以配合新時代的要求，實在是一件很重要的事情。那是任重而道遠的，要能耐得淒涼，甘於寂寞，在沒沒無聞中，散播無形的種子。耕耘不問收穫，成功不必在我。必須要有香象渡河，截流而過的精神，不辭艱苦地做去。

歷史文化，是我們最好的寶鏡，觀今鑑古，可以使我們在艱苦的歲月中，增加堅毅的信心。試追溯我們的歷史，就可以發現每次大變亂中，都吸收了外來的文化，融合之後，又有一種新的光芒產生。我們如果將歷來變亂時代加以畫分，共有春秋戰國、南北朝、五代、金元、滿淸等幾次文化政治上的大變動，其間如南北朝，爲佛敎文化輸入的階段，在我們文化思想上，經過一段較長時期的融化以後，便產生盛唐一代的燦爛光明。五代與金元時期，在文化上，雖然沒有南北朝時代那樣大的變動，但歐亞文化交流的跡象卻歷歷可尋。而且中國文化傳播給西方者較西方影響及於中國者爲多。自清末至今百餘年間，西洋文化隨武力而東來，激起我們文化政治上的一連串的變革，啓發我們實驗實踐的欲望。科學一馬當先，幾乎有一種趨勢，將使宗教與哲學，文學與藝術，都成爲它的附庸。這乃是必然的現象。我們的固有文化，在和西洋文化互相衝突後，由衝突而交流，由交流而互相融化，繼之而來的一定是另一番照耀世界的新氣象。目前的一切現象，乃是變化中的過程，而不是定局。但是在這股衝盪的急流中，我們旣不應隨波逐流，更不要畏懼趦趄。必須認淸方向，把穩船舵，此時此地，應該各安本位，無論在邊緣或在核心，祇有勤愼明敏的各盡所能，做些整理介紹的工作。這本書的譯述，便是本著這個願望開始，希望人們明瞭佛法旣不是宗敎的迷信，也不是哲學的思想，更不是科學的囿於現實的有限知識。但是卻可因之而對於宗敎哲學和科學獲得較深刻的認識，由此也許可以得到一些較大的啓示。

(二)

依據西洋文化史的看法，人類由原始思想而形成宗教文化，復由於對宗教的反動，而有哲學思想和科學實驗的產生。哲學是依據思想理論來推斷人生和宇宙，科學則係從研究實驗來證明宇宙和人生。所以希臘與羅馬文明，都有它劃時代的千秋價值。自歐洲文藝復興運動以後，科學支配著這個世界，形成以工商業爲重心的物質文明。一般從表面看來，科學領導文明的進步，唯我獨尊，宗教和哲學，將無存在的價值。事實上，科學並非萬能，物質文明的進步，並不就是文化的昇華。於是在這科學飛躍進步的世界中，哲學和宗教，仍有其不容忽視的價值。

佛教雖然也是宗教，但是一種具有高深的哲學理論和科學實驗的宗教。它的哲學理論常常超出宗教範疇以外，所以也有人說佛教是一種哲學思想，而不是宗教。佛教具有科學的實證方法，但是因爲它是從人生本位去證驗宇宙，所以人們會忽略它的科學基礎，而仍然將它歸之於宗教。可是事實上，佛教確實有科學的證驗，及哲學的論據。它的哲學，是以科學爲基礎，去否定狹義的宗教；它的科學，是用哲學的論據，去爲宗教做證明。楞嚴經爲其最顯著者。研究楞嚴經後，對於宗教、哲學和科學，都將會有更深刻的認識。

（三）

世間一切學問，大至宇宙，細至無間，都是爲了解決身心性命的問題。也就是說：都是爲了研究人生。離開人生身心性命的研討，便不會有其他學問的存在。楞嚴經的開始，就是講身心性命的問題。它從現實人生基本的身心說起，等於是一部從心理生理的實際體驗，進而達致哲學最高原理的綱要。它雖然建立了一個眞心自性的假設本體，用來別於一般現實應用的妄心，但卻非一般哲學所說的純粹唯心論。因爲佛家所說的眞心，包括了形而上和萬有世間的一切認識與本體論。可以從人人身心性命上去實驗證得，並且可以拿得出證據，不祇是一種思想論辯。舉凡一切宗教的，哲學的，心理學的或生理學的矛盾隔閡，都可以自其中得到解答。

人生離不開現實世間，現實世間形形色色的物質形器，究竟從何而來？這是古今中外人人所要追尋的問題。澈底相信唯心論者，事實上並不能擺脫物質世間的束縛。相信唯物論者，事實上隨時隨地應用的，仍然是心的作用。哲學把理念世界與物理世界勉強分作兩個，科學卻認爲主觀的世界以外，另有一個客觀世界的存在。這些理論總是互相矛盾，不能統一。可是早在二千多年前，楞嚴經便很有條理、有系統地講明心物一元的統一原理，而且不僅是一種思想理論，乃是基於我們的實際心理生理情形，加以實驗證明。楞嚴經說明物理世界的形成，是由於本體功能動力所產生。因爲能與量的互變，構成形器世間的客觀存在；但是眞如本體也仍然是個假名。它從身心的實驗去證明物理世界的原理，又從物理的範圍，指出身心解脫實驗的理論和方法。現代自然科學的理論，大體都與它相吻合。若干年後，如果科學與哲學能够再加進步，對於楞嚴經上的理論，將會獲得更多的瞭解。

楞嚴經上講到宇宙的現象，指出時間有三位，空間有十位。普通應用，空間只取四位。三四四三，乘除變化，縱橫交織，說明上下古今，成爲宇宙萬有現象變化程序的中心。五十五位和六十六位的聖位建立的程序，雖然祇代表身心修養的過程；事實上，三位時間和四位空間的數理演變，也說明了宇宙萬有，祇是一個完整的數理世界。一點動隨萬變，相對基於絕對而來，矛盾基於統一而生，重重叠叠，所以有物理世界和人事世間錯綜複雜的關係存在。數理是自然科學的鎖鑰，從數理之中，發現很多基本原則，如果要瞭解宇宙，從數理中，可以得到驚人的指示。目前許多自然科學不能解釋證實的問題，如果肯用科學家的態度，就楞嚴經中提出的要點，加以深思研究，必定會有所得。若是祇把它看作是宗教的教義，或是一種哲學理論而加以輕視，便是學術文化界的一個很大不幸了。

（四）

再從佛教的立場來討論楞嚴，很久以前就有一個預言流傳著。預言楞嚴經在所有佛經中是最後流傳到中國的。而當佛法衰微時，它又是最先失傳的。這是預言，或是神話，姑且不去管它。但在西風東漸以後，學術界的一股疑古風氣，恰與外國人處心積慮來破壞中國文化的意向相呼應。楞嚴與其他幾部著名的佛經，如圓覺經、大乘起信論等，便最先受到懷疑。民國初年，有人指出楞嚴是一部僞經。不過還祇是說它是僞託佛說，對於眞理內容，卻沒有輕議。可是近年有些新時代的佛學研究者，竟乾脆認爲楞嚴是一種眞常唯心論的學說，和印度的一種外道的學理相同。講學論道，一定會有爭端，固然人能修養到圓融無礙，無學無諍，是一種很大的解脫，但是爲了本經的偉大價値，使人有不能已於言者。

說楞嚴是僞經的，近代由梁啓超提出，他認爲第一：本經譯文體裁的美妙，和說理的透闢，都不同於其他佛經，可能是後世禪師們所僞造。而且執筆的房融，是武則天當政時遭貶的宰相。武氏好佛，曾有僞造大雲經的事例。房融可能爲了阿附其好，所以才奉上繙譯的楞嚴經，爲的是重邀寵信。此經呈上武氏以後，一直被收藏於內廷，當時民間並未流通，所以說其爲僞造的可能性很大。第二：楞嚴經中談到人天境界，其中述及十種仙，梁氏認爲根本就是有意駁斥道敎的神仙，因爲該經所說的仙道內容，與道敎的神仙，非常相像。

梁氏是當時的權威學者，素爲世人所崇敬。他一舉此說，隨聲附和者，大有人在。固然反對此說者也很多，不過都是一鱗半爪的片段意見。民國四十二年學術季刊第三卷第一期，載有羅香林先生著的：唐相房融在粵筆受首楞嚴經翻譯考一文。列擧考證資料很多，態度與論證，也都很平實，足可爲這一重學案的辨證資料。我認爲梁氏的說法，事實上過於臆測與武斷。因爲梁氏對佛法的研究，爲時較晚，並無深刻的工夫和造詣。試讀譚嗣同全集裡所載的任公對譚公詩詞關於佛學的註釋便知。本經譯者房融，是唐初開國宰相房玄齡族系，房氏族對於佛法，素有研究，玄奘法師回國後的譯經事業，唐太宗都交與房玄齡去辦理。房融對于佛法的造詣和文學的修養，家學淵源，其所譯經文自較他經爲優美，乃是很自然的事；倘因此就指斥他爲阿諛武氏而僞造楞嚴，未免輕率入人於罪，那是萬萬不可的。與其說楞嚴辭句太美，有僞造的嫌疑，毋寧說譯者太過重於文學修辭，不免有些地方過於古奧。

依照梁氏第一點來說：我們都知道藏文的佛經，在初唐時代，也是直接由梵文繙譯而成，並非取材於內地的中文佛經。藏文佛經裡，卻有楞嚴經的譯本。西藏密宗所傳的大白傘蓋咒，也就是楞嚴咒的一部份。這對於梁氏的第一點懷疑，可以說是很有力的解答。至於說楞嚴經中所說的十種仙，相同於道教的神仙，那是因爲梁氏沒有研究過印度婆羅門和瑜伽術的修煉方法，中國的神仙方士之術，一部分與這兩種方法和目的，完全相同。是否是殊途同歸，這又是學術上的大問題，不必在此討論。但是仙人的名稱及事實，和羅漢這個名詞一樣，並不是釋迦佛所創立。在佛教之先，印度婆羅門的沙門和瑜伽士們，已經早有阿羅漢或仙人的名稱存在。譯者就我們傳統文化，卽以仙人名之，猶如唐人譯稱佛爲大覺金仙一樣。絕不可以將一切具有神仙之名實者，都攫爲我們文化的特產。這對於梁氏所提出的第二點，也是很有力的駁斥。

而且就治學方法來說，疑古自必須考據，但是偏重或迷信於考據，則有時會發生很大的錯誤和過失。考據是一種死的方法，它依賴於或然性的陳年往迹，而又根據變動無常的人心思想去推斷。人們自己日常的言行和親歷的事物，因時間空間世事的變遷，還會隨時隨地走了樣，何況要遠追昔人的陳跡，以現代觀念去判斷環境不同的古人呢？人們可以從考據方法中求得某一種智識，但是智慧並不必從考據中得來，它是要靠理論和實驗去證得的。如果拚命去鑽考據的牛角尖，很可能流於矯枉過正之弊。

說楞嚴經是眞常唯心論的外道理論，這是晚近二三十年中新佛學研究派的論調。持此論者祇是在研究佛學，而並非實驗修持佛法。他們把佛學當作學術思想來研究，卻忽略了有如科學實驗的修證精神。而且這些理論，大多是根據日本式的佛學思想路線而來，在日本，眞正佛法的精神早已變質。學佛的人爲了避重就輕，曲學取巧，竟自捨本逐末，實在是不智之甚。其中有些甚至說禪宗也是根據眞常唯心論，同樣屬於神我外道的見解。實際上，禪宗重在證悟自性，並不是證得神我。這些不值一辯，明眼人自知審擇。楞嚴的確說出一個常住眞心，但是它也明白解說了那是爲的有別於妄心而勉强假設的，隨著假設，立刻又提醒點破，祇要仔細研究，就可以明白它的眞義。舉一個扼要的例來說：如本經佛說的偈語：「言妄顯諸眞，眞妄同二妄。」豈不是很明顯的證明楞嚴並不是眞常唯心論嗎？總之，癡慢與疑，也正是佛說爲大智慧解脫積重難返的障礙；如果純粹站在哲學研究立場，自有他的辯證、懷疑、批判的看法。如果站在佛法的立場，就有些不同了。學佛的人若不首先虛心辨別，又不肯力行證驗，只是人云亦云，實在是很危險的偏差。佛說在我法中出家，卻來毀我正法，那樣的人纔是最可怕的。

（五）

生在這個時代裡，個人的遭遇，和世事的動亂，眞是瞬息萬變，往往使人茫然不知所之。整個世界和全體人類，都在惶惶不可終日的夾縫裡生活著。無論是科學、哲學和宗教，都在尋求人生的眞理，都想求得智慧的解脫。這本書譯成於拂逆困窮的艱苦歲月中，如果讀者由此而悟得眞實智慧解脫的眞理，使這個顚倒夢幻似的人生世界，能昇華到恬靜安樂的眞善美之領域，就是我所馨香禱祝的了。

關於本書譯述的幾點要旨，也可以說是凡例，並此附誌于後：

凡例

①本書祇取楞嚴經的大意，用語體述明，以供研究者的參考，並非依據每一文句而譯。希望由本書而通曉原經的大意，減少文字與專門術語的困難，使一般人都能理解。

②特有名辭的解釋，力求簡要明白；如要詳解，可自查佛學辭典。

③原文有難捨之處，就依舊引用，加『　』號以分別之。遇到有待疏解之處，自己加以疏通的意見，就用（　）號，表明祇是個人一得的見解，提供參考而已。

④本書依照現代方式，在眉批處加註章節，既爲了便利於一般的閱讀習慣，同時也等於給楞嚴經列出一個綱要。祇要一查目錄，就可以明瞭各章節的內容要點，並且對全部楞嚴大意，也可以有一個概念了。

⑤關於楞嚴經原文的精義，與修持原理方法有連帶關係者，另集爲楞嚴法要串珠一篇，由楊管北居士發心恭錄製版附後，有如從酥酪中提煉出醍醐，嘗其一

滴，便得精華。

⑥本書譯述大意，祇向自己負責，不敢說就是佛的原意。讀者如有懷疑處，還請仔細研究原經。

⑦爲了小心求得正確的定本，本書暫時保留版權，以便于彙集海內賢智大德的指正。待經過愼審考訂，決定再無疑義時，版權就不再保留，俾廣流通。

中華民國四十九年南懷瑾自叙於金粟軒

本書自民國六十七年（西元一九七八年）春，經修訂重新印行，蒙南師懷瑾指示，對照原文編排，採用昔年慧因法師「楞嚴經易讀簡註」互爲對照，以免讀者須查對原經文句之勞。

至於未作今釋部分，統用「楞嚴經易讀簡註」所分段落附入，以期持有此書，卽同擁有「楞嚴經」一部，特此鄭重說明。

老古文化事業公司　敬啓

楞嚴大義指要

經題之標示

佛經與世間普通書籍，標題立義，都求能以一個名辭而概內容，其理並無二致。佛所說羣經，顧名思義，觀覽經題，可窺涯量。楞嚴一辭，純係譯音，具有顚撲不破，堅固不壞，自性本來淸淨，常在定中之意。由此而見楞嚴全經之所指者，無非是直指人心，見性成佛法門。但直指見性，可與利智者言，未足爲鈍根者道。是以等次以求，有修行證驗之方法與次序，以及種種方便，精詳分析，可謂具全部佛法之綱要矣。故於其上標名爲大佛頂、修證了義、諸菩薩萬行也。

本經之緣起

佛說諸經，大體皆有緣起。舉衆所週知者而言，如金剛經，但從人本位之穿衣吃飯，平平實實之人生日常生活說起。如維摩經，首標佛國心地境界，而以維摩之臥疾說起。人生日常生活，不離穿衣吃飯，而穿衣吃飯中正具有人生無上之大智慧，故不得不說。人生必有老病之苦，於老病臥疾之中，更有人生無上之大問題，故又不得不說。楞嚴經中，首先從吃飯說起，因爲吃飯，才發生阿難之行乞城中，途遇摩登伽女，一見傾心，幾乎雙雙落在情波慾海之中。的的由此而來，明明白白，輕輕指出食色性也之人生一大苦惱。吾佛慈悲，故又不得不說出此中奧妙，如此如彼，乃有此一本經留傳之大因緣。其中節節剖解，條理井然，由人生而宇宙，精神與物質，莫不層層分析無遺。自出生至老死，指出如何才爲人生一大解脫境界。與其人生解脫之不易，而後始有修持實驗方法之說明。故自阿難與摩登伽女之情天慾海始，最後結以修證解脫方法之不易原則。則曰：「生因識有，滅從色除。理則頓悟，乘悟併銷。事非頓除，因次第盡。」

實則，阿難與摩登伽女，祇是一個引子。茫茫人海，芸芸衆生中，人不論黃白棕黑，物不論動植飛走，盡在情天慾海中頭出頭沒，何一而非阿難與摩登伽女。「春蠶到死絲方盡，蠟炬成灰淚始乾。」安得慈雲法雨，灑下一滴清涼劑，解此塵勞煩惱！故吾佛不忍低眉獨醒，不得不如此云云。此所謂如來密因也。繫以詩曰：

紫陌芳塵日轉斜，琵琶門巷偶停車，枝頭羅綺春無限，落盡天人一夜華。好夢初回月上紗，碧天淨掛玉鈎斜，一聲蕭寺空林磬，敲醒牀頭億萬家。碧紗窗外月如銀，宴坐焚香寄此身，不使閒情生綺障，莫教覺海化紅塵。

七處徵心與八還辨見

佛問阿難，劈頭一語，即詢以爲何出家學佛？阿難答以看見如來相好，故此出家。此所謂追贓斷案，不可寃枉好人。阿難爲了見佛相好而出家學道，心目中只因美感一念而來。美感一生，色情繼起。情生慾障，疊疊而興。無怪摩登伽女一見，加之以魔咒之力，阿難之本性全迷，定慧不力。魔從心造，妖由人興，是摩登伽女之魔力耶？是阿難之自墮綺障耶？是吾輩芸芸衆生之自喪人天眼目耶？誠不得而辨也。阿難招供，即直吐心腹病根。佛如捉賊捕快，又節節迫進，問其能知色相之美妙者，究爲何物？阿難毫不思索，即答以因目看見，心生愛好。此誠句句實情，人人如此，復有何疑。孰知佛卻得寸進尺，追問能使心目發生愛好者之主人公，究乃誰在主使？祇此一問，卽使百萬人天，一時茫然不知所對。明明是此心目，又是誰爲主使？故有七處徵心之往返論辨生矣。必使阿難與吾輩口服心服，然後才知吾佛之不誣不妄也。

七處徵心者何？卽如阿難所答：此心乃在身內。在身外。在根。在內外明暗之間。在思惟裡。在中間。在無著處。此皆經佛一一辨證，無一是處，其詳具如本文。卽此七問七辨，阿難茫然，卽舉古今中外之學理，概括唯心唯物之理論，統使其抽絲剝繭淨盡，無一眞實存在可言。誰知阿難與吾輩之誤，皆以此現在應用之心，卽爲心矣。佛所問心，謂此皆是妄心，祇是應用之現象。如以妄心應用之現象而言，阿難所答者，並無過錯。奈何此正爲賊媒之窠臼，虛妄不實之尤者，並非眞心自性。然則，心果有眞妄之別乎？抑爲話分兩頭，聲東而擊西耶？「一句合頭語，千古繫驢橛。」致使千秋浩浩，坐而商量斷妄求眞之輩，滔滔滾滾，如過江之鯽也。若然，妄緣不斷，聲色沉迷，不知何日是了，此豈卽是眞實耶？吾佛乃興慈悲，到此無言可答，無理可申之處，強為舖排，說出眞妄兩相，於歧路中立碑爲記，明告來者以此路不通。然後由憍陳那輕輕拈出「憧憧往來，朋從爾思」者，盡是浮光掠影，謂之客塵煩惱。此是大塊文章，若非釋迦文佛之大手筆，誰能寫此！林林總總衆生，困擾於客塵煩惱者，多如恒河沙數，由來久矣。豈但阿難一人之左傾右倒而已。迷心逐物，疑眞疑假，雖有夫子之木鐸，其奈聾聵者何！繫以詩曰：

羊亡幾度泣多歧，錯認梅花被雪迷，疑假疑眞都不是，殘蕉有鹿夢成癡。

一枕沉酣杜德機，塵埃野馬亂相吹，壺中偶放偷天日，照破乾坤無是非。

世間事物，盡爲心上浮塵。草草勞生，終是一團煩惱。「天地者，萬物之逆旅。光陰者，百代之過客。浮生若夢。」生前身後，衆說紛紜，究不知其前因後果，爲何而來者？雖尊爲帝王，賤如螻蟻，迨運至老大，齒落面皺，髮蒼蒼而視茫茫，莫不到此興悲，無可奈何！不知身後何往，故有波斯匿王之問。此乃人生必有之境，個個如此，他人不問，唯獨波斯匿王起問，恰恰點出富貴戀生，貧賤輕死之事實。話說雖爲帝王，到此亦無能爲力者。學佛乃大丈夫事，非帝王將相之所能爲，可爲暮鼓晨鐘，曉諭天下。吾佛乃就其所問，當場剖解其見性之實相，三歲觀河，與百年視水，同此眞實。生老病死，但爲形變，固有不變者在也。奈「明足以察秋毫之末，而不見輿薪！」此一伏筆，乃石破天驚，引出以下八還辨見一大堆文章，無怪大衆皆嗒然似喪其耦矣。繫以詩曰：

華髮無知又上顚，幾回攬鏡奈何天，離離莫羨春風草，落盡還生年復年。
生死無端別恨深，浪花流到去來今，白頭霧裡觀河見，猶是童年過後心。

阿難在此又如異軍突起，卒然問佛，既然心佛衆生，三無差別，性相平等，生死涅槃，皆如夢幻，吾輩何須求悟？何必成佛？又何以說衆生皆爲自性顚倒？吾佛經此一問，乃不惜饒舌，直指眞心，明白指出心性之體用，是彌綸天地，開物成務，大而無外，小而無內。放之則彌六合，退而收藏於密，祇在目前而人不識耳。乃有八還辨見，明示見性之眞際。塵色本不迷人，人自迷於塵色。故吾佛指出「諸可還者，自然非汝。不汝還者，非汝而誰？」，要當人自見自肯，直達心性不動之道場。無奈明理者多，實證者少。知解者多，行證者少。必須「懸崖撒手，自肯承當。絕後再蘇，欺君不得。」若「心能轉物，則同如來。」然後可以橫身宇宙，去住自由，卽佛卽心，兩不相涉。繫以詩曰：

碎卻菩提明鏡臺，春光秋色兩無猜，年來不用觀花眼，一任繁華眼裡栽。

不汝還兮更是誰，兒時門巷總依稀，尋巢猶是重來燕，故傍空樑自在飛。

楞嚴之宇宙觀與人生觀

由七處徵心而至八還辨見，已經明白指出塵塵逐逐，爲煩惱窠臼者，都是心目爲咎。然而人心，機也。目爲心之開闢也。如欲心目自不爲咎，就要息機才對。此機究竟又從何而息？此誠爲人生一大事因緣。機如不息，始終在柳暗花明處，循聲逐色，依舊沉淪去也。於是佛又橫說豎說，指出宇宙萬象，無非物理變化之幻影。無奈衆生妄見，而生個別與羣見之異同。但從心物齊觀，方知萬象盡爲能量之互變。而此能變之自性，固自寂然不動，無聲無臭者也。迨感而遂通之後，卽變動不居，周流六虛，困於夫婦之愚，日用而不知其至矣。因此又三科七大，詳細指陳心物之眞元。說出十八界因緣法則與自然之關係，指示一般見解之謬誤。由此可以概括近世自然科學理論與哲學原理，了然無遺。上下古今，一串穿卻。此是乾坤一隻眼，直指心物同元，物我無二，涅槃生死，等是空花之境。人生到此，可以向無佛處稱尊矣。然而問題至此，辨理愈精而實際愈迷。黑松林忽然闖出李逵，故有富樓那之卒然發問。若此世間之山河大地，形形色色之萬有世間相，究竟胡爲而來者？於是佛又不惜眉毛拖地，說出物質世界與衆生世界之形成，從時間以稱世，以空間而名界。時空無際，而對待成勞，則天地一指，萬物一馬。由身心而透法界。從法界復入身心。視此碌碌塵勞者，無非物理之變化。但能寂然觀化，本分事卽不離目前，可以當下明白，歸家穩坐，毋須騎牛覓牛去也。所謂第一義諦，所謂第二義門，直指明心與聞思修慧，到此皆和盤托出，不盡言詮矣。繫以詩曰：

魚龍鵬鷃互相催，瞬息千秋自往來，小坐閒窗觀萬化，乾坤一馬走雲雷。
萬物由來自不齊，南山高過北山低，空明虛室時生白，子夜漫漫啼木鷄。

根塵解脫與二十五位圓通

到此本已言語道斷，心行處滅。忽然又奇峯突起，阿難卻於言思不到處，等而再求其次，望佛說明解脫之方法。佛乃以華巾作成六結，譬喻身心六根結縛之因由，指出「虎項金鈴，繫者解得。」花菓山上孫猴子，頭上本無金箍，祇因未曾悟空，不見如來，自苦不知其中底蘊耳。誰知萬法本閒，唯人自鬧，何須種了芭蕉，又怨芭蕉！然此是無門爲法門，幾人到此誤平生！不如飲食男女，人人本自理會得到。因此復於無法中設法，佛乃命與會諸先進，各自陳述修持解脫之行業。如驗兵符，如合契約，各各印證一番，此所以有二十五位圓通之作。恰如夫子所謂：「二三子，吾無隱乎爾。」而此圓通，首由聲色二塵開始，終以觀音耳根圓通爲結，千言萬語，祇是教人在聲色上了，方得究竟。而色塵之結，尤較聲塵爲難解，如要跳出三界外，不在五陰中，仍須從解脫色塵入手，方透觀音入道之要門。此乃頂門心上一隻眼，畫龍點睛之筆。本是平常，奈何修之不易，苟有不能，可以一一實驗將來，千生萬劫磨礪去也。繫以詩曰：

誰教苦自結同心，魂夢清宵帶影臨，悟到息機唯一念，何須解縛度金鍼。
妙高峯頂路難尋，萬轉千廻枉用心，偶傍清溪閒處立，一聲啼鳥落花深。
秋風落葉亂爲堆，掃盡還來千百回，一笑罷休閒處坐，任他著地自成灰。

教理行果

從上娓娓說來，本來大事已畢，奈何「黃河之水天上來，奔流到海不復回。」唯恐平地凡愚，可望而不可卽，乃急轉直下，再說出一大藏敎之戒定慧三學。無非是「莫以善小而勿爲，莫以惡小而爲之。」此理人人都知得，叵耐個個作不到。故再三叮嚀咐囑，正是「臨行密密縫，意恐遲遲歸」之慈母心腸也。於是詳細指出輪廻六道，因果循環，地獄天堂，人間苦海與聖賢之種種境界，此卽所謂修道之謂教者，亦乃全部佛法之基石也。但又復坦然指出，所謂天堂地獄與因果輪廻等事，皆此一心堅固妄想之所建立。纖塵飛而翳天，一芥墜而覆地，「自淨其意，爲諸佛教。」臨歧叮嚀，唯此而已。吾佛婆心懇切，恐來人於歧路徘徊，乃復說出修持過程中五十種陰魔境界之現象，「欲知山下路，須問過來人。」善惡由心，魔佛同體，執迷處卽佛亦魔，放下了何魔非佛？故必須知得在「有佛處莫留戀，無佛處急走過。」則君子坦蕩蕩，不作小人長戚戚矣。古德有云：「起心動念是天魔，不起是陰魔，倒起不起是煩惱魔。」乃知世人在開眼閉眼處，擧足下足時，無一非心障之寃魂，其魔豈止五十種而已。但得正身心，魔境可成趣，則亦條條來去無牽掛，何有魔佛之可得哉！菩薩之位數五十有五，陰魔之境，祇說五十者，乃綜合身心是稱五陰。五陰錯綜複雜而爲用，五十相生，故數僅得此。易曰：「天數五，地數五，天地之數，五十有五，其用四十有九。」捨此天地均數之五，故現象僅爲五十。一點動隨萬變，故其用四十有九。如一塵不染，卽萬法不生。然則所謂五十五，或六十六聖位，與夫五種陰魔，都祇是大衍之數，六十四卦之周天變相而已。周天之象，始於一，終於一，中通於五。故全經以情波慾海之一念始，以剖析五陰之空性爲結。首尾關照，層次井然。一以貫之，等於未說一字也。繫以詩曰：

遊戲何妨幻亦眞，莫將魔佛强疎親，心源自有靈珠在，洗盡人間萬斛塵。

欲海情波似酒濃，凊時翻笑醉時儂，莫將粒粒菩提子，化做相思紅豆紅。
幾年魂夢出塵寰，濁世何方乞九還，一笑抛經高臥穩，龍歸滄海虎歸山。

庚子年春三月於淨名盦述楞嚴大義隨筆之一

楞嚴大義今釋（註一）

南懷瑾述著

大佛頂如來密因修證了義諸菩薩萬行首楞嚴經卷第一

唐天竺沙門般剌密帝譯 二

烏萇國沙門彌伽釋迦譯語

菩薩戒弟子前正議大夫同中書門下平章事清河房融筆受 三

四 如是我聞。一時佛 五 在室 六 羅筏(音伐)城・祇(音其)桓 七 精舍。與大比 八 丘衆・千二百五十
人俱。皆是無漏大阿羅漢。九 佛子住持・善超諸有。能於國土・成就威儀。從
佛轉輪・妙堪遺囑。嚴淨毗尼 一〇 ・弘範三界。應身無量・度脫衆生・拔濟未來・
越諸塵累。其名曰。大智 一一 舍利弗。摩訶目犍(音肩)連。摩訶拘絺(音痴)羅。富樓那彌

多羅尼子須菩提優波尼沙陀等而爲上首復有無量[一二]辟支無學幷其初心同來佛所屬諸比丘休夏自恣十方菩薩咨決心疑欽奉慈嚴將求密義即時如來敷座宴安爲諸會中宣示深奧法筵清衆得未曾有[一三]迦陵仙音偏十方界恒沙菩薩來聚道場文殊師利而爲上首時[一四]波斯匿王爲其父王諱日營齋請佛宮掖(音亦)自迎如來廣設珍羞無上妙味兼復親延諸大菩薩城中復有長者居士同時飯(音反)僧佇(音柱待也)佛來應(音硬)佛敕(音飭令也)文殊分領菩薩及阿羅漢應諸齋主唯有[一五]阿難先受別請遠遊未還不遑(音皇暇也)僧次既無上座及[一六]阿闍(讀蛇)黎途中獨歸其日無供即時阿難執持應器於所遊城次第循乞心中初求最後[一七]檀越以爲齋主無問浄穢[一八]剎利尊姓及[一九]栴(音占)陀羅方行等慈不擇微賤發意圓成一切衆生

無量功德。阿難已知如來世尊・訶（同呵責斥也）須菩提・及大迦葉（讀攝）・爲阿羅漢・心不均平。欽仰如來・開闡（音產）無遮・度諸疑謗・經彼城隍（隍城外池也）・徐步郭門。嚴整威儀・肅恭齋法。爾時阿難・因乞食次・經歷婬室・遭大幻術・摩登伽女[二〇]・以娑毗迦羅[二一]先梵天咒・攝入婬席。婬躬撫摩・將毀戒體。如來知彼婬術所加・齋畢旋歸。王及大臣長者居士・俱來隨佛・願聞法要。於時世尊頂放百寶無畏光明・光中出生千葉寶蓮・有佛化身・結跏趺（音加夫盤足坐也）坐・宣說神咒・敕文殊師利將咒往護。惡咒消滅・提奬阿難及摩登伽・歸來佛所。阿難見佛・頂禮悲泣。恨無始來・一向多聞・未全道力。殷勤啓請十方如來得成菩提[二二]・妙奢摩他[二三]・三摩・禪那・最初方便。於時復有恒沙菩薩・及諸十方大阿羅漢。辟支佛等。俱願樂聞。退坐默然。承受聖旨。

爾時世尊・在大衆中・舒金色臂・摩阿難頂・告示阿難及諸大衆有三摩[二四]

提。名大佛頂首楞嚴王・具足萬行・十方如來一門超出妙莊嚴路。汝今
諦（音帝詳審也）聽。阿難頂禮・伏受慈旨。佛告阿難。汝我同氣・情均天倫。當初發
心・於我法中・見何勝相・頓捨世間深重恩愛。阿難白佛。我見如來三十 二五
二相。勝妙殊絕。形體映徹猶如瑠璃。常自思惟・此相非是欲愛所生。何
以故。欲氣麤（同粗）濁・腥臊（讀星騷臭氣也）交遘・膿血雜亂・不能發生勝淨妙明紫金光
聚。是以渴仰・從佛剃落。

一【大佛頂】此經題全文、爲大佛頂如來密因修證了義諸菩薩萬行首楞嚴、十九字。大佛之頂、至尊無匕、非相可見、喻聖凡同具之妙明眞心、性淨明體。如來爲佛果之通稱。菩薩此云大士。首楞嚴此云究竟堅固。意謂吾人現前一念覺了之心、即具諸佛全體大用、以其纏諸幻妄隱而不彰、故爲如來之密因。十方如來、咸依此心、若修若證、徹底無疑、故爲了義。三賢十地等覺一切菩薩、雖可九界示生、行迹不同、而此性淨明體原無淨垢、但除妄執、本自圓成、故曰究竟堅固也。

二【般剌密帝】此云極量、中天竺人、即高僧傳中之極量法師、唐中宗時、觀方遊化、來廣州、住制止

寺、譯此經、

三【房融】即房琯之父、武后時爲相、後貶廣州、寓制止寺、遇般剌密帝譯此經、融爲潤文、並錄而傳之、故曰筆受、

四【如是我聞】謂如此經中所演之法、乃我親從佛口所聞得者、此集經人因佛立言、一切佛經、通依此冠之、

五【佛】梵語弗它耶、此云覺者、即釋迦牟尼佛、

六【室羅筏城】此云豐德、即舍衛國之王城也、

七【祇桓精舍】桓林也、乃祇陀太子所施之樹林、精舍即給孤獨長者爲佛所建之講堂也、

八【比丘】此云乞士、乃受具足戒之男僧通稱、

九【阿羅漢】此云無生、乃諸欲淨盡、煩惱不生、爲小乘之極果也、

一〇【毘尼】戒律之總稱、

一一【大智舍利弗等】以下六人、皆佛之常隨弟子、

一二【辟支無學】此云獨覺、無師友敎、修出世法、而悟道者、

一三【迦陵仙音】迦陵頻伽、西方之仙禽也、其聲和雅、喩佛聲也、

一四【波斯匿王】此云勝軍、即舍衛國王、

一五【阿難】此云慶喜、佛之從弟、從佛出家、多聞第一、佛滅之後、結集羣經、受法爲西天二祖、乃此經之當機人、

一六【阿闍黎】此云軌範、僧侶遠行、須三人、己外一上座、一軌範師、此所以糾正行止、防過失也、

一七【檀越】此云施主、

一八【剎利】此云尊姓、即印度五族之一也、

一九【旃陀羅】此云屠者、即賤族、

二〇【摩登伽】此云本性、淫女之名也、

二一【娑毘迦羅】此云黃髮外道、先梵天咒、乃其所持之幻咒妖術、謂出於古之梵天也、

二二【菩提】此云覺道、

二三【奢摩他】此云止、三摩、此云觀、禪那、此云靜慮、俱爲佛門之澄心定慧工夫也、

二四【三摩提】此云正心行處、即此經中所示之究竟堅固大定法門也、

二五【三十二相】佛身從頂至足、有三十二種殊勝妙相、乃福慧兩種功德之徵、

第一章 心性本體論

問題的開始

有一天，釋迦牟尼佛（註二）到舍衞國（註三）波斯匿王（註四）的宮廷裡去，爲追悼王父的忌辰而應邀赴齋。佛的從弟阿難（註五）早年從佛出家，那天恰恰外出未歸，不能參加。回來的時候，就在城裏乞食，湊巧經過娼戶門口，被摩登伽（註六）女看見，愛上了他，就用魔咒迷住阿難，要想加以淫污。正當情形嚴重的關頭，佛在王宮裡已有警覺，立刻率領弟子們回到精舍，波斯匿王也隨佛同來。佛就教授文殊（註七）大士一個咒語，去援救阿難脫離困厄。阿難見到文殊，神智恢復清醒，與摩登伽女一同來到佛前，無限慚愧，涕淚交流，祈求佛的教誨。

佛問阿難：「你以前爲什麼捨去了世間的恩愛，跟我出家學佛？」阿難答：「我看到佛的身體，莊嚴美妙而有光輝，相信這種現象，不是平常人所能做到，所以就出家，跟您學法。」

（註一）楞嚴：大定之總名也。自性定也。佛自釋首楞嚴爲一切事究竟堅固。經云：「常住妙明，不動周圓。」故爲圓定。性自本具，天然不動，不假修成，縱在迷位，其體如故，故爲妙定。凡不兼萬有，獨制一心者，皆非圓定。凡不卽性，而別取工夫者，皆非妙定。古德稱之爲「徹法底源，無動無壞」之定。

（註二）釋迦牟尼佛：卽中天竺（印度）迦毘羅國淨飯王太子，十九歲出家，三十歲成道，譯曰能仁寂默。爲娑婆世界之敎主。

（註三）舍衛國：地名，後以爲國號。在今印度西北部拉普的河南岸，烏德之東，尼泊爾之南。

（註四）波斯匿：舍衛國之王名，譯曰和悅，又曰月光。

（註五）阿難：譯曰慶喜，乃佛堂弟，斛飯王之子。於佛成道日降生，王聞太子成道，一喜也。又斛飯王入宮，報告生子，請王賜名，又一喜也。故字曰慶喜。在佛弟子中，多聞第一。

（註六）摩登伽：譯曰小家種，亦曰下賤種，是其母名。女名鉢吉蹄，譯曰本性。雖墮婬女，本性不失。今云摩登伽女者，依母彰名也。

（註七）文殊：譯曰妙德，又曰妙吉祥。其德微妙，曾爲七佛之師。降生之時，有十種吉祥瑞相。

佛言。善哉阿難。汝等當知一切衆生．從無始來。生死相續．皆由不知常住眞心性淨明體．用諸妄想．此想不眞．故有輪轉。汝今欲研無上菩提眞發明性。應當直心訓（同酬答也）我所問。十方如來同一道故．出離生死。皆以直心。心言直故．如是乃至終始地位．中間永無諸委曲相。阿難。我今問汝。當汝發心緣於如來三十二相．將何所見。誰爲愛樂。阿難白佛言。世尊。如是愛樂．用我心目。由目觀見如來勝相．心生愛樂。故我發心。願捨生死。

一【輪轉】即生死輪迴也、

心靈存在七點認識的辨別

佛說：「世間的人，向來都不認識自己，更不知道自己不生不滅的常住的眞心，本來是淸淨光明的。平常都被這種意識思惟的心理狀態——妄想所支配，認爲這種妄想作用，就是自己的眞心。所以發生種種錯誤，在生死海中輪轉不休。我現在要問你，希望你直心答覆我的問題。你要求證得正知正覺的無上菩提，入門祇有一個直徑，這個直徑，就是直心。你須要知道，一切正覺者成佛的基本行爲，就是心口如一，絕不自欺。你因爲看見了我外貌色相的美妙，就出家學佛，你用什麼來看？又是那個在愛好呢？」阿難答：「能看見的是我的眼，能愛好的是我的心。」

佛告阿難如汝所說眞所愛樂因於心目若不識知心目所在則不能得降伏塵勞譬如國王爲賊所侵發兵討除是兵要當知賊所在使汝流轉心目爲咎（咎：音久，過失也）吾今問汝唯心與目今何所在

佛說：「你說由看見而發生愛好，是眼與心的作用。如果你不知道眼與心在

那裏，就無法免除塵勞（註八）顛倒的錯誤根本，不能消滅心理的煩惱。譬如一個國王，要用兵剿匪，倘使不知道匪在什麼地方，如何去剿滅他們呢？你說，使你發生愛好的，使你在煩惱痛苦中流浪的，都是眼睛與心所指使。我現在問你，這能看的眼，與能愛好的心，究竟在那裏？」

（註八）塵勞：塵有染污義，勞有擾亂義，塵勞卽本末煩惱也。

阿難白佛言。世尊。一切世間十種異生[一]。同將識心居在身內。縱觀如來青蓮華眼。亦在佛面。我今觀此浮根四塵[二]。祇（音支但也）在我面。如是識心實居身內。

一【十種異生】即十二類生之簡稱、包含胎卵濕化一切有情動物而言、

二【浮根四塵】即眼也、謂四種塵相所成之粗浮眼根也、

阿難答：「世間上一切有靈性的生物與人，他們能夠看見的眼，都在面上。他們能夠識別的心，都在身內。」（阿難第一次所答的觀念，認為心在身內。）

佛告阿難汝今現坐如來講堂觀祇（音其）陀林今何所在世尊此大重閣清淨講堂在給孤園今祇陀林實在堂外阿難汝今堂中先何所見世尊我在堂中先見如來次觀大衆如是外望方矚（音燭遠視也）林園阿難汝矚林園因何有見世尊此大講堂戶牖（音酉窗也）開豁（音豁空朗也）故我在堂得遠瞻見佛告阿難如汝所言身在講堂戶牖開豁遠矚林園亦有衆生在此堂中不見如來見堂外者阿難答言世尊在堂不見如來能見林泉無有是處阿難汝亦如是汝之心靈一切明了若汝現前所明了心實在身內爾時先合了知內身頗有衆生先見身中後觀外物縱不能見心肝

脾胃·爪生·髮長·筋轉脉（脈同）搖·誠合明了·如何不知。必不內知·云何知外。

是故應知·汝言覺了能知之心·住在身內無有是處。

認爲心在身內的辨別

佛問：「你現在坐在精舍（註九）的講堂裏面，看外面的林園，在什麼地方？」阿難答：「這個精舍的講堂，在這個園地裏面，園林在講堂的外面。」佛問：「你在講堂裏面，先看到什麼？」阿難答：「我在堂內，先看到您，依次再看到大衆。這樣再向堂外看去，就可以看到園林。」佛問：「你看到外面的園林，憑什麼可以看見？」阿難答：「這講堂的門窗洞開，所以身在堂內，可以看見堂外遠處的園林。」佛問：「依你所說，你的身體在講堂內，窗戶洞開，方能見到遠處的園林。是否會有人在堂內，根本不能看到堂內的我和大衆，而祇能看見堂外的園林呢？」阿難答：「在堂內不能看見講堂以內的人和景物，而祇能看見外面的園林，絕無此理。」佛問：「誠然如你所說，你的心，對於當前一切事物，都是明明了了。如果這個明明了了的心，確實存在於身體裏面，就應該先能看到自己身體的內部。猶如一個人住在室內，應該先能看到室內的東西一樣。試問，世界上有誰能夠先看到了身體內部的東西，而後再見到外面的景物呢？你說心在身體內部，在內部應該先看見身內的心肝脾胃等機能的活動，以及指爪頭髮在內部生長的情形，筋脈動搖的狀態。縱然不可以看見，至少亦應當明明了了。事實上，有誰能夠自己看得見身體內部的狀況呢？在身體以內，既然找不出能知能見的心是什麼樣子，何以能夠知道心由內部發出身外的作用呢？所以你說，心在身體內部是錯誤的。」（分析一般觀念，認為心在身內是錯誤的。）

（註九）精舍：以供衆僧精修梵行之舍。

阿難稽（音啓）首而白佛言。我聞如來如是法音。悟知我心實居身外。所以者何。譬如燈光然於室中・是燈必能先照室內・從其室門・後及庭際・一切衆生・不見身中・獨見身外。亦如燈光・居在室外・不能照室。是義必明・將無所惑。同佛了義・得無妄耶。

阿難問：「聽了佛的分析，我認爲我和人們能知能見的心，是在身外。譬如一盞燈光，燃亮在室內，這個燈光，應該首先照到室內的一切，然後透過門窗，再照到室外的庭院。世間的人，事實上不能自己看見身體內部，祇能够看見身外的一切景物。猶如燈光本來就在室外，所以不能照見室內。」（阿難第二次所答的觀念，認爲心在身外。）

佛告阿難。是諸比丘・適來從我室羅筏城・循乞摶（音團）食・歸祇陀林。我已宿齋[二]。汝觀比丘．一人食時．諸人飽不。阿難答言。不也。世尊。何以故。是諸比丘．雖阿羅漢．軀命不同。云何一人能令衆飽。佛告阿難。若汝覺了知見之心．實在身外。身心相外．自不相干。則心所知．身不能覺。覺在身際．心不能知。我今示汝兜羅綿手[三]．汝眼見時．心分別不。阿難答言。如是。世尊。佛告阿難。若相知者．云何在外。是故應知．汝言覺了能知之心．住在身外．無有是處。

一【摶食】西竺古代習慣、以手代箸摶取食物、故名、

二【宿齋】宿預也、猶言我已先食也、

三【兜羅綿】西竺所產細輭之棉、喻佛手之貴相也、

佛問：「剛才我們大家餓了，就去吃飯。試問，可否在餓時推派一個代表去

認為心在身外的辨別

吃，這個代表的人吃飽了飯，我們大家就可以不餓了呢？」阿難答：「每個人的身體各自獨立，各自存在，若要一個人代表大衆吃飯，而使人人能飽，絕無此理。」佛說：「你說這個明明了了，能知能覺的心，存在身外，那麼身與心就應該各不相干。心所知的，身體不一定能感覺得到。如果感覺在身上，心就不能知道。我現在在你身外一舉手，你眼睛看見了，心內就有分別的知覺嗎？」阿難答：「當然有知覺。」佛說：「既然身外一有舉動，你心內在就有知覺的反應，何以認為心在身外呢？所以你說，心在身外是錯誤的。」（分析一般觀念，認為心在身外是錯誤的。）

阿難白佛言世尊如佛所言不見內故不居身內身心相知不相離故不在身外我今思惟知在一處佛言處今何在阿難言此了知心既不知內而能見外如我思忖（寸上聲細思也）潛伏根裏猶如有人取瑠璃椀（碗同）合其兩

眼雖有物合而不留礙。彼根隨見隨卽分別。然我覺了能知之心不見內者。爲在根故。分明矚外無障礙者。潛根內故。

【根裏】浮塵眼根之裡、即肉眼之內也、

阿難說：「依照這樣辨別，在身內旣見不到心，而在外面的舉動，內心就有反應，確見身心事實上不能分離，所以心在身外，也是錯誤。我再思惟，心是潛伏在生理神經的根裏。以眼睛舉例來說，就如一個人戴上玻璃眼鏡，雖然眼睛戴上東西，但並不障礙眼睛，眼的視線與外界接觸，心就跟著起分別作用。人們不能自見身體的內部，因爲心的作用在眼神經的根裏，舉眼能看外面而無障礙，就是眼神經根裏的心向外發生的作用。」（阿難第三次所答的觀念，認爲心在生理神經的根裏，並舉眼神經視覺作用來說明。）

佛告阿難。如汝所言．潛根內者．猶如瑠璃。彼人當以瑠璃籠眼．當見山河．見瑠璃不。如是世尊。是人當以瑠璃籠眼．實見瑠璃。佛告阿難。汝心若同瑠璃合者。當見山河．何不見眼。若見眼者．眼即同境．不得成隨。若不能見．云何說言此了知心．潛在根內．如瑠璃合。是故應知．汝言覺了能知之心．潛伏根裏．如瑠璃合．無有是處。

認為心在生理神經根裏的辨別

佛問：「依你所說，認為心潛伏在生理神經的根裏，並且舉玻璃罩眼來說明。凡是戴上眼鏡的人，固然可以看見外面的景物，同時也能看見自己眼睛上的玻璃啦？」阿難答：「戴上玻璃眼鏡的人，固然可以看見外面的景物，同時也可以看見自己眼睛上的眼鏡。」佛說：「你說心潛伏在生理神經的根裏，當一個人舉眼看見外面景物的時候，何以不能夠同時看見自己的眼睛呢？假若能夠同時看見自己的眼睛，那麼你所看見的眼睛，也等於外界的景象，就不能說是眼睛跟著心起分別的作用。如果心能向外面看外界的景象，卻不能夠同時看見自己的眼睛，那你所說的能知能見明明了了的心，潛伏在眼神經的根裏，與眼睛戴上玻璃眼鏡的譬喻相比擬，根本是錯誤的。」（分析一般觀念，認為心的作用，潛伏在生理神經根裏，是錯誤的。）

阿難白佛言。世尊。我今又作如是思惟。是眾生身，腑藏在中，竅穴居外。有藏則暗。有竅則明。今我對佛，開眼見明，名為見外。閉眼見暗，名為見內。是義云何。

【竅穴】眼耳口鼻之孔竅也、

阿難說：「再依我的思惟，人們的身體，腑藏在身體的內部。眼睛和耳朵等有竅穴的器官，在身體的外表。凡是腑臟所在的，自然暗昧。有竅穴洞開的，自然透明。例如我現在對佛，張開眼睛，就看到光明，所以名爲見外。閉上眼睛，就祇見到黑暗，所以名爲見內。以此例來說明，或者比較明瞭。」（阿難第四次所答的觀念，不是針對心在何處去辨別，祇根據見明見暗來說明心在內在外的現象。）

佛告阿難。汝當閉眼見暗之時，此暗境界，爲與眼對，爲不眼對。若與眼對，暗在眼前，云何成內。若成內者，居暗室中，無日月燈，此室暗中，皆汝焦腑。若不對者，云何成見。若離外見，內對所成。合眼見暗，名爲身中。開眼見明，何不見面。若不見面，內對不成。見面若成，此了知心，及與眼根，乃在虛空，何成在內。若在虛空，自非汝體。卽應如來今見汝面，亦是汝身。汝眼已知。身合非覺。必汝執言身眼兩覺。應有二知。卽汝一身。應成兩佛。是故應知汝言見暗名見內者。無有是處。

一【焦腑】上中下三焦、爲六腑之一、

認爲心在見明見暗上的作用之辨別

佛對於這個問題，分舉在外在內八點事實來辨別解釋。佛對阿難說：「第一：當你閉上眼睛，看見黑暗的現象，這個黑暗的現象，是不是與眼睛所看見的境界對立。如果黑暗現象，對立在眼睛前面，當然不能認爲在眼睛以內。那麽，所說暗味境界，名爲在內，事實與理論，不能成立。第二：如果看見黑暗現象，名爲見內，那麽處在完全黑暗的室內，室內的黑暗，都是你的內部了，能說這種黑暗現象，就是你的腑臟嗎？第三：假若說，目前黑暗的現象，不與眼睛對立，須知不相對立的境界，眼睛根本就看不見。唯有離開互相對立的外境，祇賸下絕對在裏面的現象，才可以說是內在的境界。那你所說在內的實際理論，才可以成立。

第四：閉上眼睛，認爲就是看見身體的內部，那麼，開眼看見外界的光明，這個心的作用，是由內到外，何以不能先看見自己的面目呢？第五：假如由內到外，根本看不到自己的面目，你所認爲內外界限對立的理論根據，就不成立。假使心由內到外，可以見到自己的面目，這個明明了了，能知能覺的心，以及可以看見物象的眼，就懸掛在虛空之間，怎樣可以名爲在內呢？第六：如在虛空之間，自然不是你心的本能。那麼，我現在坐在你的對面，可以看見你，是否我這個人也算是你自己的心與身呢？第七：我坐在你的面前，你的眼睛已經看到就知道了，你的心已經由你的眼到達我身上，同時你的身體仍然存在著有你自己的知覺。那麼這個知覺作用，與你看見外界的知覺作用，是否同是你的心呢？第八：如果你堅執的說，身體與眼睛，各有獨立的知覺，那麼你便是有兩個知覺了。那你的一身，應該有兩個心性的體才是對的。綜合上述理由，你說閉上眼睛，看見暗昧的景象，就叫做見內，根本是錯誤的。」（分析一般觀念，認爲心存在於開眼見明，閉眼見暗的作用是錯誤的。）

阿難言。我嘗聞佛開示四衆[一]。由心生故。種種法生。由法生故。種種心生。我今思惟。即思惟體。實我心性。隨所合處。心則隨有。亦非內外中間三處。

[一]【四衆】出家僧尼、及在家男女居士、合稱四衆。

阿難說：「我聽佛說：『心生種種法（註十）生，法生種種心生（註十一）。』我現在再加思惟推測，這個思惟的作用，就是我心的體性。當這個心的思惟體性，與外面境界事物相連合，就是心之所在，並不一定在內，在外，或者在中間三處。」（阿難第五次所答的觀念，認爲思惟的作用，就是心的體性。）

（註十）法：一切事與理。

（註十一）『心生種種法生，法生種種心生』：諸法本無，由心故有。心亦本無，因法故有。前一句「心生法生」，明法不自生，從心而起。後一句「法生心生」，明心不自生，由法而現。正顯心本不生，法無自性，二俱無體，乃心法皆空之旨也。

佛告阿難。汝今說言。由法生故。種種心生。隨所合處。心隨有者。是心無體。則無所合。若無有體而能合者。則十九界因七塵合。是義不然。若有體者。如汝以手自挃（音至觸也）其體。汝所知心。爲復內出。爲從外入。若復內出。還見身中。若從外來。先合見面。阿難言。見是其眼。心知非眼。爲見非義。佛言。若眼能見。汝在室中。門能見不。則諸已死。尚有眼存。應皆見物。若見物者。云何名死。阿難。又汝覺了能知之心。若必有體。爲復一體。爲有多體。今在汝身。爲復徧體。爲不徧體。若一體者。則汝以手挃一支時。四支應覺。若咸覺者。挃應無在。若挃有所。則汝一體自不能成。若多體者。則成多人。何體爲汝。若徧體者。同前所挃。若不徧者。當汝觸頭。亦觸其

足頭有所覺足應無知今汝不然是故應知隨所合處心則隨有無有是處

一【十九界七塵】色聲香味觸法為六塵之定名、加六根六識、為十八界之定名、曰十九與七者、本無其實也、

認為能思惟的是心之辨別

佛說：「依你所說，『心生種種法生，法生種種心生。』思惟的意識作用，與現象界相合，就是心。那麼，這個心根本就沒有自己的體性，既然沒有自體，就沒有可以相合的。設使沒有自體的東西可以相合，等於抽象與假設相合，祇有名辭，並無事實，那還有什麼道理呢！如果認為心是沒有自體的，你用手扭痛自己身體某一部分，試問，你這個能夠知覺疼痛的心，是你身體內部發出，還是由外界進來的呢？假若認為是從身內發出，同你第一次所講的心在身內的觀念一樣，應該先能看見身內的一切。如果認為是從外界進來，同你第二次所講的心在身外

的觀念一樣，應該先能看見自己的面目。」阿難說：「這個所謂能看見的是眼睛，能知能覺的是心，並不是眼睛。若說必能先看見自己的面目，是不對的。」佛說：「假若認爲眼睛是能見的，現在你在室內，試問這個室內所開的門窗，也能夠看見東西嗎？而且一般剛死的人，眼睛還在，他們的眼睛也應該看得見東西。倘使眼睛還能看見東西，就不是死人了。再說，你這個能知能覺，明明了了的心，必有一個自體。試問，它的自體是一個體呢？還是有很多個體呢？心在你的身上，是遍滿的呢？還是部分的呢？假若認爲祇是一個體，那你用手扭痛某一部分，四肢應該同時感覺疼痛。如果扭痛在一部分，而四肢都感覺得疼痛，那麼，開始被扭的那一部分的疼痛，就不局部存在了。如果扭痛的部分，必然有他固定的位置，那你認爲全身祇有一個心性之體，在經驗上和理論上，都不能成立。倘若認爲有很多的心性之體，那又成爲一個有很多個心性的人了。而且究竟那一部分的心性之體，才是你自己眞實的心呢？同樣的，如果認爲身內存在的心性之體，是遍滿全身的，那同上面所分析的一樣，不必再說。假若認爲身內的能知能覺的心性，並不遍滿全身，那你碰頭，同時也碰到足，既然頭已經感覺疼痛，足就不會再感覺到疼痛。事實上，並不如此，全身碰痛，全身都有感覺。綜合上述理由，你所說的，認為心性無體，因外界現象的反應，心就相合發生作用，根本是錯誤的。」（分析一般觀念，認為心性思惟作用，並無自體。都因外界刺激，相合反應而生是錯誤的。）

阿難白佛言。世尊。我亦聞佛。與文殊等諸法王子。談實相時。世尊亦言。心不在內。亦不在外。如我思惟。內無所見。外不相知。內無知故。在內不成。身心相知。在外非義。今相知故。復內無見。當在中間。

一、【實相】清淨心體無相可見之相曰實相、

阿難說：「我常聽佛與文殊大士等講自性的實相，您說：『心不在內，亦不在外。』我現在再加思惟研究，在內尋不到這個能知能覺的心，身外又沒有一個

精神知覺的東西。既然身內尋覓不到能知的心，所以不能認爲心就存在身內。事實上身心又有互相知覺的關係，所以也不能認爲心在身外。因爲身心互相關聯，才能互相感覺得到。但是向身內尋覓，又找不到心的形象。這樣看來，它應該存在中間。」—（阿難第六次所答的觀念，認爲心存在於身體中間。）

佛言汝言中間中必不迷非無所在今汝推中中何爲在爲復在處爲當在身若在身者在邊非中在中同內若在處者爲有所表爲無所表無表同無無表則無定何以故如人以表表爲中時東看則西南觀成北表體既混心應雜亂阿難言我所說中非此二種如世尊言眼色爲緣生於眼識眼有分別色塵無知識生其中則爲心在佛言汝心若在根塵之中此之心體爲復兼二爲不兼二若兼二者物體雜亂物非體知

成敵兩立・云何爲中。兼二不成・非知不知・即無體性・中何爲相。是故應知當在中間・無有是處。指掌疏身心相知下有不相離故

一【所表】豎物以爲標識也、

認爲心在中間之辨別

佛說：「你講的中間，中間是獨立性的，當然不能迷昧，而且一定有它固定的所在。你現在推測指定的中，這個中在什麼所在？你認爲在某一處，或某一點，還是就在身上？假若在身體上，無論在內部或表層，就都是相對待的一邊，不能認爲某一邊就是中間。倘若認爲在身體的當中，等於你的第一觀念所講的在身體內部。如果認爲在某一處，或某一點，那麼，這個處或點，是實際的有一所在，還是假設的無法表示？倘若它祇是一個抽象的概念，那你所講的中，等於沒有，而且是假設的，不能絕對的固定。從理論的觀點上來講，一個人假定以某一處作爲標記，稱他爲中，那麼，從其他不同的角度來看，就沒有絕對的標準了。

譬如以東方爲基點，這個表示標記就在它的西面，以南方爲基點，這個表示標記就在它的北面。如此標示的準則，因方向而不同，觀點跟著也混亂了。表示中間的觀點既然混亂，這個心也就會跟著雜亂無章。」阿難說：「我所講的中，不是您所說的這兩種。我的意思如您過去所講，自身有肉體的眼神經等能看的因，就產生自己可以看見外界景象的緣，所以就形成眼睛能够看見東西的識別作用。眼睛自有分別，外界的物理現狀是沒有知覺的物體。因此知道這種識別的能力作用，發生在外界現象與眼睛接觸的中間。這種作用現象，便是心的存在處，也就是心性的作用。」佛說：「你說心在肉體物質的眼睛與外界現象發生反應的中間，那你認爲這個心性之體，是兼帶具備物質心識兩種作用，還是不兼帶兩種作用呢？假若是兼帶的，外界物質與心識就雜亂了。因爲物質本身是沒有知覺的，心識才具有知覺的功能。心物是兩相對立的，如何能說心是在其中間呢？既然不能兼帶具備這兩種作用，肉體的物質是無知的，自然沒有知覺，更談不到有一知覺體性的存在，那你所說的中間是個什麼狀況？所以說心在中間，是絕對的錯誤。」

(分析一般觀念，認爲心在物質與知覺，身體與外界現象的中間，是錯誤的。)

阿難白佛言。世尊。我昔見佛與大目連．須菩提．富樓那．舍利弗．四大弟子．共轉法輪。常言覺知分別心性．既不在內．亦不在外．不在中間．俱無所在．一切無著．名之爲心。則我無著．名爲心不。

阿難說：「我從前常聽佛說：這個能知能覺能分別的心性，『既不在內，亦不在外，亦不在中間，』一切都無所在，也不著於一切，這個作用，就叫做心。那麼，我現在心裏根本無著，這種現象，就是心嗎？」(阿難第七次所答的觀念，認爲一切無著就是心。)

佛告阿難。汝言覺知分別心性，俱無在者，世間虛空水陸飛行，諸所物象，名爲一切。汝不著者，爲在爲無。無則同於龜毛兔角，云何不著。有不著者，不可名無。無相則無，非無即相。相有則在，云何無著。是故應知，一切無著名覺知心，無有是處。

一【龜毛兔角】龜本無毛、兔本無角、以喻事之有名無實、

認爲無著即是心之辨別

佛說：「你說能知覺能分別的心，無著於一切，現在必須先瞭解一切的含義。凡是水裏游的，陸上爬的，空中飛的，這些種種世間生物，以及呈現在虛空中的物象，綜合起來，叫做一切。心並不在這一切上，又無著個什麼呢？其次：再說你所說的無著，究竟有一個無著的境界存在呢？還是沒有無著的境界存在呢？如果沒有無著境界的存在，根本就是沒有。等於說，烏龜身上的毛，兎子頭上的角，沒有就沒有，還有什麼可以說無著！如果有一個無著境界的存在，那就不能

認為沒有，必定會有一種境界與現象。有了境界與現象，事實就有存在，怎麼可以說是無著呢！所以你說一切無著，就名為能知能覺的心，是錯誤的。」（分析一般觀念，認為一切無著就是心，是錯誤的。）（以上是有名的七處徵心之論辨。）

爾時阿難・在大衆中・即從座起・偏袒右肩・右膝著地・合掌恭敬・而白佛言。我是如來最小之弟。蒙佛慈愛。雖今出家・猶恃憍憐。所以多聞未得無漏・不能折伏娑毗羅咒・為彼所轉・溺於婬舍。當由不知眞際所詣（音易 至也）。惟願世尊・大慈哀愍・開示我等奢摩他路・令諸闡提（一）。隳（音揮 毀也）彌戾車（二）。作是語已・五體投地・及諸大衆・傾渴翹佇（音喬住 仰望也）欽聞示誨。

爾時世尊・從其面門・放種種光。其光晃（煌上聲）耀・如百千日。普佛世界・六種（三）震動。如是十方微塵國土・一時開現佛之威神・令諸世界。合成一界其世界中所有一切諸大菩薩。皆住本國。合掌承聽。佛告阿難。一切衆生。
從無始來。種種顛倒。業種自然。如[四]惡叉聚。諸修行人。不能得成無上菩
提。乃至別成[三]聲聞緣覺。及成[六]外道。諸天魔王。及魔眷屬。皆由不知二種
根本。錯亂修習。猶如煮沙。欲成嘉饌。縱經[七]塵劫。終不能得。
云何二種。阿難。一者無始生死根本。則汝今者。與諸衆生。用[八]攀緣心。爲
自性者。二者無始[九]菩提涅槃。元淸淨體。則汝今者。[一〇]識精元明。能生[一一]諸緣。
緣[一二]所遺者。由諸衆生。遺此本明。雖終日行。而不自覺。枉入諸趣。

一【闡提】此云斷善根者

二【彌戾車】此云邪見、

三【六種震動】即動、踊、起、震、吼、擊、按佛經中、凡佛降生、成道、入定、說法、涅槃、每遇非常時、乃有此相、

四【惡叉聚】惡叉、樹名、聚其果也、一枝三果、其形如∴、喻惑業苦三者生必同聚也、

五【聲聞緣覺】聲聞由聞佛說苦集滅道、而修出世法者、緣覺、自觀十二因緣、而成道者、箇非大乘也、

六【外道】不入正理、但修邪因、

七【塵刧】如塵沙多、不可數知之長時間也、

八【攀緣心】由六塵緣影所引起之第七轉識也、

九【無始菩提涅槃】菩提云覺、涅槃云無生滅、即自性清淨心也、

一〇【識精元明】乃八識之精元、即妙明心體也、

一一【能生諸緣】心境互生、隨淨緣則成佛果、隨染緣則生九界、

一二【緣所遺者】諸緣既立、本明即失、緣所遺者、即元清淨體、

眞心與妄心體性的辨認

心，究竟在那裏？這個問題，阿難反復地提出七點見解，經過佛的分析論辨，都被佛所否定。覺得平生所學，盡是虛妄，就非常惶惑，請求佛的指示，要求說明心性自體本來寂靜的眞理。

佛說：「一切含有知覺靈性的衆生，自無始時期以來，（時間無始無終，故名無始。）種種錯誤顚倒，都受自然的業力所支配，猶如連串的菓實，從一個根本發生，愈長愈多。甚至一般學習佛法追求眞理的人，雖然努力修行，亦往往走入歧途，不能得成無上菩提。（自性正知正覺。）都因爲不知道兩種基本原理，就胡亂修習佛法，『猶如煮沙，欲成嘉饌，』無論經過多久的時間，無論如何努力用功，終於不能得到至高無上的眞實成就。」

佛又說：「所謂兩種原理：第一，自無始以來，作生死根本的，一切含有靈性衆生的心理作用，憑藉生理的本能活動，名爲攀緣心。（普通心理現狀，都在感想、聯想、幻想、感覺、幻覺、錯覺、思惟與部分知覺的圈子裏打轉，總名叫做妄想，或妄心。猶如鉤鎖連環，互相聯帶發生關係，由此到彼，心裏必須緣著一事一物或一理，有攀取不捨的現象，所以叫做攀緣心。）第二，這種妄心狀況，祇是心理生理所產生的現象，不是心性自體功能的本來。自無始以來，心性功能的自體，是超越感覺知覺的範圍的，元本淸淨正覺，光明寂然，爲了界說分別於妄心，名爲眞心自性。（這個所謂眞，祇是在名辭上爲了有別於妄心而假設的。在人與一切含靈衆生的本位上所產生的各種心理狀況的妄想，與生理本能的活動，都是這自性功能所生的動態作用。）你現在的意識精神，原來自然具有自性靈明，能够產生心理生理各種因緣的作用。但是心理生理各種因緣現象的產生，推究其原因，各有其自己的所以然。如能將身心、物理、精神互相關係所產生的各種因緣，各自歸返其所以生起攀緣的本位，這個本來淸淨正覺、光明寂然的自性，自會超然獨立，外遺所有而得解脫。一切含靈的衆生，都具有這個心性自體功能而發生種種作用。雖然終日應用，但是祇能認識這個自性功能所產生的作用，而不能認識心性光明寂然的自體，所以才在生死之流當中旋轉不已。」

阿難。汝今欲知奢摩他路·願出生死。今復問汝。即時如來舉金色臂·屈五輪指·語阿難言。汝今見不。（否）阿難言見。佛言。汝何所見。阿難言。我見

如來舉臂屈指．爲光明拳．耀我心目。佛言。汝將誰見。阿難言。我與大衆．
同將眼見。佛告阿難。汝今答我．如來屈指爲光明拳．耀汝心目。汝目可
見．以何爲心．當我拳耀。阿難言。如來現今徵心所在．而我以心推窮尋
三 逐．即能推者．我將爲心。佛言咄。（音惰呵叱也）阿難。此非汝心。阿難矍（厥聲驚也）然．避座
合掌起立白佛。此非我心．當名何等。佛告阿難。此是前塵虛妄相想．惑
汝眞性。由汝無始至於今生．認賊爲子．失汝元常．故受輪轉。
阿難白佛言。世尊。我佛寵弟．心愛佛故．令我出家。我心何獨供養如來。
乃至徧歷恒沙國土．承事諸佛．及善知識．發大勇猛．行諸一切難行法
事．皆用此心。縱令謗法．永退善根．亦因此心。若此發明不是心者．我乃
無心同諸土木．離此覺知．更無所有。云何如來說此非心。我實驚怖。兼
此大衆．無不疑惑。惟垂大悲．開示未悟。

一【奢摩他路】奢摩他爲至靜之法、卽出生死到涅槃之路也、

二【五輪指】佛之一一指端、皆有十二輪相、

三【能推者】推窮尋逐者識也、正以攀緣妄想爲心、淨性則不動也、

心性自體的指認

佛告阿難：「你現在想要瞭解心性寂然大定的正途，超越生死之流，必須先有正確的見解和認識。」佛於是舉手成拳，再問阿難：「你現在看得見嗎？」阿難答：「看見了。」佛問：「你看見什麼？」阿難答：「我眼睛看見您的拳，心裏知道這是拳。」佛說：「能看見的是誰呢？」阿難答：「我同大衆，用眼睛看見的。」佛又問：「我的拳，當前照耀你的眼與心，你的眼睛既然可以看見，什麼是你的心呢？」阿難答：「您追問心在那裏，我現在便推測尋求。這個能夠推測尋求的，大概就是我的心了。」佛說：「咄！這個不是你的眞心。」阿難聽了，很驚訝的發問：「這個不是我的心，該是什麼呢？」佛說：「這種作用，都

是外界刺激的反應，產生變幻不實的意識思想，遮障惑亂你心性的自體。自無始以來，直到現在，一般人都認爲這意識思想就是眞心，猶如認賊爲子，喪失本元常寂的心性自體，迷惑流浪在生死的漩渦裏。」

阿難說：「我是佛的寵弟，因心愛吾佛，所以出家專心學法。不但如此，對於其他善知識，我都恭敬受教，發大勇猛，凡一切求善求眞的行爲，不怕困難，都懇切的去實行。種種作爲，事實上，都是運用這個心，才能做到。即使要反對眞理，永退善根，也是這個心的運用。現在佛說這個不是心，那我等於無心，豈不等於無知的木石一樣？離開這種知覺，還會有什麼呢？何以佛說這個不是心？這樣，不但是我，乃至在會的一般大衆，恐怕都有同樣的疑惑。希望佛發慈悲，再加開示我們一般未悟眞心的人。」

爾時世尊。開示阿難。及諸大衆。欲令心入無生法忍。於師子座。摩阿難

頂而告之言如來常說諸法所生唯心所現一切因果世界微塵因心成體阿難若諸世界一切所有其中乃至草葉縷（呂平聲）結詰（音棄責問也）其根元咸有體性縱令虛空亦有名貌何況清淨妙淨明心性一切心而自無體若汝執悋（同吝）分別覺觀所了知性必爲心者此心即應離諸一切色香味觸諸塵事業別有全性如汝今者承聽我法此則因聲而有分別縱滅一切見聞覺知內守幽閑猶爲法塵分別影事我非敕汝執爲非心但汝於心微細揣（吹上聲）摩若離前塵有分別性即眞汝心若分別性離塵無體斯則前塵分別影事塵非常住若變滅時此心則同龜毛兎角則汝法身同於斷滅其誰修證無生法忍即時阿難與諸大衆默然自失佛告阿難世間一切諸修學人現前雖成九次第定不得漏盡成阿羅漢皆由執此生死妄想誤爲眞實是故汝今雖得多聞不成聖果

一【無生法忍】無生法、即眞如理、忍即智也、

二【九次第定】四禪四空、及滅盡定、九種三昧、名俱解脫、而非無礙解脫也、

這時，佛欲使阿難及一般大衆，使心境進入『無生法忍』，（無生法忍，是佛法的專門名辭，也就是上面所說的心性寂然正定的實際境象。現行的心理現狀，不再起妄想作用，住於寂然不動。生理活動，亦因之進入極靜止的狀態，住於心性寂然的自體實相，是見性入道的基本要點。因爲這種妄想不生的實相，有動心忍性，切斷身心習慣活動的現象，所以叫作法忍。）便用慈愛的手摩阿難頭頂說：「我常說，一切現象所生，都是心性自體功能所顯現。一切世界的物質微塵，都因爲從心性的本體功能而形成。世界上一切所有，一草一木，一點一滴，如果要研究它的根源，都有它自已的特性。即使是虛空，也有它的名稱和現象。這個清淨靈妙、光明聖潔的眞心，爲精神、物質、心理、生理的一切中心體性，那裏沒有

內守幽閒是心理現狀

自體的呢？假若你堅執這個意識分別、感覺觀看所了知的性能，認爲就是眞心。那麽，這個心就應該離開現象界所有的色、香、味、感觸等等事實作業，另外有一個完全獨立的體性。例如你現在，聽我說話，因爲聽到聲音，你才產生意識的分別。如果沒有聲音，能聽的心性何在呢？卽使你現在能夠滅掉一切觀看、聽聞、感覺、知覺的作用，『內守幽閒，猶爲法塵分別影事。』其實，心內什麽都沒有，祇守著一個幽幽閒閒、空空洞洞的境界，不過是意識分別現象暫時潛伏的影像，而不是心的眞實自性之體。但是，我不是說這種現象，絕對不是你的眞心所具有的一種作用。你可以從這種心理的現象上，仔細地去硏究揣摩。假若離開精神物質，心理生理的現象以外，另有一個超然獨立能夠分別的自性，那才是你的眞心自性。如果這個能夠分別的性能，離開外界現象與經驗，就沒有自體，那就可以明白這些現象，都是外界與意識經驗潛伏的影像。意識經驗和外界現象，時時刻刻都在變動，不能永遠長存。當意識變動了，現象消滅了，這個心不是等於零嗎？那麽，你的自性本體，等於絕對斷滅無有，還有什麽可以修行證明得到

『無生法忍』呢？（換言之：假若守著一個幽閒空洞的境界，便認爲是心性自體，若不守這個幽閒空洞，這種境界，也就立刻變去。這很明顯的證明這樣靜止的境界，還是一種意識的現象而已，並不是眞心自性的本體。）世間一切修行佛法的學人，卽使現前可以成功九次第定，（九次第定，又名四禪八定。是佛法與外道等修行用功共通的境界。初禪，「心一境性」，就是制心一處，心念專一的境象。二禪，「定生喜樂」。三禪，「離喜得樂」。四禪，「捨念淸淨」。並有四種定的境界，如：空無邊處定，識無邊處定，無所有處定，非想非非想處定。再加滅盡定，統名九次第定。）卻不能得到圓滿無漏的阿羅漢果，（所謂漏，就是煩惱的異名。無漏或漏盡，卽是煩惱已盡。阿羅漢，是小乘修行人所達到的最高境界，斷盡一切煩惱，完全沒有了無明、欲和煩惱的滲漏，足爲人天師表的果位。）都是因爲執著這個生死妄想的妄心，把它當作了眞心自性的本體。所以你雖然博聞强記，知識廣博，記憶和聽到的佛法也很多，仍然不能得到聖果，也由於這個原因。」

阿難聞已重復悲淚．五體投地．長跪合掌．而白佛言。自我從佛發心出家．恃佛威神．常自思惟．無勞我修．將謂如來惠我三昧。不知身心本不相代。失我本心．雖身出家．心不入道．譬如窮子捨父逃逝。今日乃知雖有多聞．若不修行．與不聞等。如人說食．終不能飽。世尊．我等今者二障所纏．良由不知寂常心性．惟願如來．哀愍窮露．發妙明心．開我道眼。

一【三昧】此云正受、

二【心身本不相代】出家是身、三昧爲心、二事各行、無相替理、

三【二障】一者理障、礙諸正見、二者事障、續諸生死、

阿難聽了佛的教誨，悲泣涕流地說：「我常想仰仗佛的威神，不必自己勞苦修行，您會惠賜給我三昧。（心性寂然不動，照用同時的境界。）不知道各

人的身心，本來不能代替，所以不能見到眞心自性。我現在雖然身體出家，此心並未入道，譬如富家的驕子，違背慈父，自甘流浪在外，乞食他方。今天才知道雖然博聞強記，如果不用功修行求證，結果等於愚蠢無知，『如人說食，終不能飽。』人生現實境遇的煩惱，大體都被兩種基本障礙所困惑：第一：被各種心理狀態的情緒和妄想所煩惱，所謂我執，又名我障。第二：受一般世間現實的知識所障礙，所謂法執，又名所知障。都因爲不能自知自見心性寂然常住的實相，希望佛哀憐我們，開發我們的妙明眞心和道眼罷。」

即時如來從胸卍字涌出寶光其光晃昱（音育光燿也）有百千色十方微塵普佛世界一時周徧徧灌十方所有寶刹諸如來頂旋至阿難及諸大衆告阿難言吾今爲汝建大法幢亦令十方一切衆生獲妙微密性淨明

心、得清淨眼。阿難。汝先答我見光明拳。此拳光明因何所有。云何成拳。汝將誰見阿難。言由佛全體閻浮檀金、赩（音吸大赤色也）如寶山、清淨所生、故有光明。我實眼觀、五輪指端、屈握示人、故有拳相。佛告阿難。如來今日實言告汝。諸有智者、要以譬喻而得開悟。阿難。譬如我拳、若無我手、不成我拳。若無汝眼、不成汝見。以汝眼根、例我拳理、其義均不。（否）阿難言、唯然世尊。既無我眼、不成我見。以我眼根、例如來拳、事義相類。佛告阿難。汝言相類、是義不然。何以故。如無手人、拳畢竟滅。彼無眼者、非見全無。所以者何。汝試於途、詢問盲人、汝何所見。彼諸盲人、必來答汝、我今眼前、唯見黑暗、更無他矚。以是義觀、前塵自暗、見何虧損。阿難言。諸盲眼前、唯觀黑暗、云何成見。佛告阿難。諸盲無眼、唯觀黑暗、與有眼人、處於暗室、二黑有別、為無有別。如是世尊。此暗中人、與彼羣盲、二黑校量、曾無有異。阿難若無眼人全見前黑。忽得眼光。還於前塵見種種色。名眼見者。彼暗中人。全見前黑。忽獲燈光。亦於前塵見種種色。應名燈見。若燈見者。燈能有見。自不名燈。又則燈觀。何關汝事。是故當知燈能顯色。如是見者。是眼非燈。眼能顯色。如是見性。是心非眼。

一【胸卍字】卍本非是字、佛胸前有此相、名吉祥海雲、表無漏性德、武后權制此卍文、讀之爲万也、

二【閻浮檀金】此金超過紫磨金色百千萬倍、用喻佛身光明、

佛說：「你先前答復我，看見了這個拳，何以有這個拳的色相？怎樣變成這個拳？你又憑什麼而看見？」阿難答：「因爲您身體自己具有色相的作用，所以才有這個拳的色相。看見的是我的眼，構成拳的是您的手。」佛說：「老實告訴你，一切有智慧的人，要悟解眞理，須要譬喻才能明白。譬如這個拳，假若沒有我的手，根本就不能握成拳。假若沒有你的眼，你也根本看不見。用你

能見不是眼見

的眼睛，比例我的拳，這個理由，是相同的嗎？」阿難說：「當然相同。如果沒有我的眼，我那裏看得見？用我的眼，比您的拳，事實與理由都是相同的。」佛說：「你說相同，其實不同。如果沒有手的人，根本沒有拳可握。但是瞎了眼睛的人，並不是絕對看不見。你試問路上盲人，你看得見嗎？盲人必定答復你，我現在眼前，祇看見黑暗，別的什麼都看不見。可見一切盲目的人，祇看見黑暗，他與一般眼睛不壞的人，在完全黑暗的房間裏所看見的黑暗，有什麼不同呢？假使瞎了眼睛的人，看見的完全是黑暗，忽然恢復了視覺，還是可以看見眼前的種種色相和現象的。你如果認爲能看見的，是眼睛的功能。那麼，眼睛不壞的人，在黑暗中看見前面完全是一片黑暗，等到有了燈光，仍然可以看見前面的種種色相，那麼，應該說燈光才是能看見的本能了。假若燈光是能看見的本能，燈光自身具有看見的功能，那就不叫作燈，燈應該就是你的眼才對。再說：燈自有能見的功能，和你又有什麼相干？要知道燈祇能發光照到一切色相，在光明中，你這個能看見的是眼睛，絕不是燈。由此你更須瞭解，眼睛祇能照顯色相，自身並不具有能見能分別的知覺功能。能見的是心性自體功能，並不是眼睛本質。」

阿難雖復得聞是言與諸大衆口已默然心未開悟猶冀（音記希望也）如來慈音宣示合掌清心佇佛悲誨爾時世尊舒兜羅綿網相光手開五輪指誨敕阿難及諸大衆我初成道於鹿園中爲阿若多五比丘等及汝四衆言一切衆生不成菩提及阿羅漢皆由客塵煩惱所誤汝等當時因何開悟今成聖果時憍陳那起立白佛我今長老於大衆中獨得解名因悟客塵二字成果世尊譬如行客投寄旅亭或宿或食食宿事畢俶（音促整也）裝前途不遑安住若實主人自無攸（音悠所也）往如是思惟不住名客住名主人以不住者名爲客義又如新霽清暘（音陽日出也）升天光入隙（音細孔縫也）中發明空中諸有塵相塵質搖動虛空寂然如是思惟澄寂名空搖動名塵

以搖動者，名爲塵義。

佛言如是。即時如來，於大衆中，屈五輪指，屈已復開，開已又屈。謂阿難言。汝今何見。阿難言。我見如來百寶輪掌，衆中開合。佛告阿難。汝見我手，衆中開合。爲是我手有開有合，爲復汝見有開有合。阿難言。世尊寶手，衆中開合。我見如來手自開合。非我見性有開有合。佛言。誰動誰靜。阿難言。佛手不住。而我見性，尙無有靜，誰爲無住。佛言如是。如來於是從輪掌中，飛一寶光，在阿難右。即時阿難，迴首右盼。又放一光，在阿難左，阿難又則迴首左盼。佛告阿難。汝頭今日何因搖動。阿難言。我見如來出妙寶光，來我左右，故左右觀，頭自搖動。阿難。汝盼佛光，左右動頭，爲汝頭動，爲復見動。世尊。我頭自動。而我見性，尙無有止，誰爲搖動。佛言如是。於是如來，普告大衆，若復衆生，以搖動者，名之爲塵。以不住者，名之為客。汝觀阿難頭自動搖．見無所動。又汝觀我手自開合見無舒卷。云何汝今以動為身．以動為境。從始洎（同及）終．念念生滅．遺失真性．顛倒行事。性心失真．認物為己。輪迴是中．自取流轉。（卷一終）

一【鹿園】即波羅奈國鹿野苑也、五仙所居之修行處也、

二【五比丘】一為阿濕波、二跋提、三拘利、四憍陳那、五十力迦葉、前三為佛父族、後二為佛母族、侍佛雪山、後相繼去鹿園、別修異道、佛成道後、為先說四諦法、憍陳那最先解悟、案憍陳那即阿若多也、

阿難與大眾聽了佛的解說，雖然口已默然，而心還沒有開悟，仍然靜待佛的教誨。佛就再向阿難和大眾說：「我初成道的時候，在鹿園中（註十二），對憍陳那（註十三）等五人以及一般弟子們說：人們與一切眾生，不能開悟自性，得成正覺，都是因為被客塵煩惱所誤。現在要他們當時解悟的人，親自提出說明。於

是憍陳那就說：我在佛弟子當中，身爲長老，大衆推爲見解第一，就因爲我領悟到客塵二字，所以有此成就。譬如行客，投寄旅店，暫時寄居，不會安住。如果眞是主人，自然安居不動，不會往來不定。我自己思惟，變動不住的名爲客，安居不動的是主人。又如晴天，燦爛的陽光照耀天空，陽光射入門戶的空隙裏，在門隙的光線當中，可以看到虛空中塵埃飛揚的景象。這些塵埃，在虛空中飛揚飄動，而虛空自體，依舊寂然不動。我由此思惟體會，澄清寂然，是虛空的境界。飛揚飄動，是空中塵埃的狀態。」

客塵爲煩惱的成因

於是佛在大衆中，把手掌一開一合，問阿難說：「你現在看到什麼？」阿難答：「我現在看到您的手掌，一開一合。」佛說：「你看見我的手一開一合，是我的手有開有合呢？還是你的能見之性有開有合呢？」阿難答：「佛的手在大衆前一開一合，我看見您的手有開有合，並不是我能見之性有開有合。」佛說：「那麼誰動誰靜呢？」阿難答：「佛的手不停地在動，我的能見之性，跟著沒有靜過，誰又是不動的呢？」佛說：「如是。」佛於是從掌中放一道光明到阿難的右方，阿難跟著轉頭向右方看去。佛又放一道光明到阿難的左方，阿難又跟著轉頭向左方看去。佛問：「你的頭現在爲什麼動搖？」阿難答：「我看見您放光到我的左右兩方，我的視線跟著光也向左右方追踪，頭就跟著動搖了。」佛問：「你左右轉動顧盼的，是頭動，還是能見之性在動呢？」阿難答：「我的頭當然在動，我的能見之性，正在追踪左右閃動的光，未曾停止，這中間實在不明白還有誰在動搖。」佛說：「如是。」於是佛又向大衆說：「人們都以動搖的名之爲塵，以不停止的名之爲客。你們看阿難，頭自動搖，能見之性並無動搖。再者，你們看我的手當然有開有合，可是你們的能見之性，並無卷舒開合。這個道理極其明顯，何以你們反認爲變動的是自身，動搖的現象是自己的實境呢？自始至終，時時刻刻，認定念念變動無住的意念，生起滅了，滅了生起的作用，當作自己的心性，遺失眞心自性的自體，顚倒行事。致使性心失眞，反認爲物理變動的現象就是自己，在心理生理的範圍內打轉，自入迷誤。」（以上第一卷竟。）

（註十二）鹿園：卽鹿苑，在波羅奈國境，爲古帝王苑囿，又爲帝王養鹿之園。

（註十三）憍陳那：譯曰火器，以先世事火命族故。名阿若多，譯曰解本際。因悟客塵二字之理，得成聖果。佛成道後首度五比丘，憍陳那爲五比丘之一，在佛弟子中見解第一。

爾時阿難．及諸大衆。聞佛示誨．身心泰然。念無始來．失却本心。妄認緣塵．分別影事。今日開悟．如失乳兒．忽遇慈母。合掌禮佛。願聞如來顯出身心．眞妄虛實．現前生滅與不生滅．二發明性。時波斯匿王．起立白佛。我昔未承諸佛誨敕。見迦旃延．毗羅胝(音支)子。咸言此身死後斷滅．名爲涅槃。我雖值佛．今猶狐疑。云何發揮證知此心．不生滅地。今此大衆．諸有漏者．咸皆願聞。

佛告大王。汝身現在。今復問汝。汝此肉身．爲同金剛常住不朽．爲復變壞。世尊。我今此身．終從變滅。佛言大王。汝未曾滅．云何知滅。世尊．我此無常變壞之身．雖未曾滅．我觀現前念念遷謝．新新不住．如火成灰．漸漸銷殞(音允滅也)。殞亡不息．決知此身．當從滅盡。佛言如是。大王．汝今生齡已從衰老．顏貌何如童子之時。世尊．我昔孩孺．膚腠(音甫皮湊肉也)潤澤。年至長成．

血氣充滿。而今頹（音推衰也）齡。迫於衰耄（音帽惛也）。形色枯悴。精神昏昧。髮白面皺（音奏紋疊也）。逮將不久。如何見比充盛之時。佛言。大王。汝之形容。應不頓朽。王言。世尊。變化密移。我誠不覺。寒暑遷流。漸至於此。何以故。我年二十。雖號年少。顏貌已老初十歲時。三十之年。又衰二十。於今六十。又過於二。觀五十時。宛然強壯。世尊。我見密移。雖此殂（音諸遷也）落。其間流易。且限十年。若復令我微細思惟。其變寧唯一紀二紀。二實爲年變。豈唯年變。亦兼月化。何直月化。兼又日遷。沉思諦觀。三刹那（音挪）刹那。念念之間。不得停住。故知我身終從變滅。佛告大王。汝見變化遷改不停。悟知汝滅。亦於滅時。汝知身中有不滅耶。波斯匿王合掌白佛。我實不知。佛言。我今示汝不生滅性。大王。汝年幾時見恒河水。王言。我生三歲。慈母四攜我謁耆婆天。經過此流。爾時即知是恒河水。佛言。大王。如汝所說。二十之時。衰於十歲。

乃至六十，日月歲時，念念遷變。則汝三歲見此河時，至年十三，其水云何。王言，如三歲時，宛然無異。乃至於今年六十二，亦無有異。佛言，汝今自傷髮白面皺。其面必定皺於童年。則汝今時觀此恒河，與昔童時觀河之見，有童耄不。王言，不也。世尊。佛言，大王。汝面雖皺，而此見精性未曾皺。皺者爲變，不皺非變。變者受滅。彼不變者，元無生滅。云何於中受汝生死。而猶引彼末伽黎等五，都言此身死後全滅。王聞是言，信知身後捨生趣生。與諸大衆踊躍歡喜，得未曾有。六

阿難卽從座起。禮佛合掌，長跪白佛。世尊。若此見聞必不生滅。云何世尊名我等輩，遺失眞性，顚倒行事。願興慈悲，洗我塵垢。卽時如來垂金色臂，輪手下指，示阿難言。汝今見我母陀羅手七，爲正爲倒。阿難言。世間衆生以此爲倒。而我不知誰正誰倒。佛告阿難。若世間人以此爲倒，卽

世間人將何爲正阿難言如來豎臂兜羅綿手上指於空則名爲正佛
卽豎臂告阿難言若此顚倒首尾相換諸世間人一倍瞻視則知汝身
與諸如來淸淨法身比類發明如來之身名正徧知汝等之身號性顚
倒隨汝諦觀汝身佛身稱顚倒者名字何處號爲顚倒於時阿難與諸
大衆瞪瞢（音鄧蒙直視也）瞻佛目睛不瞬（音舜目轉也）不知身心顚倒所在
八 佛興慈悲哀愍阿難及諸大衆發海潮音徧告同會諸善男子我常說
九 言色心諸緣及心所使諸所緣法唯心所現汝身汝心皆是妙明眞精
妙心中所現物云何汝等遺失本妙圓妙明心寶明妙性認悟中迷晦
昧爲空空晦暗中結暗爲色色雜妄想想相爲身聚緣內搖趣外奔逸
昏擾擾相以爲心性一迷爲心決定惑爲色身之內不知色身外洎（同及）
山河虛空大地咸是妙明眞心中物譬如澄淸百千大海棄之唯認一

浮漚體·目爲全潮·窮盡瀛渤。汝等即是迷中倍人。（加倍之人）**如我垂手。等無差別。如來說爲可憐愍者。**

一 【迦旃延毘羅胝子】此二人即印度當時之九十六種外道中斷見外道也、涅槃本意爲無生滅、彼人邪計謂死後斷滅無苦無樂爲涅槃、

二 【一紀】十二年爲一紀、

三 【刹那】一念具有九十刹那、言最短之時限也、

四 【耆婆天】耆婆、此云命、即長命大神、西竺風俗、子生三歲、即謁此廟、

五 【末伽黎】此云不見道、亦斷見之外道也、

六 【捨生趣生】猶言死此而生彼也、

七 【母陀羅】此云印、即佛結印之手也、

八 【海潮音】海潮無念、至不失時、喻佛應機說法、不待請也、

九 【色心諸緣】色指五根六塵、心指六識八識、諸緣即六根六識所緣諸法、心所使、即五十一心所法也、諸所緣法、即山河大地、明晴空塞、眞妄邪正因果等、皆由現前一念眞心所現、如鏡中影、影

實非鏡也、

第二章　宇宙心物認識論

宇宙萬有自性本體的認識

這時，波斯匿王起立問佛：「我以前聽迦旃延（註十四）、毗羅胝（註十五）子們說：這個物質的身體，死後就滅亡斷絕了，這樣就叫做不生不滅的涅槃。（註十六）我現在聽佛所講，感覺非常困惑，希望佛再說明其中道理，如何證明這個眞心自性，確是不生不滅的。我想在會一般初學的人，一定也都很希望知道這個道理。」

佛說：「你現在的身體，是不是漸漸的變壞了呢？」王答：「我這個身體，現在雖然還沒有壞，將來一定要變壞的。」佛問：「你現在還沒有衰壞滅亡，何以知道將來一定會衰壞滅亡的呢？」王答：「我這個身體，現在雖然還沒有衰壞，但是當我觀察現在的情形，時時刻刻都在變遷，新陳代謝，永不停留，如火成灰，漸漸的消滅，當然將來會衰壞滅盡的。」佛問：「你現在年齡已經衰老，顏貌和兒時相較，又怎樣呢？」王答：「我在童年時期，皮膚組織細嫩光潤。後來年齡長大，血氣充滿。現在年老衰退，形容憔悴，精神昏瞶，頭髮白了，面皮皺了，距離死期，恐怕不遠了，怎樣可以與壯年時代相比較呢？」佛問：「你的形體與容貌，應該不是在短時期內就衰壞的罷！」王答：「變化實在是逐漸的在暗中推移，不知不覺的隨著寒暑的交流和時間的變遷，慢慢的形成今天的狀態。當我在二十歲的時候，雖然還算少年，實際顏貌已比十歲的時候衰老了。三十歲的時候，比二十歲又衰老的多了。現在六十二歲，回憶起來，覺得五十歲的時候，也比現在强壯的多。我看這種變化，暗中在推移，不是十年，也不是一年一月一天的遷易。實在是每分每秒，剎那剎那，念念之間，不曾停止的隨時變化，所以斷定將來一定會衰壞滅盡的。」佛問：「你看到變化，遷改不停，領悟到身體生命一定會衰壞滅亡。但在變滅的過程當中，你還知道有一個不滅的自性存在嗎？」王答：「我不知道有這個永不壞滅的自性存在。」佛說：「我現在指示你這個不生不滅的自性。讓我問你，你在幾歲開始見過恒河的水？」王答：「我在三歲的時候，跟著母親去祭天（註十七），經過恒河，那個時候就知道是恒河，看見了河裏的水。」佛問：「你剛才說，你的年齡隨著歲月在變遷衰壞，你在三歲的時候，看見恒河，到十三歲的時候，再看見恒河，它的水又怎樣了呢？」王答：「河水還同我三歲的時候一樣，現在已經六十二歲，河水還是沒有變樣。」佛問：「你現在自悲老大，髮白面皺，形貌身體，比童年的時候衰老，等於換過了一個人身。但是你觀看河水的見精自性，和從前童年時代觀看河水的見精自性相較，是否變動衰老了呢？」王答：「這個見精自性，並未變動。」佛說：「你的身體面貌雖然衰壞，但這個能見的見精自性，並未衰壞。會變遷，有生滅的，當然會變壞；那個不變壞的，自然不生滅、不變遷、也沒有生死了。你何以引用一般斷滅的觀念，認爲此身死後便一切完全消滅了呢？」

阿難跟著就問：「如果說：這個見聞的自性，一定是不生不滅的，何以您說我們遺失了眞心自性，顚倒行事呢？」於是佛就把手垂下來，問阿難說：「現在我的手，是正的還是倒的？」阿難答：「依照一般世間習慣，都認爲這樣下垂的手，是倒的。而我實在不知道那樣是正，那樣是倒。」佛問：「世間一般習慣，以爲這樣是倒的，究竟那樣是正的呢？」阿難答：「您的手若是指向上空，就是正的了。」佛說：「同樣的手，上下頭尾一掉換，世間一般習慣，就發生不同的觀念。你與我的身體，也同這種情形一樣。佛的身體，叫做正徧知之身。你們未成道之身，就叫做顚倒自性。依你仔細的觀察，你與我的身體，所謂正倒不同的原因在那裏？」阿難與大衆，聽了佛的問話，大家都茫然，不知所答。

心物一元的自性本體之說明

佛說：「我常說：『汝身汝心，皆是妙明眞精妙心中所現物。』物理世間的各種現象，與精神世界的各種作用，所發生心理生理的事實，都是眞心自性本體所顯現出來的。你的物質的身體生理與精神的心理現象，也都是心性自體功能所顯現的東西。自性本體的眞心實相，靈妙光明而淸虛，是萬有的根元。何以你們遺失了圓滿的、靈妙的眞心，捨棄了寶貴的、光明的自性，在靈明妙悟中，自取迷昧。迷昧中唯一所感覺的境象，是空空洞洞的。空洞暗昧是物理現象界的最初本位。由此空洞暗昧形成物質和生理的本能，於是生理的本能活動與情緒妄想相混雜，形成心理狀態，而顯出精神的作用。精神作用與意識妄想，又產生生理活動的情狀。精神作用與生理本能，聚在一身內活動而使生命存在，因此互相發生作用，奔流向外，成爲世間各種業力。在休息靜止的時候，所賸餘的，祇有昏昏擾擾、空空洞洞的感覺。一般人就認爲這種空洞昏擾的情形，就是自己心性的根本現象。『一迷爲心，決定惑爲色身之內。不知色身，外洎山河虛空大地，咸是妙明眞心中物。譬如澄清百千大海，棄之。唯認一浮漚體，目爲全潮，窮盡瀛渤。』既然迷惑這種現象，認爲是自己的心性，就堅決誤認心性自體是存在於生理色身之內。殊不知身心內外，以及山河大地，乃至無邊無際的虛空，都是這萬有本源靈妙光明的眞心自性本體功能所產生的東西。祇是一般人見不到這個事理的實際，認爲自己一身是我，困於這個小天地之中。譬如要見海的全貌，卻拋棄了海洋不肯信任，祇去看大海中所起的一點浮漚，認爲已經看到了無邊的大海。所以我說，你們都是愚昧當中的迷人。畫地爲牢，自甘捨大而取小，迷心認物，不能遊心於方之外者。例如我的手，上下交互掉換，你就不知道那樣是正的，那樣是倒的，實在太可憐憫了！」（其實上指下指都是手，由於世間的觀念認識，確定它的狀態有所差異，而有正和倒的不同。心、佛、衆生，性相平等，人人具足，個個現成。不是心，不是佛，也不是物，祇在目前人不識。）

（註十四）迦旃延：譯曰翦髮，卽外道六師之一。邪計一切衆生，都是自在天所造作。

（註十五）毗羅胝：譯曰不作，母名也。自名刪奢夜，譯曰圓勝。今從母立稱，曰毗羅胝子，亦外道六師之一。邪計苦樂等報，現在無因，未來無果。以上二種外道，皆以斷見爲主，故咸言此身死後斷滅，無有後世，名爲涅槃。

（註十六）涅槃：譯曰不生不滅。

（註十七）祭天：參拜耆婆天，譯曰長壽天，印度古俗，謁此天神以求長壽也。

阿難承佛悲救深誨。垂泣叉手而白佛言。我雖承佛如是妙音。悟妙明心。元所圓滿常住心地。而我悟佛現說法音。現以緣心允所瞻仰。徒獲此心。未敢認爲本元心地。願佛哀愍。宣示圓音。拔我疑根。歸無上道。佛

二 告阿難。汝等尚以緣心聽法·此法亦緣·非得法性。如人以手·指月示人。
彼人因指·當應看月。若復觀指以爲月體·此人豈唯亡失月輪·亦亡其
指。何以故。以所標指爲明月故。豈唯亡指·亦復不識明之與暗。何以故。
即以指體·爲月明性。明暗二性·無所了故。汝亦如是。若以分別我說法
音·爲汝心者。此心自應離分別音有分別性。譬如有客寄宿旅亭·暫止
便去·終不常住。而掌亭人·都無所去·名爲亭主。此亦如是。若眞汝心·則
無所去。云何離聲·無分別性。斯則豈唯聲分別心。分別我容·離諸色相·
三 無分別性。如是乃至分別都無·非色非空·拘舍離等·昧爲冥諦。離諸法
緣·無分別性。則汝心性·各有所還。云何爲主。
阿難言。若我心性·各有所還。則如來說妙明元心·云何無還。惟垂哀愍·
四 爲我宣說。佛告阿難。且汝見我·見精明元。此見雖非妙精明心。如第二

月，非是月影。汝應諦聽。今當示汝無所還地。阿難。此大講堂，洞開東方，日輪升天，則有明耀。中夜黑月，雲霧晦暝，則復昏暗。戶牖之隙，則復見通。牆宇之間，則復觀壅。分別之處，則復見緣。空性之中，徧是頑虛。昏塵（音勃塵起貌）之象，則紆（音迂縈繞也）鬱孛。澄霽（音晏濟晴明也）斂氛（音分斂氛氣淨也），又觀清淨。阿難。汝咸看此諸變化相。吾今各還本所因處。云何本因。阿難。此諸變化，明還日輪。何以故。無日不明，明因屬日。是故還日。暗還黑月。通還戶牖。壅還牆宇。緣還分別。頑虛還空。鬱孛還塵。清明還霽。則諸世間一切所有，不出斯類。汝見八種見精明性，當欲誰還。何以故。若還於明，則不明時，無復見暗。雖明暗等，種種差別，見無差別。諸可還者，自然非汝。不汝還者，非汝而誰。則知汝心，本妙明淨。汝自迷悶，喪本受輪，於生死中，常被漂溺。是故如來名可憐愍。

一【圓音】謂一切音即是一音、一音即是一切音也、

二【緣心】即六塵緣影之妄心如鏡中影、若認此緣心爲能聽法則失法性矣、

三【拘舍離】拘舍離即前之末伽黎斷見外道、謂以宿命通知八萬劫事、八萬劫外則冥然不知、謂爲【冥諦】也、

四【第二月】以指揑目望月、則月成二輪、其第二月則非眞有、

自性和物理現象界的八種分析

阿難聽了上面的解說，就向佛說：「我聽了佛的指示，雖然解悟到心地靈妙光明的眞心自性本體，本來是圓滿而且常住不變的。但是，我用以解悟佛所說心性道理的心，仍然是這個攀緣不停的現在思想之心。我不敢認爲這個心，就是本元的眞心自性。還希望切實指示，拔除我的疑根，使我還歸自性，見到無上的正道。」佛說：「你們如果以妄想攀緣的心聽法，那所了解的眞理，仍然是一種思想妄心，並未眞實證到實際的自性。如人用手，指示月亮給人看，那要看月亮的

人，應該從所指的方向去看到月亮。假若祇看著這個指頭當作月亮，這個看的人，豈但迷失月亮的眞相，同時亦失去了這個所指的指頭的作用。既不能認識月亮，也錯認了指頭，更加失掉光明與黑暗的辨別能力。如果以現在你在聽話的、用以分別理解我說道理的妄心現狀，認爲就是自己的眞心。那麼，這個心的自性，應該離開聲音的分別作用以外，自己還有一個能分別獨立存在的性能。譬如有客，寄住旅舍，暫時停留，就會離開，他是不會常住的。若是主人，自然不會離去。自性眞心，也同這個道理一樣。如果你的自性本體，本來不會變動，何以離了聲音以外，你就找不到能够聽聲音、能够分別的自性本體呢？不但聽聲音的是這樣，你這個能看見我的容貌的分別色相作用，離開色相影像，也沒有一個能看、能分別的自性本體獨立存在。由此你切實觀察反省這個意識分別的妄心，既無能分別的東西，也無形狀。說它是絕對的空，可是絕對的空，根本就是沒有；但是事實上又確實能够發生作用，所以拘舍離（古印度十大外道師之一，譯義爲牛舍，氏族姓也。）等人，認爲八萬劫以前的宇宙本體的現象，是渺冥不可知的，於是就建立一個抽象的冥諦觀念，說它是宇宙萬有的本元。你假若認爲知覺分別的作用，是外界現象的反應，才產生意識思想，那麼，離開外緣與意識，自己眞心就不存在了。那你現在心性所生的各種作用，都可以歸納返還到最初的來處和動機所在。那麼，你自性的主宰又是什麼呢？又在那裏呢？」

阿難問：「如果說：人們心性所生的各種作用，都可以把它歸還到最初的來處和動機所在，何以您說靈妙光明的心性本元，沒有可以歸還的本位呢？」佛說：「例如你現在能看見我的這個作用，是由於能見的精明本元而來。這種能見的功能，雖然不是靈妙精明的眞心自性，猶如第二個月亮所放射的光明，是假有的作用，並不是來自眞月的光影。你要我現在指出你的心地自性無可歸還的實相，可以用這個講堂來做譬喻。這個講堂因爲有洞開的窗戶，所以日出東方，陽光明耀，就可以看見光明。（光明的來源）夜是沒有光明的，夜裏的現象是黑暗，所以就看見黑暗。（黑暗的來源）門戶與孔穴之間當然有空隙，所以就看見內外通達的空間。（通達的來源）因爲牆壁與實物的阻擋，所以就看見障礙。（障礙的來源）能夠觀察環境的，是思想分別的作用，所以能夠明白各種現象。（分別觀察的來源）渺茫虛無的是虛空。（空間的來源）塵霧消散，視線又爲之淸明。（晴朗的來源）你所看到目前的現象，所有各種變化，大體歸納起來，不出這幾類。我現在使它各歸本位。光明歸還於陽光，因爲沒有陽光，自然沒有光明，所以光明來自陽光。黑暗歸還於夜色。通達歸還於門戶。障礙歸還於牆壁。觀察歸還於意識思想。空間歸還於虛空。昏暗歸還於塵霧。淸明歸還於晴朗。眼前宇宙各種現象，一切所有，不出這八種範圍。你的能知能見這八種現象的自性本能，試問：應當歸還給誰？假若認爲應該屬於光明，那麼，沒有光明的時候，黑暗到來，何以又可以看見黑暗呢？其他各種現象，依此類推，能見的自性本能，不屬於任何一種現象。因此，你要了解，明暗等種種現象，各有不同的差別。但是這個能知能見的自性本能，並不跟著一切差別的現象而有所改變。『諸可還者，自然非汝。不汝還者，非汝而誰？』一切現象，自然都可以歸還其所以然的本位，那當然不是屬於你自性的功能。而這個能見能知的本元，卻無可歸還之處。既然沒有可以歸還之處，不是你的自性又是什麼呢？所以說：祇要你不隨現象的生滅變化，生起意識的差別作用，你自己的心性自體，就可以恢復到本來靈妙光明清淨的本元了。但是你自己執迷不悟，喪失了心性自體的本元，在生死大海中，浮沉不已，自受淪溺，不知反照自拔，所以我說你們是最可憐愍的。」（以上是有名的八還辨見的論辨。）

阿難言。我雖識此見性無還。云何得知是我眞性。佛告阿難。吾今問汝。今汝未得無漏清淨。承佛神力，見於初禪（一），得無障礙。而阿那律（二）。見娑婆（三）界，如觀掌中菴摩羅果（四）。諸菩薩等，見百千界，十方如來，窮盡微塵，清淨國土，無所不矚。衆生洞視，不過分寸。阿難。且吾與汝，觀四天王（五）所住宮殿。中間徧覽水陸空行。雖有昏明，種種形像。無非前塵，分別留礙。汝應於此·分別自他。今吾將汝·擇於見中·誰是我體·誰爲物象。阿難·極汝見源·從日月宮[六]·是物非汝。至七金山·周徧諦觀·雖種種光·亦物非汝。漸漸更觀·雲騰鳥飛·風動塵起·樹木山川·草芥人畜·咸物非汝。阿難·是諸近遠·諸有物性·雖復差殊·同汝見精·清淨所矚。則諸物類·自有差別·見性無殊。此精妙明·誠汝見性。若見是物·則汝亦可見吾之見。若同見者·名爲見吾。吾不見時·何不見吾不見之處。若見不見·自然非彼不見之相。若不見吾不見之地·自然非物·云何非汝。又則汝今見物之時·汝既見物·物亦見汝。體性紛雜·則汝與我·幷諸世間·不成安立。阿難·若汝見時·是汝非我·見性周徧·非汝而誰。云何自疑汝之眞性·性汝不眞·取我求實。

阿難白佛言·世尊。若此見性·必我非餘·我與如來·觀四天王勝藏寶殿·

居日月宮·此見周圓·徧閻浮提。七退歸精舍·祇見伽藍。八淸心戶堂·但瞻簷廡（音武廊也）。世尊。此見如是·其體本來周徧·一界。今在室中·唯滿一室·爲復此見縮大爲小。爲當牆宇夾令斷絕。我今不知斯義所在。願垂弘慈·爲我敷演。佛告阿難。一切世間大小內外·諸所事業·各屬前塵·不應說言見有舒縮。譬如方器·中見方空。吾復問汝·此方器中所見方空·爲復定方·爲不定方。若定方者·別安圓器·空應不圓。若不定者·在方器中·應無方空。汝言不知斯義所在。義性如是·云何爲在。阿難。若復欲令入無方圓。但除器方·空體無方。不應說言·更除虛空方相所在。若如汝問·入室之時·縮見令小。仰觀日時·汝豈挽見齊於日面。若築牆宇·能夾見斷。穿爲小竇·寧無續迹。是義不然·一切衆生·從無始來·迷己爲物·失於本心·爲物所轉。故於是中·觀大觀小。若能轉物·則同如來·身心圓明·不動道場。

於一毛端，徧能含受十方國土。

阿難白佛言。世尊。若此見精，必我妙性。今此妙性，現在我前，見必我眞。我今身心，復是何物。而今身心分別有實。彼見無別分辨我身。若實我心，令我今見。見性實我，而身非我。何殊如來先所難言，物能見我。惟垂大慈，開發未悟。佛告阿難。今汝所言，見在汝前，是義非實。若實汝前，汝實見者，則此見精，既有方所，非無指示。且今與汝坐祇陀林，徧觀林渠，及與殿堂，上至日月，前對恒河。汝今於我師子座前，舉手指陳，是種種相，陰者是林。明者是日。礙者是壁。通者是空。如是乃至草樹纖毫，大小，雖殊，但可有形，無不指著。若必其見，現在汝前。汝應以手確實指陳，何者是見。阿難當知。若空是見，既已成見，何者是空。若物是見，既已是見，何者爲物。汝可微細披剝萬象，析出精明淨妙見元，指陳示我，同彼諸物．分明無惑。阿難言。我今於此重閣講堂．遠泊同及恒河．上觀日月．舉手所指．縱目所觀．指皆是物．無是見者。世尊。如佛所說．況我有漏初學聲聞．乃至菩薩．亦不能於萬物象前．剖出精見．離一切物．別有自性。佛言。如是如是。佛復告阿難。如汝所言。無有見精．離一切物．別有自性。則汝所指是物之中．無是見者。今復告汝。汝與如來．坐祇陀林．更觀林苑．乃至日月．種種象殊．必無見精．受汝所指。汝又發明此諸物中．何者非見。阿難言。我實徧見此祇陀林。不知是中何者非見。何以故。若樹非見．云何見樹。若樹卽見．復云何樹。如是乃至若空非見．云何見空。若空卽見．復云何空。我又思惟．是萬象中．微細發明．無非見者。佛言。如是如是。於是大衆．非無學者．聞佛此言．茫然不知是義終始．一時惶悚音聳驚也．失其所守。

如來知其魂慮變慴。音摺懼也心生憐愍。安慰阿難・及諸大衆。諸善男子。無上法王。是眞實語・如所如說・不誑不妄。非末伽黎・九四種不死矯亂論議。汝諦思惟・無忝哀慕。是時文殊師利法王子。愍諸四衆・在大衆中・即從座起・頂禮佛足・合掌恭敬・而白佛言。世尊。此諸大衆・不悟如來發明二種精見色空。是非是義。世尊。若此前緣色空等象・若是見者・應有所指。若非見者・應無所矚。而今不知是義所歸。故有驚怖。非是疇昔善根輕鮮。惟願如來大慈發明・此諸物象・與此見精・元是何物・於其中間・無是非是。佛告文殊・及諸大衆。十方如來・及大菩薩・於其自住三摩地中・見與見緣・幷所想相。如虛空華・本無所有。此見及緣・元是菩提妙淨明體。云何於中有是非是。文殊。吾今問汝・如汝文殊・更有文殊是文殊者・爲無文殊。如是世尊・我眞文殊・無是文殊。何以故・若有是者・則二文殊。然我今日非無文殊於中實無是非二相佛言此見妙明與諸空塵亦復如是本是妙明無上菩提淨圓眞心妄爲色空及與聞見如第二月誰爲是月又誰非月文殊但一月眞中間自無是月非月是以汝今觀見與塵種種發明名爲妄想不能於中出是非是由是眞精妙覺明性故能令汝出指非指。

一【初禪】爲色界梵衆、梵輔、大梵三天也、阿難但證初果、超六欲天、得見色界初禪、乃承佛力也、

二【阿那律】此云無滅乃佛之從弟、初出家時、其性好睡、爲佛所訶、因是不寢、遂失目、佛敎修天眼通、得證阿羅漢果、

三【娑婆界】此云堪忍三毒煩惱衆生所居、即吾人現居之世界也、

四【菴摩羅果】菴摩羅樹名所結之果、形似檳榔、

五【四天王宮殿】須彌山半腹、高四萬二千由旬有四天王所居宮殿、

六【日月宮七金山】總言至高極遠也、

七【閻浮提】即南瞻部洲、閻浮本樹名、以南贍部洲多此樹、故名、即指今印度也、

八【伽藍】具云僧伽藍摩、譯云衆園、僧伽爲同居之衆、藍摩爲所住之園、即今之寺廟也、

九【四種不死】即後第十卷中四徧常論、皆非眞如隨緣不變不變隨緣也、

客觀的物理世界與自性能見的主觀無二無別

阿難說：「從這種分析，我雖然認識了這個能見的本能無所可還，但是又怎能證明它就是我自己的眞性呢？」佛說：「你現在雖然沒有得到淸淨無漏的地位，却可以靠佛的神通力量，見到初禪中、欲界天天人的境界而無障礙。阿那律（註十八）看這個娑婆世界（註十九），猶如在手中看一個小菓子。其他一般菩薩門，（註二十） 大至可以看見虛空間無窮數的世界，小至微塵最初的本元，也無所不見。可是一般人們與衆生，視線所能及的程度，近不過分寸，遠也祇是有限的距離。現在我與你，上下觀察日月所照到的空間，其中顯示著水陸空中的萬物現象，雖然有昏暗光明種種形像，無非都是自然界物理的影像，反映留存在分別意識的作用以內。現在要這許多所見到的現象中間，那樣是我們自己的能見自性之

體，那樣又是物理的現象呢？現在盡你的目力所及，上見太陽月亮星星，自然是物質，當然不是你心性的自體。平看到世界的邊緣，乃至空間種種的光，也是物質，不是你的自性。再看到雲在飄，鳥在飛，風吹草動，塵埃飄揚，樹木、山川、草芥、人畜，這些種種，都是外物，不是你的自性。這些遠近萬物，雖然各有差別不同的現象，但在你能見的自性中都清楚的看見。可見一切萬物，雖各有差別不同的性質，你能看見的自性功能，卻並沒有差別不同。這個能見的自性，至精至妙，明明白白，實在就是你的本能自性。假若這個能見的自性，也是物質的，那應該可以看見我這個能見自性的形狀了。倘若認為這個能見的自性，同萬物現象一樣，可以用眼看得到，那就可以說看到我了。但是當我不起看的作用之時，何以又見不到我這個看不見的自性在那裡呢？如果可以見到我這個看不見的能見自性，那你所看見的，並不是那個眞實看不見的能見自性。假若那個能見的功能，根本看不見，那自然不是物質或現象，何以不是你的自性呢？再說：你現在看見物質現象的時候，你既然已經看見物象，相反地說，物象也應該看見你了。那麼，人性與物理性能，體性雜亂，見解認識就錯亂不定，你和我與一切世間萬物，根本就沒有秩序和標準了。如果你看見萬物現象的時候，是你自己能見的功能在看，當然不是我釋迦牟尼在看。那你的能見功能的自性，自然是周徧一切所在，那不是你自己是誰呢？何以你對於自己的眞心自性，始終疑惑。不能認識現實的自性，反來向我口頭尋求你自己實在的眞性呢？」

阿難問：「假若這個能見的就是我自己的眞心自性，現在我和佛放眼看到整個天地日月。回到室內，又祇能看見窗前簷頭。這個能見的自性，本來是周徧虛空，但是如今在一室之內，充其量，祇能看見這一個室內的空間。是這個能見的功能縮小了呢？還是牆壁房屋截斷了這個能見的功能呢？我實在不知道這個道理在那裏，希望佛再加以分析。」佛說：「一切世界大小、內外，所有種種事業，都是現象界反應的存留。不應該說這個自性能見的功能有收縮或放大的作用。譬如一個四方形的器具，形成方形以內的空間。你說這個四方形內的空間，是定型的呢？還是不定型的呢？假若認爲是定型的，在這個四方形空間的當中，另外放一個圓形的器具進去，這當中的空間不應該又變成圓形了？倘若認爲是不定型的，那在四方形器具當中的空間，何以會一定是方形的呢？你說不知道這個道理在那裏，其實這個道理是很明白的，何以還要問在那裏呢？假若你要想空的形象沒有方圓，祇需要除去方圓的外形。虛空的自體，本來就無所謂一定的方，或一定的圓。當然你不應該再說：除開虛空以外，四方或圓的空間又在那裏了！你問，我們退到室內以後，能見的功能是縮小了。當你仰頭看到太陽的時候，難道是你把能見的功能拉長了，到達太陽邊緣嗎？假若認爲築了牆壁，把能見的功能或空間截斷了。那麼，再把牆壁打開一個洞，何以能見的功能和空間，並沒有截斷和接連起來的形狀呢？你問這個道理，顯然不通。一切含有靈性的衆生，從無始以來，迷昧了自己的心性自體。認自性爲物理的，所以失掉心性眞實的本體妙用，因此被外物所引誘轉變，受物象的迷惑。所以在萬物當中，見大見小，觀念上就有大有小。『如能轉物，則同如來。身心圓明，不動道場。』如果自心能够轉變萬物，不被萬物現象所迷惑而去造業，就和佛相同了。身心自然可以進入圓滿光

自性大而無外小而無內

明、寂然不動的境界，『於一毛端，徧能含受十方國土』」。

阿難說：「假若這個能見的精靈，一定就是我的靈妙自性。現在我眼前已經顯出看見的作用，若是這個能看見的就是我的自性，那麽，我的身心，又是什麽呢？現在把我的身心分別加以研究，的確各有其實體。但是這個能見的自性，並沒有一個自體，離開身心單獨存在。如果說：是我的自心，使我現在能够看見，這個能見的功能，就是我的自性，而這個身體並非是我。那麽，等於您上面所說的問題，豈不是外面的物象，也可以看見我了嗎？」佛說：「現在你說：能見的功能自性，就在你的前面，這是不對的。假若就在你的前面，而且你又實在可以看得見它。那麽，這個能見的精靈，自然可以指得出來在什麽地方。我現在同你坐在園林裏，觀察外面的樹木、河流、殿堂，上至日月，前對恒河。你在我的座位前面，可以一一舉手指點種種現象，陰暗的是樹林，光明的是太陽，阻礙的是牆壁，通達的是虛空，乃至一草一木，以及微細的塵埃毫末，大小雖然各有不同，祇要有形象的，都可以指點出來。如果你的能見的自性，現在就在你的前面，你也應該用手可以確實的指出來，什麼是那個能見的自性。你要知道，假若虛空就是你能見的自性，虛空既已變成了見，什麼又是虛空的自性呢？如果物象就是你能見的自性，物象既已變成了見，什麼又是物象的自性呢？你既然可以精細的剖解目前的萬象，那麼，你也可以分析出精靈光明清淨虛妙能見的本元，和普通物象一樣，明明白白的指出給我看了。」阿難說：「我現在坐在講堂裏面，遠及恒河，上觀日月，手可以指出，眼可以看見，可指的都是萬物的現象，卻沒有能見的自性存在。假若如佛所說，不但像我這個初學的人，卽使智慧如菩薩們，也不能在萬物現象的前面，剖解出精靈能見的自性。那麼離開一切萬物與現象，那個自性又在那裏呢？」佛說：「是的是的。如你所講，這個能見的功能，不可能離開一切物象，另有一個自性存在。你所指出的各種物象當中，又沒有那個能見功能的自性。再說：你與我坐在園林裏面，觀看外面的林苑，上及日月，種種現象雖然不同，可是決不能特別指出一個能見的精明。但是你又怎樣能證明在一切的物象當中，那樣不是能見的自性所顯現的呢？」阿難說：「我徧觀這個園林與一切物象，實在沒有一樣不是能見的功能所顯現。假若樹不是所見的，怎麼能够看得見樹？如果樹就是能見的自性，那又何以是樹？由此可知，假若虛空不是所見，怎麼能够看得見虛空？如果虛空就是能見的自性，那又何以是虛空？因此我又思惟，在這些萬有現象當中，仔細研究，明白發揮，無一不是能見功能自性所顯現的。」佛又說：「是的是的」。這時，在會大衆與一般初學的人，聽佛反覆答說「是的」，不知這個道理要點究竟在那裏，感覺茫然惶悚。

這時，佛知道他們都在懷疑恐懼，於是又說：「我說的都是眞實話，不是故意作狂言妄語。更不同於一般外道學者們的理論，認爲宇宙間另有一個主宰，或自我不死的存在，希望你們仔細研究思惟。」於是文殊大士就起立向佛說：「大家不懂這個道理的原因，是因爲不了解這個能見的功能，與物理世界的萬象，是否同一體性。假若現實世界中，所見到的一切現象，無論是物質或是虛空，都是能見的自性。那麼，這個能見的功能，應該可以指得出來。如果這些現象，不是能見的功能所顯現，就應該根本看不見這些現象。他們現在不知道這個道理的關鍵在那裏，所以懷疑驚異。望佛加以說明，指出物理世界的萬有現象，和這個能見的精明，元來是什麼東西？在物理現象與心性的中間，如何可以互相統一？」佛說：「凡是佛與一般有道的大士們，在自性寂靜、微密觀照的三昧境界當中，對於這個能見的自性與客觀的物理世界所見的各種現象，以及心理思想的主觀作用，都如同幻覺中所見的空花，本來並無實質的存在。這個能見的，以及所見的現象，其實都是靈明妙覺，光明清淨的心性本體所產生的功能作用。（說明心物二元本是一體的作用。）在自性本體上講，無所謂那個是的，那個不是的。（客觀與主觀，都是自己所建立的偏見執著作用。）我現在問你：你的名字叫文殊，除了你這個文殊本人以外，這個文殊的名字，還代表別的文殊嗎？」文殊大士答：「文殊就是我，並不代表別人。假若這個名字還代表另外一個人，就有兩個文殊了。但是文殊現在祇代表我個人，這個眞實的我，和名字所代表的我，就是一個。中間並不能分出那個是眞的，那個是假的。」佛說：「這個心性能見的靈妙光明的功能，與物理自然界的虛空和物質現象，也同你剛才所說的一樣。客觀的物理世界，與心性自體所產生的功能，本來就是一體，都是靈妙光明，圓滿的眞心正覺自性，同時也具備幻有與妄想的作用，可以生出物質色相與虛空的現象，表現在人們能聞能見的作用裏。譬如有第二個月亮，便有誰是眞月，誰是假月的問題。但是若祇有一個月亮，其間便沒有眞月假月的問題了。（由「千江有水千江月，萬里無雲萬里天」的意境去體會，可以明瞭這個道理。）你現在觀看的能見功能，與自然界的許多物理現象接觸，能夠感覺它的種種作用，就叫做妄想。在外界現象與感覺妄想的中間，實在不能夠指出那個才是本體的功能作用，那個又不是。所以你若能了解客觀物理世界的自然現象，和知道妄想分別的作用，都是眞心至精的靈妙光明正覺自性的功能，然後才能指出這是什麼，那是什麼。」

（註十八）阿那律：是佛從弟，隨佛出家。因聽法之時，常好睡眠，被佛所呵。遂生慚愧，發大精進，七日不寐，雙目失明。佛愍而敎之，授以樂見照明金剛三昧，遂得天眼通，而證圓通。

（註十九）娑婆世界：娑婆譯曰堪忍。其土衆生安於十惡，不肯出離。

（註二十）菩薩：具云菩提薩埵，譯曰覺有情。是上求佛道，下化衆生之意。

阿難白佛言。世尊誠如法王所說、覺緣徧十方界、湛然常住、性非生滅。與先梵志[一]娑毗迦羅、所談冥諦、[二]及投灰等諸外道種、說有眞我徧滿十方、有何差別。世尊亦曾於楞伽山、[三]爲大慧等敷演斯義。彼外道等、常說自然、我說因緣、非彼境界。我今觀此覺性自然、非生非滅、遠離一切虛妄顚倒、似非因緣、與彼自然。云何開示、不入羣邪、獲眞實心妙覺明性。

佛告阿難。我今如是開示方便、眞實告汝、汝猶未悟、惑爲自然。阿難若必自然、自須甄（音眞 別也）明有自然體。汝且觀此妙明見中、以何爲自。此見爲復以明爲自、以暗爲自、以空爲自、以塞爲自。阿難、若明爲自、應不見暗。若復以空為自體者．應不見塞。如是乃至諸暗等相以為自者．則於明時．見性斷滅云何見明。阿難言必此妙見性非自然我今發明．是因緣生心猶未明．咨詢如來。是義云何．合因緣性。佛言。汝言因緣。吾復問汝。汝今因見見性現前。此見為復因明有見．因暗有見．因空有見．因塞有見。阿難。若因明有．應不見暗。如因暗有．應不見明。如是乃至因空因塞。同於明暗。復次阿難。此見又復緣明有見．緣暗有見．緣空有見．緣塞有見。阿難若緣空有．應不見塞。若緣塞有．應不見空。如是乃至緣明緣暗。同於空塞。當知如是精覺妙明．非因非緣．亦非自然非不自然．無非不非．無是非是．離一切相．即一切法。汝今云何於中措心．以諸世間戲論名相而得分別。如以手掌撮摩虛空．祇益自勞．虛空云何隨汝執捉。

阿難白佛言．世尊。必妙覺性．非因非緣．世尊云何常與比丘宣說見性具四種緣。所謂因空因明，因心因眼，是義云何。佛言。阿難。我說世間諸因緣相，非第[四]一義。阿難。吾復問汝。諸世間人，說我能見。云何名見。云何不見。阿難言。世人因於日月燈光，見種種相，名之為見。若復無此三種光明，則不能見。阿難。若無明時，名不見者，應不見暗。若必見暗，此但無明，云何無見。阿難。若在暗時，不見明故，名為不見。今在明時，不見暗相，還名不見。如是二相，俱名不見。若復二相，自相陵奪，非汝見性於中暫無。如是則知二俱名見，云何不見。是故阿難。汝今當知見明之時，見非是明。見暗之時，見非是暗。見空之時，見非是空。見塞之時，見非是塞。四義成就。汝復應知，見見之時，見非是見。見猶離見，見不能及。云何復說因緣自然，及和合相。汝等聲聞，狹劣無識，不能通達清淨實相。吾今誨汝。當善思惟，無得疲怠妙菩提路。

一【先梵志】名刧毘羅、為外道六師之元祖、自謂其種從梵天生、自然四德、造十萬偈、主張眞性、冥諦、體非生滅、

二【投灰】即苦行外道也、不知阿賴耶識、惑潤輪轉、妄謂身中有一神我、常在不滅、處處受生、徧十方界、

三【楞伽山】此云不可往、山在大海中、佛為大慧菩薩在此說楞伽經、明諸因緣、破彼外道、

四【第一義】謂諸法一相義也、雖分別諸法、而不乖一相、即圓成實性、

自性本體超越自然與因緣和合

阿難問：「誠如佛說這個眞心正覺自性，徧滿十方虛空界，湛然淸淨，常住本位，沒有生滅變化。那麼，外道學者，如娑毗迦羅等（註二十一）論師們的理論，認為宇宙的本體，是本無所有的冥諦。又如瑜伽學派（註二十二），投灰外道等（註二十三）的理論，認為有一個大梵天（註二十四）為萬有的主宰。或說有一個眞我徧滿一切處，和佛現在說的，又有什麼不同？並且佛曾經在楞伽山（註二十五）與大慧大士們說：外道學者們說宇宙萬有是自然界的本能。我說是因緣

所生，不是外道學者們所說的境界。現在我看這個眞心正覺的自性，自然存在，根本就不生不滅，在本體上並無一切虛幻顚倒。好像既不是因緣，又不是自然。這個道理究竟如何？希望明白的指示，使我們得見眞心自性的眞理。」佛說：「我現在已經說得很明白，你還未領悟，誤認自性本體是自然的本能。如果一定是自然的本能，當然有一個自然的固定體性。你現在觀察這個靈妙光明能見所及的各種現象中間，如光明、黑暗、虛空、和障礙等等，究竟什麼才是自然的本體呢？假若認爲光明就是自然之體，應該不能看見黑暗。如果認爲虛空就是自然之體，應該不能看見障礙。這些種種，究竟以什麼爲自然的本體呢？如果認爲黑暗就是自體，光明來了，應該沒有自然之體，何以又能看見光明？」阿難說：「自性本體，既非自然的本能，我現在認爲是因緣所生，但是內心仍然不明白如何它是合於因緣的道理？」佛說：「你說因緣，我再問你，你現在因爲能見，所以見性顯現。這個見性，是因爲光明而有？還是因爲黑暗而有？是因爲虛空而有？還是因爲障礙而有？如果因爲光明而有，必不能看見黑暗。如果因爲虛空而有，必不能看見障礙。所以應當知道這個眞精正覺，靈妙光明的自性，既不屬於因，也不屬於緣。離不開自然，也不是自然。『離一切相，卽一切法。』你何以在這中間亂用心思，用世間普通的知識和一般戲論的名辭，强作辨別！譬如用手撮摩虛空，終是徒勞無益，那裏可以捉得住虛空呢？」

阿難問：「佛說這個靈妙正覺自性，非因非緣。何以過去說能見的見性作用，必須要具備有四種緣：所謂因虛空，因光明，因心，因眼，這又是什麼道理呢？」佛說：「我說一切是因緣所生的道理，並不是指自性本體形而上的第一義。（是說後天宇宙間的萬有現象，都是因緣和合所生。）人們都說我能看見，何以才叫做看見？何以叫做看不見？」阿難答：「人們因爲有太陽、月亮、燈光等，才能看見種種現象和色相，所以叫做看見。假若沒有這三種光明，就不能看見。」佛說：「如果說沒有光明，就叫做看不見，那麼光明去了，應該看不見黑暗的到來。事實上，黑暗來了，又可以看見黑暗。這祇能說是沒有看見光明，何以能稱之爲看不見呢？假若在黑暗中，看不見光明，稱之爲不見，那麼，在光明中，看不見黑暗，也可以叫做看不見了。如果這個理論是對的，人們面對光明或黑暗的時候，都可以稱為看不見。其實祇是光明與黑暗兩種現象互相變更交替，並不是你能見的自性在其中消失。由此可知自性能見的功能，面對光明與黑暗時，都是看見，怎樣可以說是不見呢？所以你應當知道，看見光明的時候，能見的自性，並不就是光明。看見黑暗的時候，能見的自性，也並不就是黑暗。看見虛空的時候，能見的自性，也並不就是虛空。看見障礙的時候，能見的自性，也並不就是障礙。由這四種現象相對中間，可以說明能見的道理。你更應該知道，如果在眼見的作用中間，想要見到能見的自性，這個自性，並不是眼前所見的作用能夠看見的。若要見到能見的自性，必須絕對離開所見與能見。因為能見自性的本體，不是所見的作用與能見的功能所能見到的。『見見之時，見非是見，見猶離見，見不能及。』怎樣可以用因緣、自然、或者兩種和合的作用，來說明自性本體的道理呢？你們因為智慧狹劣，不能明瞭自性的清淨實相。我希望你們善自思惟，不要懶惰懈怠，才能證得靈妙正覺自性的大道。」

(註廿一）娑毗迦羅：又曰劫毘羅，外道名，卽數論師也。

(註廿二）瑜伽：與物相應也。顯宗多取「理相應」之義，瑜伽唯識之瑜伽是也。密教取「行相應」之義，瑜伽三密之瑜伽是也。

(註廿三）投灰外道：有時以身投灰，有時以灰塗身，而修無益之苦行。

(註廿四）大梵天：梵者清淨之義，初禪天之王爲大梵天。

(註廿五）楞伽山：譯曰不可住。非有神通者不能到故。佛依此而說楞伽經，表法殊勝，非二乘所能及。又說此山卽在錫蘭國境內。

阿難白佛言。世尊。如佛世尊爲我等輩·宣說因緣·及與自然·諸和合相·與不和合·心猶未開。而今更聞見見非見·重(去聲)增迷悶。伏願弘慈·施大慧目·開示我等覺心明淨。作是語已·悲淚頂禮·承受聖旨。爾時世尊·憐愍阿難·及諸大衆。將欲敷演大陀羅尼·諸三摩提。妙修行路。告阿難言。

汝雖强記．但益多聞．於奢摩他微密觀照．心猶未了。汝今諦聽。吾當爲汝分別開示。亦令將來諸有漏者．獲菩提果。阿難。一切衆生．輪迴世間．由二顚倒分別見妄．當處發生．當業輪轉。云何二見。一者衆生別業妄見。二者衆生同分妄見。

云何名爲別業妄見。阿難．如世間人．目有赤眚（音省目翳病也）．夜見燈光．別有圓影．五色重疊。於意云何．此夜燈明所現圓光．爲是燈色．爲當見色。阿難。此若燈色．則非眚人何不同見．而此圓影．唯眚之觀。若是見色．見已成色．則彼眚人見圓影者．名爲何等。復次阿難．若此圓影．離燈別有．則合傍觀屏帳几筵．有圓影出．離見別有．應非眼矚．云何眚人目見圓影。是故當知色實在燈．見病爲影．影見俱眚．見眚非病．終不應言是燈是見．於是中有非燈非見。如第二月．非體非影。何以故．第二之觀．揑所成故。

諸有智者不應說言，此捏根元，是形非形，離見非見，此亦如是，目眚所成。今欲名誰是燈是見。何況分別非燈非見。

云何名為同分妄見。阿難。此閻浮提除大海水，中間平陸有三千洲。正中大洲東西括量，大國凡有二千三百。其餘小洲在諸海中，其間或有三兩百國，或一或二至於三十四十五十。阿難。若復此中有一小洲，祇有兩國，唯一國人同感惡緣，則彼小洲當土眾生，覩諸一切不祥境界，或見二日，或見兩月，其中乃至暈(二)適珮(三)玦彗(四)孛飛流負耳虹蜺種種惡相，但此國見，彼國眾生本所不見，亦復不聞。

阿難。吾今為汝以此二事進退合明。阿難。如彼眾生別業妄見，矚燈光中所現圓影，雖現似境，終彼見者目眚所成。眚即見勞，非色所造。然見眚者終無見咎。例汝今日以目觀見山河國土及諸眾生，皆是無始見病所成。見與見緣·雖似前境。元我覺明見所緣眚。覺見即眚。本覺明心·覺緣非眚。覺所覺眚·覺非眚中·此實見見·云何復名覺聞知見。是故汝今見我及汝·并諸世間十類衆生·皆即見眚。非見眚者·彼見眞精·性非眚者·故不名見。阿難·如彼衆生同分妄見·例彼妄見別業一人。一病目人·同彼一國。彼見圓影·眚妄所生。此衆同分所見不祥·同見業中·瘴惡所起。俱是無始見妄所生。例閻浮提三千洲中·兼四大海·娑婆世界·并洎(同及)十方諸有漏國·及諸衆生。同是覺明無漏妙心·見聞覺知虛妄病緣·和合妄生·和合妄死。若能遠離諸和合緣·及不和合·則復滅除諸生死因。圓滿菩提·不生滅性。清淨本心·本覺常住。

一【大陀羅尼】經言陀羅尼、有無字、有字、多字三種、譯云總持、總一切法、持一切義、此經神咒、卽多字陀羅尼也、大陀羅尼者、所謂法界大總相法門體、後文之五陰、六入、十二處、十八界、七大等是也、

二【暈適珮玦】暈適、皆日傍氣、象日將蝕、先有黑氣之變也、珮玦本玉器、妖氣近日月、形如(○)為珮、形如(○)為玦、

三【彗孛飛流】皆星變也、彗、篲星光芒偏指、形如、孛星則光芒四射形如※、飛流即隕星也、

四【負耳虹蜺】亦氣象映日之變也、負耳形如(○)、虹蜺即螮蝀也、或曰雄曰虹、雌曰蜺、

個別際遇與共同遭遇的原因

阿難聽了佛的指示，知道自性本體，既不是因緣，又不是自然，更不是和合與不和合的道理，內心尚未開悟。現在再聽到『見見非見』的理論，越發增加迷惑，請求佛再加說明。於是佛又向阿難說：「你雖然博聞強記，祇是知識增加，但缺乏心性正定中微密觀照的實證工夫，所以此心始終不能明了。我現在為你分別開示，也使後世未來的人們，知道如何進入正覺三昧的道路，希望你仔細靜聽。一切含有靈性的衆生，猶如旋輪，任隨世間現實環境所播弄。被兩種顛倒分別妄見的幻有感覺業力所支配，在現實的世間裏，隨環境業力的輪子旋轉。什麼

是兩種幻有感覺的妄見呢？第一是衆生個別業力所形成的幻有感覺的妄見，（包括個人的主觀觀念。）第二是衆生共同業力所形成的幻有感覺的妄見。（包括大衆的思想。）

什麼是個別業力所形成的幻有感覺的妄見呢？猶如世間有人，眼睛患發炎或內外障的病症，夜裏看見燈光的照耀，可能就會覺得另外有一個五色重疊的圓圈影子。這種現象，是燈光自身所現的形色，還是自性能見的作用所生出來的形色呢？假若認爲是燈光的形色，何以沒有眼病的人，不能看見同樣的景象，祇有患眼病的人，才能看見？如果它是能見的功能所生的形色，這個能見的作用，已經變成形色了。患眼病的人所看見的圓影顏色病象，又叫做什麼呢？再說：假若這個病眼看見的圓影與顏色，離開了燈光，仍舊單獨存在，那麼看別的東西，也應該有圓影與顏色的出現了。如果圓影與顏色，離開了看見的作用，依然單獨存在，應該不是眼睛所能見到的，何以病眼的人又能够看見呢？所以應當知道光色的顯現，確實由於燈的存在。光外色影，却是眼睛有病才發生的。事實上，光色的圓影與所見的作用，都是自性變態的病象。能够了解那是變態病象的見性，卻不是病。所以不應該說這種現象，是燈光的作用，還是眼睛所見的作用。也不能說不是燈光，也不是眼睛所見的作用。（因爲離了燈光，卽使有病眼，也看不見這種現象，如果沒有病眼，也看不見這種幻影。）猶如第二個月亮，既不是原有月亮的本身，也不是憑空的影子。爲什麼呢？例如用手揑住眼睛去看月亮，可以看見兩個月亮。這是眼睛受障礙，視線發生分裂的作用，既不是月亮有兩個，也不是月亮有影子，這完全是因爲用手揑住眼睛，視線分裂所造成的。凡是有知識的人，當然不會認爲這種揑住眼睛，造成視線分裂的作用，便是第二個月亮的來源。但是也不能說揑的作用，不是造成第二個月亮出現的原因。這個病眼所看見的幻影，怎能說它是燈的作用，或是見的作用呢？更何況再去分別它不是燈的作用，也不是見的作用呢？（人們見到各種不同的現象，產生各種不同的感覺，形成各種不同的主觀觀念，都是淸淨自性功能所生的變態病象。自性變態病象所見的一切，當然不正確，自然更不知道那個是自然界的幻影，那個是能見的自性了。人們對於現實世界的一切，完全受到個別業力所形成的幻覺妄見支使，包括個人的主觀觀念。在物理世界的現象當中，所看見的光景和色素以及萬物形態，它的原本形狀，並不一定和我們肉眼所看見的情形一樣。我們所看見的情形，都是受光波振動的不同影響，而發生視線感覺的幻覺作用。並不一定是絕對的眞實，也不能說所看見的並不眞實。在意識思想上，人們的主觀觀念，都受個別認識觀點的支配，經常落在錯誤的漩渦裏，就各是其所是，非其所非了。）

第二：什麼是衆生共同業力所形成的幻有感覺的妄見呢？這個世界除了大海洋，中間的陸地，大約有三千洲。正中央的大洲，有大國二千三百。其餘小洲在各海洋中，各有國三兩百，或一，或二，或至三十、四十、五十不等。如果在某一個小洲中，祇有兩個國家，其中一個國家遭遇到惡緣厄運，這個國家的人便會看見種種不祥的景象。例如看到兩個太陽，或是兩個月亮，或是彗星，以及天體種種不平常的現象。但是祇有這一個國家的人方能看見，另一個國家的人，都看不見這些景象，而且也毫無所聞。」（古代天象學的觀念，認天體日月行星的運行變化，與地球人類都有息息相關之處。所以當天象有不平常的出現或變化時，必然影響到地球上人事的大變動，因此由天文學而形成一種占星術。現代天文學否認這種學說。天人關係，究竟是否如此？且待科學再進步的證明，大可不必基於這一時代的學說去爭論。）

佛又說：「現在我把上面所舉出的這兩種道理，歸納的，演繹的，作一比較說明：例如個別業力所形成的幻有感覺妄見，像那個眼睛有病的人，看見燈光中所現的圓光影像。雖然也同前面的現象相似，實際是看的人眼睛有病所形成。眼睛的病，就是所見影像的來源。這種影像，並非光色本身所造成。但是必須了解這個病眼人的能見自性，卻並沒有病態。例如人們現在眼前看見的山河國土，與形形色色自然界衆生界的各種現象，也都是無始以來自性功能習慣性的變態病象作用。（因爲自然界各種形形色色的光色現象，本身實相，並不一定和人們眼睛所看見的情形相同。）能見的作用，與現象界接觸，才有眼前的現象發生。這種作用和意識，實際上都是自性正覺光明所起的變態病象。當你感覺能見時，便是病象。但是那個正覺光明的能生感覺所緣的本元，並沒有病態。因爲自性能覺的功能，既然可以感覺所見的是變態病象，這能覺的自性，並不在變態病象的各種現象當中，這實在就是能見功能見到了自己的本性。諸凡感覺、聞聽、知覺、所見的作用，都由這個自性出發，那裏還另外有見聞覺知的存在呢？所以你現在可以看見我同你自己，以及世間各類衆生，都是自性能見功能所生的變態病象。沒有這些變態病象，便是能見的眞精自性，它是沒有病態的，所以不稱之爲妄見。其次，又如共同業力所形成的幻有感覺妄見，也同於上例。祇是將一個眼病人的個別病態，擴充爲一國人的共有病態。個人所見的圓光影像，是眼病所形成。一國人共同所見的災異惡象，所遭遇的天災人禍，都是共同業力的惡緣所發生，也都是無始以來能見作用所生的變態病象。再如這個世界上的三千洲，和四大海洋，乃至日月所照到的太陽系中各個星球國土，以及這些土地上所有含靈的衆生，一切見、聞、覺、知，都是自性本體功能，受業力形成的幻有感覺妄見所生的變態病象，互相和合妄生，互相和合妄死。如果能够超越遠離一切互相和合的因緣，及不和合的因緣，就可以滅除一切生死的本因，歸還到圓滿正覺，不生不滅的自性本體。自然得入清淨本心，自性常住的本位。」

阿難。汝雖先悟本覺妙明・性非因緣・非自然性。而猶未明如是覺元・非和合生・及不和合。阿難。吾今復以前塵問汝。汝今猶以一切世間妄想和合諸因緣性・而自疑惑證菩提心和合起者。則汝今者妙淨見精。爲與明和・爲與暗和・爲與通和・爲與塞和。若明和者・且汝觀明・當明現前・何處雜見・見相可辨・雜何形像。若非見者・云何見明。若即見者・云何見見。必見圓滿・何處和明。若明圓滿・不合見和。見必異明・雜則失彼性明名字。雜失明性・和明非義。彼暗與通・及諸羣塞・亦復如是。復次阿難。又汝今者妙淨見精・爲與明合・爲與暗合・爲與通合・爲與塞合。若明合者・至於暗時・明相已滅・此見即不與諸暗合・云何見暗。若見暗時・不與暗合・與明合者・應非見明。既不見明・云何明合。了明非暗。彼暗與通・及諸羣塞・亦復如是。

阿難白佛言。世尊。如我思惟・此妙覺元・與諸緣塵・及心念慮・非和合耶。

佛言・汝今又言覺非和合。吾復問汝・此妙見精非和合者・為非明和・為非暗和・為非通和・為非塞和。若非明和・則見與明・必有邊畔。汝且諦觀・何處是明・何處是見・在見在明・自何為畔。阿難。若明際中必無見者・則不相及・自不知其明相所在・畔云何成。彼暗與通・及諸羣塞・亦復如是。又妙見精非和合者・為非明合・為非暗合・為非通合・為非塞合・若非明合・則見與明・性相乖角。如耳與明・了不相觸。見且不知明相所在・云何甄明合非合理。彼暗與通・及諸羣塞・亦復如是。

阿難。汝猶未明一切浮塵諸幻化相・當處出生・隨處滅盡。幻妄稱相・其性真為妙覺明體。如是乃至五陰・六入・從十二處・至十八界・因緣和合・虛妄有生・因緣別離・虛妄名滅。殊不能知生滅去來・本如來藏。常住妙

明·不動周圓妙眞如性。性眞常中求於去來迷悟生死·了無所得。

佛說：「你先前雖然解悟到本覺靈妙光明的自性，既不屬於因緣所生，又不是自然的本能。但是你還沒有明白這個本覺根元，既不是和合自然界的各種現象所生，但又是和合自然界各種現象才能表現其作用。自然界的現象，不外明暗通塞四種境界。在這四種互相對待互爲消長的現象當中，你能見的自性，究竟與那一作用相和呢？如果與光明相和，當你看見光明在你眼前的時候，其間何處摻雜你能見的自性？倘若能見的自性有形相可以辨別，摻雜以後又變成那種形相呢？若是沒有能見的自性作用，怎樣又可以看見光明呢？如果認爲看見光明的就是自性，如何又可以見到這個能見的自性呢？倘若能見的自性本來圓滿，那麼，何處方與光明相和呢？如果說光明本自圓滿，就不需要與能見的自性相和。若能見的自性與光明有別，認爲摻雜起來才發生看見光明的作用，在理論上，就失去自性與光明的意義。假若摻雜起來，便失去了光明與自性的意義，那麼，所謂能見的自性與光明相和，當然也不合理了。其他如黑暗，以及通塞，都是同樣的道理。倘若認爲自然界的和合才產生自性功能的作用，都是錯誤的。從和的觀點來說是這樣，從合的觀點去研究，也同上面所講的道理一樣，不須辨別卽知。（自然界的一切現象，都是互相對待的。能見能知各種對待現象的自性，卻是超然獨立的。）

阿難說：「既然這樣，如我思惟：這個靈妙正覺的本元，與一切外界現象，以及心思念慮的作用，不是和合的了？」佛說：「你現在又說能知能見的自性功能，與自然界現象不相和合，便又落於偏差。假若不相和合，看見光明的時候，這個能見的自性與光明，必然各有他的邊際。你仔細研究，那裡是光明？那裡是能見自性的精靈？當能見的自性與光明接觸的時候，那裡是這兩種邊際的界限呢？如果光明的邊際裏，絕對沒有能見自性的作用，當然各不相干，自然也不知道光明的現象在那裏，更不知道光明的邊際。其他如黑暗，以及通塞，都同這個道理一樣。從不和的觀點來說是這樣，從不合的觀點去研究，假如能見的自性與光明根本不能相合，那麼，能見的見性與光明就互相違背，各不相干，猶如耳朵與光明根本就各不相關一樣。如果能見的自性尚且不知光明的現象在那裏，怎樣可以辨別它與光明相合或不相合呢？所以也同上面所講不和的道理是一樣，不須辨別卽知。」（自然界的萬有物象，以及虛空，本能都有放射的功能。人們自身的精神，也具有放射的作用。自性能見能知和感覺的作用，與萬象接觸，自然發生感覺知覺的作用。如果二者不相和合，卽不起作用。）

佛又說：「總之，你還不明了一切現象，都是自性本體上的浮塵光影。自然界一切現象的變幻形相，隨時隨地出現，也隨時隨地滅了。（能量的互相變動，才有物理現狀的形成。心理精神和能量互變，所以一切不定。）所有現象的形成與滅盡，都如幻變。這種幻妄變化的現象，形成自然界的形形色色。可是眞心自性本體，仍然是靈妙光明，不隨變幻而變化。人們心理生理的各種作用，如五陰（色、受、想、行、識。）六入（眼、耳、鼻、舌、身、意。）十二處（上面所講的六入與外界的色、聲、香、味、觸、法。）十八界（上面所講的十二處和眼、耳、鼻、舌、身、意等六識。）生起的心理生理的虛妄現狀。因緣分離，虛妄的現狀就跟著消滅。殊不知生滅去來的作用，都是自性本體功能的現象顯變。這個稱爲如來藏，或者眞如的自性卻永遠住於靈妙光明、如如不動的本位。周徧圓滿十方，在自性本體的眞常當中，求其去來生死與迷悟，也都是時間空間裡的變幻現象，其實在自性本體上，根本了無所得。」

阿難。云何五陰本如來藏妙眞如性。

阿難。譬如有人，以清淨目，觀晴明空，唯一晴虛，迥（音炯遠也）無所有。其人無故，不動目睛，瞪以發勞，則於虛空，別見狂華，復有一切狂亂非相。色陰當知亦復如是。阿難。是諸狂華，非從空來，非從目出。如是阿難，若空來者，既從空來，還從空入。若有出入，即非虛空。空若非空，自不容其華相起滅。如阿難體，不容阿難。若目出者，既從目出，還從目入。即此華性從目出故・當合有見。若有見者・去既華空・旋合見眼。若無見者・出既翳（音杏障也）空・旋當翳眼。又見華時・目應無翳。云何晴空・號淸明眼。是故當知色陰虛妄・本非因緣・非自然性。

阿難。譬如有人・手足宴安・百骸調適・忽如忘生・性無違順。其人無故・以二手掌・於空相摩・於二手中・妄生澀滑冷熱諸相。受陰當知亦復如是。三

阿難。是諸幻觸・不從空來・不從掌出。如是阿難。若空來者・既能觸掌・何不觸身・不應虛空選擇來觸。若從掌出・應非待合・又掌出故・合則掌知・離則觸入・臂腕骨髓・應亦覺知入時蹤跡。必有覺心・知出知入・自有一物身中往來。何待合知要名爲觸。是故當知受陰虛妄・本非因緣・非自然性。

阿難。譬如有人・談說酢（同醋）梅・口中水出。思蹋（音榻足踐也）懸崖・足心酸澀。想陰 四

當知，亦復如是。阿難。如是酢說，不從梅生，非從口入。如是阿難。若梅生者，梅合自談，何待人說。若從口入，自合口聞，何須待耳。若獨耳聞，此水何不耳中而出。想蹋懸崖，與說相類。是故當知，想陰虛妄，本非因緣，非自然性。

阿難。譬如瀑（音僕懸水也）流，波浪相續，前際後際，不相踰越。五 行陰當知，亦復如是。阿難。如是流性，不因空生，不因水有，亦非水性，非離空水。如是阿難。若因空生，則諸十方無盡虛空，成無盡流，世界自然俱受淪溺。若因水有，則此瀑流性應非水，有所有相，今應現在。若即水性，則澄清時，應非水體。若離空水，空非有外，水外無流。是故當知，行陰虛妄，本非因緣，非自然性。

阿難。譬如有人，取頻伽六 缾，塞其兩孔，滿中擎空，千里遠行，用餉他國。識七陰當知亦復如是。阿難。如是虛空、非彼方來、非此方入、如是阿難。若彼方來、則本缾中既貯空去、於本缾地應少虛空。若此方入、開孔倒缾應見空出。是故當知、識陰虛妄、本非因緣、非自然性。卷二終

一【五陰】陰讀為蔭、梵語塞犍陀、此翻為蘊、古譯為陰、意謂積聚覆盖之義、積聚有為、蓋覆眞性、不出色心二法、陰言五者、即後之色、受、想、行、識也、

二【色陰】色指形質而言、蓋謂一切色質、蓋覆眞性也、

三【受陰】受謂領納之義、冷暖澀滑之觸、於身者、能生苦樂諸感、蓋覆眞性也、

四【想陰】想謂結念之義、於境取像、起貪瞋癡、成十惡業、蓋覆眞性、要知想亦本空也、

五【行陰】行謂妄心遷流之意、前後中間、念念相續、依虛妄緣、造有漏業、法身流轉、遂成衆生、若知流質無性、生機宛然、則九法界、皆佛境界也、

六【頻伽瓶】頻伽或云共命之鳥、一身兩頭、頻伽瓶者、一瓶兩孔、蓋形似此鳥也、

七【識陰】識以了別為義、此識陰蓋指第八阿賴耶識也、藏諸業種、隨有情身、捨生受生、成於命濁、要知性色眞空、性空眞色、則豎窮橫遍、寂光現前矣、

心理與生理的五陰作用經驗的分析

佛說：「何以見得五陰（註二十六），（又名五蘊。）即心理與生理的本能，都是眞如（註二十七）自性的本體功能？」

「①色陰（註二十八）：譬如有人，用淸淨的眼睛，去觀看明朗的天空，自然晴空一片，渺無一物。假如這個人，始終不動的向空瞪視，眼神經便發生疲勞的變態，便會看見虛空中幻影的光華，或者其他種種不平常的景象。你要知道眼前身心所生與自然界色陰的現象，也同樣是自性本體功能的變態。這種虛空中的幻象光華，既不是來自虛空，也不是出自眼睛。假若是來自虛空，當然應該還入於虛空。可是虛空若有了出入，就不成爲虛空了。虛空既不成其爲虛空，自然不容許有幻覺光華的起滅。猶如你的身體，不能再容納另一個阿難一樣。如果幻象的光華，是從眼睛而出，當然也應該還入於眼睛。既然光華出自眼睛，自己當然可以看見光華的出處。假若光華是可以見到的，光華出去，眼內自然淸淸淨淨，應該也可以轉而見到自己眼睛的肉質形狀。如果光華的存在，是不可見的，出去既然遮蔽虛空，回來應當也遮蔽眼目。再說：當眼睛看得見光華的時候，它當然是沒有受到遮蔽，何以又必須要晴朗的虛空，才能現出眼睛的清淨與不清淨呢？所以應當知道身心交感發生的色陰，都是時間空間裏的虛妄暫有現象。既不屬於因緣所生，也不是自然界的性能。

「②受陰（註二十九）：譬如有人，手足沒有病，四肢百骸都很舒適，並不記得身體的存在，根本沒有違順的感覺。假若這個人用兩隻手掌，自己互相摩擦，心裏便會發生澁滑或冷熱的感覺。生理交感的受陰作用，也同是這個道理。這種感受現象，既不來自虛空，也不出自手掌。假若是來自虛空，它既能使手掌有所感觸，身上其他部分又何以不能同時感觸呢？難道虛空會選擇感覺的處所？如果這種感觸出自手掌，應該不靠摩擦便已具有。再說：感覺如從手掌心裏發生，兩手合攏摩擦，掌心才知道有感受，那兩手離開摩擦作用，感覺應該鑽回身內。那麼，臂、腕、骨髓等部份，應該也同時知道感受鑽回的情形。如果另外還有一個知覺的心，可以知道感受作用的出入，這個知覺，自然是另外一個東西，在身中往來。更何須等到兩手合攏摩擦以後，才會知道有這一個感觸呢？所以應當知道生理感覺的受陰，都是時間空間裏的虛妄暫有現象。既不屬於因緣所生，也不是自然界的性能。

「③想陰（註三十）：譬如有人，談說酸梅的味道，嘴裏就會流出口涎。想到脚踏懸崖，足心就會發生酸澁的感覺。想陰的思想變化作用，也同是這個道理。例如說到酸梅，嘴裏就流涎。這種酸涎，既不從酸梅流出，也不是無故從嘴裏流出。假若是從酸梅生出，梅子應該自會說酸，何必要人來說。如果嘴裏聽到酸梅便會流出酸性的津液，嘴吧應該自聽，何必要等到耳朵發生聽覺，嘴裏才流出涎來呢？如果是耳朵聽到，酸涎就會流出，那麼這種酸涎，爲什麼不從耳朵內流出來呢？又如想到脚踏懸崖，足心就會酸澁，也和嘴流酸涎的道理一樣。所以應當知道想陰的知覺、感覺、幻覺、錯覺等等心理思想，都是時間空間裏的虛妄暫有現象。既不屬於因緣所生，也不是自然界的性能。

「④行陰（註三十一）：譬如一股暴流的水，波浪一個一個互相連續。前面的波浪與後面的波浪，連續不斷，並不超越。從表面看去，確是一股强有力的暴流。身心本能活動的行陰作用，也同是這個道理。水的動力流性，不從虛空而生，也不是水自身具有，更不是水性一定要流。但是又離不開空間與流水作用。假若水流從虛空而生，那麼，十方無盡的虛空，都成為無盡的流水，世界自然都會受到沉淪。如果這個流性是水自身所具有的，那麼，它應該另有一種性能，不屬於水而單獨存在，別有形相，淸楚的在那裏。如果這個流性就是水性，那麼，靜止不動的時候，應該不是水的自體了。假若暴流的形成，是離開虛空與水的自性，另外別有一種動能。可是事實上，虛空以外，更沒有虛空可得，水流以外，更沒有水流存在。所以當知身心本能活動的行陰，都是時間空間裏的虛妄暫有現象。既不屬於因緣所生，也不是自然界的性能。

「⑤識陰（註三十二）：譬如有人，拿一個寶貴的瓶子，塞住兩頭的孔穴，裡面裝滿了虛空，帶去千里以外的國土。精神生命的識陰活動作用，也同是這個道理。瓶子裏的虛空，既不是從那一處空間而來，也不是從這一處空間而入。假若是從那一處的空間裝進了虛空，那麼，這個原有的瓶子，既然帶着這一處的虛空離去，在原有的地點，應該少了一瓶虛空。如果瓶子裏的虛空，在到達目的地時，傾入空間，那麼，打開瓶孔，傾倒的一剎那，應該可以看見瓶裏的虛空倒出。（人生精神生命活動的作用，猶如空瓶狀況。身體中間，除了生理的各種機能以外，並無一個精神的實質。祇是自性眞空功能所生的識陰，在支使身心內外的活動。）所以當知識陰所生精神意識的生命活動，都是時間空間裏的虛妄暫有現象。既不屬於因緣所生，也不是自然界的性能。」（以上第二卷竟。）

（註廿六）五陰：又曰五蘊。即色陰、受陰、想陰、行陰、識陰。陰者蓋覆之義，蓋覆眞性故，蘊者積聚之義，積聚有爲故。

（註廿七）眞如：一眞一切眞，五陰皆眞。一如一切如，五陰皆如。全相皆性，故曰眞如自性。

（註廿八）色陰：色即五根（眼耳鼻舌身。）六塵（色聲香味觸法。）），有形質可緣曰色，變礙爲義。剎那無常，終歸變滅。現前形質能爲障礙。

（註廿九）受陰：受即徧行五心所中受心所，以領納爲義。領納違（苦境）順（樂境）俱非（不苦不樂）境相，而生苦受、樂受、捨受（苦樂雙捨，卽不苦不樂也。）三受。

（註卅）想陰：想亦五徧行中想心所，以緣慮爲義，能安立自境分齊。諸識雖皆能安立自境，而意識偏强，以能緣慮三世境故，卽以意識爲想陰。

（註卅一）行陰：卽五徧行中思心所，能驅役自心，造作善不善等業，卽是業行。於百法中，攝法最多。以造作遷流爲義。雖八識皆有遷流，而第七末那識，恒審思量，念念相續不斷，遷流最勝。卽以七識爲行陰。喻如暴流，波浪相續。

（註卅二）識陰：卽阿賴耶識，以了別爲義，能了別自分境故。以受想行三陰，已分配前七識，此當獨指第八阿賴耶識。經文以瓶外空喻藏性，以瓶內空喻識性，祇因迷執成二。

復次阿難。云何六入本如來藏妙眞如性。

阿難。卽彼目睛瞪發勞者。兼目與勞同是菩提瞪發勞相。因於明暗二

種妄塵·發見居中·吸此塵象·名爲見性。此見離彼明暗二塵·畢竟無體。如是阿難。當知是見·非明暗來·非於根出·不於空生。何以故。若從明來·暗即隨滅·應非見暗。若從暗來·明即隨滅·應無見明。若從根生·必無明暗。如是見精·本無自性。若於空出·前矚塵象·歸當見根。又空自觀·何關汝入。是故當知眼入虛妄·本非因緣·非自然性。

阿難。譬如有人·以兩手指·急塞其耳·耳根勞故·頭中作聲·兼耳與勞·同是菩提瞪發勞相。因於動靜二種妄塵·發聞居中·吸此塵象·名聽聞性。此聞離彼動靜二塵·畢竟無體。如是阿難·當知是聞·非動靜來·非於根出·不於空生。何以故。若從靜來·動即隨滅·應非聞動。若從動來·靜即隨滅·應無覺靜。若從根生·必無動靜。如是聞體·本無自性。若於空出·有聞成性·即非虛空。又空自聞·何關汝入。是故當知·耳入虛妄·本非因緣·非自然性。

阿難。譬如有人．急畜(音旭縮氣也)其鼻．畜久成勞．則於鼻中．聞有冷觸．因觸分別．通塞虛實．如是乃至諸香臭氣．兼鼻與勞．同是菩提瞪發勞相。因於通塞二種妄塵．發聞居中．吸此塵象．名齅(同嗅吸氣也)聞性。此聞離彼通塞二塵．畢竟無體。當知是聞．非通塞來．非於根出．不於空生。何以故．若從通來．塞則聞滅．云何知塞。如因塞有．通則無聞．云何發明香臭等觸。若從根生．必無通塞。如是聞機．本無自性。若從空出．是聞自當迴齅汝鼻。空自有聞．何關汝入。是故當知鼻入虛妄．本非因緣．非自然性。

阿難。譬如有人．以舌舐(音士舌觸也)吻(音穩口角也)．熟舐令勞。其人若病．則有苦味。無病之人．微有甜觸。由甜與苦．顯此舌根．不動之時．淡性常在．兼舌與勞．同是菩提瞪發勞相。因甜苦淡二種妄塵．發知居中．吸此塵象．名知味性。

此知味性·離彼甜苦及淡二塵·畢竟無體。如是阿難。當知如是嘗苦淡知·非甜苦來·非因淡有·又非根出·不於空生。何以故。若甜苦來·淡則知滅·云何知淡。若從淡出·甜即知亡·復云何知甜苦二相。若從舌生·必無甜淡及與苦塵。斯知味根·本無自性。若於空出·虛空自味·非汝口知。又空自知·何關汝入。是故當知·舌入虛妄。本非因緣·非自然性。

阿難。譬如有人·以一冷手。觸於熱手。若冷勢多·熱者從冷。若熱功勝·冷者成熱。如是以此合覺之觸·顯於離知。涉勢若成·因於勞觸。兼身與勞·同是菩提瞪發勞相。因於離合二種妄塵·發覺居中·吸此塵象·名知覺性。此知覺體·離彼離合違順二塵·畢竟無體。如是阿難。當知是覺非離合來·非違順有·不於根出·又非空生。何以故。若合時來·離當已滅·云何覺離。違順二相·亦復如是。若從根出·必無離合違順四相。則汝身知元無自性。必於空出．空自知覺．何關汝入。是故當知身入虛妄。本非因緣．非自然性。

阿難．譬如有人．勞倦則眠．睡熟便寤（音悟）覽三塵斯憶．失憶為忘．是其顛倒四生住異滅．吸習中歸．不相踰越．稱意知根。兼意與勞．同是菩提瞪發勞相。因於生滅二種妄塵．集知居中．吸撮（音緅取也）內五塵．見聞逆流．流不及地．名覺知性。此覺知性．離彼寤寐生滅二塵．畢竟無體。如是阿難．當知如覺知之根．非寤寐來．非生滅有．不於根出．亦非空生。何以故．若從寤來．寐即隨滅．將何為寐。必生時有．滅即同無．令誰受滅．若從滅有．生即滅無．誰知生者。若從根出．寤寐二相．隨身開合．離斯二體．此覺知者．同於空華．畢竟無性。若從空生．自是空知．何關汝入。是故當知．意入虛妄．本非因緣．非自然性。

一【六入】梵語波羅吠奢此譯云入、亦云處、有涉入吸入二義、謂眼耳鼻舌身意六根、各能吸納所對之塵境也、

二【瞪發勞相】目喻眞智、瞪喻一念無明、勞相喻見相二分、瞪與勞相皆依菩提淨性所起、了妄即眞、妄無自體、故爲如來藏妙眞如性也、

三【覽塵斯憶】謂當醒時、眼見外像、心中即因此像、而起聯想觀念也、

四【顚倒生住異滅】生即是憶、滅即是忘、住異居中、四相遷流、無或停息、迷妄爲有、故曰顚倒也、

五【內塵】即法塵也、意根內緣、常取生滅、於中分別、非同前五、對境方生、故曰內塵也、

心理與生理的六根作用（五官與意識）經驗的分析

佛說：「其次，何以見得六入（卽六根，包括五官與意識）的作用，都是眞如自性的本體功能呢？

「①眼。例如上面所說的，眼睛瞪視虛空，發生疲勞，看見虛空裏幻變的光華現象。須知眼睛和疲勞所生的幻變作用，二者都是正覺自性所發生的變態。因爲自然界有光明與黑暗兩種現象，人們在其中發生看見的作用，吸收這種種現

家，就稱之爲見的性能。這個看見的作用，離開明暗兩種現象，畢竟沒有一個固定的自體。因此當知這個看見的性能，不從明暗而來，也不由眼睛而出，更不是虛空自然所生。假若是從光明而來，遇到黑暗的時候，看見的性能，應該跟著光明消滅，何以又可以看見黑暗呢？如果是從黑暗而來，遇到光明的時候，看見的性能，應該跟著黑暗消滅，何以又可以看見光明呢？假若是從眼睛而出，眼睛並沒有儲備明暗兩種現象。那麼，這個能見的精靈，本來就無自性了。如果是從虛空所生，面前可以看到自然界的現象，反轉回來，也應該可以看見眼睛。再說：如果是虛空所生，乃是虛空自己在看，與眼睛又有什麼相干呢？所以當知眼睛吸收外界現象的「眼入」，都是時間空間裏的虛妄暫有現象。既不屬於因緣所生，也不是自然界的性能。

「②耳。譬如有人，用手指很快的塞住兩個耳朵，塞久了，耳朵與聽覺，就發生疲勞的變態，聽到頭腦裏有嗡嗡的聲音。須知耳朵與疲勞作用，二者都是正覺自性所發生的變態。因爲虛空有動靜兩種境界，人們在其中發生聞聽的作用，感受這種有聲無聲的動靜現象，我們稱之爲聽的性能。這個聞聽的作用，離開動靜兩種境界畢竟沒有一個固定的自體。因此當知聞聽的性能，既不從動靜的聲音而來，也不由耳朵而出，更不是虛空自然所生。假若是從無聲的靜境而來，聽到有聲時，聞性應該已隨著靜境消滅，何以又可以聽到有聲的響動呢？如果是從有聲的響動而來，當無聲時，聞性應該跟著響動而消滅，何以又可以聽到無聲的靜境呢？假若是從耳朵而出，耳朵並沒有儲備動靜兩種境界。那麼，這個聞聽的作用，本來就沒有自性了。如果是虛空所生，虛空既然自有聞聽的性能，就不是虛空了。再說：虛空自然能聞，與耳朵聽聞又有什麼相干呢？所以當知耳朵聞聽感受外界有聲無聲動靜等的「耳入」，都是時間空間裡的虛妄暫有現象。既不屬於因緣所生，也不是自然界的性能。

「③鼻。譬如有人，用力急搐鼻子，鼻子搐久了，發生疲勞的變態，就有冷氣吸入的感觸。因爲有這種感觸，便分別出鼻子的通塞與虛實，以及香臭等氣味。須知鼻子與疲勞作用，二者都是正覺自性所發生的變態。因爲有通塞兩種現象，人們在其中發生嗅覺的作用，感受這種通塞現象的，我們稱之爲嗅覺的性能。這個感受，離開通塞兩種現象，畢竟沒有一個固定的自體。因此應當知道這個感受的性能，旣不是從通塞而來，也不是由鼻子而出，更不是虛空自然所生。假若是因暢通而來，鼻子塞住的時候，感受的性能，應該也跟著暢通而消滅，何以又可以感受堵塞呢？如果是從堵塞而來，當暢通時，應該又跟著堵塞而消滅，何以又可以了解香臭等等感觸呢？假若是從鼻子而出，鼻子裏並沒有儲備通塞等現象。那麼，這個嗅覺的性能本來就無自性了。如果是由虛空所生，虛空裏的嗅覺應當可以嗅到你的鼻子，並且虛空自然有嗅覺的作用，與鼻子感受又有什麼相干呢？所以當知鼻子內外感受的「鼻入」，都是時間空間裏的虛妄暫有現象。旣不屬於因緣所生，也不是自然界的性能。

「④舌。譬如有人，用舌舐自己的嘴唇，舐久以後，嘴唇發生疲勞的變態。這個人如果有病，就感覺到有苦味。如果無病，就有甜的感覺。因爲有甜與苦的不同，才顯出舌頭的感覺作用。當嘴唇與舌頭不動的時候，應該是淡然無味的。

須知口舌與味道的作用，都是正覺自性所發生的變態。因爲有甜苦淡等味性的變化，人們在其中發生感覺的作用，吸收各種變化的味性，我們稱之爲知味的性能。這個知味感覺的作用，離開甜苦淡等變化，畢竟沒有一個固定的自體。因此應當知道這個會嘗甜苦淡的味性，既不是從甜苦淡而來，也不是由舌頭而出，更不是從虛空所生。假若是從甜苦而來，嘗到無味時，這個知味感覺的作用，應該也跟著甜苦而消滅，何以又可以感覺到淡呢？如果是由淡而出，嘗到甜味時，知性就應該消滅了，何以又會感覺到甜苦二味呢？如果是從舌頭而出，舌頭沒有儲備甜淡苦的味素。那麼，這個知味的感覺，本來就無自性了。如果是從虛空所生，虛空自有味性的感覺，不必經由你的口舌才知味性的變化。再說：是虛空自知嘗味，與舌頭知味的感覺，又有什麼相干呢？所以當知舌頭分別知味感覺的「舌入」，都是時間空間裡的虛妄暫有變化。既不屬於因緣所生，也不是自然界的性能。

「⑤身。譬如有人，一隻手是冷的，一隻手是熱的，用冷的手，去接觸熱的手，如果冷手溫度很低，熱手的溫度便跟著下降。如果熱手溫度高，冷手的溫度便跟著升高。這樣冷熱接觸與分開的作用，就發生了感觸，顯出知覺的作用。冷熱互相交流，發生感觸疲勞的變化。須知身體與感觸疲勞的現象，都是正覺自性所發生的變態。因爲有接觸與分開兩種感受作用，人們在其中發生感覺的反應，吸收冷熱等各種現象，我們稱之爲知覺的性能。這個知覺的體性，離開接觸與分開的兩種感覺作用，畢竟沒有一個固定的自體。因此當知這個知覺的作用，既不從接觸與分開的感覺而來，也不從你合意與不合意才有。既不是由身體而生，也不從虛空所出。假若從接觸的時候才有感覺，當分開的時候，感覺就跟著接觸離開而消滅，何以又能够知道感覺分開了呢？合意與不合意二種作用，也是這個道理。如果是從身體而生，身體上沒有儲備接觸分開合意與不合意的四種固定現象。那麼，你身體上的這個知覺，元來就無自性了。如果是從虛空所出，虛空自有知覺，與身體的感覺又有什麼相干呢？所以當知身體感覺外界冷熱等的「身入」，都是時間空間裏的虛妄暫有現象。既不屬於因緣所生，也不是自然界的性能。

「⑥意。譬如有人，勞苦疲倦就要睡眠，睡够了便覺醒，看見過的事情就會記憶，失去記憶就是忘記。生命過程的各種事實與思想，生起、保存、變易、消滅的種種顚倒經驗，習慣的吸收存留在心裡，似乎很有次序地潛伏著。這種情形，就叫做意識知覺作用。須知意識與知覺疲勞現象，二者都是正覺自性所發生的變態。因爲有生起滅了兩種作用，人們自性有收集知覺的功能，在生滅兩種作用中間，吸收保留，形成內在知覺思想的境界，發生能知能聞等作用。如果廻轉見聞功能之流，流不及地，空空洞洞，了了明明的境界。這種現象，我們稱之爲知覺的性能。這個知覺的性能，如果離開睡眠淸醒與生滅等相對的作用，畢竟沒有一個固定的自體。因此當知這個知覺的根元，不從睡眠淸醒生滅作用而有，也不從身體上而出，更不是虛空所生。假若是從淸醒來的，到了睡眠的時候，這個知覺的作用，已經跟著淸醒的現象而消滅，何以又會睡眠呢？如果一定在思想生起的時候，才有知覺的作用，思想滅掉的時候，就不應該知道思想已經滅了，還有誰可以知覺到思想的消滅呢？如果知覺是從思想滅了而有，那麼，思想再生起時，知覺已經跟著滅了而消滅，這中間誰又知覺得思想的再生起呢？如果知道的作用，是從身體內部而出，睡眠與淸醒兩種現象，都憑藉身體才發生作用。假若離開睡眠與淸醒兩種行爲，這個知覺的作用，等於虛空中的花朵，畢竟沒有固定的自性。如果是從虛空所生，虛空自有知覺，與人身的知覺又有什麼相干呢？所以當知意識知覺思想的「意入」，都是時間空間裡的虛妄暫有現象。既不屬於因緣所生，也不是自然界的性能。」

復次阿難。云何十二處本如來藏妙眞如性。

阿難。汝且觀此祇陀樹林及諸泉池。於意云何。此等爲是色生眼見。眼生色相。阿難。若復眼根生色相者。見空非色。色性應銷。銷則顯發一切都無。色相旣無。誰明空質。空亦如是。若復色塵生眼見者。觀空非色。見即銷亡。亡則都無・誰明空色。是故當知見與色空・俱無處所。即色與見・二處虛妄。本非因緣・非自然性。

阿難。汝更聽此祇陀園中・食辦擊鼓・衆集撞鐘・鐘鼓音聲・前後相續。於意云何。此等為是聲來耳邊・耳往聲處。阿難・若復此聲・來於耳邊・如我乞食室羅筏城。在祇陀林・則無有我。此聲必來阿難耳處。目連[二]迦葉・應不俱聞。何況其中一千二百五十沙[三]門・一聞鐘聲・同來食處。若復汝耳・往彼聲邊。如我歸住祇陀林中。在室羅城・則無有我。汝聞鼓聲・其耳已往擊鼓之處・鐘聲齊出・應不俱聞。何況其中象馬牛羊・種種音響。若無來往・亦復無聞。是故當知聽與音聲・俱無處所。即聽與聲・二處虛妄。本非因緣・非自然性。

阿難。汝又齅此鑪(同爐)中[四]・栴檀此香。若復然於一[五]・銖(音朱)室羅筏城四十里內、同時聞氣。於意云何。此香爲復生栴檀木、生於汝鼻、爲生於空。阿難。若復此香生於汝鼻、稱鼻所生、當從鼻出。鼻非栴檀、云何鼻中有栴檀氣。稱汝聞香、當於鼻入。鼻中出香、說聞非義。若生於空、空性常恒、香應常在、何藉鑪中爇（讀熱燒也）此枯木。若生於木、則此香質、因爇成烟。若鼻得聞、合蒙烟氣。其烟騰空、未及遙遠、四十里內、云何已聞。是故當知、香鼻與聞、俱無處所。即齅與香、二處虛妄、本非因緣、非自然性。

阿難。汝常二時、六衆中持鉢、七其間或遇酥（蘇）酪（洛）醍（提）醐（胡）、八名爲上味。於意云何。此味爲復生於空中、生於舌中、爲生食中。阿難。若復此味生於汝舌、在汝口中、祇有一舌。其舌爾時已成酥味、遇黑石蜜、九應不推移。若不變移、不名知味。若變移者、舌非多體、云何多味一舌之知。若生於食、食非有識、云何自知。又食自知、即同他食、何預於汝、名味之知。若生於空、汝噉(音淡食也)虛空·當作何味。必其虛空若作鹹味·既鹹汝舌·亦鹹汝面·則此界·人同於海魚。既常受鹹·了不知淡。若不識淡·亦不覺鹹。必無所知·云何名味。是故當知味舌與嘗·俱無處所。即嘗與味·二俱虛妄。本非因緣·非自然性。

阿難。汝常晨朝以手摩頭。於意云何。此摩所知·誰爲能觸·能爲在手·爲復在頭。若在於手·頭則無知·云何成觸。若在於頭·手則無用·云何名觸。若各各有·則汝阿難應有二身。若頭與手一觸所生·則手與頭當爲一體。若一體者·觸則無成。若二體者·觸誰爲在。在能非所·在所非能。不應虛空與汝成觸。是故當知覺觸與身·俱無處所。即身與觸·二俱虛妄。本非因緣·非自然性。

阿難。汝常意中所緣善惡無記三性·生成法則。此法爲復即心所生·爲當離心·別有方所。阿難。若即心者·法則非塵。非心所緣·云何成處。若離於心·別有方所·則法自性·為知非知。知則名心·異汝非塵·同他心量。即汝即心·云何汝心·更二於汝。若非知者·此塵既非色聲香味·離合冷煖·及虛空相·當於何在。今於色空·都無表示·不應人間·更有空外。心非所緣·處從誰立。是故當知·法則與心·俱無處所。則意與法·二俱虛妄。本非因緣·非自然性。

一　【十二處】處者方所之義、六根六塵、對成十二、總為心識起滅出入之方所、故曰十二處也、

二　【目連迦葉】即目犍連迦葉波二人同為佛之大弟子、已見前注、

三　【沙門】此云勤息、勤修戒定慧、息滅貪嗔癡、為出家之總稱也、一千二百五十人、乃佛之常隨弟子、

四　【栴檀】經言牛首栴檀、生臭木叢中、中秋月滿之時、從地猝生、初如竹筍、成栴檀樹、其味上妙、為香木中第一、

五　【一銖】銖音朱、重量名、二十四銖重為一兩、言其至少也、

六　【二時】日初日中二飯之時也、

七　【鉢】梵云鉢多羅此云應器僧人之食具也、

八　【酥酪醍醐】案涅槃經云從乳出酪從酪出生酥從生酥出熟酥從熟酥出醍醐皆言上味也、

九　【黑石蜜】甘蔗之糖其堅如石故曰石蜜也、

一〇　【善惡無記三性】會解曰善惡緣慮心也無記昏住心也案善性即百法所謂信精進慚愧無貪無嗔無癡輕安不放逸行捨不害十一善心所有法也惡性即貪嗔慢無明疑不正見六位煩惱所攝也無記性即睡眠惡作尋伺四不定法所攝也、

身心與外界作用（十二處）經驗的分析

佛又說：「何以見得十二處（身心與外界）本能，都是眞如自性的本體功能呢？

「①眼與色相。你現在擧眼去看外面的樹林，以及園中的泉池。這些色相，是因爲有色相才生出眼睛看見的性能？還是因爲有眼睛才生出色相的現象呢？假若是眼睛生出色相的現象，那麽，當眼睛看虛空時，虛空並沒有色相。色相的性能消滅，應該顯出一切俱無。既然一切色相俱無，誰又明白那便是虛空呢？同樣的，辨析虛空，也是這個道理。（如果虛空根本是什麼色相都沒有，又拿什麼叫做虛空呢？）假若是外界色相生出眼睛看見的性能，那麼，觀看虛空沒有色相，這個可以看見的性能也應該消滅。見能既然消滅，其他一切也就沒有了，誰又能明白何者是虛空，何者是色相呢？所以當知，可以看見的性能，與外界色相和虛空，都沒有固定的所在。也就是說見能和色相，二者都是虛妄的暫有現象。既不屬於因緣所生，也不是自然界的本能。

「②耳與聲音。你再聽這個園林裏面，通知大衆吃飯時，就打鼓。集合大衆時，就撞鐘。鐘鼓聲音，前後連續。試問，這是聲音來到耳邊？還是耳朵去到聲音那裏？假若是聲音來到耳邊，就如同我到城裏去乞食，此地就沒有我了。同樣的，假如這個聲音已經到了你的耳邊，其他的人，應該都不再聽到。但是何以很多的人，可以同時聽到鐘聲，同時都來集會呢？如果是你的耳朵到達聲音那邊，如同我從城裏回來此地，城裡就沒有我了。同樣的，當你聽到打鼓的聲音，你的耳朵已經去鼓的所在，若同時鐘聲發出，應該不能同時聽到。更何況在同一時間，另外還有象、馬、牛、羊種種動物及其他混雜聲音。如果聽能與聲音，不是來往接觸的，那麼，一切聲音便應該聽不到了。（聲音是音波振動，發出聲浪，普遍傳達，發生耳膜聽覺的反應。音波雜亂，聽覺亦可同時聽到雜亂的聲音。既不是耳朵去聲邊，也不是聲音來耳際。音波達不到，耳膜就沒有聽覺的反應。以上所說，祇是說明聽覺與聲音的偶然作用，並不常存。換一個例來說：例如心中有事，沉思很深。雖然有音波聲浪到達耳膜，因爲心不在焉，也不起聽覺的反應。並且音波聲浪，亦受時間空間的限制，暫有還無。聽覺的作用，亦受心理與時空的限制，忽起忽滅，都沒有實際長存的。）所以當知，聽覺與聲音，都沒有固定的所在。也就是說聽覺與聲音，二者都是虛妄的暫有現象。既不屬於因緣所生，也不是自然界的本能。

「③鼻與嗅覺。你現在再嗅這個鑪中所燃的旃檀香氣。這種香，假使燃燒很多，整個城內，都會嗅到香氣。試問，這種香氣，是生於旃檀木？還是出在鼻子裡？抑或發生在虛空中？假若這種香氣出在你的鼻子裡，既然從鼻所出，那香氣應當從鼻子裡噴出來。鼻子不是旃檀木，何以鼻子裡會有旃檀香氣？再說，你嗅聞到香氣，應當是從鼻子吸入，若說香氣從鼻子裡出來，卻說是嗅聞到的，便不合理了。如果是香氣生於虛空，虛空的本性是永遠一樣的，香氣也應該永遠存在，何以必須靠鑪中燃燒枯木，才會有香氣呢？如果香氣是發生在旃檀木上，那麼，這種香質，因爲燃燒而變成烟，鼻子嗅到香氣時，應該先受到烟氣籠罩，才會聞到香味。何以烟氣騰空，散佈還不太遠，而數十里內，都已嗅聞到了呢？（香嗅都是放射性的作用，使鼻管嗅覺發生反應。旃檀木發出的烟，並不是香，衹是木質燃燒以後，質量轉變，成爲烟霧。以上所講，祇是說明嗅覺與氣味的偶然感應作用而已。）所以當知，鼻和嗅覺與香味，都沒有固定的所在。也就是說嗅覺與香味，二者都是虛妄的暫有現象。既不屬於因緣所生，也不是自然界的性能。

「④舌與味覺。你要吃飯時，去托鉢乞化。其中遇有酥酪醍醐，稱之爲上等滋味。這種滋味，是虛空中自生？還是從舌頭發生？抑或是存在於食物裡面呢？假若這種滋味，是從舌頭發出，在你的嘴裡祇有一個舌頭，這個舌頭，已經成爲酥酪味，再遇到蜜糖，應該不會再變移。如果眞的不變，就不能稱爲知道滋味，如果變移，舌頭祇有一條，何以一個舌頭，嘗出很多種滋味呢？如果滋味存在於食物裡面，食物並沒有知覺分別，怎能自知滋味？再說：食物自知滋味，等於是別人在飲食，於你有何相干，又怎能稱爲知味呢？如果滋味是虛空中自生，那麼，你啾虛空，虛空卻是什麼滋味？假使虛空是鹹味，既然鹹了你的舌頭，也應該同時鹹了你的臉。如果這樣，這個世界的人，都和海魚一樣了。而且既然常常受到鹹味，便不會知道淡味，可是若眞不知道淡味，當然也就不會覺得鹹味了。鹹淡都不知道，怎麼稱之爲味呢？（舌頭有感覺滋味的味覺神經，因爲食物本身的味素不同，吃到嘴裡，舌頭的味覺反應就不同，所以知道味別。上面所說的舌頭祇有一條，何以同時嘗到很多種滋味，祇是說明舌與滋味的反應作用並不常在。）所以當知，滋味和舌頭與味覺，都沒有固定的所在。也就是說嘗性與味覺，二者都是虛妄的暫有現象。既不屬於因緣所生，也不是自然界的本能。

「⑤身體與感觸。你在早晨，用手摸頭，這個摸觸的知覺，是誰能夠感觸呢？試問，能感觸的是手？還是頭？假若是手，頭就不會有知覺，何以頭也會知覺呢？如果知覺在頭，手就沒有用，又怎能叫做感觸呢？如果手與頭，各自都有感觸的知覺，那你一個人，應該有兩個身體。如果頭與手是一個知覺所生的感觸，那麼，手與頭，就是一體了。眞的是一體，感觸究竟在那裡呢？如果是在本能內，本能沒有固定所在。假定有固定所在，就不是本能了。離開本能與固定所在，虛空當然不可能與你發生感觸的。所以你應當知道，身體感覺的作用和身體，都沒有一個固定的處所。也就是說身體作用與感覺，二者都是虛妄的暫有現象。既不屬於因緣所生，也不是自然界的本能。

「⑥意識與思想。人們意識所生的思想，不外善的、惡的、無記的三種性能，產生種種法則。這個思想法則，是由心所生，或是離心以外，別有一個所在？若思想的就是心，那麼，思想所生的法則，就不是自心抽象的影像。如果不是自心所起，那麼，思想根元究竟在那裡呢？如果離開自心，另有所在，那麼思想法則的性質，是有知的呢？還是無知的呢？如果是有知的，那就可以稱之爲心了。既是自心，這與你抽象的印象是不同的。因爲那個有知的思想，同樣等於你自心的能量。如果這也就是你的心，何以你的心所產生的思想，有時候又不同於你的個性呢？如果思想本自無知的，那麼，這個思想作用，事實上，並不就是色、聲、香、味、離合、冷煖、虛空形象等等任何那一樣物象。那麼，它究竟是在那裡呢？現在的色相與虛空，實際上都沒有思想的表示。不應該說，現實人間以外，還有另一個虛空存在。既然心不是可以把捉的東西，心所生的意識處所，又從何去建立呢？所以應當知道，思想與心，都沒有一個固定的所在。那麼，心所生的意識與思想法則，兩種都是虛妄的暫有現象。既不屬於因緣所生，也不是自然界的本能。」

復次阿難。云何十八界本如來藏妙眞如性。

阿難。如汝所明眼色爲緣。生於眼識。此識爲復因眼所生。以眼爲界。因色所生。以色爲界。阿難。若因眼生。既無色空。無可分別。縱有汝識。欲將何用。汝見又非青黃赤白。無所表示。從何立界。若因色生。空無色時。汝識應滅。云何識知是虛空性。若色變時。汝亦識其色相遷變。汝識不遷。界從何立。從變則變。界相自無。不變則恒。既從色生。應不識知虛空所在。若兼二種。眼色共生。合則中離。離則兩合。體性雜亂。云何成界。是故當知眼色爲緣。生眼識界。三處都無。則眼與色。及色界三。本非因緣。非自然性。

阿難。又汝所明耳聲爲緣。生於耳識。此識爲復因耳所生。以耳爲界。因聲所生。以聲爲界。阿難。若因耳生。動靜二相。既不現前。根不成知。必無所知、知尙無成、識何形貌。若取耳聞、無動靜故、聞無所成。云何耳形、雜色觸塵、名爲識界。則耳識界、復從誰立。若生於聲、識因聲有、則不關聞、無聞則亡聲相所在。識從聲生、許聲因聞而有聲相、聞應聞識、不聞非界。聞則同聲。識已被聞、誰知聞識。若無知者、終如草木。不應聲聞雜成中界。界無中位、則內外相、復從何成。是故當知、耳聲爲緣、生耳識界、三處都無、則耳與聲、及聲界三、本非因緣、非自然性。

阿難。又汝所明、鼻香爲緣、生於鼻識。此識爲復因鼻所生、以鼻爲界。因香所生、以香爲界。阿難。若因鼻生、則汝心中、以何爲鼻。爲取肉形雙爪之相。爲取齅知動搖之性。若取肉形、肉質乃身、身知即觸、名身非鼻、名觸即塵。鼻尙無名、云何立界。若取齅知、又汝心中、以何爲知。以肉爲知、則肉之知、元觸非鼻。以空爲知、空則自知、肉應非覺。如是則應虛空是汝·汝身非知。今日阿難·應無所在。以香爲知·知自屬香·何預於汝。若香臭氣·必生汝鼻·則彼香臭二種流氣·不生伊蘭及栴檀木二物不來汝自齅鼻·爲香爲臭。臭則非香·香則非臭。若香臭二俱能聞者·則汝一人應有兩鼻。對我問道·有二阿難·誰爲汝體。若鼻是一·香臭無二·臭既爲香·香復成臭。二性不有·界從誰立。若因香生·識因香有。如眼有見·不能觀眼。因香有故·應不知香。知即非生·不知非識。香非知有·香界不成。識不知香·因界則非從香建立。既無中間·不成內外。彼諸聞性·畢竟虛妄。是故當知·鼻香爲緣·生鼻識界·三處都無。則鼻與香及香界·三本非因緣·非自然性。

阿難·又汝所明·舌味爲緣·生於舌識。此識爲復因舌所生·以舌爲界。因味所生·以味爲界。阿難·若因舌生·則諸世間甘蔗·烏梅·黃連·石鹽·細辛·

薑·桂·都無有味。汝自嘗舌·為甜為苦。若舌性苦·誰來嘗舌。舌不自嘗·孰為知覺。舌性非苦·味自不生·云何立界。若因味生·識自為味·同於舌根·應不自嘗·云何識知是味非味。又一切味·非一物生。味既多生·識應多體。識體若一·體必味生。鹹淡甘辛·和合俱生·諸變異相·同為一味·應無分別。分別既無·則不名識·云何復名舌味識界。不應虛空·生汝心識。舌味和合·即於是中·元無自性·云何界生。是故當知·舌味為緣·生舌識界·三處都無。則舌與味·及舌界三·本非因緣·非自然性。

阿難。又汝所明·身觸為緣·生於身識。此識為復因身所生·以身為界。因觸所生·以觸為界。阿難。若因身生·必無合離·二覺觀緣·身何所識。若因觸生·必無汝身·誰有非身知合離者。阿難。物不觸知·身知有觸。知身即觸·知觸即身。即觸非身·即身非觸。身觸二相·元無處所。合身即為身自體性。離身即是虛空等相。內外不成，中云何立。中不復立，內外性空。則汝識生，從誰立界。是故當知，身觸為緣，生身識界，三處都無。則身與觸，及身界三，本非因緣，非自然性。

阿難。又汝所明，意法為緣，生於意識。此識為復因意所生，以意為界。因法所生，以法為界。阿難。若因意生，於汝意中，必有所思，發明汝意。若無前法，意無所生。離緣無形，識將何用。又汝識心，與諸思量，兼了別性，為同為異。同意即意，云何所生。異意不同，應無所識。若無所識，云何意生。若有所識，云何識意。唯同與異，二性無成，界云何立。若因法生，世間諸法，不離五塵。汝觀色法，及諸聲法，香法，味法，及與觸法，相狀分明，以對五根，非意所攝。汝識決定依於法生。今汝諦觀[四]，法法何狀。若離色空，動靜，通塞，合離，生滅，越此諸相，終無所得。生則色空諸法等生。滅則色空諸法等滅。所因既無，因生有識，作何形相？相狀不有，界云何生？是故當知：意、法為緣，生意識界，三處都無，則意與法及意界三，本非因緣，非自然性。

一【十八界】梵云馱都，此云界，有二種義：一者因義，謂根塵識三和合造業，為生死因；二者限義，謂根塵識三各有界限，不相紊亂也。

二【雙爪之相】雙爪之相，指鼻形狀而言，即浮塵根也。取似鼻體下垂，有如兩指爪甲之對叩形狀。案雙爪之喻，有明諸大師多謂為勝義根，清溥畹大師疏楞嚴寶鏡及楊仁山居士注佛教初學課本，皆指為浮塵根，姑依後說。

三【伊蘭】臭木名，其味惡如腐屍，薰四十由旬，花紅艷可愛，悞食之，發狂而死，栴檀香木，生此林中。

四【法法】謂一切法塵之法也。

佛又說：「何以見得十八界本能（身心與外界中間的邊際性）都是眞如自性

身心與外界之間（十八界）經驗的分析

的本體功能呢？

「①眼與色相之間。如你所了解的，眼睛和色相是產生眼識的基本原因，生出眼睛識別的本能。這個識別的作用，是因眼睛而生，以眼睛爲界限呢？還是因色相而生，以色相爲界限呢？假若是因眼睛而生，倘若外界沒有色相與虛空，便沒有什麼可以分別的。即使你有識別本能，又有什麼用呢？並且你能見的本能，根本不是青黃赤白的色相。它既然無從表示，又從那裏去立界呢？如果認爲由於外界色相而生，當虛空沒有色相時，你的眼睛識別作用，就應該消滅了。又何以能够識別知道這就是虛空呢？而且當外界的色相變遷時，你也能識別色相在變遷。假如你的識別本能，不跟著變遷，那麼，色相所生的界限，又怎麼去建立呢？如果隨同色相的變動而變遷，所謂界限的情形，自然就沒有了。如果是不變的，便應該是永恆的。既然因色相而生起作用，就不應該又能識別虛空所在。如果認爲眼識同時能兼有這二種作用，是由眼睛與色相相對，共同產生的，那麼，當眼睛色相二者相合時，中間識性就分離了而不起作用。識性若是可以分離的，那麼，識性與眼睛和色相也都能相合了。這樣體性便發生雜亂，又怎麼去成立界限呢？所以應當知道，眼睛是接觸外界色相的基本原因，產生眼睛的識別作用，以及眼識與色相之間的界限，三處都沒有固定的自性。所以眼睛與色相，以及色相之間的邊際，三者既不屬於因緣所生，也不是自然界的本能。

「②耳與聲音之間。又如你所了解的，耳朵和聲音是產生耳識的基本原因，生出耳朵的識別本能。這個識別的作用，是因耳膜而生，以耳膜爲界限呢？還是因聲音而生，以聲音爲界限呢？假若是因耳而生，既然動靜兩種現象並不現在面前，耳膜就不會知道了。如果耳膜一無所知，知覺尙且不成立，這個識別的作用，又是什麼形狀呢？如果你認爲是耳膜聽見了聲音，因爲沒有外界的動靜，就不形成聽聞的作用，怎樣可以把肉質形狀的耳朵，雜在色相之中，名之爲識界？所謂耳識的界限，又從何建立呢？如果耳識生於聲音，因爲有聲音，才有識別的作用，那就與能聞的聽覺無關。但是沒有能聞的聽覺，又會亡失聲音所在。如果識別的作用，從聲音產生，承認聲音是因能聞的聽覺才有聲音的現象，那麼，能聞的聽覺，應該也同時能聞聽識別的作用。如果不能聞聽識別的作用，就是沒有界限。能夠聞聽識別的作用，這個識別，也等於是聲音。而且識別的作用，既已被能聞的聽覺所聞，那個知道能聞的本能，已在聞聽的，又是誰呢？如果根本是無知的，猶如草木土塊，就不應該有聲音與能聞的聽覺混雜而成中間的界限了。界限既然沒有中間性的固定本位，那裡再有內外現象可以成立呢？所以應當知道，耳膜是聽覺聲音的基本原因，產生耳膜聽覺的識別作用，以及聽覺與聲音之間的界限，三處都沒有固定的自性。所以耳膜聽覺與聲音，以及聽覺與聲音之間的邊際，三者既不屬於因緣所生，也不是自然界的本能。

「③鼻與嗅味之間。又如你所了解的，鼻和香味是產生嗅覺的基本原因，生出鼻的嗅覺識別本能。這個識別的作用，是因爲鼻而生，以鼻腔爲界限的呢？還是因香味而生，以香味爲界限呢？假若是因鼻子而生，那麼你心裡把什麼當作鼻子？是那個肉質的如同兩爪形狀的鼻子呢？還是那個具有嗅覺作用是鼻子呢？如果認爲肉質的是鼻子，肉質的祇是身體的一部分。那麼，身體的知覺乃是感觸的一種，應該稱之爲身體而不能稱之爲鼻。這樣祇能說是身體的感觸作用，不能認爲是鼻子的單獨本能。如果認爲是感觸作用，感觸是生理本能的反應，更不應該認爲一定是鼻子的作用。鼻子的名詞形相，尙沒有確定，所謂鼻子嗅覺與香味的界限，又從何處去建立呢？如果認爲嗅覺就是鼻子的知覺，那你心裡認爲什麼才是知覺呢？如以肉體神經的反應爲知覺，那麼，肉體的知覺，乃是生理神經的觸覺反應，不能說是鼻子的作用。如果以虛空爲知覺，既然虛空自己有知覺，肉體應該沒有自己的知覺，這樣，虛空應該就是你自己了。你的身體既沒有知覺，那你這個人也就不存在了。如果以香味爲知覺，知覺既然屬於香味，與你又有什麼相關。假使香氣和臭味是由鼻子生出，那麼，香臭二種氣流並不生於伊蘭和檀香，當二者沒有時，你嗅自己的鼻是香的呢？是臭的呢？臭的就不是香，香的就不應該臭，如果香臭兩種氣味都能够同時嗅到，你一個人應該有兩個鼻子了，等於有兩個同時能嗅的自性。那麼，目前同我問答的，也應該有兩個阿難，那個才是你自己的眞體呢？如果鼻子祇是一個，香臭本來沒有什麼兩樣，臭就是香，香也就是臭，香臭兩種並沒有個別的體性，界限又從那裡去建立呢？如果是因香味才產生識別的作用，識別作用既然因香自有，那麼，同眼睛能夠看東西一樣，眼睛能夠看東西，卻不能同時看自己的眼睛。如果香味本身自有識別性能，就不應該知道自己有香味。能夠知道有香味，就不可能生出香味了。不知道香味的當然不能識別香味。香味既然不是知覺自己所具備的，香味的界限也不能成立了。識別的作用自己不知道有香，氣味界限也不是由香味而建立，既然沒有中間性存在，自然也不能形成內外。那麼，鼻的嗅覺作用，畢竟是虛妄的暫有現象。所以應當知道，鼻子是聞到香味的基本原因，產生鼻子嗅覺的識別作用，以及鼻與香味之間的界限，三處都沒有固定的自性。所以鼻與香味，以及嗅覺與香味之間的邊際，三者既不屬於因緣所生，也不是自然界的本能。

「④舌與味性之間。又如你所了解的，舌和味性是產生辨味的基本原因，生出舌的辨味識別本能。這個識別的作用，是因舌而產生，以舌為界限呢？還是因滋味而生，以滋味為界限呢？假若是舌自產生，那麼，世間的甘蔗、烏梅、黃連、食鹽、細辛、薑桂，都沒有自己的滋味了。當你自己嘗舌時，是甜的，還是苦的呢？如果舌是苦的，那個嘗舌的苦味的又是誰呢？舌若是不能自嘗本身的滋味，那麼，能知覺辨味的又是誰呢？舌的本身自性若不是苦的，便沒有滋味發生，又如何去成立界限呢？如果識別的作用因味而生，它自己能成爲滋味，也就等於舌頭一樣，應該不能自嘗是什麼滋味。又何以能識別，分辨這是滋味，那不是滋味呢？再說，一切不同的滋味，並不是一物所生。滋味既然從多方面產生，識別的作用，亦應該有很多的體性。識別作用的體性如果祇有一個，而滋味是從識體而生，那麼，鹹、淡、甘、辛混合同生，無論形相如何變異，味性卻祇有一個，應該沒有分別不同的作用。如果沒有不同的分別，就不叫做識別的本能，什麼又是舌與辨味的識別之間的界限呢？當然不應該說虛空生出你的心性識別本能。如果是舌與滋味和合產生辨味的識別作用，在這和合的中間，原來就沒有識別的自性，又怎樣能生出界限呢？所以應當知道，舌是味性的基本原因，生出舌的辨味識別作用，以及舌與滋味之間的界限。三處都沒有固定的自性。所以舌與滋味，以及舌的辨味作用與滋味之間的邊際，三者既不屬於因緣所生，也不是自然界的本能。

「⑤身體與感觸之間。又如你所了解的，身體和感觸是產生感覺的基本原因，生出身體識別感覺的本能。這個識別感覺的作用，是身體所產生，以身體爲界限呢？還是因感觸而生，以感觸爲界限呢？假若是因身體產生的，如果身體不與其他物體接觸分離，便不會有接觸與分離兩種感覺，身體那裡有識別作用存在呢？如果是由於和物體接觸而生，是兩種物體自己接觸，根本沒有你的身體。事實上，那裏有沒有身體的感覺，也能够知道和物體接觸與離開呢？你要知道，物質是沒有感觸知覺的東西，身體是有知覺感觸的作用的。知道身體的感覺是因爲接觸所生，知道接觸的作用，是因爲有身體。但是感觸的作用，並不就是身體，身體也並不就是感觸。身體的形相與感觸的現象，兩種本來沒有一定的所在。聯合所有的機能，便是身體的自己體性，身體的所有機能以及感覺離散了，形相就等於虛空。因此可知身的內外界限，尚沒有固定性可成立，所謂中間性，又如何成立呢？中間性既不成立，內外性根本是空的。那麼，你識別感覺的產生，又從誰去立定界限呢？所以應當知道，身體是感觸的基本原因，產生身體識別的感覺作用，以及身體與感覺之間的界限。三處都沒有固定的自性。所以身體與感觸，以及身體識別與感觸之間的邊際，三者既不屬於因緣所生，也不是自然界的本能。

「⑥意識與思想之間。又如你所了解的，意念爲思想產生意識的基本原因，生起分別意識思惟法則的本能。這個分別意識思惟的作用，是由意念所生，以意念爲界限呢？還是因爲思惟法則而生，以思惟法則爲界限呢？假若是由意念而生，在你的意念中，必有思惟的作用，才能發現表明你的意念。如果沒有思惟法則，意念也就無由而生了。離開外緣與思惟法則，意念就沒有形態，分別的意識又有什麼用呢？再說你的分別意識心與一切思想較量的作用，以及了解辨別的性能等，和意念是同一的作用呢？還是不同的作用呢？假如是同一個作用，那也是意念，怎樣又生個什麼所思想的呢？若不同是一個意念，應該沒有所分別的意識，如果沒有所分別的意識，何以是意念所生呢？如果有所分別的意識，又何以識別這意念呢？意念與分別意識，無論是同，或是異，兩個性質都沒有確定成立，（祇是爲理論名辭上區別的方便，）界限又如何可以絕對的定立呢？如果識別作用是因思惟法則而生，世界一切思惟法則的產生，離不開色、聲、香、味、觸的作用。那麼，你現在觀察色法：（光、色、時、空、與物質等）一切聲音、香氣、滋味、以及身體的感觸，現象形狀都很分明，都直接與五根（眼、耳、鼻、舌、身，）對待，並非完全由意念所包括。你的分別意識決定要依於思惟法則所生，現在你仔細觀察，各種法則是何形狀？如果離開色、空、動、靜、通、塞、合、離、生、滅等，超越了這一切現象，終結便沒有什麼可得的了。分別意識產生，色、空等等現象法則也跟著發生。分別意識消滅，色、空等等現象法則跟著消滅。所以然的根本原因既然不存在，那個因它而生的分別意識作用，是什麼形相呢？假如那個形相沒有，分別意識的思惟法則的界限又怎麼去產生呢？所以應當知道，意念是思想的基本原因，發生分別意識思惟的法則，以及意念思想與分別意識思惟法則等之間的界限，三處都沒有絕對固定的自性。所以意念與思惟法則，以及分別意識之間的邊際，三者既不屬於因緣所生，也不是自然界的本能。」

阿難白佛言。世尊。如來常說和合因緣，一切世間種種變化，皆因四大和合發明。云何如來，因緣自然，二俱排擯。（音鬢除棄也）我今不知斯義所屬。惟垂哀愍，開示眾生，中道了義，無戲論法。

爾時世尊告阿難言。汝先厭離聲聞緣覺諸小乘法，發心勤求無上菩提。故我今時，為汝開示第一義諦。如何復將世間戲論，妄想因緣而自纏繞。汝雖多聞，如說藥人，真藥現前，不能分別。如來說為真可憐愍。汝今諦聽。吾當為汝分別開示。亦令當來修大乘者，通達實相。阿難默然，承佛聖旨。阿難。如汝所言，四大和合，發明世間種種變化。阿難。若彼大性，體非和合，則不能與諸大雜和。猶如虛空，不和諸色。若和合者，同於變化。始終相成，生滅相續。生死死生，生生死死，如旋火輪，未有休息。阿難。如水成冰，冰還成水。

汝觀地性・麤(同粗)爲大地・細爲微塵。至鄰虛塵・(二)析彼極微色邊際相・(三)七分所成。更析鄰虛・即實空性。阿難。若此鄰虛・析成虛空・當知虛空・出生色相。汝今問言・由和合故・出生世間諸變化相。汝且觀此一鄰虛塵・用幾虛空・和合而有。不應鄰虛合成鄰虛。又鄰虛塵・析入空者・用幾色相・合成虛空。若色合時・合色非空。若空合時・合空非色。色猶可析・空云何合。汝元不知如來藏中・性色眞空・性空眞色・清淨本然・周徧法界。隨衆生心・應所知量・循業發現。世間無知・惑爲因緣・及自然性・皆是識心分別計度。但有言說。都無實義。

阿難。火性無我・寄於諸緣。汝觀城中未食之家・欲炊爨(音吹串煮食也)時・手執陽(四)燧。日前求火。阿難。名和合者・如我與汝一千二百五十比丘・今爲一衆。衆雖爲一・詰(音企)其根本・各各有身・皆有所生氏族(五)名字。如舍利弗・婆羅

門種。優樓頻螺，迦葉波種。乃至阿難，瞿曇種姓。阿難。若此火性，因和合
有。彼手執鏡於日求火。此火爲從鏡中而出，爲從艾出，爲於日來。阿難，
若日來者，自能燒汝手中之艾，來處林木，皆應受焚。若鏡中出，自能於
鏡，出然於艾。鏡何不鎔。（音容銷也）紆汝手執，尚無熱相，云何融泮。若生於艾，何
藉日鏡光明相接，然後火生。汝又諦觀，鏡因手執，日從天來，艾本地生，
火從何方遊歷於此。日鏡相遠，非和非合，不應火光，無從自有。汝猶不
知如來藏中，性火眞空，性空眞火，清淨本然，周徧法界，隨衆生心，應所
知量。阿難。當知世人，一處執鏡，一處火生。徧法界執，滿世間起。起徧世
間，寧有方所。循業發現，世間無知，惑爲因緣，及自然性。皆是識心，分別
計度。但有言說，都無實義。

阿難。水性不定，流息無恒。如室羅城，迦毗羅仙，斫（音昨）迦羅仙，及鉢頭摩，

訶薩多等·諸大[六]幻師·求太陰[七]精·用和幻[八]藥。是諸師等·於白月[九]晝·手執方[一〇]諸·承月中水·此水為復從珠中出·空中自有·為從月來。阿難。若從月來·尚能遠方令珠出水·所經林木皆應吐流。流則何待方諸所出。不流明水非從月降。若從珠出·則此珠中常應流水·何待中宵承白月晝。若從空生·空性無邊·水當無際·從人洎天皆同滔溺。云何復有水陸空行。汝更諦觀·月從天陟。（音至升也）珠因手持·承珠水盤本人敷設·水從何方流注於此。月珠相遠·非和非合·不應水精無從自有。汝尚不知如來藏中·性水真空·性空真水·清淨本然·周徧法界。隨眾生心·應所知量。一處執珠·一處水出。徧法界執·滿法界生。生滿世間·寧有方所。循業發現·世間無知·惑為因緣·及自然性。皆是識心分別計度。但有言說·都無實義。阿難。風性無體·動靜不常。汝常整衣入於大[一一]眾·僧伽梨角動及傍人·則有微風拂彼人面。此風為復出袈裟角・發於虛空・生彼人面。阿難。此風若復出袈裟角・汝乃披風・其衣飛搖・應離汝體。我今說法會中垂衣。汝看我衣・風何所在・不應衣中有藏風地。若生虛空・汝衣不動・何因無拂。空性常住・風應常生。若無風時・虛空當滅。滅風可見・滅空何狀。若有生滅・不名虛空。名為虛空・云何風出。若風自生被拂之面・從彼面生・當應拂汝。自汝整衣・云何倒拂。汝審諦觀・整衣在汝・面屬彼人・虛空寂然・不參流動・風自誰方鼓動來此。風空性隔・非和非合・不應風性無從自有。汝宛不知如來藏中・性風真空・性空真風・清淨本然・周徧法界・隨眾生心・應所知量。阿難・如汝一人微動服衣・有微風出。徧法界拂・滿國土生・周徧世間・寧有方所・循業發現。世間無知・惑為因緣及自然性・皆是識心分別計度。但有言說・都無實義。

一三　阿難。空性無形、因色顯發。如室羅城、去河遙處、諸剎利種、及婆羅門、毗舍、首陀、兼頗羅墮、旃陀羅等、新立安居、鑿（音酢穿也）井求水。出土一尺、於中則有一尺虛空。如是乃至出土一丈、中間還得一丈虛空。虛空淺深、隨出多少。此空為當因土所出、因鑿所有、無因自生。阿難。若復此空、無因自生、未鑿土前、何不無礙、唯見大地、迥無通達。若因土出、則土出時、應見空入。若土先出、無空入者、云何虛空因土而出。若無出入、則應空土元無異因。無異則同、則土出時、空何不出。若因鑿出、則鑿出空、應非出土。不因鑿出、鑿自出土、云何見空。汝更審諦、諦審諦觀、鑿從人手、隨方運轉、土因地移、如是虛空、因何所出。鑿空虛實、不相為用、非和非合、不應虛空、無從自出。若此虛空、性圓周徧、本不動搖。當知現前地水火風、均名五大。性真圓融、皆如來藏、本無生滅。阿難。汝心昏迷、不悟四大元如來藏。當觀虛空·爲出爲入·爲非出入。汝全不知如來藏中·性覺眞空·性空眞覺·清淨本然·周徧法界。隨衆生心·應所知量。阿難·如一井空·空生一井。十方虛空·亦復如是。圓滿十方·寧有方所·循業發現·世間無知·惑爲因緣及自然性。皆是識心·分別計度·但有言說·都無實義。

一【四大】謂地、水、火、風—世間萬法之生成、皆不外此、故曰四大也、

二【鄰虛塵】塵之細者爲微塵、微之微者爲極微、極微而再微者、爲鄰虛塵、謂塵質之微近於空無也、

三【色邊際相】鄰虛之塵、雖有色相、而近於空之邊際也、

四【陽燧】古之取火具也、或云以銅爲之、圓如鏡、向日則火出、案今之凸面鏡映日、焦點火生、蓋其遺例也、

五【氏族名字】舍利弗、優樓頻螺、阿難、皆佛之弟子、波羅門、梵志族也、迦葉波、譯云龜氏、瞿曇、此云日種、相傳佛之始祖、日炙甘蔗而生、亦曰甘蔗族、後改姓釋迦氏、

六【諸大幻師】迦毘羅、此云黃色、斫迦羅、此云輪山、鉢頭摩、此云赤蓮花、訶薩多、此云海水、四人皆事水之外道也、以其專修幻術、故曰大幻師也、

七【太陰精】謂月中水也、外道自謂用以和藥、服之可以長生、空說無驗、

八【幻藥】謂依此藥、能幻出種種境界、眩人心目也、

九【白月晝】十五日爲望、西竺望前之月、曰白月、望後之月曰黑月、月當夜午、光皎如晝、故曰白月晝也、

一〇【方諸】諸珠也、方石也、方諸或云水精珠也、向月則水生、或言銅鑑、或云大蛤、要爲古之取淨水儀器、一說即古之承露盤、蓋本水氣遇冷則凝結成露之原理也、

一一【僧伽黎】義云和合、亦云重複衣、以其條數多故、從用爲名、爲三衣中之第一衣也、僧侶入王宮聚落時著之、故亦曰大衣、

一二【袈裟】此云壞色、三衣之通名也、亦曰離塵服、取斷六塵壞正色也、

一三【諸剎利種】剎利一云田主、即王族、波羅門此云淨行、毘舍此云商賈、首陀此云農夫、頗羅墮此云利根、蓋猶六藝之流也、約舉四姓、猶此方言士農工商之四民耳、

第四章 物理世界與精神世界同為自性功能的顯現

地水火風空五大種性的剖視

阿難起立問佛：「您常說一切事物是和合與因緣所生，宇宙間種種變化，都由於物質原素四大種（地、水、火、風）的和合發生作用。何以現在又對因緣所生，以及自然而有，兩種理論都加排除，我實在不知道這個理由在那裡。希望憐憫我們的愚頑，指示中道了義的眞理，以免大家受世間戲論學理所迷惑。」

佛說：「你先前不願意學習小乘道業，要求無上正覺的大道，所以我便指示你自性本體的眞理第一義諦。（形而上的體性。）何以又攪在世間學理的戲論圈子內，被妄想支使，認為因緣所生才是究竟的法則，而自行纏繞？你雖然博學多聞，有如一個祇會談說藥性的人，眞藥擺在眼前時，反而不能辨別了，我說你眞是個可憐愍的人。你現在仔細的聽，我將為你分別指示，也好使將來修學大乘的人們，能夠通達自性本體的實相。如你所說：物理世界，由於四大種的物質和合，而發生宇宙間萬有的種種變化。假如物質的本能不是和合性的，就不能與其他物質相和合，猶如虛空，並不和合一切色相。如果物質的本能是和合性的，同樣都是變化的作用，自始至終，都是因爲互相形成而存在，互相變化而滅亡。這樣生滅不常，生死死生，生生死死，猶如火炬在迅速轉動，形成一個幻有的圓輪形狀，永遠沒有休息停止的時候。譬如水結成氷，氷又化成水一樣。

「①固體的「地大」種性。你觀察這個地大種性，粗重的變成大地，細小的成爲微塵，微塵還可以分析爲隣虛塵。（隣虛塵相同於現代自然物理學所說的物質最基本的單位，佛學中指爲色法中的極少分，謂其是物理的最基本元素，幾乎等於虛空，所以叫做隣虛。古印度外道學者們的學說，認爲隣虛沒有十方分，圓而常住。整個世界到末劫毀壞的時候，隣虛塵不壞，分散於虛空而常住，相同於物質不滅的理論。小乘佛法則說隣虛亦是因緣所作，業力盡時亦要壞的。此所以不同於一般學說，而相同於現代自然物理學說的能量互變的理論。毘曇明說隣虛，無十方分，但云具二緣生，所以也是無常的。第一，是因緣。第二，是增上緣。現代的理論科學與這一說相近。再分析到極微的元素邊際，又是七分所構成。有部的佛學指七分爲構成物質最基本的元素，又說與八事俱生。所謂八事，就是物理最基本的能，具備有地、水、火、風、四大種的性能，本身同時具有色、香、味、觸的四境，互相和融而成一極微，又叫做微聚。這種極微有六方分，等於說有六位空間，仍然以自性本體功能所生衆生業力的心力爲中心，所以叫做七分。祇有得天眼通境界的人，才能看見，所以也叫做極微色，也可說是不可知數的物色。再把物質的隣虛塵加以分析，最後就爲空性。）這個物質的隣虛塵分析到最後，便成爲絕對的虛空。你應當知道就是這個絕對的虛空，才生起各種物理的色相。我現在問你，既然你認爲宇宙間一切的變化現象之生起，是由於物質的和合，你且觀察一下這個隣虛塵，是用幾個虛空和合而成的呢？不應該是隣虛合成隣虛的罷？再說，把隣虛塵分析到最後，變成虛空，這個虛空，又是用幾個不可知的光色形相和合而成的呢？如果是由色相合成，那麼色相和合就不是虛空了。若是虛空合成，虛空和合就不是色相了。光色形相還可以分析，虛空怎樣去分析開，知道它是和合的呢？你還不知自性本體的功能中，具備產生色相最基本元素的本能，其本體原來是空的。換言之：自性本體的眞空功能，才能產生色相。自性本體，本然清淨，充滿周徧在宇宙間，隨一切衆生心力作用，依照知識學問的所知量，依循衆生身心個性的業力而發生作用。世間人缺乏智慧去認識體會，誤認它是因緣所生，或者是物理自然的性能。其實，這都是用意識思想的心，去分別計算忖度，去推求其究竟眞理。祇是一種言語抽象的理論，卻沒有眞實的義理。

「②熱能的「火大」種性。火大種性也並沒有自我固定的性能，乃是寄於其他一切因緣而生。現在你看城中沒有舉食之家，準備炊飯的時候，手裏拿着火鏡陽燧（古代用以向太陽引火的鏡子，）和艾草，向太陽引火。如果火性是和合而有，那個相和合的是什麼呢？例如我們大衆，現在和合在一起，但是各人都有各人自己的身體，和各人單獨的姓名。現在這個火性假如因為和合而有，當他們手裏拿鏡子向太陽引起火時，這個火是從鏡中出來？還是從艾草生出？還是從太陽而來呢？如果是從太陽來的，既然能夠燒燃到你手中的艾草，那麼，日光所經過的林木，也都應該被燃燒了。如果是從鏡中出來，火既然能夠出來燃燒艾草，何以鏡子自己不會燃燒鎔化？而且你拿着鏡子的手，一些不曾受到熱力的燒灼，當然不會去鎔化鏡子了。如果火性出生於艾草，何必一定要借太陽與鏡子的光能互相接觸，然後火性才發生呢？你再仔細觀察，鏡子拿在手裡，太陽光從天上而來，艾草本來自地上產生，可是這個火性究竟從那裡來的呢？太陽與鏡子，距離這樣遙遠，不是本來和合在一起的東西，何以能够發生燃燒的火性？但是太陽鏡子如果不相和合，火光就不會無中生有。（現在電能等所發生的火性，以及火柴等發生的火性，都是依賴互相磨擦的動力才產生。如要加以分析，也同上面所講的道理一樣，說是和合而有，卻都各自獨立，說是自能產生火光，又必須和其他因素互相發動才能產生。）你還不知自性本體的功能中，具備產生火性光熱的本能，其本體原來是空的。換言之：自性本體的眞空功能，才能產生火性的光熱。自性本體，是本然清淨，充滿周徧在宇宙間，隨一切衆生心力的作用，依照知識學問的所知量，這一處手拿鏡子向太陽引火，此一處火便燃起。這種情形，周徧世間，都是一樣火性的存在，並沒有一定的處所，祇是依循身心個性的業力而發生作用。世間人缺乏智慧去認識體會，誤認火性是物理作用，乃是因緣共有所生，或認爲是自然界的性能。其實，都是用意識思想的心，去分別忖度，去推求其究竟眞理。祇是一種言語抽象的理論，卻沒有眞實的義理。

「③液體的「水大」種性。水大種性是不定的，流動與停息，都沒有固定的形態。例如一般大魔術師們，要求得太陰（月亮）的精華，拿來製藥，他們在月圓之夜，手裡拿着方諸，（古時在月夜求水用的器具，如珠子一樣，卽如古代承露盤。）對月光照著，自然可以流出水來。這個水是從方諸的珠子裡流出？還是虛空中自有的？或是從月光那裡來的呢？假若從月光而來，月亮距離我們這樣遠，它旣然可以使珠子出水，那麼，它所經過的林木，也都應該自然地流出水來。如果它是自然而流，又何必需要方諸去照才能流水？如果不是自然而流，那麼，就可以明白流水不是從月亮降下的。如果水是從珠子裡出來，這個珠子就應該經常流水了，又何必要等到半夜裡向月光去照，才能得到水呢？假若從虛空而生，虛空沒有邊際，流水也應當沒有邊際。那麼，由人間直到天上，都會受到水淹，怎樣還有水裡陸上和空中萬物的存在呢？你再仔細觀察，月亮在天空上經過，珠子是拿在手裏，承接流水的盤子，本來也是人擺在那裏的，水究竟從那裡流進去的呢？月光與珠子，距離這樣遙遠，本來不和合在一起，不應該說流水是莫名其妙地自己產生的。（如果說世界上的水，是地球上江湖河海的水蒸氣發生變化，便知蒸氣沒有水，根本不能產生，最初的水，究竟又從那裡來的呢？）你還不知自性本體的功能中，具備產生水性流動的本能，其本體原來是空的。換言之：自性本體的眞空功能，才能產生水性的流動。自性本體，本然清淨，充滿周徧在宇宙間，隨一切衆生心力的作用，依照知識學問的所知量，猶如魔術師們，此一處拿珠，彼一處就流出水來。宇宙間的人，如果各自都拿著一顆珠，偏滿宇宙間就會有流水產生。各人的意識思想也猶如珠子的流水，人人流出他所知所見，都自各別發展，生滿在世間，豈有固定的方所，祇是依循身心個性的業力而發生作用。世間人缺乏智慧去認識體會，誤認水性的物理作用，乃是因緣共有所生。或者認爲是自然界的性能。其實，都是用意識思想的心，去分別忖度，去推求其究竟眞理。祇是一種言語的抽象理論，卻沒有眞實的義理。

「④氣體的「風大」種性。風大種性沒有固定的自體，動靜不常。你平常在大衆中整理衣裳，衣角振動，影響到旁人，旁人就感覺有微風拂到臉上。這個風是從衣角所發出？還是發生於虛空？抑或是發生於人面呢？假若這個風是從衣角發出，你等於渾身穿的是風，那麼，你的衣裳就自會飛揚，應該離開了你的身體。我現在正在說話，衣裳穿在身上，你看我衣裳裡的風是在那裡？不應該說衣裳當中另外有一個藏風的地方罷！如果是生在虛空，你的衣裳不動的時候，何以又沒有風在拂動呢？而且虛空永遠常住在它的本位，風也應該經常發生。如沒有風的時候，虛空也應當消滅。風滅的時候，倒可以看得見。虛空滅的時候，卻是一種什麼形狀呢？虛空如果有生有滅，就不叫做虛空。既然叫做虛空，何以會有風從裡面出來呢？如果風是由被拂者的臉上自己發出，那麼，從他的臉上生出後，也應當吹拂到你。其實，是你整動衣服，才有風出，何以會倒拂到自己的面上？你現在仔細觀察，整動衣裳的是你自己，受到風拂的是別人的臉。虛空本自寂然不動，並未參加流動。風又從那個方向鼓動到此呢？風與虛空的性能，兩種不同，各自隔開，本來並不和合在一起。不應該說風的流動，莫名其妙的自然而有。你實在不知自性本體的功能中，具備產生風性流動的本能，其本體原來是空的。換言之：自性本體的眞空功能，才能產生風性的流動。自性本體，是本然清淨，充滿周徧在宇宙間，隨一切衆生心力的作用，引發知識學問的所知量，猶如你一個人整動衣裳，就有微風出來。徧滿宇宙間大家都在整動，於是整個國土也就生起了風。風性充滿整個的世間，豈有固定的方所，祇是依循身心個性的業力而發生作用。世間人缺乏智慧去認識體會，誤認風性是物理作用，乃是因緣共有所生，或者認爲它是自然界的性能。其實都是用意識思想的心，去分別忖度，去推求其究竟眞理。祇是一種言語的抽象理論，卻沒有眞實的義理。（以上講物理部分，須與本章物理世界物質的形成節參看，更加清楚。）

「⑤虛空的「空大」種性。虛空的空大種性是沒有形相的，因爲虛空間存在的光色，顯出空相。假定有一個人，鑿井求水，鑿出一尺的土，中間就有一尺的虛空。如果鑿出一丈的土，中間就有一丈的虛空。隨著鑿出來的泥土多少，中間就會顯出等量的虛空。這個虛空是因爲土所生出來的？還是因爲打鑿所開出來的？抑或是無因自生的呢？假若這個虛空是無因自生的，土未打鑿以前，何以虛空便有阻礙，祇看得見大塊的土地，虛空卻無法通達。如果虛空是因爲土被鑿而有，那麼，當土鑿出時，就應該看見虛空進入了。若是土鑿出來，根本沒有虛空進入，何以能說虛空因土所出呢？若是本來就沒有出入，虛空與大地，應該原來沒有不同的。虛空與大地，如果沒有什麼不同，那麼，二者就是相同的了。可是當土出來時，虛空何以不同時出來？如果說因爲打鑿才出現虛空，那麼，鑿土的時候，應該是打出空來，並不是鑿出土來。如果不是因爲鑿的關係而生出虛空，打鑿祇是打出土，何以卻見到空？你再仔細審查觀察，打鑿由於人手，隨著方位在運轉，土祇是在轉移地位。這樣，虛空究竟從那裡出來？鑿與虛空，一個是實質，一個是虛無，二者不能互相爲用，兩種是不能和合的。難道虛空，根本是莫名其妙，無中生有的嗎？如果認識了虛空的空性，周徧圓滿，本來沒有動搖，就應當知道虛空和現在眼前的地、水、火、風相合，統名叫作五大種，其體本來圓滿，都是自性本體的功能所生起的作用，元本是沒有生滅的。祇因你自性昏迷，不能領悟四大都是自性本體的功能。你應當觀察虛空是出？是入？或是沒有出入？你完全不知道自性本體的功能中，其本性是虛空的，具有眞覺靈知。這個自性的眞覺靈知之體，才生出虛空的空性。自性本體，本然淸淨，充滿周徧宇宙間，隨一切衆生心力的作用，依照知識學問的所知量，猶如打開了一個井的空洞，便祇知有一個井等量的虛空。十方虛空，亦是這個道理，徧滿十方俱是如此，豈有固定的方所？祇是依循身心個性的業力而發生作用。世間人缺乏智慧去認識體會，誤認空性是物理作用，乃因緣共有所生。或者認爲虛空就是物理的自然性能。其實，都是用意識思想的心，去分別忖度，去推求其究竟眞理。祇是一種言語的抽象理論，卻沒有眞實的義理。

阿難。見覺無知、因色空有。如汝今者在祇陀林、朝明夕昏。設居中宵、白月則光。黑月便暗、則明暗等。因見分析、此見為復與明暗相、幷太虛空、為同一體。為非一體。或同非同、或異非異。阿難。此見若復與明與暗、及與虛空、元一體者。則明與暗、二體相亡。暗時無明、明時無暗。若與暗一、明則見亡。必一於明、暗時當滅。滅則云何見明見暗。若明暗殊、見無生滅。一云何成。若此見精與暗與明、非一體者。汝離明暗及與虛空、分析見元、作何形相。離明離暗及離虛空、是見元同龜毛兔角。明暗虛空、三事俱異、從何立見。明暗相背、云何或同。離三元無、云何或異。分空分見、本無邊畔、云何非同。見暗見明、性非遷改、云何非異。汝更細審、微細審詳、審諦審觀。明從太陽、暗隨黑月、通屬虛空、壅歸大地。如是見精、因何所出。見覺空頑、非和非合、不應見精無從自出。若見聞知、性圓周徧、本不動搖。當知無邊不動虛空，幷其動搖地水火風，均名六大。性眞圓融，皆如來藏，本無生滅。阿難。汝性沉淪，猶沉迷也不悟汝之見聞覺知，本如來藏。汝當觀此見聞覺知，爲生爲滅，爲同爲異。爲非生滅，爲非同異。汝曾不知如來藏中，性見覺明，覺精明見，淸淨本然，周徧法界。隨衆生心，應所知量。如一見根，見周法界，聽嗅嘗觸，覺觸覺知，妙德瑩然，徧周法界，圓滿十虛，寧有方所。循業發現。世間無知，惑爲因緣及自然性。皆是識心分別計度，但有言說，都無實義。

阿難。識性無源，因於六種根塵妄出。汝今徧觀此會聖衆，用目循歷。其目周視，但如鏡中，無別分析。汝識於中次第標指，此是文殊，此富樓那，此目犍連，此須菩提，此舍利弗。此識了知，爲生於見，爲生於相，爲生虛空，爲無所因，突然而出。阿難。若汝識性生於見中，如無明暗及與色空，四種必無·元無汝見·見性尚無·從何發識。若汝識性·生於相中·不從見生·既不見明·亦不見暗·明暗不矚·即無色空·彼相尚無·識從何發。若生於空·非相非見·非見無辨·自不能知·明暗色空·非相滅緣·見聞覺知·無處安立。處此二非·空則同無·有非同物。縱發汝識·欲何分別。若無所因·突然而出·何不日中·別識明月。汝更細詳·微細詳審·見託汝睛·相推前境·可狀成有·不相成無·如是識緣·因何所出。識動見澄·非和非合。聞聽覺知·亦復如是·不應識緣·無從自出。若此識心·本無所從·當知了別見聞覺知·圓滿湛然·性非從所。兼彼虛空地水火風·均名七大·性眞圓融·皆如來藏·本無生滅。阿難·汝心麤浮·不悟見聞·發明了知·本如來藏·汝應觀此六處識心·爲同爲異·爲空爲有·爲非同異·爲非空有。汝元不知·如來藏中·性識明知·覺明眞識·妙覺湛然·徧周法界·含吐十虛·寧有方

所循業發現世間無知惑爲因緣及自然性皆是識心分別計度但有言說都無實義。

一【十虛】即四正四隅上下十方之虛空也、

心意識精神領域的透視

「⑥見覺的作用。佛又向阿難說：能見能覺的作用，並無獨立的知性，都因爲萬有色相與虛空各種現象所引發。例如你在日常的生活中，早晨光明，傍晚昏暗。在黑夜裡，有月亮就有光明，沒有月亮便會昏黑。這些明暗等等，都因爲有現象可看見，才知道分析。這個能見的作用，與光明黑暗的現象，以及虛空，是否同是一個體性？或者在同中存有不同？不同中又有同的存在呢？這個能見的作用，假若認爲與光明、黑暗、虛空，元來都是一個體性。可是光明與黑暗二者原來是互相交代的，黑暗時就沒有光明，光明時沒有黑暗。如果見性與黑暗是一體，光明來了，見性應該跟黑暗喪失，同樣的，黑暗來了，見性應該跟光明消失。見性既然會喪失滅亡，何以能够見明見暗呢？如果說明暗自己雖有不同，能見的作用，本來沒有生滅，所謂一體又怎樣能成立呢？假若認爲能見的精明，與光明黑暗等現象，不是同一個體性，那麽，你離去了明暗，以及虛空，去分析這個能見作用的本元，又是個什麽形相？離開光明與黑暗，以及虛空，這個能見作用的本元，也就等於沒有了。如果明暗與虛空，三種現象都不相同，能見的自性，卻從那裡去建立？而且光明與黑暗，根本是相違背的，它又怎樣能和它們是同一個體性呢？可是見性離開明暗與虛空三種現象，本來就沒有，它又怎樣不是和它們同一個體性呢？再說：分析虛空與能見的作用，本來都沒有邊際，何以二者不是同一個體性呢？同時看見光明又可以看見黑暗，可知能見的自性，並沒有改變，何以同明暗是一個體性呢？你再仔細觀察，特別加細去研究，光明發於太陽。黑暗是從夜色。通達屬虛空。障礙屬大地。這個能見的作用，究竟從那裡而出呢？能見的作用是有靈靈明明的知覺性，虛空卻是冥頑的，兩種本來不能和合。難道這個能見的精明，根本是莫名其妙，無中生有的嗎？如果認爲能見、能聞、能知、能覺的自性，是圓滿周徧的，本來沒有動搖。就應當知道它和無邊無際的虛空，與變動性的地、水、火、風，統名叫做六大種性。雖然種性作用，各有差別的性質，其體本來圓滿。都由自性本體的功能而起用，元本是沒有生滅的。（物質與精神，顯見不同，而都互相有關係，互相影響變化。）祇因你自心沉迷，不能領悟你的見聞覺知的作用，本來都是自性本體的功能。你應當觀察這個見聞覺知的功能，是有生有滅？是相同或相異？或是不生不滅？不同不異呢？你全不知自性本體的功能中，具有能見能覺的精明。這個能見能覺的精明，發起靈明見物的作用。自性本體，仍然是淸淨本然，充滿周徧宇宙間，隨一切衆生心力的作用，依照知識學問的所知量，用之在眼，就能徧見虛空宇宙間的物象。在耳，就能聽。在鼻，就能嗅。在舌，就能嘗。在身，就能觸。綜合名之爲心靈，又能感覺各種身心內外的作用，而能了然覺知。它是虛靈朗然，充滿周徧在宇宙虛空間，豈有固定的所在？祇是依循身心個性的業力而發生作用。世間人缺乏智慧去認識體會，誤認是因緣所生，或認爲是自然的性能。其實，都是用意識思想的心，去分別忖度，去推求其究竟眞理。祇是一種言語的抽象理論，卻沒有眞實的義理。

「⑦意識的作用。意識的性能並沒有根源，都從六種根塵妄出而生。（眼、耳、鼻、舌、身、意。色、聲、香、味、觸、法。）你現在徧觀在座的大衆，眼睛隨便的巡轉一遍。這個眼睛，猶如鏡子照東西一樣，沒有分析辨別的作用。但是你的意識在其間，次第指出，這個是某某，那個是某某。這個明明了了的意識，是從所見而生？還是從外界的色相現象而生？是生於虛空？抑或是無因自生，突然而出的呢？假若這個意識的性能，是從所見而生，如果沒有明暗與虛空色相四種現象，根本沒有你的所見。所見的性能尙且沒有，從那裏去發生意識呢？假若這個意識的性能，不是因所見而生，是從外界的現象中產生。你的意識，既不能見明，又不能見暗，明暗都不能看見，就沒有色相與虛空。色相現象尙且沒有，意識從那裡發生呢？如果是生於虛空，便不是色相，也不是所見之性了。不因所見，就不能辨別虛空，自然不能知道明暗與色空的現象。不是色相，便沒有攀緣，那個能見聞覺知的作用，就沒有地方可以安立。離開見性與色相兩種，絕對的虛空，等於沒有。如此卽使有物存在，也就不是物相了，縱然再用意識去思惟，又可以分別得到什麼呢？如果認爲無因自生，突然而出，何以在白天，不能看見月亮的光明？你更仔細審查觀察，能見的功能，寄託你的眼睛才發生作用。凡是色相，都是目前的現象。可以指出狀況的才是有，沒有現象的就是無。這樣你審查這個意識作用，因爲什麼所產生？意識的作用是活動的，能見的功能是澄清湛然的，兩種本來不能和合。聞聽與感覺知覺的作用，也同是這個道理。都各自有獨立的性質，不能和合。難道這個意識的作用，根本是莫名其妙，無中生有的嗎？假如認爲意識心本來沒有所從來的，就應當了解能見聞覺知的自性功能，也本來圓滿湛然，它的性能並不從其他事物所生。那麼，識心連同地、水、火、風、空、見等的作用，統名叫做七大種性。其體本來圓融自在。都由自性本體的功能生起作用，元本是沒有生滅的。祇因你自心粗浮，不能領悟你的見聞自性，發明明了靈知的作用，本來都是自性本體的功能。你應當觀察這（眼、耳、鼻、舌、身、意、）六處的意識心，是同是異？是空是有？或不同不異？也不是空有呢？你元不知自性本體的功能中，自性具有識別虛明靈知的本能。由這個靈知虛明發起眞識的作用，自性本來的虛妙靈覺，仍然湛然不變，充滿周徧在宇宙虛空間，含吐十方虛空，豈有固定的所在？祇是依循身心個性的業力而發生作用。世間人缺乏智慧去認識體會，誤認是因緣所生，或認爲是自然的性能。其實，都是用意識思想的心，去分別忖度，去推求其究竟眞理。祇是一種言語的抽象理論，卻沒有眞實的義理。」

爾時阿難・及諸大衆・蒙佛如來・微妙開示・身心蕩然・得無罣礙。是諸大衆・各各自知・心徧十方。見十方空・如觀手中所持葉物。一切世間諸所有物・皆即菩提妙明元心。心精徧圓・含裹十方。反觀父母・所生之身。猶彼十方・虛空之中・吹一微塵・若存若亡。如湛巨海・流一浮漚・起滅無從。了然自知・獲本妙心・常住不滅。禮佛合掌・得未曾有。於如來前・說偈讚佛。

妙湛總持不動尊。（讚佛三德）首楞嚴王世希有。（顯示大定）

一銷我億劫顛倒想。（頓破前迷）二不歷僧祇獲法身。（徹見自性）

三願今得果成寶王。（上求佛果）還度如是恒沙衆。（下化衆生）

四將此深心奉塵剎。（迴向法界）是則名爲報佛恩。（報佛深恩）

伏請世尊爲證明。（請佛加庇）五五濁惡世誓先入。（成就大願）

如一衆生未成佛。（衆生不盡）六終不於此取泥洹。（誓不成佛）

大雄大力大慈悲。（仰求慈悲）希更審除微細惑。（更加詳審）

令我早登無上覺。（早成正覺）於十方界坐道場。（徧坐道場）

七舜若多性可銷亡。（虛空可隕）八爍迦羅心無動轉。（信願無移）

卷三終

一【億刧】梵語刧波、此云時分、億刧總謂時分之久也、

二【僧祇】此云無數、不歷僧祇、謂不須經無數之久時也、

三【得果】得證妙覺佛果、亦云無上法王、

四【塵刹】謂如微塵多不可數知之刹土也、

五【五濁惡世】五濁即刧濁、見濁、煩惱濁、衆生濁、命濁、惡世即今之衆生世界也、

六【泥洹】即涅槃之轉音、此云滅度、滅煩惱、度生死、即證法身妙性也、

七【舜若多】此云空、空性無壞、言可銷亡者、假使之詞也、

八【爍迦羅】此云堅固、謂空性無體、尚可銷亡、我心堅固、終無退轉、

這時，阿難與大衆，聽了佛的微妙開示，身心空蕩蕩的，一點都無罣無礙。各人都自覺知，了解眞心自性的本體，徧滿虛空宇宙間。看見十方虛空，猶如手中所拿的樹葉子一樣。凡一切世間所有的物象，都是正覺靈妙光明的眞心自體所變現。自性眞心的精靈，含裹十方世界裡的一切。於是反觀父母所生的這個身體，

猶如虛空當中，吹起一點微塵，若存若亡。如在澄澄湛湛無邊無際大海的無盡流中，存着一點浮漚，浮沉起滅不定。都了然自知獲得了本自具足的靈妙眞心，才是常存不滅的。大衆恭敬禮拜本師釋迦牟尼佛，得未曾有。所以共同說偈，讚嘆佛的崇高偉大。（偈語是古印度的歌頌體韻文。以簡潔文字，包括要義。因翻譯不易，變成這種體裁，有音節而無韻言。但可以歌唱，俗名叫做梵唱。）

妙湛總持不動尊。

（首先說佛同一切衆生，共同的身心自性本體。靈妙的，澄澄湛湛的，爲宇宙虛空萬有的總體。寂然不動的爲萬象所歸尊。也就是讚歎已得無上正覺的本師釋迦牟尼佛，已經證入自性的法身。所謂法身，就是指自性本體。）

首楞嚴王世稀有。

（首楞嚴，就是指佛所講這本經的經名。首楞嚴是寂然不動，堅固堅定，確然不拔，顚撲不破的意義。就是說：這楞嚴經所講自性本體的體用眞理，是顚撲不破的至理。爲萬法萬理之王，是世間所沒有的。）

銷我億劫顚倒想。

（既領悟到這個至理的眞義了。使我們無數時劫以來，尋求宇宙與人生，心靈與物理的種種顚倒思想，都爲之銷滅。現在已經理得心安了。）

不歷僧祇獲法身。

（僧祇是數學上第五十二位的數名，也就是代表無量數時間劫數的意義。一個衆生，由初發心而至成佛，要經三大阿僧祇劫，才能待成無上正覺。這裡說：自佛說出楞嚴至理，使大衆現在頓悟到自性本體的體用。不必經過久遠時間劫數的摸索修行去求證，便獲得自性本體的法身了。）

願今得果成寳王。

（自說現在已獲得法身，得成正果，好像得到寳中之王。因此亦同時發願，如下……）

還度如是恒沙衆。

（回轉來，還要使十方虛空中所有世間，一切仍在沉迷濁世中的苦惱衆生，使其得到解脫。恒沙，是無量數的形容詞，猶如恒河裏的沙子一樣多。）

將此深心奉塵刹。

（這是承接上句立志發願的引申。說要把這種懇切堅定願力的深心，也同時表明自性無相，深遠的眞心功能。點滴無存，毫不保留的貢獻給塵塵刹刹的一切衆生。塵刹，也就是毫末點滴，細入無間有形有相存在的形容詞。）

是則名爲報佛恩。

（唯有這樣做，才可以報答佛今天給我們的開示，使我們領悟得度的慈恩。）

伏請世尊爲證明。

（上面說明聽佛說法，而得到頓悟以後，立志發大願的深心願望。現在並請佛證明這個願心，並不是冒昧偶發的。）

五濁惡世誓先入。

（發願教化衆生，廣度衆生使解脫苦惱，令登寂靜的聖境。不分時間，不論區域，秉此誓願，入世度人。凡是末劫時代，五濁惡世，自己必先入世教化。五濁惡世，是指我們的世間。所謂五濁：（一）劫濁。到了末劫之世，人壽減至最低限度。（二）見濁。充滿五種「利使」的思想：①身見：切實爲自己，爲自身。②邊見：對人對事對物，思想都有限度，不能運心廣被。③戒取見：各自堅執定立自我的主張等。④見取見：以自己主觀概於一切。⑤邪見：善惡是非顛倒等。（三）煩惱濁。充滿五種愚鈍的思想。貪心、嗔心、愚癡、我慢、多疑。（四）衆生濁。肉質生命具備有五陰所生的各種痛苦與煩惱。（五）命濁。生命多苦惱，生活遭遇多惡緣等。處濁惡末世，行這種願力，須具犧牲自我精神，不畏難，不苟安，含辛忍辱，以無限心力和血淚，寫出無比慈悲的心情。語重心長，細心體會讀之，使有心人，具同感者，爲之泫然淚下。）

如一衆生未成佛，終不於此取泥洹。

（一切衆生，自性本來是佛境界。靈明自在。都因心理業力與後天教育見解，迷自本性。悟則同佛，迷則終沉物欲世網。所以說不但要先入五濁惡世度人。而且如有一衆生未得開悟成佛，自己始終不敢住在常樂我淨的寂靜安樂的果地。舊譯泥洹，又譯涅槃。就是寂然不動，滅盡煩惱，常樂我淨的果位。）

大雄大力大慈悲，希更審除微細惑。

（上句是讚歎佛的頌詞。唯有佛的慈悲懷抱，濟世胸襟，才眞是大英雄、大丈夫、大能力、大慈悲。我們大衆雖然領悟自性清淨的體用原則，還有很多細微枝節的疑惑未除。希望佛加以開示，以除我們的疑惑。）

令我早登無上覺，於十方界坐道場。

（使我們除去微細的疑惑，可以早登無上正覺，頓悟自性清淨圓滿的體用。於無盡虛空十方世界內，建立正知正覺的道場，坐此教化，濟度未來。）

舜若多性可銷亡，爍迦羅心無動轉。

（舜若多，譯爲虛空性。爍迦羅，譯爲堅固心。這兩句是說：即使虛空可以銷滅，而我們這種立志發願的眞心，決不會動搖退轉的。）（以上第三卷竟。）

爾時富樓那彌多羅尼子．在大衆中．即從座起。偏袒右肩右膝著地．合掌恭敬而白佛言。大威德世尊。善爲衆生敷演如來第一義諦。世尊常推說法人中．我爲第一。今聞如來微妙法音．猶如聾人．逾百步外．聆（音零聽也）於蚊蚋（音銳）．本所不見．何況得聞．佛雖宣明．令我除惑．今猶未詳斯義究竟無疑惑地。世尊．如阿難輩．雖則開悟．習漏未除。我等會中登無漏者．雖盡諸漏．今聞如來所說法音．尚紆疑悔。世尊．若復世間一切根塵陰處界等．皆如來藏清淨本然。云何忽生山河大地諸有爲相。次第遷流．終而復始。又如來說．地水火風本性圓融．周徧法界．湛然常住。世尊。若地性徧．云何容水。水性周徧．火則不生。復云何明水火二性．俱徧虛空．不相陵滅。世尊．地性障礙．空性虛通．云何二俱周徧法界。而我不知是義攸往。惟願如來．宣流大慈．開我迷雲．及諸大衆。作是語已．五體投地．

欽渴如來無上慈誨。
爾時世尊告富樓那・及諸會中漏盡無學諸阿羅漢。如來今日普爲此
・會宣勝義中眞[四]勝義性。令汝會中定性[五]聲聞・及諸一切未得二[六]空迴向
上乘阿羅漢等・皆獲一乘寂滅場地・眞阿[七]練若正修行處。汝今諦聽。當
爲汝說。富樓那等・欽佛法音・默然承聽。
佛言。富樓那。如汝所言・清淨本然・云何忽生山河大地。汝常不聞如來
宣說・性覺[八]妙明・本覺明妙。富樓那言唯然・世尊我常聞佛宣說斯義。佛
言。汝所稱覺明。者爲復性有所明・而稱名爲覺。爲覺乃不明・者而稱爲明覺。乎富
樓那言。若此不明・名爲覺者・則此覺者乃無所明。乎佛言。汝謂若無所明・則無明覺。
者。不知有所便非覺・性矣。若無所又復非明。而無明又非覺湛明性。也性覺必具眞明・而念起妄
爲明覺。是故覺性元非所明。因此妄明遂立妄所。所既妄立・隨即生汝妄能。於是此本無同異之法性

中。熾然遂成能所二法之異。矣異於彼之所謂異因異。復立妄同。同異發明。因此復立無
同無異。如是擾亂。相待生勞。勞久發塵。自相渾濁。由是引起塵勞煩惱。
起為世界。
靜成虛空。當知十方虛空只為妄想心中之同相所成。世界只為妄想心中異相所成。彼所謂無同無異之法者乃眞 九
有作有為之法。實非無同異之覺性也。一〇 覺明空昧。相待成搖。故有一一風輪執持世界。因空生搖。
堅明立礙。彼金寶者。明覺立堅。故有金輪保持國土。堅覺寶成。搖明風
出。風金相摩。故有火光為變化性。寶明生潤。火光上蒸。故有水輪含十
方界。火騰水降。交發立堅。溼為巨海。乾為洲潭。音但水邊平地也以是義故。彼大海
中火光常起。彼洲潭中江河常注。水勢劣火。結為高山。是故山石擊則
成燄。融則成水。土勢劣水。抽為草木。是故林藪音叟藪澤也遇燒成土。因絞成
水。交妄發生。遞相為種。以是因緣世界相續。

一【蚊蚋】蚊蚋、至小之蟲也、百步之外、聞其鳴聲、聽者弗能、況聾人乎、正喻聲聞弟子、初未解於大乘第一義諦也、

二【如來藏】如來藏性、不空不有、即性即相、名第一義、是佛所證也、

三【五體投地】左右兩手兩膝爲四肢、外兼一頭爲五體、投地、謂俯就至地也、

四【勝義中眞勝義性】如來常依二諦說法、一世俗諦、即小乘人天因果、是二勝義諦、即前文之陰入處界、是今之勝義中眞勝義性云者、即一眞法界中道實相義也、

五【定性聲聞】謂二乘小果、未知迴向大乘之人、

六【未得二空】謂但證人空、未證法空、然肯迴心向大、故亦非前定性比也、

七【眞阿練若】亦云阿蘭若、此云無喧雜、自性眞如本來寂淨、依此爲本修因地、方是眞正無喧雜處、乃全性起修之正行也、

八【性覺妙明本覺明妙】此一段文、爲最難理會、文句云、此先指出本來覺性、不屬迷悟、以爲迷悟之所依也、性覺本覺、祇有二名、終無二體、不改名性、固有曰本、妙明明妙、不過交互言之、顯其寂而常照、照而常寂、迷之所不能減、悟之所不能增也、富樓那雖曰常聞、實未達其旨趣、故世尊以

明與不明兩關勘之也、

九　【眞有爲法】彼前之無異同相、結成有情含識、此之識體、無分別性、而能變起一切之相、故曰眞有爲法、

一〇　【覺明空昧相待成搖】指掌疏云、性覺加明、眞空便暗、明暗相待、故曰成搖、

一一　【風輪】一切世界、皆依無明妄心而得住持、智度論曰、三千大千世界、在虛空中、風上水、水上地、地上天、自須彌以至諸天、皆在風上、所謂輪者、取其重重圍包旋動不息之義也、

物理世間物質的形成

這時，富樓那彌多羅尼子（滿慈子）在大衆中，起來敬禮釋迦牟尼佛，向佛問說：「吾佛最善於爲衆生開示自性形而上第一義諦的至理。佛常說在說法人中，我是第一。但是我聽了上面的微妙講解後，猶如一個聾子，在百步之外，去聽一個蚊蟲的聲音。根本都看不見，那裡能夠聽得到呢！佛雖然說的很明白，使我們除去疑惑。而我現在，還是不能詳細領悟這個道理，所以不能到達絕對沒有疑惑的地步。不要說阿難等人，祇是從理解上有所領悟。卽使在會的人，雖已得

到煩惱已盡的無漏境界。現在聽佛所說的道理，還是有很多糾纏不清的疑點。如果世間一切根塵陰處界等，（生理、物理、心理等。）都是自性本體清淨本然的功能；本體既是本然清淨，何以忽然生出山河大地等萬有的世界物象？而且有時間空間性的次第遷流，終而復始呢？又如上面佛所說的地、水、火、風等四大種性，也都是自性本體的功能，圓融無礙。充滿整個虛空宇宙間，湛然常住。假若地（固體）的性能徧滿虛空間，何以容納水的存在？如果水的性能徧滿虛空間，火的性能就根本生不起來。怎樣可以說明水火兩種性能都徧滿在虛空，而且並不衝突呢？再者，地的性能是障礙的。空的性能是通達的。兩種性能絕對相反，怎樣都充滿在宇宙間呢？我實在不知道這原理的中心在那裡？但願我佛施予大慈大悲，開示明白。以除去我心中的迷雲，同時也是大衆所渴仰祈求的。」

佛說：「今天我要爲在座的大衆，明白開示，宇宙萬有根元的原因，及如何發生萬有性能的眞理。（佛經原稱爲勝義有，指自性本體能生萬有的功能，又稱爲勝義性。）並且也使一般已定性向小乘聲聞果的人們。與一般未曾得到我法二空的人們。以及雖得小乘果而又廻心向上乘的阿羅漢們。能獲得祇有一乘的寂滅場地，（不生不滅的心地）得達眞正寂靜的正修行處。希望你們仔細的聽，現在將爲你們講解」。

佛要詳細解釋這個問題，又問滿慈子說：「如你所問，自性本體，既然淸淨本然，何以忽然生出山河大地等萬有的世界物象？你平常不是常聽我講：當你開始覺到自性的妙明時，方知自性元來是本覺不昧，具有靈明的功能嗎？」滿慈子答：「對的，我常聽佛宣講這個道理。」佛說：「你說，當你覺悟自性的靈明時，爲是自性本來具足靈明，故名爲覺性呢？還是本覺自性元來沒有靈明，因爲我現在覺了，才始名爲得到靈明的正覺呢？」滿慈子答：「如果這個稱爲覺性的，本來沒有具足靈明的，那也就沒有什麼所以然可以明白的了。」佛說：「倘使沒有什麼所以然可以明白的，就根本沒有可明與可覺。如果是有所以然可以明白的，卻不是原來自性的本覺。並且沒有所以然可以明白的，卻又不能說有所可明的了。那個無明昏濁的，又不是澄澄湛湛的本覺靈明自性。須知自性本覺，元自靈明。因爲明極而生妄動，才發生照明感覺的作用。但覺照並不就是本來覺性的性明。這個後天妄動的感覺照明，就形成有所爲的功用。這個有所爲的妄動功用成立以後，就生出各種妄性的本能。（此處所講，是說明形而上的體性發生形而下物理器世界的本能。必須要以最深靜靈明的智慧去理解體會，文字極難說明。如借用先天與後天兩個名辭，又使人意識上，顯然分出兩半截。姑且借用來說：就是先天的自性本能，是寂然不動，靈明清虛的。靈明清虛的功能，自然妄生變動，就產生後天的性能，發出各種作用，形成物質世界的本能。）在元來自性的本體上，本覺靈明與所發出的妄動照明作用，本來是一體所生，沒有同異的。但有妄動功能發生以後，就產生不同的功用，故有不同的變化。再從各別互異的性能內，於不同中具有相同之點。同異又互相變化，因之復立無同無異。（在理則上說：互相對待的，但是又可以歸納於絕對。絕對中又有互相對待的存在。矛盾可以統一，統一又有矛盾。）在這些妄動相反相成的同異對待變化當中，互相擾亂，所以相對地產生物理的變態現象。（這種變態的力量，又互相反對，互相相成。）物理的變態經過久遠的時間，就發生物質本能塵勞的運動，自然互相渾沌，形成昏沌混濁的狀態。因此引起物理本能的變態作用，同時也引起心理知覺感覺上的塵勞煩惱，而形成了世界。（佛所講的自性本體，湛然明覺。因為湛然明覺的動性，發生相反相成的兩種功能。互相混擾，為物理世界形成的本能。但仍不離其自性功能，所以其根本是同一體性。因為相反相成的動能，互相排盪久了。兩種力量爆發，又產生對待的本能。向心力收緊到極點，就發生相反的離心力。離心力放射到極點，又產生向心力。但兩種能力的分化收縮作用，都以自性功能為其中心點。這個中心點是眞空無形的眞性功能，是絕對的靈明獨立。所以說無同異中又有同異，同異中又有無同無異的存在。此處經中常提塵勞二字。塵勞就是宇宙間物質運動的現象，物理本能將要發生尚未發生的力量，要盡未盡的有形變化現象。形容至為絕妙，實在不能以其他字句替代。現在姑且作以上妄說，試為說明，但仍依原經為確要。又佛所說的，與易經原理，完全一樣。東方聖人，西方聖人，此心同，此理同，實不相欺。易經以太極為本體之表示。太極寂然不動，感而遂通。太極自具陰陽兩種相生相剋的功能。陰陽亦就是動能的一種代表名辭。生與剋，就是相反相成的作用。而太極又渾然爲一體。陰陽既動以後，就生萬物萬彙。一事一物，又各具一太極。太極又分陰陽。如此重重疊疊，發展至於無窮無盡的萬類，而總體祇是一個。其中眞理機趣，都是相通。但略引其理則，以作佛說的道理的參考。自性本體既然引發妄動變化的功能，就產生物理本能的作用，而形成世界。）

佛說：「所以靜態的就形成虛空現象。虛空的體性都是相同的。世界萬有形相，就各有不同了。這個自性本體卻沒有同異的差別。這個本體的功能，才是眞正生起各種萬類萬象有爲的法則。因爲自性本體本來具足覺性與光明空虛的功能，相對的形成動搖現狀。所以就產生風輪性的大氣層的本能，執持這個世界。因爲虛空形成動搖的現狀，由自性本體功能的光明，堅固凝結成立固體的物質，故有金屬性能的物質寶藏成爲大地中心。所以大地中心與地殼，有金輪性的固體保持國土。覺性空能凝結，既變成了固體的大地物質寶藏。又在虛空光明中動搖不息，因之產生風性的空氣。風性空氣與固體的地質互相摩擦，所以有火性的光熱發生一切變化的本能。大地中心的物質寶藏，與光熱相成產生潤濕的本能。因此火性的光熱上蒸，故形成水輪包圍於十方世界中。火性光熱上騰，水性潤濕下降，交互發生作用，成立堅固性的物質世間。濕的成爲大海，乾的變爲洲陸土地。就是因爲這個道理，所以大海當中，經常爆發火光。洲陸土地中間，又有江河流注。水勢撞擊的力大。火性的熱力弱，地殼就漸漸凝成，結爲高山。所以當山石盡力打擊時，就發出火燄。岩石融化了就成爲水。土地的凝力大，水性的濕力弱，就生長草木。所以樹林草木，燒掉就變成土質。盡力絞扭就成爲水漿。這些物質種性的本能妄動，交互發生作用。能量遞相變易，互爲種因。以此因緣，物質世界便相續不斷的存在。」

復次富樓那。明妄非他·覺明爲咎。所妄既立·明理不踰。（音俞）**以是因緣·聽**

不出聲、見不超色。色香味觸、六妄成就。由是分開見覺聞知。同業相纏、合離成化。（三）見明色發、（四）明見想成。異見成憎、同想成愛。流愛爲種、納想爲胎。交遘發生、吸引同業。故有因緣、（五）生羯羅藍、遏蒲曇等。胎卵濕化、隨其所應。卵唯想生。胎因情有。濕以合感。化以離應。情想合離、更相變易。所有受業、逐其飛沈。以是因緣、（六）衆生相續。富樓那。想愛同結、愛不能離。則諸世間父母子孫、相生不斷。是等則以欲貪爲本。貪愛同滋、貪不能止、則諸世間卵化濕胎、隨力强弱、遞相吞食。是等則以殺貪爲本。以人食羊、羊死爲人、人死爲羊、如是乃至十生之類、死死生生、互來相噉、惡業俱生、窮未來際。是等則以盜貪爲本。汝負我命、我還汝債、以是因緣、經百千劫、常在生死。汝愛我心、我憐汝色、以是因緣、經百千劫、常在纏縛。唯殺盜婬三爲根本。以是因緣、業果相續。富樓那。如是三種顛倒相續。

皆是覺明·明了知性·因了發相·從妄見生。山河大地諸有爲相次第遷流。因此虛妄。終而復始。

一【明妄非他、覺明爲咎】言欲明知此眞有爲法、所以展轉成妄者、非有他故、乃本覺加明之過咎也、按覺明爲咎、亦猶瞪發勞相之義、

二【所妄既立、明理不踰】所妄謂眞妄合和而成所依之妄識、即業相也、業相既已成立、則妙明本覺之理、爲識所障、不能踰越而知、故有後文之六妄成就、

三【見明色發】中陰身投胎時、其無緣處太地如墨、唯於父母有緣處、見有一點明色發現、即尋之受生、此業根身遂由妄想而成、

四【同見—異見】男子投胎、見父是男、異見故憎、見母是女、同想故愛、女子則反是、

五【羯羅藍遏蒱曇等】俱舍云胎中凡有五位、一七名羯羅藍、此云凝滑、亦翻雜穢、精血相合曰雜、自體不淨曰穢、二七曰遏蒱曇、此云皰、狀如瘡皰、三七曰閉戶、此云輭肉、四七曰鍵南、此云堅肉、五七曰鉢羅奢佉、此云形位、謂生諸身形骨節分位、乃至十月而出胎也、

六

【衆生相續】衆生由無始來、情想交變、離合互易、種種不同、無不隨業受報、逐其善業則四生皆有飛舉之樂、循其惡業則六道皆有沈淪之苦、以是因緣、衆生相續、明其但是明覺爲咎、更無他因也、

衆生世界生命的成因

佛說：「其次，身心照明妄動的不是別的東西，實際上就是自性本覺靈明發生的變態。變態妄動就形成有所爲的作用。但是仍沒有超過靈明自性的本體實際。因爲這個因緣，所以一切含靈的衆生們，聽到的不外是聲音。見到的不外是色相。而有色、聲、香、味、觸、法的物理現象，與眼、耳、鼻、舌、身、意相對相成，就形成六種妄動的本能。由本能分開爲見、聞、覺（感覺）知、的作用。業力相同的就互相纏縛。相對的結合，與相反的分離，就形成種種的變化。見性靈明遇見色相就發起作用。這個靈明的見性，看見色相就構成想念。所見不同，就互相憎恨。想念相同，就互爲情愛。愛情交合，產生流質，就能做種。同

時吸收想念，就成爲胞胎。彼此互相交遘，吸引相同的業力，所以才有因緣的作用，生出胞胎的人類與動物。（胎生的人類與一部分動物的生長，必須具備四種因緣，以相同的業力感召爲主因。①自性妄動業力所生的識心種性，是入胎的親因緣。②交遘的精蟲卵子是增上緣。③胎胞須待母體的種種營養生長，以及出生後的教育等等，是所緣緣。④由生命存在的善惡作爲等，又產生增加新的善惡業力，生死死生，是等無間緣。父母與自已識心種性的中陰身，三緣和合，才能生人。入胎初期名爲羯羅藍（譯爲凝滑，即精血初凝之意。）其他部分動物，也有胎生——如牛馬狗羊等。也有卵生——禽鳥類。濕生——微生蟲類。化生——昆蟲類。各自隨其業力的感應，互相吸引變化而後產生。卵生則想念的成分最多——如雞孵卵等，多用精神想念而生。胎生則愛情的成分最重——如人們的感情作用。濕生則互相感覺的成分最多——如魚介類眼目的相視，就可感應成孕。化生則須要分離變化的作用——如孑孓蚊蟲之類。無論愛情的生命，或變化作用的生命，都能互相變易，互相發生關係。所有生命的存在，都是受業力的支使，各自追逐着，飛潛浮沉在世間。由於這種因緣，所以衆生世界相續不斷的存在。因爲想念愛情的力量，猶如膠結不能開解，所以相愛便不能分離。因此人類世間，父母子孫，相生不斷，這些都是以欲望貪心爲業力的根本。貪心與愛的力量，互相共同滋長，貪心永遠不能止息。所以世間一切卵化濕胎等生物，隨力量的強弱，互相吞食，用以滋養自己的生命，這些都是以殺戮貪心爲業力的根本。（弱肉強食，是自然業力所使然。）所以人食羊，羊死爲人，人死爲羊。同樣的十類衆生，（①胎，②卵，③濕，④化，⑤有色的，⑥有想的，⑦非有色——如空幻中的物體，⑧非有想——如細微的微生物，⑨又如空散銷沉的無色類，⑩精神化爲土木金石的無想類。）死死生生，互相噉食。都是由於與生命俱來的惡業所生，猶如輪廻旋轉。窮極於未來無盡的時際，始終不斷。這些都以盜取與貪心爲業力的根本。（人身肉體生命的成分中，都藉動植物礦物質等生存。但是動植物礦物質等，有時也需要人的物體，同時也具有人的一切。彼此互相滋養，這是一種現實世間的輪廻。）於是在衆生間，你欠了我的命，我再還你的債。因爲有這種因緣的作用，經歷百千劫的時間，經常都在生死流中旋轉。人們與衆生界，你愛我的心，我憐你的色。因爲有這種作用，經百千劫的時間，經常都在情愛中纏緜。總之，都因爲殺盜淫三種業力作爲根本，所以世界上有業果相續的事實。這三種業力的作用，互相顚倒的繼續，都是正覺靈明的自性本體中，所具有的明明了了知性的變態。因爲了知自性發生了變態，產生妄見的動能；這些山河大地一切萬有的現象，次第循環變遷流動，都是因爲這個虛妄動能的作用。所以終而復始，猶如連環不斷。」

富樓那言。若此妙覺本妙覺明．與如來心不增不減。無狀忽生山河大地諸有爲相。如來今得妙空明覺．山河大地有爲習漏何當復生。佛告富樓那。譬如迷人．於一聚落惑南爲北．此迷爲復因迷而有因悟所出．富樓那言。如是迷人．亦不因迷．又不因悟。何以故。迷本無根．云何因迷．悟非生迷．云何因悟。佛言。彼之迷人．正在迷時。倏(音叔)有悟人指示令悟．富樓那。於意云何。此人縱迷．於此聚落．更生迷不。不也世尊。富樓那。十方如來亦復如是。此迷無本．性畢竟空。昔本無迷．似有迷覺。覺迷迷滅．覺不生迷。亦如翳人見空中華．翳病若除．華於空滅。忽有愚人．於彼空華所滅空地．待華更生。汝觀是人爲愚爲慧。富樓那言。空元無華．妄見生滅。見華滅空．已是顛倒．勑令更出．斯實狂癡。云何更名如是狂人爲愚爲慧。佛言。如汝所解．云何問言諸佛如來妙覺明空．何當更出山河大地。又如金鑛·（音拱混金也）雜於精金。其金一純·更不成雜。如木成灰·不重爲木。諸佛如來菩提涅槃·亦復如是。富樓那。又汝問言地水火風本性圓融·周偏法界。疑水火性不相陵滅。又徵虛空及諸大地俱徧法界·不合相容。富樓那。譬如虛空體非羣相·而不拒彼諸相發揮。所以者何。富樓那。彼太虛空日照則明·雲屯則暗·風搖則動·霽澄則淸·氣凝則濁·土積成霾·（音埋晦也）水澄成映。於意云何。如是殊方諸有爲相·爲因彼生·爲復空有。若彼所生。富樓那。且日照時·既是日明·十方世界同爲日色·云何空中更見圓日。若是空明·空應自照·云何中宵雲霧之時·不生光耀。當知是明·非日非空·不異空日。觀相元妄·無可指陳·猶邀空華·結爲空果·云何詰其相陵滅義。觀性元眞·唯妙覺明。妙覺明心·先非水火。云何復問不相容者。眞妙覺明·亦復如是。汝以空明·則有空現。地水火風各各發明·

則各各現若俱發明·則有俱現。云何俱現。富樓那。如一水中現於日影。兩人同觀水中之日東西各行·則各有日隨二人去。一東一西先無準（一）的不應難言此日是一·云何各行各日旣雙·云何現一。宛轉虛妄無可憑據。富樓那。汝以色空（二）相傾相奪於如來藏。而如來藏隨爲色空。周徧法界。是故於中風動空澄日明雲暗。衆生迷悶·背覺合塵·故發塵勞有世間相。我以妙（三）明不滅不生合如來藏。而如來藏唯妙覺明圓照法界。是故於中·一爲（四）無量·無量爲一。小中現大·大中現小。不動道場·徧十方界。身含十方無盡虛空。於一毛端現寶（五）王剎。坐微塵裏轉大法輪。滅塵合覺·故發眞如妙覺明性。而如來藏本妙圓心。非心非空非地非水·非風非火。（以上七大）非眼非耳鼻舌身意。（以上六入）非色非聲香味觸法。（以上十二處）非眼識界·如是乃至非意識界。（以上十八界）非明無明·明無明盡。如是乃至非老非死·非老死盡。（上十二因緣）非苦非集非滅非道。（上四諦）非智非得。六非檀那非尸羅・非毗梨耶・非羼提・非禪那・非般剌若・非波羅密多。七（上六度）如是乃至非八怛闥阿竭・非阿羅訶三耶三菩。（上十號）非大涅槃。九非常非樂非我非淨。（上四德）以是俱非世出世故。（上明眞如藏性泯一切法即天台之眞諦理也）即如來藏元明心妙。即心即空即地即水即風即火即眼即耳鼻舌身意。即色即聲香味觸法。即眼識界。如是乃至即意識界・即明無明・明無明盡。如是乃至即老即死・即老死盡。即苦即集即滅即道・即智卽得。即檀那・即尸羅・即毗梨耶・即羼提・即禪那・即般剌若・卽波羅密多。如是乃至即怛闥阿竭。卽阿羅訶三耶三菩。卽大涅槃。卽常卽樂卽我卽淨。以是俱即世出世故。（此明眞如藏性具一切法即台家之俗諦理也）一〇即如來藏妙明心元・離即離非・是即非即。（此約舉中道義）如何世間三有衆生・及出世間聲聞緣覺・以所知心測度如來無一一上菩提・用世語言入佛知見。譬如琴瑟箜篌（音空侯）琵琶・雖有妙音若無妙指終不能發。汝與衆生・亦復如是。寶覺眞心各各圓滿。如我按指・海印一二發光。汝暫舉心・塵勞先起。由不勤求無上覺道・愛念小乘・得少爲足。

一【準的】目標也、案二皆物名、匠人之法平物以水、其盛水具曰水準、習射之法、預懸丹面白的之標於前、名之曰的、

二【色空】即世間之妄相也、

三【妙明】即眞如妙性也、

四【一爲無量】即華嚴經中一多相容之義、喻如一虛空中有無量微塵、無量微塵爲一虛空也、

五【寶王刹】即諸佛國土、大法輪、即說法道場、此喻小中現大、

六【檀那等】一檀那、此云布施、有財、法、無畏三種、二尸羅、此云戒、包括在家出家大小乘等一切律儀、三毘黎耶、此云精進、精勵身心、進修三學、四羼提、此云忍辱、忍受一切有情無情之觸逆而不生怨報心、五禪那、此云靜慮、思惟眞理、定止散亂之心、六般剌若、此云智慧、此菩薩自利利他、行

詣涅槃彼岸之六法也、

七【波羅密多】此云度、亦云到彼岸、彼岸之義、以吾人在生死海中、從生死之此岸、到涅槃不死之彼岸也、

八【怛闥阿竭…阿羅訶…三耶三菩】怛闥阿竭、此云如來、阿羅訶、此云應供、三耶三菩此云正遍知、以上佛之十號約舉其三號也、

九【常…樂…我…淨】此涅槃斷德之四無量心、二死永亡曰常、解脫受用曰樂、證眞法身曰我、絕無染障曰淨、乃諸佛所證也、

一〇【三有】三界有情、各隨所作善惡、因果不亡、故名爲有、一欲有、約六道凡夫、二色有、約四禪天、三無色有、約四空天、

一一【妙音】琴瑟等喩衆生身、妙音喩所具如來藏性、妙指喩般若智、

一二【海印】海印爲三昧之名、證此三昧、照見世出世間一切諸法、猶如大海湛然、色象悉印其中也、

第五章 修習佛法實驗的原理

個人解脫成佛與羣體的關係

滿慈子問：「如果這個靈妙本覺的自性，本來就是正覺妙明的。現在佛已經證得元來的眞心自性之體的正覺妙明，故名爲如來。如來既已返還於不增不減的自性靈明的本體了，那麼現在這些無緣無故忽然所生出的山河大地等一切萬有現象，在如今佛已證得的靈妙性空光明正覺的成就中，應該一切都隨着佛力而返本還原；何以山河大地萬有的各種有爲習慣煩惱，還是不斷的生生不已呢？」佛問：「譬如一個人，在某一個地方，迷失了方向，誤認南方爲北方。這種迷惑，是因爲迷了才有呢？還是因爲覺悟而生呢？」滿慈子答：「這個人的迷惑，既不是因爲迷了才有，更不是因爲覺悟而生。迷惑本來沒有根源，怎樣可以說是因爲迷惑才有呢？覺悟就不會生迷惑，怎樣又可以說是因爲覺悟而生呢？」佛問：「當這個人正在迷惑中，忽然有一個覺悟的人，指示他方向，使他明白了。你說這個迷人，在這個地方，還生迷惑嗎？」滿慈子答：「當然不會再迷惑了。」佛說：「十方世界已成正覺的佛，證得了正覺的自性，也同這個人一樣。這種迷惑原來沒有根本，所謂迷的性能，本來是畢竟空的。從前並沒有迷惑，他忽然好似有被迷惑的感覺。當他覺悟後，迷惑就消滅了，覺悟就不會再生出迷惑來。又如眼睛有翳病的人，看見虛空中有花朵。翳病如果除了，空中花朵的錯覺也就沒有了。假若一個愚人，眼的翳病好了以後，還要在以前那個感覺有花朵的地方，仍然等待空花出現。你看這個人，是愚蠢呢？是智慧呢？」滿慈子答：「虛空中本來沒有花，因爲有病眼的妄見，才看見空中有花朵的生滅。看見虛空花朵消滅，便已經是迷惑顚倒。再希望空花在虛空出現，這實在是狂而且癡的人。何以還問這種狂人，是愚是慧呢？」佛說：「照你的見解，何以又問一切佛已經證悟自性妙覺靈明的空性中，怎麼還生出山河大地來呢？又如金鑛裡的金，夾雜在泥沙當中，把它取出煆煉成純金以後，當然不會再雜有泥沙。又如木已成灰，當然不再是原木。已經證悟自性的佛，在其正覺寂滅圓明的境界裡，也同這個道理一樣。」（又自性本體如一澄淸的大海，萬有物象與衆生，根本都是這個海水上所變起的浮泡。證悟了自性的人，如水泡還歸於大海水。海水本是海水。其他浮泡自己不肯返本還原，做他原來的大海水，佛也沒有辦法令其消滅。祇好隨它始終浮沉在海面上妄動，隨波逐浪的遷流。滿慈子所問的問題，從這個譬喻，可以理解得到。）佛說：「你又問：地、水、火、風的物理性能，本性都是圓融無礙，充滿在宇宙間。何以水火兩種反對的性能不會互相淩滅？虛空與大地的性能，若都是充滿在宇宙間，應當不會彼此相容。你要知道，譬如虛空的自體，不屬於任何一種現象，但又能包容萬象。所以萬物在虛空中，盡量發揮它的性能。例如：日照虛空，就有光明。雲霧遮障，就生昏暗。風吹就有搖動的現象。天霽就可以看到晴明。氣層凝結則變昏濁。塵土積聚則成陰霾。經過雨水的澄清，又反映出晴明。你說，這一切現象，是因爲現象自身所生？或是虛空所有呢？假若是現象自身所生，當太陽照耀的時候，既然是日光的光明，那麼，十方世界的虛空，應該都同太陽本身的顏色才對。何以虛空中，還可以看見有一個太陽呢？如果虛空自有光明，虛空應該自己能照。何以到了夜半或雲霧昏蔽的時候，又不發出光明來呢？所以當知：這種光明，既不是太陽所生，也不是虛空自出，但又離不開虛空與太陽。人們觀看所得的現象，元來都是虛妄的，沒有可以絕對指陳的根本。如果必定從那一種現象尋求其根本所在，猶如要求虛空中的幻花，去結空果。何以你還要詰問物理現象互相凌滅的道理呢？（物理世界現象，都是相對的相反相成。空性本能，是絕對的超然獨立。）至於能觀察各種現象的性能，元本是眞心的妙用。它是具有妙覺靈明的。這個靈明妙覺的眞心，它並不是水火等任何物理所生。怎樣又問他在宇宙間能否相容呢？自性眞心的虛妙正覺靈明，也和這個道理一樣。你從空與光明去看，就有空與光明的現象產生。若從地、水、火、風各種現象去觀察，就另有各種現象產生。如果同時從各種現象去觀察，就同時現出各種功能。何以同時都現出作用呢？譬如一潭淸水，中間有太陽的影子。兩個人同時都看潭中日影，然後兩人又分向東西而去。於是就會各有一個太陽，分別跟隨着向自己的方向移動。一個向東，一個向西，標準目的各不相同。當然不可以強辯的說，太陽是一個，何以能够分向東西同時移動呢？如果說太陽已經分成兩個，何以水中所現的又祇有一個？這都是物理現象宛轉虛妄的互相變化所生，實在並沒有可以憑據的。你要知道，物質色相與虛空，互相變化生尅。雖然現出千變萬化，但超越不出自性本體的功能。而自性本體功能，則隨同變化所生的物質色相與虛空，充滿周徧於宇宙間。所以在自性本體功能的空性中，有風的吹動，虛空的晴朗，太陽的光明，雲霧的昏暗等等各種現象。一切衆生自己迷悶，『背覺合塵』，違背了正覺的自性，自己隨合物理的變化，所以才發生種種塵勞，而形成世間相。我因爲證悟得妙明不起生滅的自性，合於自性本體。這個自性本體，是妙覺圓明，圓滿地普照於宇宙間。所以在自性功能中，「一」卽具足無量作用，無量也祇是「一」。小中可以現大，大中可以現小，這個自性是如如不動的，偏滿十方虛空世界。『身含十方無盡虛空，於一毛端，現寶王刹。坐微塵裡，轉大法輪。』如果『滅塵合覺』，滅除了一切物理作用的束縛，使其返合於正覺自性之體，就能夠發起自性本體妙覺靈明的功能了。但是這個自性本體元本是具足萬有功能，而且是虛妙圓滿的眞心。卻不是普通的心理作用，也不是物理作用，也不是知識道理的作用，也不是如佛法所說的那些崇高超越的理解可以了知。同樣的，也就是能產生普通的心理作用，物理作用，知識道理的作用，也就是如佛所說的那些崇高超越的眞善美的名辭作用，也就是世間的一切現象與知識，以及出世超越的理解所能了知的。所以說：自性本體虛妙靈明的眞心本元，要離開一切現象作用才能够覺得。也要不離開這一切現象作用，才可見到它的功能。這個自性本體功能就是這一切現象作用所表現。這一切現象作用卻不是自性本體。這個道理，祇有自己親證方知。無奈在有欲與無明和煩惱中的世間衆生，以及出離世間的聲聞緣覺們，用有限的知識，來測度佛無上正覺的大道。用一般世間的言語，想透入佛的所知所見呢？這譬如琴、瑟、箜篌、琵琶等樂器。雖然具備發生微妙聲音的作用，如果沒有妙手去彈，始終不能發出美妙的聲音。你與一般衆生，也同樣如此。這個自性寶藏的本覺眞心，各自圓滿的。如果因得我指示，便風平浪靜，性海心波都了然不起，心境便能稍發澄淸的光明。你們祇要暫起心念，便先自發生塵勞煩惱。這都是因爲不努力勤求無上正覺的大道，貪愛小乘的果實，少有所得，便自滿足。」

富樓那言。我與如來寶覺圓明．眞妙淨心．無二圓滿。而我昔遭無始妄想．久在輪迴。今得聖乘．猶未究竟。世尊諸妄一切圓滅．獨妙眞常。敢問如來．一切衆生何因有妄．自蔽妙明．受此淪溺。

佛告富樓那。汝雖除疑．餘惑未盡。吾以世間現前諸事．今復問汝。汝豈不聞室羅城中．演若達多。忽於晨朝以鏡照面．愛鏡中頭眉目可見。瞋責己頭不見面目。以爲魑魅(音痴妹山澤中鬼也)無狀狂走。於意云何。此人何因無故狂走。富樓那言。是人心狂．更無他故。佛言。妙覺明圓．本圓明妙。旣稱爲妄。云何有因。若有所因．云何名妄。自諸妄想展轉相因．從迷積迷．以歷塵劫。雖佛發明．猶不能返。如是迷因．因迷自有。識迷無因．妄無所依。尙無有生．欲何爲滅。得菩提者．如寤時人說夢中事。心縱精明．欲何因緣取夢中物。況復無因．本無所有。如彼城中演若達多．豈有因緣自怖頭走。忽然狂歇·頭非外得。縱未歇狂·亦何遺失。富樓那。妄性如是·因何爲在。汝但不隨分別世間業果衆生三種相續。三緣斷故·三因不生。則汝心中演若達多狂性自歇·歇即菩提。勝淨明心·本周法界。不從人得。何藉劬（音區）勞肯綮（音磬肯綮用力之貌）。修證。譬如有人於自衣中繫如意珠·不自覺知。窮露他方乞食馳走。雖實貧窮·珠不曾失。忽有智者指示其珠。所願從心·致大饒富。方悟神珠非從外得。

卽時阿難在大衆中·頂禮佛足·起立白佛。世尊現說殺盜婬業·三緣斷故·三因不生。心中達多狂性自歇。歇即菩提·不從人得。斯則因緣皎然明白。云何如來頓棄因緣。我從因緣心得開悟。世尊。此義何獨我等年少有學聲聞。今此會中大目犍連及舍利弗須菩提等·從老梵志聞佛因緣·發心開悟得成無漏。今說菩提不從因緣。則王舍城拘舍梨等·所說自然成第一義。惟垂大悲．開發迷悶。佛告阿難。即如城中演若達多．狂性因緣．若得滅除。則不狂性自然而出。因緣自然．理窮於是。阿難。演若達多．頭本自然。本自其然．無然非自。何因緣故．怖頭狂走。若自然頭因緣故狂。何不自然因緣故失。本頭不失．狂怖妄出。曾無變易．何藉因緣。本狂自然．本有狂怖。未狂之際．狂何所潛。（音千伏也）不狂自然．頭本無妄．何爲狂走。若悟本頭．識知狂走．因緣自然．俱爲戲論。是故我言三緣斷故．即菩提心。菩提心生．生滅心滅．此但生滅。滅生俱盡．無功用道。若有自然．如是則明．自然心生．生滅心滅．此亦生滅。無生滅者．名爲自然。猶如世間諸相雜和．成一體者．名和合性。非和合者．稱本然性。本然非然。和合非合。合（和合）然（自然）俱離。離合俱非。此句方名無戲論法。菩提涅槃．尚在遙遠。非汝歷劫辛勤修證。雖復憶持十方如來十二部經．清淨妙理如恒河沙、祇益戲論。汝雖談說因緣自然決定明了。人間稱汝多聞第一。以此積劫多聞熏習、不能免離摩登伽難。何須待我佛頂神呪、摩登伽心婬火頓歇、得阿那含、於我法中、成精進林。愛河乾枯、令汝解脫。是故阿難、汝雖歷劫憶持如來秘密妙嚴、不如一日修無漏業、遠離世間憎愛二苦。如摩登伽宿爲婬女、由神咒力銷其愛欲、法中今名性比丘尼。與[三]羅睺母耶輸陀羅同悟宿因。知歷世因貪愛爲苦。一念熏修無漏善故、或得出纏、或蒙授記。如何自欺、尚留觀聽。

一【演若達多】此云祠受、其母從邪神祈禱而生者、乃城中之狂人、此喻一切衆生、依眞成迷、不見本性也、

二【十二部經】一長行、二重頌、三授記、四孤起、五無問自說、六因緣、七譬喻、八本事、九本生、十方廣、十一未曾有、十二隨分別說、十二部別、各有類從、即汎舉一切經言也、

三【羅睺母耶輸陀羅】羅睺羅母耶輸陀羅者、以子標母、此云華色、即世尊未出家時之夫人也、法華經中授記爲具足千萬光明如來、

自性眞心證悟的法則與原理

滿慈子問：「自性寶藏，正覺圓滿靈明的眞心，原來是靈妙淸淨的，我與佛本來都是一樣圓滿。但是因爲我自無始以來卽被妄想牽纏，長久在世間輪廻中流轉不停。現在雖少有所得，列入聖道，但是還未得到究竟的地位。佛已除滅一切妄心，圓滿正覺。自性眞常，朗然獨妙。現在我請問：一切衆生，自性本來，既然淸淨圓滿；何以又有妄心思想的作用，自己來遮蔽虛妙靈明的眞心，遭受沉淪呢？」

佛說：「你雖然相信我所講的至理，但是還有很多疑惑沒有去掉。我現在就用世間的事情問你：在我們這個城中，有一個發了狂的人，名叫演若達多（譯義名叫祠接。）有一天，早晨起來，自己照鏡子，忽然認爲鏡中的人頭眉目相貌非常的可愛。痛恨自己的頭，不能看見面目。越想越不對，以爲受魔鬼的作祟，自

己的頭已經失掉。因此莫名其妙的發了狂，到處亂跑。你說，這個人爲什麼莫名其妙的發狂亂跑呢？」滿慈子答：「這個人心裡自己發狂，並沒有其他的原因。」佛說：「妙覺靈明圓滿的眞心，本來是圓明靈妙的。現在既然稱之爲妄心，怎麼會有原因呢？如果有個什麼原因，就不叫做妄心了。自己有這許多妄想，自己互相輾轉，互爲因果。從癡迷當中累積迷癡，所以經歷無數時劫。雖然有佛的發明指示，還是不能夠迷途知返。這個癡迷的原因，是因爲迷惑而有的。如果認識了癡迷本來沒有什麼原因，妄心還有什麼可以依據呢？既然妄心本來就沒有生處可得，又從那裡去滅呢？得到正覺的人，猶如醒了的人，講述夢中的事。假使心裡是明白的，有什麼理由還肯去把捉夢裡的東西呢？更何況妄心元來就沒有原因，根本就無所謂有眞實的存在了。有如城中的演若達多，原來並沒有爲什麼原因，使他恐怖自己的頭失掉，因而狂走。當他突然間狂心停止了，才知道自己的頭原來仍在這裡，那裡另外可以得到一個頭呢！既是他狂心還沒有休歇，他的頭也從來沒有遺失過啊！你要知道，妄心的性質也是如此，那裡有個固定的所在。你祇要不隨分別思想作用。不堅執物理的形器世界相。不再造做業果。不隨狂妄的衆生相去追逐不捨。這三種因緣，自然斷除。世間所有的妄心作用，歸納起來，不外這三種原因。這三種原因不生起時，你心裡的狂性自然便休歇。狂心一旦自歇，「歇卽菩提」了。殊勝淸淨靈明的眞心，本來充滿周徧在宇宙間，並不從別人那裡得到。何必要借勞苦身心去修持，才能證得呢？又譬如有一個人，本來在自己的衣服裏，繫帶着如意寶珠。可是自己並不知覺，反到處做乞丐，乞食奔走。當時雖然實在是貧窮，可是衣裡的寶珠並沒有遺失。忽然有一個明白的人，指出他自己身上的如意寶珠，他立刻就成爲大富人。才明白這個神珠，並不是從外面得來的。」

這時阿難又起立請問：「剛才佛說殺盜淫三種業力不生起，三緣也就斷除，心中的狂性自歇。狂性休歇就是菩提正覺。正覺自性不是從別人那裡得到的。這樣說來，一切由於因緣的道理，是顯然明白的。何以佛在前面又忽然駁斥因緣呢？因爲因緣的道理，我的心才得開悟領解。就是現在與會的前輩同學，像目犍連

（註卅三），舍利弗（註卅四）、須菩提（註卅五）、老梵志等（註卅六），也都是因爲聽到佛所說的因緣道理，開發心地，有所領悟，才能達到無漏的境界。現在佛說正覺自性不從因緣所生。不但像我們年青人，還在求學佛法的階段，心裡感到疑惑。我相信其餘的人也都有同感。而且如此說來，外道學者們所說，認爲宇宙一切，都是自然所生的理論，應該就是至高無上的眞理了。希望佛垂大悲心，再開導我們的迷悶。」佛說：「譬如狂人演若達多的狂性因緣，如果消滅，不狂的本性，就自然而出。因緣與自然的相對理論，就祇盡於此。演若達多的頭本來自然在那裡。這個自然乃是自然其然的，沒有任何自然不是自然的。他因爲什麼因緣才自己恐怖遺失了自己的頭，而發狂亂走呢？如果頭是自然的在那裡，祇是因爲照鏡子的因緣而發狂。何以他不自然發狂，卻要等到照鏡子的因緣才恐怖眞頭遺失呢？其實他的頭並沒有遺失，祇是因爲發狂恐怖才生出妄想。可見本來的頭曾無變易，又何須等因緣顯出狂性呢？如果說發狂是自然的，那麼他本來就有狂怖的心了。當他沒有發狂的時候，這個狂性又潛伏在那裡？若說不發狂是自然的，此頭本來無恙，何以又會發狂亂跑呢？如果一旦明白了頭還是本來的頭，也就知道是自己無故發狂亂跑了。所謂因緣與自然，都成了兒戲的理論。所以我說三緣斷除了，就是正覺的眞心。正覺心生，生滅的妄心就滅了。但雖然滅了生滅，也祇已經滅了生滅不停所生的妄心。如果把能滅能生的功能都澈底滘盡了，才是無功用道的自性妙用。假若有一個自然，那就要等待自然的眞心生起，生滅的妄心才會滅掉。這樣還是屬於生滅作用。要絕對沒有生滅作用，才叫做自然。猶如世間的事物，各種因素混雜和合，構成一個整體的才叫做和合性。不屬於和合性的，才叫做本來自然。本來自然的，就沒有一個另外所以然的性質存在，那才叫做自然。可以和合的，便不是能和合的本能。和合與自然是相對性的，都要離開。能離與和合的都不是自性。這樣才叫做不是兒戲的理論法則。但是這還祇是一種理論，要證得正覺寂滅圓明的自性，距離還很遙遠。你雖然歷劫辛勤修證，能夠記憶誦持十方佛的十二部經典（註卅七），懂得數不淸的淸滘妙理，祇是有益於你的戲論。所以你雖然談說因緣與自然的理論，明白最高的決定眞理，別人都說你是第一位博學多聞的人。像你這樣累積歷劫博學所得的知識，還不能免除摩登伽（見註六）女的困辱。仍是要靠佛的神咒力量，才使摩登伽女淫念頓歇，得到阿那含果（註卅八）。她現在在我法中，努力精進，愛河澈底枯竭。同時也使你得到解脫。所以說：你雖然歷劫記憶誦持佛的祕典，還不如用一天功夫去勤修無漏（註卅九）法門，可以遠離世間憎或愛的二種苦惱。即如摩登伽女，原爲淫女。因爲神咒力量，消滅她的愛與慾念。現在我法中，號性比丘尼。與羅睺羅母（註四十），耶輸陀羅（註四一），都領悟到過去的因緣，知道歷世生死的原因。所以要知道，祇因此一念貪愛，卽是一切痛苦的根本。他們能够在一念之間，熏修無漏善業，便能够超越世緣的纏縛，或者蒙受佛的授記。你現在何以還是自欺的，祇在理論上觀望呢？」

（註卅三）目犍連：又名目連，譯曰採菽氏，佛十大弟子中神通第一。
（註卅四）舍利弗：譯曰鶖子，佛十大弟子中智慧第一。
（註卅五）須菩提：譯曰空生，或善現，佛十大弟子中解空第一。

(註卅六)梵志：一切外道之出家者名梵志。

(註卅七)十二部經典：1契經2重頌3諷頌4因緣5本事6本生7未曾有8譬喻9論議10自說11方廣12授記。此十二部中契經、重頌、諷頌三者爲經文上之體裁。餘九部從其經文所載之別事而立名。

(註卅八)阿那含：譯曰不來，斷盡欲界煩惱之聖者，爲小乘四果中之第三果。

(註卅九)無漏：漏者煩惱之異名。漏泄之義。貪瞋等煩惱日夜由眼耳等六根門頭漏泄流注而不止，謂之漏。又漏爲漏落之義，煩惱能令人漏落於三惡道，謂之漏。因之謂有煩惱之法云有漏，離煩惱之法云無漏。

(註四十)羅睺羅：譯曰執月，或障蔽，爲釋迦佛之嫡子。十五歲出家，佛十大弟子中密行第一。

(註四十一)耶輸陀羅：譯曰持譽，羅睺羅之母，後隨摩訶波闍婆提出家。

阿難及諸大衆．聞佛示誨．疑惑銷除．心悟實相。身意輕安．得未曾有。重復悲淚．頂禮佛足．長跪合掌而白佛言。無上大悲清淨寶王．善開我心。能以如是種種因緣．方便提獎．引諸沈冥出於苦海。世尊．我今雖承如是法音．知如來藏妙覺明心．徧十方界．含育如來十方國土．清淨寶嚴妙覺王剎。如來復責多聞無功．不逮修習。我今猶如旅泊之人．忽蒙天王賜與華屋．雖獲大宅．要因門入。惟願如來不捨大悲．示我在會諸蒙暗者．捐捨小乘．畢獲如來無餘涅槃本發心路。令有學者．從何攝伏疇昔攀緣．得陀羅尼．入佛知見。作是語已．五體投地。在會一心．佇佛慈旨。

爾時世尊．哀愍會中緣覺聲聞．於菩提心未自在者。及為當來佛滅度後．末法衆生．發菩提心．開無上乘妙修行路。宣示阿難及諸大衆。汝等決定發菩提心．於佛如來妙三摩提．不生疲倦。應當先明發覺初心二決定義。云何初心二義決定。

阿難。第一義者·汝等若欲捐捨聲聞·修菩薩乘入佛知見·應當審觀因地發心·與果地覺為同為異。阿難。若於因地以生滅心為本修因·而求佛乘不生不滅·無有是處。以是義故·汝當照明諸器世間可作之法·皆從變滅。阿難。汝觀世間可作之法·誰為不壞。然終不聞爛壞虛空。何以故。空非可作·由是始終無壞滅故。則汝身中·堅相為地·潤濕為水·煖觸為火·動搖為風。由此四纏·分汝湛圓妙覺明心·為視為聽為覺為察。從始入終·五疊渾濁。云何為濁。阿難。譬如清水·清潔本然。即彼塵土灰沙之倫·本質留礙。二體法爾·性不相循。有世間人·取彼土塵·投於淨水·土失留礙·水亡清潔·容貌汩(音骨)然·名之為濁。汝濁五重·亦復如是。

阿難。汝見虛空徧十方界。空見不分。有空無體·有見無覺·相織妄成。是第一重．名為劫濁。汝身現摶(音團取也)四大為體．見聞覺知．壅令留礙。水火風土旋令覺知。相織妄成。是第二重．名為見濁。又汝心中憶識誦習．性發知見。容現六塵。離塵無相．離覺無性。相織妄成。是第三重．名煩惱濁。又汝朝夕生滅不停。知見每欲留於世間。業運每常遷於國土。相織妄成．是第四重．名眾生濁。汝等見聞元無異性。眾塵隔越．無狀異生。性中相知。用中相背。同異失準。相織妄成。是第五重．名為命濁。

阿難。汝今欲令見聞覺知．遠契如來常樂我淨．應當先擇死生根本．依不生滅圓湛性成。以湛旋其虛妄滅生．伏還元覺．得元明覺無生滅性．為因地心。然後圓成果地修證。如澄濁水．貯於靜器．靜深不動．沙土自沈。清水現前．名為初伏客塵煩惱。去泥純水．名為永斷根本無明。明相精純．一切變現不為煩惱．皆合涅槃清淨妙德。

第二義者．汝等必欲發菩提心．於菩薩乘生大勇猛．決定棄捐諸有爲相．應當審詳煩惱根本。此無始來發業潤生誰作誰受。阿難。汝修菩提．若不審觀煩惱根本．則不能知虛妄根塵何處顛倒。處尚不知．云何降伏取如來位。阿難。汝觀世間解結之人．不見所結．云何知解。不聞虛空被汝隳（音恢）裂。何以故。空無形相．無結解故。則汝現前眼耳鼻舌．及與身心．六爲賊媒．自劫家寶。由此無始衆生世界生纏縛故．於器世間不能超越。

阿難。云何名爲衆生世界。世爲遷流。界爲方位。汝今當知．東．西．南．北．東南．西南．東北．西北．上．下爲界。過去未來現在爲世。方位有十。流數有三。一切衆生．織妄相成。身中貿（音茂．變也）遷．世界相涉。而此界性設雖十方．定位可明。世間祇目東西南北．上下無位．中無定方．四數必明．與世相涉．三四四三·宛轉十二。流變[三]三疊·一十百千。總括始終。六根之中·各各功德有[四]千二百。阿難。汝復於中·克(能也)定優劣。如眼觀見·後暗前明。前方全明。後方全暗。左右旁觀·三分之二。統論所作·功德不全。三分言功·一分無德。當知眼唯八百功德。如耳周聽·十方無遺。動若邇遙。靜無邊際。當知耳根圓滿一千二百功德。如鼻齅聞·通出入息。有出有入·而闕(缺也)中交。驗於鼻根·三分闕一。當知鼻唯八百功德。如舌宣揚·盡諸世間出世間智。言有方分·理無窮盡。當知舌根圓滿一千二百功德。如身覺觸·識於違順。合時能覺。離中不知。離一合雙。驗於身根·三分闕一。當知身唯八百功德。如意默容·十方三世·一切世間出世間法·唯聖與凡·無不包容·盡其涯際。當知意根圓滿一千二百功德。

阿難。汝今欲逆生死欲流·返窮流根·至不生滅。當驗此等六受用根·誰合誰離．誰深誰淺．誰爲圓通．誰不圓滿。若能於此悟圓通根．逆彼無始．織妄業流．得循圓通．與不圓根．日劫相倍(五)。我今備顯六湛圓明本所功德數量如是。隨汝詳擇其可入者。吾當發明．令汝增進．十方如來於十八界一一修行．皆得圓滿無上菩提。於其中間．亦無優劣。但汝下劣．未能於中圓自在慧。故我宣揚．令汝但於一門深入。入一(六)無妄．彼六知根．一時清淨。阿難白佛言．世尊。云何逆流深入一門．能令六根一時清淨。佛告阿難。汝今已得須陀洹(七)果。已滅三界衆生世間見所斷惑。然猶未知根中積生無始虛習。彼習要因修所斷得。何況此中生住異滅．分劑(音濟配也)頭數。今汝且觀現前六根．爲一爲六。阿難。若言一者．耳何不見．目何不聞．頭奚不履．足奚無語。若此六根決定成六．如我今會．與汝宣揚微妙法門。汝之六根．誰來領受。阿難言．我用耳聞。佛言．汝耳自聞．何關身口口來問義、身起欽承。是故應知非一終六、非六終一。終不汝根元一元六。阿難當知。是根非一非六。由無始來顛倒淪替。故於圓湛一六義生。汝須陀洹雖得六銷[8]、猶未亡[9]一。如太虛空參合羣[10]器。由器形異名之異空。除器觀空說空爲一。彼太虛空云何爲汝成同不同。何況更名是一非一。則汝了知六受用根亦復如是。由明暗等二種相形於妙圓中黏湛發見。見精映色、結色成根。根元目爲清淨四大。因名眼體、如蒲萄[11]朵。浮根四塵、流逸奔(向外也)色。由動靜等二種相擊於妙圓中黏湛發聽。聽精映聲、卷聲成根。根元目爲清淨四大。因名耳體、如新卷葉[12]。浮根四塵、流逸奔聲。由通塞等二種相發於妙圓中黏湛發齅。齅精映香、納香成根。根元目爲清淨四大。因名鼻體、如雙垂[13]爪。浮根四塵、流逸奔香。由恬(音甜靜也)變等二種相參於妙圓中黏湛發嘗。嘗精映味。絞味成根。根元目爲清淨四大因名舌體。如初偃月。一四浮根四塵。流逸奔味。由離合等二種相摩。於妙圓中黏湛發覺。覺精映觸。搏（音團）觸成根。根元目為清淨四大因名身體。如腰鼓顙。一五（音賓）浮根四塵。流逸奔觸。由生滅等二種相續。於妙圓中黏湛發知。知精映法。攬法成根。根元目為清淨四大因名意思。如幽室見。一六浮根四塵。流逸奔法。

一【器世間】案華嚴三種世間、一器世間即山河大地一切衆生所依止之國土世界、

二【身中貿遷世界相涉】衆生無始以來、織妄相成於一身中、貿易遷流、遂令世界互相涉入、

三【流變三疊一十百千】三疊之説、古今多解、往往反易為難、令人益晦、文句云、一身成十二、即是流變一疊而為十二、十二之中、必各具十、即是流變二叠為百二十、百二十中、又各具十、即是流變三疊為千二百、言一十百千者、舉大數耳、

四【六根功德】一身之前後左右為四方、過去現在未來為三世、三世四方互成十二、遷流變易、共成三疊、一十百千、次而增之、六根功德、各千二百、總為七千二百之數、除眼鼻身三根各虧四百、

六根功德實爲六千也、

五【日劫相倍】倍與背同、謂由圓通根修如一日之速、由不圓通根修如長劫之遲、遲速相背、莫可較量矣、

六【入一無妄】即一根返源、六根清淨、詳見後二十五圓通章、

七【須陀洹果】此云逆流、言已逆生死之流、而爲初見道位、乃聲聞四果之初果也、

八【六銷】言阿難雖證初果、能銷色聲香味觸法之六外緣塵、而不隨之造業、

九【亡一】然猶未能斷除一念涅槃佛果之我執、一念我執未空、故未能信及一門深入六根同淨之理也、

一〇【羣器】即宇宙間山林城郭群品森羅是也、

一一【蒲萄朶】朶花苞也、蒲萄朶蓋初胎之葡萄實也、眼浮塵根取像乎此、雖非勝義、眼根實爲勝義所依之體、

一二【新卷葉】新卷葉、新出水之蓮葉也、耳浮塵根取像乎此、

一三【雙垂爪】俱舍云、鼻根極微居鼻頞內、背上面下、如雙爪甲、已見前解、

一四【初偃月】偃仰臥也、初旬之月其形如☽俱舍云、舌根極微、形如半月、當舌形中、舌浮塵根取

像乎此、

一五【腰鼓顙】正脈云「腰鼓俗名杖鼓、顙腔也、細腰而以革幏其兩頭、狀似人身、」未知確否、

一六【幽室見】意根無體不可說形、居肉團內外緣法塵、引發意思、如處幽室而能見外也、

解脫宇宙時空與物理世間束縛的法則與原理

阿難同大衆，聽了佛的開示教誨，心中的疑惑便都消除，明白了自性的實相。身意頓時感覺輕安，覺得從來所未有。他又繼續問：「自性本體虛妙正覺靈明的眞心，充滿周徧於宇宙間。雖然能夠包含孕育十方國土的佛世界中的萬有，但自性還是清淨莊嚴，依然靈妙正覺。可是佛又斥責我多學博聞是無益的，不如努力修習佛法。我今天猶如飄泊在旅途當中的人，忽蒙大王賜我富麗堂皇的大宅，但是還不知道入門的門徑。希望佛的慈悲，指示我們一般在黑暗中的人，如何捨棄修學小乘，證得自性寂靜的本際，開發我們明白自性眞心的大道。使一般求學佛法的人，知道怎樣降伏素來的攀緣心，得到總持法門，而進入佛的知見。

這時，佛哀愍在會得到小乘果，或者對於正覺眞心還不能自在的人。也爲了

將來在佛過世以後，末法時代想要發明眞心自性正覺的人。去開示一條上乘的微妙修行的道路。就向阿難說：「你們既然決定發正覺的心，對於佛境界的靈明大定，立志勤求不生疲倦，永不退轉。應該首先明白，要發明正覺自性的基本初心，開始就要認清兩點決定性的義理。什麼是那兩點基本初心決定性的義理呢？

「第一：你們若要捨棄小乘的聲聞果（註四十二）。修學大乘的菩提（註四十三）道。進入佛的知見境界。應該仔細觀察，發心的動機，與證果時候得到正覺的眞心是相同的？還是不相同的？假若最初發心修證自性的時候，是用生滅的心，作爲基本修行的因素，而想要用它證得佛乘不生不滅的果位，那是絕對錯誤的。因爲這個道理，你應該透徹觀察一切物理世間，可以造做的事物，都會變化消滅。你再觀察世間可以造做的事物，那一樣是不壞的？但從來不曾聽說虛空會爛壞，爲什麼呢？因爲虛空不是可以造做的，所以始終不能變壞與消滅。你的身中堅固的（如骨骼等）是地的種性。潤濕的（血液等）是水的種性。煖觸的（溫度煖力）是火的種性。動搖的（呼吸循環等）是風的種性。綜合起來叫做四纏，構成一個

精神與物理世界所纏縛的苦惱

人身。因爲有此四大種性的四纏作用，分化了你澄澄湛湛圓妙正覺靈明的眞心自性的功能，發展而成爲身體各部分的作用。所以能看、能聽、能感覺、能思惟觀察，從始至終，受時間空間的五疊混濁所牽纏。何以叫做濁呢？譬如清水，本來是清潔的，因爲含有塵土灰沙等的物質，所以本來的清潔受了障礙。清濁兩種體性，是不相同的。例如一個人，拿塵土投在清潔的水裡。那麼，土質就失去固定留礙的作用，同時淨水也失去清潔的本相，而形成混濁的狀態。所以名之爲濁。你的濁，共有五種。它之所以成爲濁，也同是這個道理。

五濁惡世的說明

五濁的說明：你見到虛空偏滿十方界。虛空與所見的作用，不能分別。雖有虛空現象，而沒有虛空自體。雖有所見的作用，而所見的性能不能知覺。虛空與諸現象，互相交織，妄成世間相，這是第一重，叫做劫濁。你的身體，組合地、水、火、風四大種而成，見、聞、覺、知的功能，受到生理的限制，被身體上有限度的本能所留礙。而地、水、火、風的變化性能，又使你有知覺，這種心理與生理的互相變化交織，妄成精神作用，這是第二重，叫做見濁。你心裡有記憶、知識、誦持、習慣等作用發生所知所見的性能，包容顯現外界的色、聲、香、味、觸、法（事物）等影像。離開外界，就沒有現象可尋。離開知覺，就沒有自性可得。心裡變化互相交織，妄成身心現狀，這是第三重，叫做煩惱濁。你隨時隨地心思生滅不停，『知見每欲留於世間，業運每常遷於國土。』意識知見，希望現實景象，永遠存留於世間。但是業力自然的運行，卻使一切景象，經常隨時間空間而變遷。矛盾互相交織，妄成人間世事的痛苦，這是第四重，叫做衆生濁。你們能見與能聞的，與本來的覺性原是沒有兩樣。因爲外界的現象不同，所以生理上的覺性作用也就互異了。而實際在心靈上又都能互相知覺，祇是在應用上不一樣而已。這種體用上的同異，失去準則。二者互相交織，妄成生命的歷程，這是第五重叫做命濁。

修證的法則：「你現在要想從見聞覺知的功能上，契合自性本來常樂我淨的佛境地，應當先自抉擇死生的根本原因。然後依據本來不生不滅，圓滿澄湛自性本能的原理。以澄澄湛湛的境界，旋轉虛妄生滅的妄想作用。漸使還歸於原來的本覺自性，得到元本靈明正覺沒有生滅的自性本體。你應當這樣來決定修學佛法的「因地發心」。然後再精進修證，圓成佛的果地妙用。例如要想澄清濁水。初步必須先把濁水貯放在靜止的器皿裡面，使它要靜靜的深沉不動，沙土自然會沉下，清水就顯出來了。這樣名叫初伏客塵煩惱。由此再加精進去掉泥滓，保持水的純清。這樣名叫永斷根本無明。最後復加精進，使清潔靈明的性相益發精純，對於一切變現不再生煩惱心。而能起一切變現妙用，都能自然而然的使之合於自性本體寂滅的清淨妙德。（以上說明，如果衹依據物理生理來求自性正覺，是不究竟的。）

第二：「你們如果決定拋棄一切小乘，發起勤求自性正覺的眞心，對於大乘的菩薩道，以大勇猛的精神去求證，便應當詳細審查煩惱的根本。這個使你在無始以來，發生業力生命的作用，究竟是誰作誰受呢？你要修證自性正覺，假若不詳細觀察煩惱的根本，就不能知道心理生理的虛妄顚倒作用，是從那裡發生的？如果顚倒在那裡還不知道，卻怎樣去降伏它，證取佛的果位呢？你且看世上解開綑結的人，如果他看不見結的所在，卻怎樣知道去解開呢？誰也沒有聽到虛空可以被你解開的。爲什麼呢？因爲虛空沒有形象，根本沒有結需要你去解。你要知道，現在的眼、耳、鼻、舌、以及身意，這六個就是你的賊媒，自己劫去自己的家寶。因此從無始以來，衆生世界，就生出互相纏縛的糾結，所以不能夠超脫物質世間。

時間與空間

衆生世間與時空：「怎樣名叫衆生世間呢？所謂世：就是時間的遷流。所謂間：就是空間的方位。你應該知道，東西南北，加上東南西南，東北西北，以及上下，都是空間的界位。過去、現在、未來，就是時間的世相。空間的方位有十位。時間遷流的數目有三個。一切衆生，始終受時空的交織，構成萬有的各種現象。身中的變化，與時空世界的關係，互相牽涉干擾。空間方位，雖然設立十個，它的方位，各有確定的範圍，看來是很明白的。但是平常只注意東南西北四方。因爲上下不能有固定的位置，中間也沒有固定的地方。空間只要取四個位數，就可以明白應用了。空間四位，同時間的三位，互相配合。三四四三，宛轉相乘就得十二的數字。（物理作用，祇有六位。生理的六根，也只有六個。與時空世界相對，分做十二位。所以身心也只取十二根塵爲基數。）這些數字用時間空間的三四數再重疊相乘，就可以得到十百千的無窮數目。因此總括始終，六根當中，各各有一千兩百功德。你又當在這些作用中間，決定其本能的優劣。例如眼睛觀看的本能，祇可以看見前面，不能見到後方。前方完全明白，後方完全暗昧。視線旁觀左右，也祇能看到三分之二。綜合眼睛所作的功德並不完全，祇能算得三分的功能，一分卻沒有德業。所以當知眼睛祇有八百功德。例如耳聽聲的本能，可以周徧一切處所。十方所發的聲音，完全沒有遺漏。聲響一動，無論遠近，都可以聽得到。靜止的時候，又沒有邊際可窮。所以當知，耳的功能，圓滿了一千兩百功德。例如鼻子嗅聞的本能，可以使出入的氣息流通。雖然有出有入，但缺了中間的交互作用，實際鼻子的作用三分缺一。所以當知鼻子也祇有八百功德。例如舌的本能，可以發出言語，宣揚表達所有世間或超越世間的智慧和理論。言語雖然有區域分別的不同，能說各種道理的功能，卻無窮盡。所以當知，舌的功能，圓滿了一千兩百功德。譬如身體感覺知覺的本能，知道舒適與不舒適，不能有中性的知覺。離開了外物便知道離開的作用，接觸外物就有身和物的作用。因此驗證身體的本能，也是三分缺一。所以當知，身體的功能，只有八百功德。例如意識的本能，能夠包含十方三世，一切世間出世間的各種事物思惟的法則。無論聖人與凡夫，沒有那樣不被包容，而且都可以盡其邊際。所以當知，意識的功能，圓滿一千兩百功德。

身心超脫的原理：「你現在想逆轉生死欲海的巨流，要返還窮究生死流力的根元，達到不生不滅的自性的實際。應當體驗生理的六種機能，那個是相合的？那個是相離的？那個深？那個淺？那個圓通？那個不圓滿？如果能夠在這些作用上，領悟到圓通的根本，用它來逆轉無始以來互相交織的業力之流。就須要知道用那一個修證，容易得達圓通。那一個不容易得到圓滿。如此選擇比較它的優劣，對於修行證果的時間來說，等於一日與一劫數的出入。我現在完全說明了生理六根的澄湛圓明的功能，本來所具的功德數量。隨你自己去詳細選擇一個可以入門的，我將爲你再加闡發明白，使你能够增加進步的速度。十方世間的已成佛者，在十八界的身心作用上，隨便用那一門都能修行，也都能得圓滿無上正覺。在這些生理機能中間，對於他們並無優劣之分。但是你的智慧低劣，不能够在這許多作用當中，可以自在運用，自使智慧圓滿。所以我才這樣明白宣揚，使你祇選定一門深入。祇要深入一門，到達眞心無妄的程度，身心的六根知覺性能，也就都能一時清淨了。」阿難又問：「如何逆轉生死之流，一門深入，能使六根都得清淨呢？」佛說：「你現在已得到須陀洹果。已經滅除欲界、色界、無色界，三界中衆生世間的見解上所斷的疑惑。但是你還不知道生理六根的機能當中，累積有多少生世以來的虛妄習氣。這些習氣，還要修證才能斷得。更何況這些根境作用中間，還有生起、存在、變異、滅亡四大過程中，多少不同的數量和紛繁的頭緒。現在你且觀察顯現在前的六根功能，究竟是一個還是六個呢？假若是一個，耳何以不能見？眼何以不能聽？頭何以不能走路？足何以不能說話？如果六根功能決定是六個。例如我現在爲你們闡揚微妙的法門，你的六根功能，是那個來接受？」阿難答：「我用耳來聽。」佛說：「是你的耳在聽，和你的身體與口，又有什麼關係？何以又用口來問道理，同時身體又起來表示恭敬呢？因此你應該知道：它不是一個就是六個，不是六個就是一個。總不能隨便就說你的六根也是一個，也是六個。一定要弄清楚，六根究竟祇是一個功能，還是有六個功能呢？你應該要知道：六根的功能，旣不是一個，也不是六個。因爲無始以來，自性圓明，妄起顚倒交互變化，才有一個或六個的作用發生。你得到須陀洹果，雖然六根的外馳習氣已經消除，內在還是有一清淨的境界存在。猶如一個大虛空，包含各類物質的東西。因爲物質的東西形狀各有不同，所現的空間就不同了。如果除去了物質東西以外去看虛空，就說虛空是完整的一個。其實，太虛空，那裡可能隨你去說成同的或是不同的呢？因此，當然更不能說虛空就是一個，或者不是一個了。所以你的那個能够了然明白六根根本的功能，也同是這樣的道理。因爲有光明與黑暗等兩種相對的現狀，在圓妙的自性中，膠著澄澄湛湛的靈明，發生能見的功能。能見的精靈與色相反映，生起變化，就凝結成生理機能。這個機能，就是眼睛。它具備地、水、火、風四大種性能的微妙成分，構成如葡萄形狀的眼珠。四大種微妙性能生起放射飄浮的作用，追逐着外界的色相。又因為聲音響動與安靜，兩種現象互相激發，在妙圓的自性中，膠著澄澄湛湛的靈明，發生能聞聽的功能。聞聽的精靈與聲音動靜的反映，含藏聲波的作用，就凝結成生理機能。這個機能，就是耳朵。也具備有四大種性能的微妙成分，構成耳朵猶如捲曲的蓮葉形狀。四大種微妙性能生起放射飄動的作用，追逐著外界動靜的音聲，生起本能的奔流作用。又因為暢通與閉塞等兩種不同的現象互相激發，在妙圓的自性中，膠著澄澄湛湛的靈明，發生能嗅的功能。嗅覺的精靈與香臭等氣味的反映，吸收香臭的放射作用，就凝結成生理的機能。這個機能，就是鼻子。也具備有四大種性的微妙成分，如一雙垂爪似的鼻子形狀。四大種微妙生起放射飄動的作用，追逐着外界香臭等氣味而起本能的奔流作用。又因為淡味與各種變味的兩種現象互相參合，在妙圓的自性中，膠著澄澄湛湛的靈明，發生能嘗味的功能。能嘗的精靈與各種變性滋味的反映，產生能嘗滋味變化性的功能，就凝結成生命的機能。

這個機能，就是舌頭。也具備有四大種性能的微妙成分，猶如偃月形狀的舌頭。四大種微妙性能生起放射變化的作用，追逐着滋味的變化性而起本能的奔流作用。又因爲分離與接觸兩種相反的現象互相摩擦，在妙圓的自性中，膠著澄澄湛湛的靈明，發生能感覺接觸的功能。能感覺的精靈與接觸反映，生起變化，就凝結成生理感觸神經的全部機能。這個機能，就是整個身體。也具備有四大種性能的微妙成分，猶如充滿空氣的皮囊形狀。四大種微妙性能生起放射感受作用，追逐着外界的感觸而起本能的運動作用。又因爲生起和變滅兩種現象互相連續不斷，在妙圓的自性中，膠著澄澄湛湛的靈明，發生能知覺的功能。知覺的精靈與事物的法則反映，集攬累積事物的法則，就形成身心知覺的機能。這個機能，也具備有四大種性能的微妙成分，形成意識思想，猶如陰暗室內看影像的現狀。四大種微妙性能生起放射思想作用，追逐着外界事物的法則。」

（註四十二）聲聞果：梵語舍羅婆迦，爲佛之小乘法中弟子。聞佛之聲敎，悟四諦（苦、集、滅、道）之理，斷見思二惑，而入於涅槃者也，是爲佛道中之最下根。

（註四十三）菩提：舊譯爲道，新譯爲覺。道者通義，覺者覺悟之義，覺法性故。

阿難。如是六根．由彼覺明．有明明覺．失彼精了．黏妄發光。是以汝今離暗離明．無有見體。離動離靜．元無聽質．無通無塞．齅性不生．非變非恬．嘗無所出。不離不合．覺觸本無。無滅無生．了知安寄。汝但不循動靜合離．恬變．通塞．生滅．明暗．如是十二諸有爲相。隨拔（選也）一根．脫黏內伏（潛也）伏歸元眞．發本明耀。耀性發明．諸餘五[一]黏．應拔圓脫．不由前塵所起知見。明不循根．寄根明發．由是六根互相爲用。阿難．汝豈不知今此會中．阿那律陀．無目而見（釋見二卷）．跋[二]難陀龍．無耳而聽。殑（音矜）伽[三]神女．非鼻聞香。驕梵[四]鉢提．異舌知味。舜若[五]多神．無身覺觸．如來光中．映令暫現。既爲風質．其體元無。諸滅[六]盡定．得寂聲聞．如此會中摩訶迦葉．久滅意根．圓明了知不因心念。阿難。今汝諸根若圓拔已・內瑩發光。如是浮塵及器世間諸變化相・如湯銷冰・應念化成無上知覺。阿難。如彼世人聚見於眼・若令急合・暗相現前・六根黯然・頭足相類。彼人以手循體外繞・彼雖不見・頭足一辨・知覺是同。緣見因明・暗成無見。不明自發・則諸暗相永不能昏。根塵既銷・云何覺明不成圓妙。

阿難白佛言。世尊。如佛說言・因地覺心・欲求常住・要與果位名目相應。世尊。如果位中・菩提・涅槃・眞如・佛性・菴摩羅識七・空如來藏八・大圓鏡智九・是七種名・稱謂雖別・清淨圓滿・體性堅凝・如金剛王一〇・常住不壞。若此見聽離於明暗動靜通塞・畢竟無體。猶如念心・離於前塵・本無所有。云何將此畢竟斷滅以爲修因・欲獲如來七常住果。世尊。若離明暗・見畢竟空・如無前塵・念自性滅。進退循環・微細推求・本無我心及我心所・將誰立因求無上覺。如來先說湛精圓常。違越誠言・終成戲論。云何如來眞實語者。惟垂大慈・開我蒙恡。

佛告阿難。汝學多聞・未盡諸漏・心中徒知顚倒所因。眞倒現前・實未能識。恐汝誠心猶未信伏。吾今試將塵俗諸事・當除汝疑。即時如來勅羅睺羅擊鐘一聲。問阿難言。汝今聞不。阿難大衆・俱言我聞。鐘歇無聲。佛又問言。汝今聞不。阿難大衆・俱言不聞。時羅睺羅又擊一聲。佛又問言。汝今聞不。阿難大衆・又言俱聞。佛問阿難。汝云何聞・云何不聞。阿難大衆俱白佛言。鐘聲若擊・則我得聞。擊久聲銷・音響雙絕・則名無聞。如來又勅羅睺擊鐘。問阿難言。汝今聲不。阿難大衆・俱言有聲。少選(歷也)聲銷。佛又問言。爾今聲不。阿難大衆答言無聲。有頃羅睺更來撞鐘。佛又問言。爾今聲不。阿難大衆・俱言有聲。佛問阿難。汝云何聲・云何無聲。阿難大衆俱白佛言。鐘聲若擊、則名有聲。擊久聲銷、音響雙絕、則名無聲。佛語阿難及諸大衆。汝今云何自語矯亂。大衆阿難、俱時問佛。我今云何名爲矯亂。佛言。我問汝聞。汝則言聞。又問汝聲、汝則言聲。唯聞與聲、報答無定。如是云何不名矯亂。阿難。聲銷無響、汝說無聞。若實無聞、聞性已滅、同於枯木。鐘聲更擊、汝云何知。知有知無、自是聲塵或無或有。豈彼聞性爲汝有無。聞實云無、誰知無者。是故阿難。聲於聞中自有生滅。非爲汝聞聲生聲滅。令汝聞性爲有爲無。汝尚顚倒、惑聲爲聞。何怪昏迷以常爲斷。終不應言、離諸動靜閉塞開通、說聞無性。如重睡人、眠熟牀枕。其家有人、於彼睡時擣(音導)練舂(音冲)米。其人夢中聞舂擣聲、別作他物。或爲擊鼓。或爲撞鐘。卽於夢時自怪其鐘爲木石響。於時忽寤、遄知杵(音促)音。自告家人、我正夢時、惑此舂音將爲鼓響。阿難。是人夢中、豈憶靜搖開閉通塞。其形雖寐·聞性不昏。縱汝形銷·命光遷謝·此性云何爲汝銷滅。以諸衆生從無始來·循諸色聲·逐念流轉。曾不開悟性淨妙常。不循所常·逐諸生滅。由是生生雜染流轉。若棄生滅·守於眞常·常光現前·根塵識心應時銷落。想相爲塵·識情爲垢·二俱遠離。則汝法眼應時淸明。云何不成無上知覺。卷四終

一 【五黏】五黏者、即六根黏塵、巳證一根圓通所餘之五黏塵根也、

二 【跋難陀龍】此云善歡喜、摩竭陀國之龍無耳能聽、按聾字從龍從耳、故知龍非無耳、但不能聞聲、如無耳也、

三 【殑伽神女】殑伽此云天堂來、按即恒河也、源出雪山、神女爲主河之神、

四 【驕梵鉢提】此云牛呞、食後虛呞如牛、佛恐世人生謗、敕令久住天上、異舌知味者、離於舌而知味也、

五 【舜若多神】舜若多此云空、舜若多神、即主空之神、其質如風、無形有覺、

六【滅盡定】又名滅受想定、言雖滅盡意根、而了知不亡、以上皆不依根而能發覺也、

七【菴摩羅識】此云無垢、雖能分別一切、而無染著、乃佛性純淨之相、

八【空如來藏】意顯離染、乃眞如純淨、惟一眞心、更非他物、故曰空如來藏也、

九【大圓鏡智】乃轉第八識相應心品、與無垢識同時而發、普照十方、圓現塵剎、爲果位之勝用、以上爲如來七常住果、

一〇【金剛王常住不壞】金剛王即首楞嚴王、常住不壞、即究竟堅固常住眞心也、

修證自性的法則與原理

佛說：「如上面所說六根的身心作用，都是由正覺靈明功能所發生。人們不能證悟自性本自具足的靈明，反而祇認識現行的有爲意識的明了作用，還想用它來明白這個本來靈明正覺的本性。所以才失掉精靈了然的自性功能，膠著妄想動能發生有形有相的光輝。你現在如果離開黑暗與光明，就沒有可見的自體。離開有聲無聲的動靜，根本就沒有能聽的實質。沒有暢通與閉塞作用，嗅聞的性能就不能發生。沒有變味與淡味，能嘗的性能就無從發出。不離也不觸，感覺的本能

就沒有。不滅也不生，意識的了知，便無處安寄。你祇要不依循動靜、合離、淡變、通塞、生滅、明暗等十二種有爲的現象。『隨拔一根，脫黏內伏。伏歸元眞，發本明耀。耀性發明，諸餘五黏，應拔圓脫。不由前塵所起知見。明不循根，寄根明發，由是六根互相爲用。』任隨你在那一機能上，自已拔除它的執著習慣，脫開膠著性的黏固作用，使它內在潛伏。（此處所說的內，不是確指身體以內。內是對外說，就是無內外的內。但亦不離於身內的內，這裡全在智慧的明決。）沉潛內伏久久，靜定到極點，反歸到自性根元的眞心，就能發明本性的靈明朗耀。靈明朗耀的本性發明以後，其餘五根執着習氣的膠固性，也會隨着拔脫，自然全體圓明自在。然後就可以不由外界影響，發起自性的知見功能。這時候的靈明，不必一定要依附於生理的機能，但也可以寄託於六根而發出靈明的作用，因此六根就可互相爲用了。（到這樣才可謂神而通之，就是俗名叫做有神通。）你難道不知道在這個法會裡的阿那律陀（譯名無貪，得半頭天眼。）雖然盲目而能看見。跋難陀龍（佛經所稱龍神之名，譯名善歡喜。）雖然無耳而能聽聲音。殑伽神女，（佛經所稱女河神之名，殑伽是印度的河名。）雖然無鼻而能聞香臭。憍梵鉢提，不須用舌頭而能知味。舜若多神，（佛經稱虛空神。）雖無身體亦能感觸。虛空神本來就沒有身體與接觸的感覺作用，佛施予神力，在自性光明中，照映他暫時具有身體，使他領略感觸的情形。因爲他的性質本來和風一樣，根本就沒有如同人類的身體。還有如一切得到滅盡定功力的人，到了寂滅果位境界的聲聞（見註四十二）們，例如現在在座的摩訶迦葉（金色頭陀，傳佛心印，又名大迦葉。）很久以前，已經滅除意識的作用。不必如通常人，用思想心念，即能憑自性功能，圓滿靈明，了知一切事物。你要知道，你現在的六根，如果拔除了執著的膠固性，而能夠圓滿歸伏到自性功能。靜定久久，心性內在，譬如璧玉無瑕，精瑩發光。但能如此，所有四大種性能的微妙放射作用，以及物質世間等一切變化現象，都猶如熱湯銷化氷雪。就可以隨時隨地，將一切妄念妄想化爲自性無上知覺。例如一個平常的人，把注意力集中在眼睛上。如果很快地閉上眼睛，眼前就只有一片暗昧現象，六根也就看不淸楚。那時，頭與足，也都一樣是看不明白了。但是這個人用手遍繞身體來摸，雖然看不見六根的形相，頭足却有不同的區別。這個能夠知覺的功能，還是依舊存在。所以應當知道能看見的自心能夠發揮功用，那就不會被黑暗現象所蒙蔽了。所以你若能使生理的六根與外界的現象都銷融無礙時，自然自性的本覺靈明，就發生圓融靈妙的功能了。」

阿難問：「如佛所說：最初要求證得正覺的因地之心，如果想要常住不變，必須和證得自性正覺的果地名目相應。那麼，如證得自性果地中的所稱的：菩提（正覺），涅槃（寂滅），菴摩羅識（白淨識），眞如（註四十四），佛性（註四十五），空如來藏（註四十六），大圓鏡智（註四十七）等七種名稱。名稱雖然不同，其所表示的含義，都是稱頌自性本體功能的淸淨圓滿。體性堅凝，猶如金剛寶王顚撲不破的長住不壞。但是現在這個看見的，與聽聞的，離開光明與黑暗，動與靜，通與塞，等等現象的反映，就畢竟沒有一個自體。猶如意識心念，離開面前外境的作用，本來就無所有。何以用這些終將斷滅的性能，做修證的基本因地，而能獲得上面所說的長住的果位呢？如果離開光明與黑暗，所看的就是絕對的虛空。如果沒有面前的外景，意念的自性就自然消滅。這樣進退循環去研究，加以微細的去推尋，本來就沒有一個是我眞心的自體，也沒有一個是我眞心的所在處。這樣一來，用什麼做修證的因地，去求得無上正覺呢？佛在前面所說的自性本體，澄澄湛湛的精明，是圓滿長住的。我們既然把握不住，好像並不是眞誠的實話，結果猶如兒戲的理論。究竟怎樣才是佛的眞實道理，希望再賜慈悲，開發我們的愚昧！」

佛說：「你雖然博學多聞，還未滅盡一切習漏，你心裡祇是知道有一個顚倒的原因。但是眞實顚倒擺在你的前面時，你實在並不認識。我恐怕你雖然有誠心，還是沒有信我的話。我現在姑且拿塵俗的事實，來解除你的疑惑。」這時，佛叫羅睺羅（佛之子，譯名覆障）打鐘一聲。佛問阿難道：「你現在聽到了嗎？」阿難與大衆都答說：「我聽到了。」過了一會，鐘聲停止了，佛又問道：「你現在聽到了嗎？」阿難與大衆都答說：「現在聽不到了。」這時，羅睺羅又打鐘一聲，佛又問道：「你現在聽到了嗎？」阿難與大衆又答道：「都聽到了。」佛又問阿難：「你怎樣能聽到？怎樣聽不到的？」阿難與大衆都答道：「如果打鐘發聲，我們就聽得到。打過了很久，聲音銷滅了，聲音與響動都沒有了，就叫做聽不到。」這時，佛又叫羅睺羅打鐘一聲，問阿難道：「你現在有聲音嗎？」阿難與大衆都答說：「有聲。」過了一會，聲音銷滅了，佛又問道：「你現在有聲音嗎？」阿難與大衆都答說：「沒有聲。」再過一會，羅睺羅又來打鐘，佛又問道：「你現在有聲音嗎？」阿難與大衆都答說：「有聲。」佛問阿難：「你怎樣才叫他是有聲？怎樣才是無聲？」阿難與大衆都答說：「如果打鐘發聲，就叫做有聲。鐘打過了很久，聲音銷滅了，聲音與響動都沒有了，就叫做無聲。」佛說：「你們現在何以這樣胡亂說話，毫無標準？」大衆與阿難，聽佛這樣說，就問道：「我們怎樣是胡亂說話，毫無標準呢？」佛說：「我問你們聽到嗎？你們就說聽到了。又問你們有聲嗎？你們就說有聲。一忽兒答的是聽到了，一忽兒答的是有聲，這樣如何不是胡亂說話呢？聲音銷滅了，沒有響動，你就說聽不到。如果實在聽不到，能聽聞的自性已經消滅，等於是枯木。那麼，鐘聲再打的時候，你何以又知道有聲音或沒有聲音呢？有聲音或沒有聲音，自然是聲響的作用。能聽聞聲響的自性，與有聲無聲又有什麼關係呢？難道那個能聞的自性爲你的需要而有無嗎？能聽聞的自性，如果實在絕對沒有，知道絕對沒有的又是誰呢？所以你要知道，聲在能聽聞的自性功能中，祇是聲音自已生起滅了。並不是因爲你聽見聲生聲滅而使你那個能聽能聞的自性功能，隨著而有而無。你既然還不淸楚那個是聲響，那個是能聞的自性。難怪你昏迷不悟，認爲眞常的自性將會斷滅了。你更不應說：離開動與靜，閉塞與開通，就沒有能聽聞的自性。爲什麼呢？譬如一個睡熟了的人，在他睡眠的時候，家裡有一個人，就在那時，槌布或者舂米。這個睡熟了的人，在夢中聽到這種舂米的聲音，幻覺成爲其他東西的響聲。或者以爲是打鼓，或者以爲是在撞鐘。他在做夢當中，就自奇怪這個鐘的聲音不够響亮，很像木石的聲響。等到醒來一看，才知道是槌杵的舂搗聲音。他告訴家人說：我剛才在做夢，把這個舂臼的聲音，當做鼓響了。這個人在做夢當中，難道還記得動與靜，開閉或通塞嗎？由此可見他的身體雖然睡眠了，他能聽聞的自性，並沒有昏迷。再進一步來說：即使你的形體完全銷滅，生命光輝的本能變遷了。這個能聞的自性，怎樣能說會隨你的形體而銷滅呢？都因爲一切衆生，從無始以來，追逐一切聲色，跟着意識心念的變遷而流轉不停。從來就不能自己開悟自性是淸淨的，靈妙的，常住不變的。他們不去依循常住自性，祇隨外緣的變遷，追逐一切生滅的作用與現實。所以生生不已，習染雜亂，因而流轉不息了。『若棄生滅，守於眞常。常光現前，根塵識心，應時銷落。』如果捨棄生滅的作用，守住眞常不變的自性。定止久了，自性眞常的光明便會現前。生理機能的六根本能，與相對的外境六塵現象，以及意識心念的作用，就會頓時銷除。思想的現狀，就是淸淨自性的塵渣。意識情念的作用，就是淸淨自性的汚垢。如果這兩種都遠離了，你的法眼（具見佛法所指自性的心眼）就會頓時了然淸明，豈有不成無上正覺的道理。一（以上第四卷竟。）

（註四十四）眞如：眞者眞實之義，如者如常之義。諸法之體性，離虛妄而眞實，故云眞。常住而不改，故云如。

（註四十五）佛性：佛者覺悟也。一切衆生皆有覺悟之性，名爲佛性。性者不改之義也，通因果而不改自體是云性。如麥之因、麥之果、麥之性不改。

（註四十六）空如來藏：如來藏者，眞如之德名，眞如之體性，畢竟空寂。不止一切染淨之法，如明鏡內，無一實質，故謂爲空，非謂眞如之體是無也。

（註四十七）大圓鏡智：大圓鏡者，喻也。其智體清淨，離有漏雜染之法，自衆生善惡之業報，顯現萬德之境界，如大圓鏡，故名大圓鏡智。凡夫之第八識（阿賴耶識）至成佛時轉爲大圓鏡智。

阿難白佛言。世尊。如來雖說第一義門。今觀世間解結之人·若不知其所結之元·我信是人終不能解。世尊。我及會中有學聲聞亦復如是。從無始際與諸無明俱滅俱生·雖得如是多聞善根·名爲出家·猶隔日瘧。惟願大慈·哀愍淪溺。今日身心云何是結·從何名解·亦令未來苦難衆生·得免輪迴·不落三有。作是語已·普及大衆五體投地·雨淚翹誠·佇佛如來無上開示。

爾時世尊憐愍阿難·及諸會中諸有學者。亦爲未來一切衆生·爲出世因作將來眼。以閻浮檀紫金光手·摩阿難頂。即時十方普佛世界·六種震動。微塵如來住世界者·各有寶光從其頂出。其光同時於彼世界·來祇陀林·灌如來頂。是諸大衆·得未曾有。於是阿難及諸大衆·俱聞十方微塵如來·異口同音·告阿難言。善哉阿難。汝欲識知俱生無明·使汝輪轉生死結根·唯汝六根·更無他物。汝復欲知無上菩提·令汝速證安樂解脫寂靜妙常·亦汝六根·更非他物。

阿難雖聞如是法音·心猶未明。稽首白佛。云何令我生死輪迴·安樂妙常·同是六根·更非他物。

佛告阿難。根塵同源。縛脫無二。識性虛妄·猶如空華。阿難。由塵發知·因根有相。相見無性・同於交蘆[四]。是故汝今知見立知[五]・即無明本。知見無見・斯即涅槃無漏眞淨。云何是中更容他物。爾時世尊欲重宣此義・而說偈言。

眞性有爲空（空觀）　緣生故如幻（假觀）
無爲無起滅　不實如空華（中觀）
言妄顯諸眞　妄眞同二妄（眞妄雙絕）
猶非眞非眞　云何見所見（根境兩忘）
中間無實性　是故若交蘆（無明體空）
結解同所因（迷悟同源）　聖凡無二路（歸源無二）
汝觀交中性　空有二俱非（直觀中道）

迷晦即無明　發明便解脫直指所以

解結因次第　六解一亦亡

根選擇圓通　入流成正覺

六 陀那微細識　習氣成瀑流

眞非眞恐迷　我常不開演

自心取自心　非幻成幻法眞妄互立

不取無非幻眞妄互泯　非幻尚不生

幻法云何立眞窮惑盡　是名妙蓮華

金剛王寶覺　如幻三摩提

彈指超無學　此阿毗達磨 七

十方薄伽梵 八　一路涅槃門

一、【第二義門】即前二決定義中之第二義、

二【隔日瘧】瘧病隔日一發、此喻初果有學之人、見惑已斷、思惑未除、說時似悟、對境還迷、故云猶隔日瘧也、

三【灌如來頂】文句云、摩阿難頂者、欲就阿難現在身中、顯出無上大佛頂法也、十方如來放頂光同灌佛頂者、顯阿難所具大佛頂法、即一切佛所證頂法、更無差別也、

四【交蘆】憨山曰、見相二分、原是無明所成、無明既是本空、則此見相、亦了無自性、故喻若交蘆、蓋蘆體本空、而交節處亦空、此明妄原無體也、

五【知見立知】知見、指性覺妙明、立知即妄、為明覺、此世尊直示阿難返妄歸眞、但於知見不起妄見、即是涅槃無漏眞淨矣、

六【陀那】此云執持、謂執持種子、發起現行、即第八識含藏種子、發為習氣、乃眞妄同依之本、

七【阿毘達磨】此云無比法、謂偈中所示之如幻三昧法門也、

八【薄伽梵】薄伽梵者、義云破煩惱、乃佛字之本音、具含六義、密部諸經、多存原音、十方薄伽梵、猶言十方一切佛也、

修證自性解脫的總綱

這時，阿難又說：「佛雖然講了第二義門，（修證的法則與原理）但是世間的人，如想解開此結，而不知道所結的中心在那裏，我相信這個結始終不能解開。就是我與在會一般還在求學的聲聞，也是這樣。由無始際以來，隨同這些無明，俱生俱滅。雖然得到博學多聞的善根，出了家，專門來修學佛法。猶如患隔日瘧病的人，有時好些，有時又病了。希望佛發大慈，憐愍我們這般陷溺太深的人，指示我們的身心所結在那裡？如何才可以解開？並且亦使將來的苦難衆生，免得在生死海中旋轉輪迴，始終墮落於無明與欲和煩惱的三有中。」

佛聽了阿難的請求，就說：「你要想認識明白與生命俱來的無明，須知那個使你輪轉在生死之流中的結根，並不是其他東西，就是你的六根。你現在想知道無上正覺，想從速證得解脫的安樂法門，要求得到寂靜靈妙眞常的果地，也不靠其他的東西，依然還是你的六根。」

阿難聽了佛的開示，心裡還是不明白。又問：「佛說我們在生死海中輪迴的，以及得到安樂妙常的，並不是其他的東西，都是這六根的作用，那是什麼道理呢？」

佛說：「生理機能的六根，與自然界的各種物理性能，從同一根源所發生。所以結縛與解脫，在根本體性上，並沒有兩樣。這個分別意識的性能，祇是虛妄暫時的現象，猶如虛空中的華文，幻出幻滅。你要知道，因爲物理的作用，引發知覺的性能。因爲生理的機能，才有六根的形相。六根形相與所知所見的這個作用，都沒有自性，就像交蘆一樣。（交蘆是一種植物，不同於普通的蘆葦。生長的時候，必須二莖交相並立，根處盤結相連。單獨就會撲地，不能自立。外形實而中心虛。譬如心物與身心，都是相依爲用，卻又是一個體性所生。同時雖有而中間實空，因中空而能顯有的作用。）所以你現在應該知道，若把這個所知所見的作用，認定是一個可以能知的東西，那就是無明的根本。如果明了這個所知所見的作用，它的自性功能，本來是不可見的，無形相的，那便是無煩惱的寂滅清淨眞心。你何以在這中間，誤認爲再有其他東西存在？」這時，佛要把這種至理，以扼要簡捷的辭句說出，綜合起來，作一個偈語與阿難說：

眞性有爲空，緣生故如幻。

（眞心自性的自體是空無形相的，沒有任何一點東西存在。但卻有生起一切萬有（有爲）的作用。萬有之能生起作用，都是因緣的會聚。因緣聚合則生，因緣離散則滅。萬有的存在，祇是時間空間裡的暫有現象，暫有的存在是如幻的。須知自性以空爲體，以一切相爲相，以一切用爲用。）

無爲無起滅，不實如空華。

（自性以空爲體。體性的空，是澄澄湛湛，寂滅無爲的。既無一物存在，又是不生不滅。雖然因緣聚合，生起萬有的作用。可是這一切萬有，並不能實在固定的存在著。猶如虛空裡的華文，倏起倏滅。）

言妄顯諸眞，妄眞同二妄。

（提出一個妄心的名辭，祇是爲了顯出眞心的理性。其實不但妄心是妄有的；如果你執着認爲有一個眞心的存在，那麼，這個眞心的觀念，也等於是一個妄心。）

猶非眞非眞，云何見所見。

（眞心自性，並不是眞的另有一個眞心單獨存在。但也不可以執着眞心就沒有一個自性存在。要離妄心意識的作用，才能悟證得到。所以在這個理性中間，你如何可以堅執地認爲有一個能見的功能，或者把捉一個所見的作用呢？）

中間無實性，是故若交蘆。

（在本能與所發的作用中間，以及空與有的中間，眞與妄的中間，體與用的中間，都沒有一個固定的眞實自性。所以說自性的體用之間，像交蘆一樣，都是一體的兩面。空有同源，而又不著於空有。）

結解同所因，聖凡無二路。

（空有本來同源，祇是一體的二用。萬有一切都從因緣所生而起，它的體性本來是空的。所以緣生性空，性空緣生。有復歸空，空能生有。凡夫衆生被緣生的幻有所迷惑，六根所起的結縛，不能開解，所以追逐輪旋於生死的巨流裡。若能超越幻有的緣生而證得眞空自性，就是解脫，名爲聖人。其實，以自性本體而言，在根本上，聖人與凡夫，都沒有兩樣，本來是相同的。）

汝觀交中性，空有二俱非。

（根據上面所引用的交蘆譬喻，便知自性體用一體兩面的原理。你觀察這個交蘆的中間性能，說它是兩個支幹吧！它又本來同根。說它是一個根本吧！又發生兩支的現狀。說它的形狀是一根實根吧！它的中心又是空的。說它的中心是空的吧！它又能產生實質的支幹形狀。無論事實上與理論上，都不能堅執的將任何一面做爲定論。如果堅執的說它是空，或是有，便是錯誤的偏見。」

迷晦卽無明，發明便解脫。

（如果堅執着空有任何一面的道理卽是究竟。或誤認有與空的一邊，就是自性的根本。這樣就被昏晦所迷，就叫做無明。覺悟無明是空的，無明就會渙然消失。無明妄想，便一轉而爲靈明正覺，這樣卽達到解脫的境界。）

解結因次第，六解一亦亡。

（但是要達到圓滿解脫的果地，能夠解除無始以來，生死習氣的六根纏縛。

必須先從某一根源開始修證，然後六根纏縛，依次解除。六根既經解脫，連那一個清淨的境界也隨着消失，而返還於自性本來。）

根選擇圓通，入流成正覺。

（所以要達到解脫圓通的境界，在開始著手修證的時候。對於六根門頭的選擇，就要審察注意。從那一根著手修證，才能適合於自已，而能有所成就。選擇確定以後，精進修持，得入本體功能之流，修成正覺的果位。）

陀那微細識，習氣成暴流，眞非眞恐迷，我常不開演。

（阿陀那識，又名阿賴耶識。佛法將身心見聞覺知的分別思惟意識作用，仔細剖析，說明它的現象，叫做法相，又稱爲唯識。大體區別識共有八種，所以也叫做八識。眼、耳、鼻、舌、身的個別作用，是前五識。第六是分別思惟的意識。第七是與生命俱來的我執，叫末那識。第八阿賴耶識。是身心一體，心物一元，含藏前七識和一切種子功能的總機樞。阿賴耶識的含藏一切種性功能，本來也是空有互相爲體用的。它所以形成阿賴耶識的功能，並不是眞有一個阿賴耶的存在。它是無始以來的無明習氣的種子，刹那刹那，生滅不停的，所以顯出作用。猶如一股暴流，生生不已，運行不息，緜緜密密，宛然形成它的現象。說它是自性眞心的功能，可是它的自體卻是空的；說它不是眞心的功能，可是離開作用，眞心的功能，又無從產生。一般人很難了解其中空有是一體二用的道理。說空就執着一個空，說有又執着一個有。佛說恐怕世人容易迷惑，所以平常不肯開示演說這個道理。）

自心取自心，非幻成幻法。不取無非幻。非幻尚不生，幻法云何立。

（所謂理性上的眞與妄。事實上的空與有。現象上的實與幻等等。以及宇宙萬有的一切現象，其實，都是自性眞心的功能所發生的作用。它的眞心體性，元本是空無形相的。現在想要明白眞心的空性和一切現象的本元，都是以自心求取自心的體用。爲了要辨駁幻有，因此說它是幻法，其實何曾有一個東西可以把捉。所以就眞心空性的體上來說，根本無所謂幻有的存在。但是性空自體，遇因緣聚合，生起作用，就形成幻有的一切現象。不執著幻有的作用，雖然有幻有的現象，根本並不相干。但是如果執著以不取幻有才是究竟，這個不取的作用，還是幻的。自性眞心的體性，無所謂非幻的現象。非幻尙且不存在，一切幻有的法則，不過都是爲了剖析性空的本體所建立，那裡有個幻法可得呢？）

是名妙蓮華，金剛王寶覺。如幻三摩提（註四十八），彈指超無學。（註四十九）

（上面所說的直指自性眞心的理性，是究竟的了義教，是無門的法門。猶如妙蓮華出於汚泥，而不沾染纖毫泥渣。猶如顚撲不破的金剛王寶，是無上的正覺。也就是達到如幻三昧境界的捷徑，彈指之間，就可以超過無學的果位。）

此阿毗達磨，十方薄伽梵（註五十），一路涅槃門。

（阿毗達磨，簡譯作論藏，就是眞理的最究竟的理論。薄伽梵，也就是正覺成佛者的另一稱呼。這三句是本偈語全篇的結論。說明上面所說的理性，就是最高深的理論。十方一切佛，都是從這一門而得入自性寂滅海（涅槃）的果地。通常認爲理性的理論，與事實的實證是兩回事。其實不知事與理本來合一。對理性眞能透澈了解，也就可以達到實證的果地。如果祇知道理性，事實證驗不能到達，也就是對理性沒有澈底的了解。須知最後解脫，乃是般若智慧的解脫。般若智慧，就是理性與實證泯然一體的究竟正覺。既不是有相，也不是無相。而歷歷不昧。所謂非生因之所生，實了因之所了。）

（註四十八）三摩提：即三昧，譯曰定、等持、心一境性。心念定止故云定，離掉舉故云等，心不散亂故云持。

（註四十九）無學：聲聞乘四果中、前三果爲有學，第四阿羅漢果爲無學。學道圓滿，不更修學也。

（註五十）薄伽梵：又曰婆伽婆，譯曰世尊，即佛之十種名號之一。

於是阿難及諸大衆，聞佛如來無上慈誨，祇夜伽陀，雜糅（音柔雜合也）精瑩，妙理淸徹，心目開明，歎未曾有。阿難合掌頂禮白佛。我今聞佛無遮大悲，性淨妙常眞實法句。心猶未達六解一亡，舒結倫次（次第也）。惟垂大慈，再愍

斯會及與將來，施以法音，洗滌沈垢。即時如來於師子座，三整涅槃僧，歛
僧伽梨，攬（音覽近也）七寶几。引（伸也）手於几，四取劫波羅天所奉華巾。於大衆前綰
（音宛結繫也）成一結。示阿難言，此名何等。阿難大衆俱白佛言。此名為結。於是
如來綰疊華巾，又成一結。重問阿難，此名何等。阿難大衆又白佛言，此
亦名結。如是倫次綰疊華巾，總成六結。一一結成，皆取手中所成之結，
持問阿難，此名何等。阿難大衆亦復如是，次第詶（答也）佛，此名為結。佛告
阿難。我初綰巾，汝名為結。此疊華巾，先實一條。第二第三，云何汝曹復
名為結。阿難白佛言，世尊。此寶疊華緝績（二同音積猶紡織也）成巾，雖本一體，如我思
惟，如來一綰，得一結名。若百綰成，終名百結。何況此巾，祇有六結，終不
至七，亦不停五。云何如來，祇許初時，第二第三，不名為結。佛告阿難，此
寶華巾，汝知此巾元止一條。我六綰時，名有六結。汝審觀察，巾體是同，

因結有異。於意云何。初綰結成，名爲第一。如是乃至第六結生。吾今欲將第六結名成第一，不。不也，世尊。六結若存，斯第六名，終非第一。縱我歷生盡其明辯，如何令是六結亂名。佛言，如是。六結不同，循顧本因，一巾所造。令其雜亂，終不得成。則汝六根，亦復如是。畢竟同中，生畢竟異。

佛告阿難。汝必嫌（音閑厭也）此六〔五〕結不成，願樂一成。復云何得。阿難言，此結若存，是非鋒〔六〕起。於中自生此結非彼，彼結非此。如來今日若總解除，結若不生，則無彼此。尚不名一。六云何成。佛言，六解一亡，亦復如是。由汝無始心性狂亂，知見妄發。發妄不息，勞見發塵。如勞目睛，則有狂華。於湛精明，無因亂起。一切世間山河大地生死涅槃，皆即狂勞顛倒華相。

阿難言，此勞同結，云何解除。如來以手將所結巾偏掣（音撤）其左，問阿難言，如是解不。不也，世尊。旋復以手偏牽右邊。又問阿難，如是解不。不也，世尊。佛告阿難。吾今以手左右各牽，竟不能解。汝設方便，云何解成。阿難白佛言。世尊。當於結心。解即分散。佛告阿難。如是如是。若欲除結，當於結心。阿難。我說佛法從因緣生。非取世間和合麤相。如來發明世出世法，知其本因隨所緣出。如是乃至恒沙界外一滴之雨，亦知頭數。現前種種松直，棘（音亟）曲。鵠（讀斛）白烏玄（黑也）皆了元由。是故阿難。隨汝心中選擇六根。根結若除，塵相自滅。諸妄銷亡，不眞何待。阿難。吾今問汝，此劫波羅巾六結現前，同時解縈（音榮纏也），得同除不。不也，世尊。是結本以次第綰生。今日當須次第而解。六結同體，結不同時。則結解時，云何同除。佛言。六根解除，亦復如是。此根初解，先得人空。空性圓明，成法解脫。解脫法已，俱空不生。是名菩薩從三摩地，得無生忍。

一【祇夜伽陀】祇夜此云重頌、伽陀此云孤起、通指前偈而言、

二【無遮】遮者隱障之義、言無遮大悲、則於人不擇勝劣、普施上法、於法不恪秘妙、合盤托出、

三【涅槃僧—僧伽黎】涅槃僧、此翻內衣、亦言裙、即下裳也、僧伽黎此云大衣、解見前、

四【劫波羅天】劫波此云時分、劫波羅天或云即夜摩天、彼天之人、贈奉佛之華巾、適在几上、故佛伸手取之以作結也、

五【六結不成、願樂一成】六結不成者、嫌此六根妄隔、不欲其成也、願樂一成者、樂成眞淨一體、如成一淨巾也、

六【鋒起】謂是非對待、如鋒刃齊起、銳而難拒也、

阿難與大衆，聽了佛總結的開示偈語，對於自性靈明的妙理，已有所領悟。心目開明，煥然一新。但是對於開解六結，一亦不守的道理與次序，還不能澈底了解。請求佛再加說明。於是佛拿起一條華巾，打了一個結。問阿難說：「這是什麼？」阿難與大衆答道：「這個叫做結。」佛又連續在這條華巾上打了五個結。每次都問：「這是什麼？」阿難與大衆都答說：「這些也都叫做結。」佛

說：「這一條華巾，我最初打了一個結，你們就說是結。以後我連續每打一結，何以你們也都說是結？」阿難答：「這一條華巾，本來只是一體。佛打一個結，就叫做一結。如果打了一百個結，就叫做百個結。現在佛不多也不少，祇打了六個結，就不能說是五個，也不能說它是七個。」佛說：「這條華巾，祇是一條整的，我打了六個結，就叫做六結。你看，華巾是一條整體，因爲打成了結，就有不同的差別。最初一個結，就定名叫做第一個結。最後一個結，就定名叫做第六個結。第一與第六之間，可否隨便變更它的次序？」阿難說：「一條華巾，既然打成了六個結。它的先後次序，迥然不同，決不能把六結的首尾倒置。即使盡我一生的聰明來推理，也不能把這六結胡亂定名。」佛說：「這六個結，雖然不同，但是它的根本來源，都由一條華巾做成。若要把六結的次序攪亂，卻是不可能的。你的六根，也同這個道理一樣。它的本體究竟原是同一體性的，產生了作用，構成六個形態，於是它就畢竟不同了。你如果認爲六結是多餘的，祇想守一才對，那如何可能呢？」阿難說：「有結的存在，是非才會發生，才會有這個結與那個結不同的爭執。佛如果把所有的結都解除了，結的本身既然不生，自然就沒有了彼此。一個結的名都沒有，更何況六個呢？」佛說：「六根解脫，一也不守的道理，正同這個一樣。你要知道，你從無始以來，因爲自性眞心變態的妄動，發生了狂亂的知見。妄心狂見發動以後，就不止息。變態妄動的功能，產生了物理塵勞的作用。猶如眼睛極力注視虛空，因勞倦而發生變態的現象，便看到虛空中狂華亂舞。自性本來是澄湛精明的。一切世間山河大地等物質，以及衆生的生死涅槃，也都是自性本體功能變態妄動的狂勞顚倒現象。猶如空華無因而生，自然而滅。」

阿難問：「這種變態妄動的塵勞作用，既是結習難除，怎樣才可以解脫呢？」佛就將手中所結的華巾，左右旋轉牽動。問阿難說：「我這樣左右牽掣手中的華巾，都不能解開這些結。究竟要怎樣才可以解開結呢？」阿難答：「要想解開這些結，必須從結的中心去著手。」佛說：「一點也不錯。要想解結，必須從中心下手。我所說的佛法，是講一切萬有現象，都從因緣所生。擴而充之，便可明白一切世間出世間的各種事物的法則，便能知道它的本來原因。甚至點點滴滴的雨水，也都可以知道它的數量。如目前的種種現象：松樹如何是直長的？荆棘如何是彎曲的？鵠如何會長白的羽毛？烏鴉如何是玄黑的？這些現象，佛都能了解它的根源。所以你心裡想選擇六根門頭，由此求得解脫。祇要解除六根的結根，外界塵勞的現象，自然就銷滅了。既然一切妄心妄想銷亡了，餘下的不是自性的眞心，還是什麼呢？我現在再問你這一條打了六個結的華巾，可不可能在同一時間裡，一齊都解除了呢？」阿難答：「這些個結，本來是依次綰結成功的，現在也應當次第解開。因爲這六個結，雖然同是一條整體所成，但綰結的先後時間次序都不同，如何能夠同時解除呢？」佛說：「你想要解脫六根，也是同樣的道理。生理上六根的本能活動，如果先得到解脫，就可以先得到人空（註五十一）我空（註五十二）的境界。進一步，使空性圓明自在，就達到法解脫。（智慧的解脫。）既達到法解脫的境界，所謂空的境界，也自然不生，這樣才叫做菩薩從三摩地（定慧雙融的三昧正定境界。）得到無生法忍。（註五十三）」

（註五十一）人空：二空（人空、法空。）之一，又名生空、我空。觀人爲五蘊（色、受、想、行、識）之假合，又爲因緣所生，其中無常、一之我體，故云人空。

（註五十二）我空：見註五十一。

（註五十三）無生法忍：畧云無生忍。無生法者，遠離生滅後之眞如實相理體也。眞智安住於此理而不動，謂之無生法忍，於初地或七八九地所得之悟也。

阿難及諸大衆．蒙佛開示．慧覺圓通．得無疑惑。一時合掌．頂禮雙足．而白佛言。我等今日身心皎然．快得無礙。雖復悟知一六亡義。然猶未達圓通本根。世尊．我輩飄零．積劫孤露。何心何慮．預佛天倫。如失乳兒．忽遇慈母。若復因此際會道成。所得密言．還同本悟。則與未聞無有差別。惟垂大悲．惠我秘嚴。成就如來最後開示。作是語已。五體投地。退藏密機．冀佛冥授。

爾時世尊．普告衆中諸大菩薩．及諸漏盡大阿羅漢。汝等菩薩及阿羅漢．生我法中．得成無學。吾今問汝．最初發心悟十八界．誰爲圓通．從何方便入三摩地。

憍陳那五比丘．即從座起．頂禮佛足．而白佛言。我在鹿苑．及於雞園三．觀見如來最初成道。於佛音聲．悟明四諦。佛問比丘．我初稱解。如來印我名阿若多。妙音密圓。我於音聲得阿羅漢。佛問圓通．如我所證．音聲爲上。

一【積劫孤露】猶言累世孤寒也、用喻一向背覺合塵、萍游六道、不意今生得預爲佛眷屬也、

二【秘嚴】秘謂秘密深奧、嚴謂微妙莊嚴、即前示之首楞嚴定妙莊嚴路也、

三【雞園】雞園精舍名、無憂王造以迎佛者、或云與鹿苑、皆爲古王養畜之所、五比丘修苦行時、嘗居此處、去佛成道甚近也、

二十五位實地修持實驗方法的自述

阿難與大衆，蒙佛不厭其詳的開示，慧性覺悟，忽然圓通，得到再無疑惑的地步。雖然領悟到一六解脫的道理，但是還沒有達到圓通的本根。於是又請求道：「我們歷劫飄零在生死苦海裡，猶如苦兒一樣，孤零地飄泊他方。我自己何心何慮，與佛誼屬天倫血統。好像失乳孤兒，忽然遇着慈母。如果因此際會而能够成道，今天所聽到的妙密法語的開示，就應該等於本悟。否則，同沒有聽到是一樣的。惟有希望佛再發慈悲，教導我妙密莊嚴修持的法門，以完成佛開示的最終願望。」

這時，佛普告在會大衆中的諸大菩薩，以及諸漏已盡的大阿羅漢們說：「你們菩薩及阿羅漢們，在我教導的佛法當中，已經得成無學的果位。我現在問你們，大家最初發心的動機，以及悟到十八界的功用，那一樣是最圓滿通達的？怎樣才是進入了三摩地的方便法門？」

(一)聲。聞聽妙理的修法：首先起立發言自述的，是憍陳那(譯名了本際)等五位比丘。(比丘，是佛弟子出家男衆的名稱，具乞化破魔等意義。憍陳那等五人，是從佛最初出家的弟子，也就是佛成道後最先聽佛說法得度的人。）他說：「我是最初見佛成道的人，佛成道後，也是對我五人最先說法得度的。佛爲我們宣講三轉四諦法輪，我們就悟明四諦的道理。（四諦是苦、集、滅、道。說世界一切皆苦。苦是生死的果實，世間是純苦無樂。世人所認爲的樂，祇是偶然暫時相對性的另一苦因而已。但是世人偏認苦爲樂，並且還要去積極追逐苦果，自招種種煩惱。唯有自心滅除煩惱，不再造做苦果，才得寂滅的樂果。若能隨時隨地觀察思惟，息滅自己的煩惱，就是修持正道。）佛問我們理解與否時，我首先說理解到了。佛就印證認可，說我是得最初解的人。我當時理解得到的，並沒有別的方法，祇是聽到佛說微妙道理的聲音。由這聲音使我理解到微妙的道理，心領神會。息滅煩惱的苦果而得寂滅至樂的正道，證得阿羅漢（註五十四）的果位。佛現在要問我們修什麼方法，才能圓滿通達佛的果位。如我所實驗得到的，還是以多聽妙理爲最好。從聽妙理的聲音悟道，乃是最上乘的修法。」

（註五十四）阿羅漢：爲小乘極悟之果位名，一譯殺賊，殺煩惱賊之意。二譯應供，當受人天供養之意。三譯不生，永住湼槃不再受生死果報之意。

優波尼沙陀[一]·即從座起·頂禮佛足·而白佛言。我亦觀佛最初成道。觀不淨相·生大厭離。悟諸色性。以從不淨白骨微塵·歸於虛空。空色二無·成無學道。如來印我名尼沙陀。塵色既盡·妙色密圓。我從色相得阿羅漢。佛問圓通·如我所證。色因爲上。

一【優波尼沙陀】亦云鄔波尼沙曇、此翻近少、或言塵性、謂諦觀微塵、近於虛空、餘有少分色性、析則成無、以此悟道、故以爲名、

（二）色。觀察色相的修法：優波尼沙陀（譯名色性空）起立自述說：「我也是最初看見佛成道的人。佛教我觀察身體內外的不淨相，生起極大的厭離心。

悟到一切色相的性能，都從不清淨而來。身體的色質，終由白骨化爲微塵。最後終歸於虛空。推窮其究竟，虛空與色相，兩種都沒有自性，因此得成無學果位的道業。（不淨觀是一種修持的方法。對於煩惱障很重，貪慾心很盛的人，修之較爲適當。觀的入手方法，是運用思惟去觀看，觀察，觀想的意義。不淨觀包括九種想：①胖脹想，②青瘀想，③壞想，④血塗想，⑤膿爛想，⑥虫噉想，⑦分散想，⑧白骨想，⑨燒想。人身是個臭皮囊，由死亡而到壞滅，自然地都會現出這九種現象。臭皮囊先發胖脹，跟著就起青瘀的顏色，開始一塊一塊的敗壞。然後血化爲膿，開始腐爛，生出蛆蟲。皮肉毛血漸漸分散完了，祇賸了白骨一具。漸漸久了，白骨也就隨風化爲飛塵。無論富貴貧賤，智愚賢不肖，男女老幼，美的醜的，到頭來都是一樣。所以修習這種方法，最容易生起離塵出俗的觀念。同時也很容易解脫人我的執著，和身體生理的障礙。這種修法，最好先由禪坐去思量觀察。他人與自己，都是一個臭皮囊包裝著一身內外不潔淨的東西。什麼是美的與醜的，皮包骨頭以內，都是肚腸屎尿，有什麼值得貪戀可愛呢！漸漸觀察清楚，構成了一個觀念。就覺得此身不値得留戀，心境非常平靜，妄想雜念漸漸冲淡，歸於平靜。到了這個程度，不淨觀卽成就了。然後產生兩種現象，但是有的人可能會有，有的人並不一定會有。第一種現象：擧目觀看人們，無論男女老幼，都是一具白骨骷髏架子。這種現象旣已形成，就不必再繼續做不淨觀或白骨觀。祇須要守住眉心中間一點白，制心一處，專精不亂。久而久之，就會發生第二種現象：並此一念亦自然而空，可以得入正定。由此精進不懈，逐步上進，卽可以證果。）因此佛就印證認可，說我是得到了色性空的人。身體色質旣已空盡，對於自性妙有功能，生起色質的作用，達到妙密圓通的果地。我從色相上證得阿羅漢的果位。佛現在要問我們修什麼方法，才能圓滿通達佛的果地。如我所實驗得到的，從觀想色相上起修，乃是最上乘的修法。」

香嚴童子即從座起頂禮佛足而白佛言我聞如來敎我諦觀諸有爲

相。我時辭佛·宴晦清齋[二]。見諸比丘燒沈水香[三]·香氣寂然來入鼻中。我觀此氣·非木非空·非烟非火·去無所著·來無所從·由是意銷·發明無漏。如來印我得香嚴號。塵氣倏滅·妙香密圓。我從香嚴·得阿羅漢。佛問圓通·如我所證·香嚴爲上。

一【香嚴童子】由悟香塵嚴淨心地、得童眞行、故曰香嚴童子也、

二【晏晦清齋】晏安也、晦藏也、晏晦清齋、猶言安居淨室之時、

三【沈水香】灌頂曰、有等香樹、斫著地久、外朽心堅、置水則沈、故曰沈水香、

（三）香。齅覺的修法：香嚴童子起立自述說：「我最初聽佛教我仔細觀察一切有爲法的現象。那時我就辭佛獨居，宴息淸心，寂然安處。掃除心理一切妄念。忽然看到比丘們燃燒沉水香，香氣悠然進入我的鼻孔裡。我就觀察這香的氣味，既不是沉水香木所發生，也不是虛空所發出。既不是烟，又不是火。它進了鼻

孔，不知香味究竟是從那裡來的？它無影無踪的去了，又不知道香味歸到那裡？因此發現這個分別思惟的意識，也是如此。妄想意識消散，就歸於空寂。由此證得無煩惱的無漏果位。（說明意識妄想，猶如烟霧，時生時滅，來去都沒有踪跡可尋。自然不必追尋執著，也不必去掃除清理，因此可得安然休息的境地。）佛就印證認可，賜給我香嚴的名號。妄想意識的心理狀態，與自然界物理現象的能量互變，都如塵氛氣流一樣，時起時滅。從燃燒香氣的道理，可以證到萬有現象的微妙作用，悟澈自性的密圓功能。我是從香氣莊嚴證得阿羅漢的果位。佛現在問我們修什麼方法，才能圓滿通達佛的果地。如我實驗得到的，以鼻觀香氣莊嚴，乃是最上乘的修法。（佛法中教人燒燃好香，不僅是莊嚴道場，同時也具有從鼻觀而得淸心的妙用。至於可以解穢驅蟲，變更空氣的潔淨，還是其末節的作用而已。）」

藥王藥上二法王子．幷在會中五百梵天．即從座起．頂禮佛足．而白佛言。我無始劫．爲世良醫．口中嘗此娑婆世界草木金石．名數凡有十萬八千。如是悉知苦醋鹹淡甘辛等味。幷諸和合俱生變異．是冷是熱．有毒無毒．悉能徧知。承事如來．了知味性．非空非有．非即身心．非離身心。分別味因．從是開悟。蒙佛如來．印我昆季兄弟也．藥王藥上二菩薩名。今於會中爲法王子。因味覺明．位登菩薩。佛問圓通．如我所證．味因爲上。

【藥王藥上】觀藥王經云、過去有佛、號瑠璃光、有比丘名日藏、宣布正法、有長者名星宿光、聞說法故、以諸藥奉日藏大衆、願我未來、能治衆生身心兩病、舉世歡喜、立名藥王、其弟名電光明、以醍醐上妙之藥供養、立名藥上、經引二人用顯味塵圓通也、

(四) 味。舌觀味性的修法：藥王藥上兩位菩薩，及同行眷屬五百天人們，

起立自述說：「我從無始劫數以來，便是世上的良醫。口裡親嘗這個娑婆世界各種藥物，草本的、木本的、金石等礦物，名稱數量約有十萬八千之多。這些物理性能，完全知道。所有藥物的鹹、甜、苦、辣、酸、淡等味性，以及它的變化作用，冷熱、有毒、無毒的性格，我也完全了解。我因爲從佛修學佛法，了知這一切味性，它的根本自性，既不是絕對不存在的空，也不是永遠固定的有。既不是依賴身心的關係，才顯見它的功能。但是離開身心，又不能表達它的作用。因爲分別藥物味性的初因，而得開悟自性本體的功能。因此佛就印證認可，許我兩弟兄是菩薩位中的人。現在佛的法會中，爲傳承佛法的法王子。（藥王藥上兩昆仲，從久遠劫數以來，遇瑠璃光佛前身的教化，自己便發心歷世爲良醫，做濟世救人的功德事業，偏嘗世間的藥物性能。如以現代語來說，等於是個大醫師，並且是研究物理化學的大藥劑師。從眞實的慈悲救濟的動機出發，由盡知物理的性能，而悟得萬物與人性的本體。）我因爲由了解味性而覺悟，發明自性，躋登於大乘菩薩的果位。佛現在問我們修什麼方法，才能圓滿通達佛的果地。如我所實驗得到的，以研究親嘗物理的味性去體會，乃是最上乘的修法。」

䟦陀婆羅一并其同伴十六開士二即從座起。頂禮佛足而白佛言。我等先於威音王佛三聞法出家。於浴僧時四隨例入室。忽悟水因。既不洗塵。亦不洗體。中間安然。得無所有。宿習無忘。乃至今時從佛出家。令得無學。彼佛名我䟦陀婆羅。妙觸宣明。成佛子住。佛問圓通。如我所證。觸因爲上。

一【䟦陀婆羅】此云賢護、言自守護賢德、亦守護衆生、按即法華經中於威音王時、毀常不輕菩薩之上慢者、

二【開士】開心悟理之大士也、

三【威音王佛】過去之佛也、要解云、以大音聲普徧世界、爲諸法王、說法無畏故也、

四【浴僧時】即佛制半月衆僧用浴之時也、

（五）觸。觀察身體感觸的修法：賢首菩薩及其同伴道侶等十六位開士，起立自述說：「我們從前在威音王佛的時候，聽聞到佛法，就發心出家了。因爲隨例跟着僧衆入浴，忽然悟到水的因緣。它旣不能洗滌塵垢，也不能洗淨身體，水始終是中性的。無論潔淨與汚垢，它都不沾滯，自性得無所有。這種過去世所了解的記憶，直到今生都不會忘記。從那個時候起，佛就稱我爲賢首。現在從佛出家，到達無學的果位。（水性永遠是淸淨的，無論汚穢或乾淨的東西，它都不容納。輕微的使它漂流而去，粗重的使它沉埋下去，水性自己還是不垢不淨。自性眞心猶如水性。微細的，好的妄想，猶如水上的浮塵，輕輕地隨時溜去。粗重的，惡的情慾，猶如水中的沉澱，深深地沉埋下來。但是能知能覺的自性，卻始終不變。由此體會，可以領悟到自性的實相。再說：心上的妄念，猶如水上的浮塵與波紋。漚生漚滅，以及浮塵與波紋的變化，始終變不了水性。但能心如止水，靜觀心波浮塵的變化，皆如夢幻，自然可以領悟到自性的實際。賢首菩薩，過去世雖然從佛出家，但常以輕慢的心，傲視別人，因此墮落塵劫。後來轉從常不輕菩薩的教化，對一切衆生，決不輕視。對任何人，都很恭敬。所以得到賢首的名號。）我因爲微妙的感觸，明白了自性有如止水的道理，得到佛的法要，成爲繼承佛道統的法王子。佛現在問我們修什麼方法，才能圓滿通達佛的果地。如我所經驗得到的，從微妙感觸作用去體會，乃是最上乘的妙法。」

摩訶迦葉一·及紫金光比丘尼等·即從座起·頂禮佛足·而白佛言。我於往劫·於此界中·有佛出世·名日月燈。我得親近·聞法修學。佛滅度後·供養二舍利·然燈續明。以紫光金塗佛形像。自爾已來·世世生生·身常圓滿紫金光聚。此紫金光比丘尼等·即我眷屬·同時發心。我觀世間六塵變壞·唯以空寂三修於滅盡·身心乃能度百千劫·猶如彈指。我以空法成阿羅漢。世尊說我頭陀爲最。妙法開明·銷滅諸漏。佛問圓通·如我所證·法因爲上。

一【摩訶迦葉—紫金光比丘尼】摩訶此云大、迦葉此云飲光、乃佛之大弟子、苦行第一、紫金光比丘尼、爲迦葉在家時婦、因昔爲貧女、丐金飾塔像、匠師歡喜、立誓爲夫婦、九十一劫、人間天上、身恆金色、今則出家爲比丘尼也、

二【舍利】即佛之身骨也、

三【頭陀】此云抖擻、以能抖擻法塵爲號故、

（六）法。心空意念的修法：摩訶迦葉（譯名大飲光）與紫金光比丘尼（紫金光原來是迦葉尊者的夫人，出家後便稱比丘尼。比丘尼是佛弟子中出家女衆的名稱。）同時起立自述說：「若干劫前，在這個娑婆世界上，有一位佛出世，名字叫做日月燈。我有機緣親近他，得聞佛的法要，依法學習修持。等到日月燈佛滅度過世以後，我就供養他的舍利子。（註五十五）在佛像與舍利子前面，常時燃燈供養，永遠繼續着這一點光明。並且用紫金色的光質，塗在佛的形像上面。從此世

世生生，身體經常充滿着紫金色的光華。這位紫金光比丘尼，就是我生生世世的眷屬，與我同時發心。（過去在毘婆尸佛（註五十六）滅度過世以後，佛的塔像金色毀壞了。有一位貧家的少女，對着佛像發生無限的傷感，心裡很想爲之修治完整。可是自己沒有資財，便去乞討。得到了金錢，就請來匠人爲佛裝金。這位裝金的匠人，很歡喜地和她共同完成了這件功德。功德完成以後，兩人結爲夫婦，生生世世，永不分離。經過九十一劫，雖然生在人間天上，身體經常都得紫金光色。當釋迦佛出世的時候，夫婦又同時發心出家。這個少女的前身，就是紫金光比丘尼。）我觀察世間六塵，（生理的五官與心理意識的各種現象）種種的作用，一切都似變幻中顯現出的幻像，最後終歸於壞滅。唯有心空一念，寂然不動，才可以修到身心寂滅的境地，這樣始能在定中度過百千劫的時間，猶如一彈指的剎那。（心空一念，就是意根上解脫的無上妙法。天台宗與密宗的修止觀等方法，就是依這個道理修持的。心意識是最難空寂的。迦葉尊者所述的方法，就是觀心的一門。靜坐觀心，識知心意識各種現象，思惟分別妄念等相，都如空中鳥跡。又如浮光幻影掠過長空，倏起倏滅，隨時變幻化去。若能不隨變化，不去追逐不捨。祇任其自生自滅，不排除，不執著，自然現出自心一段空相。然後即此心空一念，還要放去。到了空空的境界亦空時，就可悟明這一段妙用。）我因爲修習心空一念的方法，與嚴守苦行頭陀（註五十七）的規範，得成阿羅漢的果位。佛就說我是頭陀中最成功的人。因爲從這個了解心意妙法而開悟明白，銷滅一切有漏的煩惱。佛現在問我們修什麼方法，才能圓滿通達佛的果地。如我所經驗得到的，從觀察心意識的方法去體會修證，乃是最上乘的方法。」

（註五十五）舍利子：釋迦既卒，弟子阿難等焚其身，得五色珠，光瑩堅固，名曰舍利子，因造塔以藏之。

（註五十六）毘婆尸佛：譯曰勝觀，過去七佛之第一佛，在釋迦牟尼佛出世九十一大刼前。

（註五十七）頭陀：譯曰抖擻、浣洗等，謂抖擻衣服飲食住處三種貪着之行法也。按俗稱僧人之行脚乞食者爲頭陀，亦稱行者。苦行之意。

阿那律陀·解見卷三即從座起·頂禮佛足·而白佛言。我初出家·常樂睡眠。如來訶我爲畜生類。我聞佛訶·啼泣自責。七日不眠·失其雙目。世尊示我樂見照明金剛三昧。我不因眼·觀見十方·精眞洞然·如觀掌果。如來印我成阿羅漢。佛問圓通·如我所證·旋見循元·斯爲第一。

（七）眼。眼的見精修法：阿那律陀（譯名無貪）起立自述說：「我最初出家的時候，經常喜歡睡眠。佛責備我猶如畜生一樣。我聽了佛的申斥，慚愧反省，涕淚自責。自己發憤精進。七天當中，晝夜不眠不休。因此雙目失明。佛就教我樂見照明金剛三昧的修法。我因此可以不需肉眼，祇憑自性的眞精洞然煥發，看十方世界中的一切，猶如看到手掌中的菓子一樣。佛印證我已經得成阿羅漢的果位。佛現在問我們修什麼方法，才能圓滿通達佛的果地。如我所經驗得到的，旋轉能見的根元，迴光返照以至於無，就是第一妙法。」（樂見照明三昧，經教中但有其名，究竟不知道是如何修法？自阿難教授提婆達多修習天眼，得到眼通等神力以後，提婆達多反因神通狂妄自用而成魔障。以後顯教經論，就沒有修法的記述了。密教所授眼通及觀光的修法，也是利害參半。而且沒有得到正定的人習之，不但無益，反容易受害。所以對於這一修法，不須詳細補充說明。本經所載阿那律陀的自述裡，對於這個原理原則，也已很明顯的說出。眼的見精，分爲能見與所見的兩種。眼見到外界的一切境象，都是所見的作用。即使雙目失明，心裡還是看得見眼前是一片昏暗。這種昏暗的境象，依然是所見的作用。它是從自性能見的功能上所發出。由此體會，返還所見的作用，追尋這個能見眼前現象的自性功能。久而久之，所見的作用，完全返還潛伏到能見的功能上。然後並此能見的功能，也渙然空寂。在道理上，就叫做能所雙忘。在事相上，完全入於性空實相。旋見，就是返觀返照的意義。循元，就是依止自性本元的意義。由此性空實相，泊然定住在常寂的無相光中，洞澈十方的天眼作用，就自然發起。但切須記得，如爲求得天眼而修，不依性空而定。不但能所不能去，縱使能夠得到部分天眼，都是浮光幻影，便爲魔障。再說：所謂眼通，並不是有如肉眼的眼。到了那時，由自性定相所發生的功能，與虛空會爲一體。無盡的虛空，和能觀的作用，渾然合一。虛空與我，祇是一隻眼而已。）

周利槃特迦即從座起、頂禮佛足、而白佛言。我闕誦持、無多聞性。最初値佛、聞法出家。憶持如來一句伽陀[二]。於一百日、得前遺後、得後遺前。佛愍我愚、教我安居[三]調出入息。我時觀息、微細窮盡、生住異滅、諸行刹那。其心豁然。得大無礙。乃至漏盡、成阿羅漢。住佛座下、印成無學。佛問圓通、如我所證、反息循空、斯爲第一。

一【周利槃特迦】纂註謂即誦箒比丘、以其心多散亂、故佛教以調息也、

二【伽陀】此云孤起頌、文句引云身語意業不造惡、不惱世間諸有情、正念觀知諸境空、無益之苦當遠離、槃特則誦前遺後、記後失前、

三【調息】調出入息、亦云安般三昧、息出知出息入知入、愚痴無智之人、守此鼻息、了了常知、可以破愚暗也、

（八）鼻。調伏氣息的法門：周利槃特迦（譯名道生）起立自述說：「我缺乏誦持多聞記憶的能力。最初遇到佛的時候，聽聞到佛法就出家了。佛教我記憶四句偈語。在一百天以內，記後忘前，始終不能背誦。（道生在過去迦葉佛（註五十八）的時候，爲經、律、論三藏都通的沙門（註五十九）。有五百個弟子。但是道生非常吝惜經義，不肯盡心教導，所以得如此愚鈍的果報。他的哥哥出家在先，因爲他太愚鈍，叫他還俗。道生就拿了一條繩子，到後園樹下去自殺。佛以神力解救了他。指着掃帚，叫他專念掃帚二字。他忽然領悟到佛是教他把心地上的塵垢掃除乾淨，由此而悟道。）因此佛又憐愍我的愚鈍，教我安居自修，調攝出入的氣息。我那時觀察氣息，由微細而到窮盡。了解它的生起、存在、變易、消滅的一切經過，剎那之間，也不得固定常存。因此心境豁然開朗，得到大無

礙的境界。再加進修，到達煩惱漏盡，完成阿羅漢的果位。現在佛的座下，印證我已經得無學的果位。佛現在問我們修什麼方法，才能圓滿通達佛的果地。如我所經驗得到的，從調氣到反息。息止心空，依空取證，就是第一妙法。」（修習調伏氣息法門，有很多種方法。天臺宗六妙門的止觀修法，也是著重在調息的修法。生命存在的生理機能活動，就靠氣機的往來。氣息有四種現象：有聲的叫做風。結滯的叫做氣。出入有力的叫做喘。緜緜不絕，無聲不滯的叫做息。妄心想念的心盛，氣就粗浮。換言之：氣息靜止時，想念妄心就比較輕微。心息二者，是互相爲用，互爲因緣的。在各種調息的方法中，還有一種簡捷修法。首先迴轉眼光，攝念合於氣息。然後返用耳根聽覺，聽自己的出入氣息。先祇聽到出入氣粗重有聲，這都屬於風與氣或喘的階段。久而久之，心息合一相依，緜緜不絕，這才叫做止於息上。而且這時候的氣息，若有若無，身心輕快無比。由此再加進修，氣息不起呼吸的作用。聽聞與感覺，也不能覺察。妄想雜念，就渙然氷消，心息都入於空寂大定的境界。再加向上精進，就得果無疑了。）

（註五十八）迦葉佛：過去七佛之一，譯曰飲光。

（註五十九）沙門：譯曰息、息心、靜志、淨志、乏道、貧道等。又譯曰攻勞、勤息。勞劬修佛道之義也。又勤修息煩惱之義也。原不論外道佛徒，蓋爲出家者之總名也。

憍梵鉢提．即從座起．頂禮佛足．而白佛言。我有口業．於過去劫輕弄沙門．世世生生有牛呞病。如來示我一味淸淨心地法門。我得滅心入三摩地。觀味之知．非體非物。應念得超世間諸漏。內脫身心。外遺世界。遠離三有．如鳥出籠。離垢銷塵．法眼淸淨．成阿羅漢。如來親印登無學道。佛問圓通．如我所證．還味旋知．斯爲第一。

（九）舌。舌的味性修法：憍梵鉢提（譯名牛呞）起立自述說：「我因爲在過去世造有口業。看到一個老年比丘，沒有牙齒，吃東西時像牛吃草一樣，我就輕慢侮辱他。所以生生世世，得牛呞病的果報。（猶如牛的反芻，是食管與胃部的病。）佛就教我一味清淨心地的法門。我因此得斷滅一切妄心，進入正定三昧的境界。觀察滋味的知性功能，既不屬於身上，也不屬於物質。一念之間，就超越世間所有煩惱的習漏。從此內脫身心，外遺世界。遠離欲、無明、煩惱的三有束縛。猶如飛鳥出籠，離開一切塵垢。妄心自然銷滅，得到認識正道的法眼清淨，成就阿羅漢的果位。佛就親自印證認可我已經登無學的道果。（舌觀的修法，比較不容易普遍，並且也很難修。通常人對於滋味的食欲都很深切。首先要能不貪濃厚的食物，漸使淡薄。再漸漸減少飲食，歸到平淡無味，進而達到沒有食欲的貪戀。由此生理發生轉變，心境妄念也隨之皆空，自然進入正定的三昧。所以佛法制度中的頭陀行，教人日中一食，而且必須淡薄。禁絕濃甘的飲食，實在有很深的作用存在。道生尊者由舌根悟道，亦祇在一念之間的轉變。　心不在焉，食而不知其味，可以了然於胸了。）佛現在問我們修什麼方法，才能圓滿通達佛的果地。如我所經驗得到的，從返還追究能知味性的自性功能，就是第一妙法。」

「畢陵伽婆蹉．即從座起．頂禮佛足．而白佛言。我初發心從佛入道。數聞如來說諸世間不可樂事。乞食城中．心思法門。不覺路中毒刺傷足．舉身疼痛。我念有知．知此深痛。雖覺覺痛．覺淸淨心．無痛痛覺。我又思惟．如是一身．寧有雙覺。攝念未久．身心忽空。三七日中．諸漏虛盡．成阿羅漢。得親印記．發明無學。佛問圓通．如我所證．純覺遺身．斯爲第一。

一【畢陵伽婆蹉】此云餘習、五百世生婆羅門家、常自憍貴、最初入道、聞佛說苦空無常不淨、都不可樂、因行乞食、忽遇苦緣、思入此觀、

（十）身。身體感覺的修法：畢陵伽婆蹉（譯名餘習）起立自述說：「我最初發心，跟佛學道。經常聽佛說世間一切事物，是純苦無樂。有一天，到城裡去乞食，心裡卻在思惟佛法的精義。不知不覺間，脚上被毒刺刺傷，立刻覺得全身都發生疼痛。就在這個時候，我想到因爲有一個知覺的作用，所以才能够知道這種疼痛的感覺。這個知覺雖然知道有了疼痛的感覺。返照追尋這個知道疼痛感覺的知覺自性功能，卻本來淸淨無物，並不受疼痛的影響，也沒有感覺的存在。於是我又再加思惟。我這個身體上，難道有兩個覺性的存在嗎？這樣一尋根究底，所有妄想雜念，就都歸攝到一念。再一追尋這一念的根本，身心忽然空寂。這樣住在空寂當中，經過三七二十一日。一切煩惱習漏就都空盡，成就阿羅漢的果位。得到佛的親自印證。認爲已經發明了自性，登達無學的果地。佛現在問我們修什麼方法，才能圓滿通達佛的果地。如我所經驗得到的，返還止住在自性本覺上，遺忘了身心感覺知覺的作用，就是第一妙法。」

須菩提[一]・即從座起・頂禮佛足・而白佛言。我曠刦來・心得無礙。自憶受生如恒河沙。初在母胎・即知空寂。如是乃至十方成空。亦令衆生證得空性。蒙如來發性覺眞空。空性圓明・得阿羅漢。頓入如來寶明空海。同佛知見。印成無學。解脫性空・我爲無上。佛問圓通・如我所證・諸相入非・非所非盡[二]・旋法歸無・斯爲第一。

一【須菩提】此云空生、爲佛弟子、觀空悟道、得無諍三昧、與般若波羅密相應、故爲解空第一、

二【諸相入非非所非盡】非即空也、諸相入非、即人法雙空也、非所非盡、謂能空之執與所空之相、二俱盡也、

（十一）意。意念空寂的修法：須菩提（譯名空生）起立自述說：我從很久遠世歷劫以來，心已得到無礙的境界。自己能夠回憶到過去的受生經過，和歷劫中無數次的生生死死。當我初在母胎時，就知道空寂的境界。這樣乃至使十方世界，

都成空相。同時也可使一切衆生，證得空性。現在蒙佛開示啓發，了然自知自性正覺的眞空無相。證得空性的圓滿光明，得到阿羅漢的果位。頓時進入佛性實明空海的境界，相同於佛的能知能見。佛就印證我已成無學的果地。認爲解脫性空，以我爲最上乘。佛現在問我們修什麼方法，才能圓滿通達佛的果地。如我所經驗得到的，使身心世界一切心物和事理等所有現象，了然不留於心中。放下一切意念的染著，入於空寂無相的境界。最後將空寂無相的境界也一併空去，到了空無可空的實際。那時萬緣都寂，萬法皆空，歸於無所得的大定，就是第一妙法。」

「舍利弗・即從座起・頂禮佛足・而白佛言。我曠劫來・心見淸淨。如是受生如恒河沙。世出世間種種變化・一見則通・獲無障礙。我於路中・逢迦葉波兄弟相逐・宣說因緣・悟心無際。從佛出家・見覺明圓・得大無畏・成阿

羅漢。爲佛長子．從佛口生．從法化生。佛問圓通．如我所證．心見發光．光極知見．斯爲第一。

一【舍利弗】此云鶖鷺子、初與目連共事外道、佛成道後、歸依於佛智慧第一、

（十二）眼識界。心眼觀照的修法：舍利弗（譯名鶖子）起立自述說：我從久遠世歷劫以來，就觀照自心的清淨境相。這樣歷劫受生，所經歷的生生死死的次數，已如恆河中的無量沙數。對於世間及出世間種種事物變化的道理，一見就通，獲得無障礙的境界。有一天，我在路上遇到迦葉波三位弟兄（註六十），聽他們互相講論佛說：『因緣所生法，我說卽是空。亦名爲假名，亦名中道義。』他們說這就是佛法大乘的要義。我聽了，就悟到心念本來是空無實際的道理，於是就從佛出家。見到自性正覺的光明圓滿之體，得大自在大無畏的智慧，成就阿羅漢的果位。現在做佛法傳統中的長子，乃從佛口說法開示所化生。佛現在問我們

修什麼方法，才能圓滿通達佛的果地。如我所經驗證得的，由觀照自心。久而久之，照見自心本來的淸淨實相，心境發出自性的光明。待光明圓滿到了極點，自然能知能見自性是佛的體用，才是第一妙法。」

（註六十）迦葉波三位弟兄：長云優樓頻螺迦葉，譯曰木瓜林。次云伽耶迦葉，譯曰城。次云那提迦葉，譯曰河。皆爲釋迦佛之弟子。

普賢菩薩·即從座起·頂禮佛足·而白佛言。我已曾與恒沙如來爲法王子。十方如來·教其弟子菩薩根者·修普賢行·從我立名。世尊。我用心聞·分別衆生所有知見。若於他方恒沙界外·有一衆生·心中發明普賢行者·我於爾時·乘六牙象·分身百千·皆至其處。縱彼障深·未得見我。我與其人暗中摩頂·擁護安慰·令其成就。佛問圓通·我說本因·心聞發明·分別自在斯爲第一。

一【普賢行】行彌法界曰普、位鄰極聖曰賢、凡具大根修菩薩行、皆名普賢行也、

二【心聞】耳識也、

（十三）耳識界。心聲聞聽的修法：普賢菩薩起立自述說：「我已經爲過去無量數佛的法王子，一切十方世界的佛，教授他們的弟子修大乘菩薩道的根本時，都教他們修習普賢的行持。這種普賢的法門，乃由我而建立。（普賢菩薩，舊譯又名普現。顧名思義，就是在一切處顯現的意義。普賢菩薩的修法，是代表大乘菩薩道的大行。有顯教密教修法的異同。但都是根據華嚴經的普賢行願品爲基礎。密教修法，如金剛薩埵大法等，以咒語配合瑜伽觀想作行持。顯教修法，以身體力行爲主。但一般修習念誦者，大多都是口裏念過去，沒有深思力行他的功用。爲了發心修習大乘道的人，有合法的修持。現在融會顯密修法的道理，述說他簡單的規範。凡是眞實發心修習大乘佛道的人，首先要熟讀普賢行願品。當

念習純熟以後，要深思他的意義與意境。然後把他所述說的十大行願，構成一種意境上的境界。例如以第一行願禮敬十方諸佛的法門來說：當你起身禮佛，或者在禪靜中，起意禮敬十方諸佛的時候。自己忘記身心的感覺，在意境上，構成一個沒有時間空間的廣大無邊的境界。意想十方諸佛都一一顯現在面前。每位佛前，都有一意境上化身的我，在佛前恭敬禮拜。依次如啓請、供養，一一都有我在前面，發聲讚歎，或者念誦。每一行願，都要構成一種意境上實際的境象。這樣久而久之，意境形成妙有的實相。卽有如普賢菩薩的實相莊嚴，乘坐六牙白象，也宛然顯現，如在目前。可以參看法華經上的記述。但是意境上一念收回，卽如這些所有現象，也完全寂滅不生。身心都不執著，自然歸於了無所有的寂滅性相之中。至於其中的眞空妙有，緣起性空的至理，也就可以在這種修法上去體會印證了。）普賢菩薩又說：「我用這種心聞修法的結果，能够分別一切衆生的所有知見與意念。縱使在無量數的遠方世界以外，有一個衆生，他的心裡能够發心修習此法。我就在那時，乘六牙白象，分出百千個化身，到他的前面。卽使他們業障深重，一時不能够見到我。我也爲他們暗中摩頂，愛護他，輔助他，使他漸漸的有所成就。佛現在要問我們修什麼方法，方能圓滿通達佛的果地。我現在說出從前開始學佛，是用這心聲聞法的方法，發明悟了澄澈的自性，並且能够發生妙用，可以自在地運用分別心，才是第一妙法。」（心聲等於是說心理電波的交感作用，可與現在心靈交感來參考研究。）

孫陀羅難陀[一]·即從座起·頂禮佛足·而白佛言。我初出家·從佛入道·雖具戒律。於三摩地·心常散動·未獲無漏。世尊教我·及拘絺羅[二]·觀鼻端白[三]。我初諦觀·經三七日。見鼻中氣·出入如烟。身心內明·圓洞世界·徧成虛淨·猶如瑠璃。烟相漸銷·鼻息成白。心開漏盡·諸出入息·化爲光明·照十方界·得阿羅漢。世尊記我·當得菩提。佛問圓通·我以銷息·息久發明·明圓滅漏斯爲第一。

一【孫陀羅難陀】此云艷喜、兼妻得名、乃佛親弟、出家之初、因心散動、佛敎觀鼻端白、所以住心不涉攀緣也、

二【拘絺羅】摩訶拘絺羅、此云大膝、乃舍利弗母舅、世呼長爪梵志、爲佛弟子、答問第一、

三【觀鼻端白】即屏息垂目、返觀鼻頭、住心凝視、久久若生白光、以離識故、照澈十方、此因鼻識而修也、

（十四）鼻識界。鼻息調氣的修法：孫陀羅難陀（譯名艷喜）起立自述說：「我從前出家，跟着佛學道。雖然受過形式上的戒律，但是始終不能够達到正定的三昧境界。心裡經常散亂浮動，沒有獲得煩惱漏盡的無漏果地。因此佛就敎我與拘絺羅（大膝氏）二人，先制心一處，專守一點。我制念在鼻端上，開始仔細觀想注視。用這種修法，經過了三七二十一天。就看見了鼻子裡呼吸的氣息，一出一入，猶如烟霧一樣。（能到達這個程度，身心的感覺，就由輕安而漸至於空

無感覺。）因此身心就由內在自然發出光明的境界。再擴而充之，光明漸漸地圓滿，徧滿所有的空間。整個世界，都普徧地成爲淨躶躶的淸虛境界，好像一個整體的玻璃體。再進一步，烟霧的現象也漸漸銷散。鼻子的出入氣息，完全變成一片純白的光相。由此心開意解，一切煩惱習漏淨盡。所有出入的氣息，化作一片光明，可以照到十方世界，就得到阿羅漢的果位。佛就預記我將來會得證自性的正覺。佛現在問我們修什麼方法，才能圓滿通達佛的果地。我認爲從銷融氣息，達到氣住脈停。使氣息止伏久住以後，發出心性的光明。最後使光明淨躶圓滿，滅盡一切煩惱的習漏，才是第一妙法。」

—富樓那彌多羅尼子即從座起頂禮佛足而白佛言。我曠劫來辯才無礙。宣說苦空深達實相。如是乃至恒沙如來秘密法門我於衆中微妙開示得無所畏。世尊知我有大辯才以音聲輪教我發揚。我於佛前助

佛轉輪。因師子吼。成阿羅漢。世尊印我說法無上。佛問圓通。我以法音降伏魔怨。銷滅諸漏。斯為第一。

【富樓那、彌多羅尼子】富樓那、此云滿、彌多羅、此云慈、尼子、稱其母也、宣說四諦之法、辯才無礙、

（十五）舌識界。說法的修法：富樓那彌多羅尼子（譯名滿慈子）起立自述說：「我從很久遠世歷劫以來，就已得辯才，宣揚佛的苦空妙理。（衆生世界，祇有苦境，沒有絕對的樂事。世界一切，始終總歸於空的。）因此深深通達自性的實相，畢竟是空的。並且對於十方三世無量數佛的秘密法門，我都能為他在衆生界裡，作微妙的開示和宣揚，得大無畏的功德能力。佛知道我有大辯才，就教我以言語聲音來宣揚佛教。我所以就在佛前幫助佛旋轉法輪。因為如獅子吼似的宏揚佛法，就在說法之中，自悟妙諦，得成阿羅漢的果位。佛就印證認可我，是善於說法的第一人。佛現在問我們修什麼方法，才能圓滿通達佛的果地。我認為

用言語聲音來說法，降伏一切魔怨，銷滅一切煩惱習漏，才是第一妙法。」

優波離一即從座起．頂禮佛足．而白佛言。我親隨佛踰城出家。親觀如來六年勤苦。親見如來降伏諸魔．制諸外道。解脫世間貪欲諸漏。承佛教戒。如是乃至三千二威儀．八萬三微細．性業遮業．悉皆清淨。身心寂滅．成阿羅漢。我是如來衆中綱紀。親印我心．持戒修身．衆推爲上。佛問圓通。我以執身．身得自在．次第執心．心得通達．然後身心一切通利．斯爲第一。

一【優波離】或云譯爲近執、即如來爲太子時、親近執事之臣、隨佛出家、嚴持戒律、

二【三千威儀】有威可畏、有儀可象、約二百五十戒、各具行住坐臥四種威儀、合爲一千、復攝善法、威儀、衆生、三聚爲三千、

三【八萬微細】以上三千威儀、配身三口四七支、成二萬一千、復配四分煩惱、成八萬四千微細也、

（十六）身識界。執身持戒的修法：優婆離（譯名上首，原名車匿）起立自述說：「我親自追隨着佛，半夜裡越城出家。又親自看見佛修苦行六年，降伏一切的魔障。制服所有的外道。解脫世間的愛網。使煩惱和貪慾淨盡，得到無漏的果位。蒙佛教我嚴守戒律。由這樣執身持戒，乃至三千威儀，八萬細行，性業（與生俱來先天性的貪嗔癡等。）遮業（因時因地制宜的戒律等。）都完全清淨。身心進入寂滅的境界，得成阿羅漢的果位。因此我就成爲佛弟子中統領綱紀的上首。佛親自印證我心，持戒修身，是佛全體弟子中的第一人。佛現在問我們修什麼方法，才能圓滿通達佛的果地。我是擇善固執，嚴格修身，先使人格淨化。得到身體力行都能淨化以後，從外而內，再使心念淨化。淨化到了極點，心得通達無礙，然後身心就一切通利。我認爲由這樣圓滿菩提正覺，才是第一妙法。」

大目犍連・即從座起・頂禮佛足・而白佛言。我初於路乞食。逢遇優樓頻螺・伽耶・那提・三迦葉波・宣說如來因緣深義。我頓發心・得大通達。如來惠我袈裟著身・鬚髮自落。我遊十方・得無罣礙・神通發明・推為無上。成阿羅漢。寧唯世尊。十方如來・歎我神力・圓明清淨・自在無畏。佛問圓通・我以旋湛・心光發宣・如澄濁流・久成清瑩・斯為第一。

（十七）意識界。意念觀照的修法：大目犍連（譯名大采菽氏）起立自述說：「我當初在路上乞食化緣的時候，遇到迦葉波三兄弟，宣講佛法因緣的道理。因此我頓時明白自心的實相，得到大通達。（意識所起的妄想心念，都從因緣所生。緣生緣滅，俱皆依他而起。由此在定靜的境界中，仔細觀察妄想心念的緣生緣滅，有如幻化，都是意識妄動的現象。如此去觀察每一意念的根本，都了不可得。那個能生妄想的心意識自體，卻是本來清淨不變的。在此清淨不變的淨境上，愈定久愈好。等到定力堅強，一念起用，就可以得神通自在的妙用了。）因此佛就嘉惠我，命我做比丘。我就自動地袈裟著身。自動地剃落鬚髮。能夠無罣無礙遠遊十方世界，發明神通自在的大能力。在佛弟子衆中，推許我是神通無上，得成阿羅漢的果位。不但吾佛釋迦，就是十方一切佛，也都讚歎我的神通能力，已經達到圓明清淨，可以自在無畏。佛現在問我們修什麼方法，才能圓滿通達佛的果地。我是從追尋妄想的起滅，得到妄念不生，返還到澄澄湛湛的心境實相。這樣定力愈久，自性心光發生朗耀。一切妄想妄念，猶如一股混濁的流水，漸漸得到澄清。定力愈久，心境便愈達到清淨無波，光明無瑕的狀態，才是第一妙法。」

烏芻瑟摩於如來前合掌頂禮佛之雙足而白佛言我常先憶久遠劫前性多貪欲有佛出世名曰空王說多婬人成猛火聚教我徧觀百骸

四肢諸冷煖氣。神光內凝．化多婬心成智慧火。從是諸佛皆呼召我．名為火頭。我以火光三昧力故．成阿羅漢。心發大願．諸佛成道．我為力士．親伏魔怨。佛問圓通．我以諦觀身心煖觸．無礙流通．諸漏既銷．生大寶燄．登無上覺．斯為第一。

一【烏芻瑟摩】此云火頭、即火頭金剛也、

（十八）依火大種性修自身欲樂煖觸的修法：烏芻瑟摩（譯名火頭金剛）起立自述說：「我記得在很久遠世歷劫以來，我的秉性貪愛淫慾。遇到空王佛出世，說喜歡貪淫的人，這淫慾的心念，會引發身體上的邪火。淫心越來越盛，慾火越來越旺。邪火積聚，猶如一團銷魂蝕骨的烈焰，使心性昏迷墮落而不自覺。終將被慾火焚化身體，並使神識沉淪而不能自拔。空王佛就教我返觀自身內在的動能，以及往來流行的冷煖氣質等現象。我從內觀返照的方法，著手修持。神光內凝，化去多生積習的淫心，轉爲大火炬似的智慧光燄。所以一切諸佛，都叫我是火頭金剛。我從自性功能所具足，引起生理本能所生火光三昧的力量，得成阿羅漢的果位。從此我心發大願力。如果一切諸佛成道的時候，我就做一大力勇士，親自爲諸佛護法，降伏一切魔怨。佛現在問我們修什麼方法，才能圓滿通達佛的果地。我是從內觀返照身心的煖觸，得到無礙流通的境地，銷除一切煩惱習漏。生起智慧的大寶燄，得登無上大覺，才是第一妙法。」（這種修持的方法，分爲多門。其他異宗外道，也有這種修法。可是有究竟與不究竟的差別。但都是專依身體上的生理本能著手，引發火力煖氣本能的流行。西傳西藏密宗有專門的修法。又有從配合欲界的欲樂定著手的。可是流弊也的確很大。因爲修習這種方法，有迅速的大效力。但是形式容易，澈底了解它的道理與眞實經驗卻很難。雖然速效的利益大，相反的，也會很容易發生弊竇。所以後世修持者，必須依有經驗、有成就的良師，方可修習。這種煖觸的產生，祇是達到內觸妙樂，化去欲念習氣的第一步，並非究竟。如著於內樂，還是不離微細的欲界。在密宗與瑜伽術，把這煖觸，名爲拙火。或名靈熱與靈力。道家叫做元炁。修習這種方法，有它的專門程序與階層。如似是而非，稍有差錯，就發生相反的害處。但要知道，我們生命的來源，是先從色欲愛樂所生。要了脫生死之流，證得菩提，必須也要從此而了。如經所說：「生因識有，滅從色除。」如果不從這種根本無明著手解脫，徒使壓制於一時。終歸還會遇緣而爆發，難以得到最後的圓滿成就。至於這種修法的原理，如火頭金剛的自述中，已畧具端倪。詳細方法，可參訪眞有成就的明師而求之。）

持地菩薩，即從座起，頂禮佛足，而白佛言。我念往昔，普光如來，出現於世。我爲比丘，常於一切要路津口，田地險隘（倚愛切），有不如法，妨損車馬。我皆平塡（音田）。或作橋梁，或負沙土。如是勤苦，經無量佛，出現於世。或有衆生，於闤闠（音環繪 市井也）處，要人擎物，我先爲擎，至其所詣，放物即行，不取其直。

毗舍浮佛[三]現在世時．世多饑荒。我爲負人．無問遠近．唯取一錢。或有車牛被於泥溺．我有神力．爲其推輪．拔其苦惱。時國大王延佛設齋。我於爾時．平地待佛。毗舍如來．摩頂謂我．當平心地．則世界地．一切皆平。我即心開．見身微塵．與造世界所有微塵．等無差別。微塵自性．不相觸摩。乃至刀兵．亦無所觸。我於法性．悟無生忍．成阿羅漢。迴心今入菩薩位中。聞諸如來宣妙蓮華佛知見地．我先證明．而爲上首。佛問圓通．我以諦觀身界二塵．等無差別．本如來藏．虛妄發塵．塵銷智圓．成無上道．斯爲第一。

一【持地菩薩】蓋取持心如地之意、

二【普光如來】謂身光智光、二俱周普、乃過去五十三佛之首佛也、

三【毘舍浮佛】毘舍浮、此云遍一切自在、乃過去莊嚴劫千佛之最後一佛也、

（十九）依地大種性悟到治平心地的修法：持地菩薩起立自述說：我記得過去世，歷劫無數，曾有一位普光佛出世。我當時爲普光佛座下的出家比丘。常在一切要津和路口，或者田地險隘的所在，若有不平或妨礙車馬行走的地方，我都爲它修補或架造橋樑，或負沙土來塡補它。這樣勤苦精進的行持，經過無數次的佛出世，我都依舊如此做去。或者有些人在熱鬧擁擠的地方，需要他人代勞負擔物件。我就先去爲他們挑負，送到他的目的地。放了東西就走，決不要他的代價。後來遇到毗舍浮佛（譯名一切自在）出世。那時世上正患饑荒，我還是做一個出賣勞力的人，替人幫忙。無論遠近，祇拿他們一個錢的報酬。如有車子與牛馬，被困陷在泥淖裡。我就盡我的神力，爲他們推輪，救拔他們的苦惱。那時國裡的大王，辦設齋筵，請佛到宮廷來應供。我就在這個時候，預先整治佛所經過的地方，接待佛的降臨。這時，毗舍浮佛（註六十一）摩着我的頭頂向我說：你應當平治自己的心地。如果你心地平了，世界上一切險巇的坎坷，也就平了。我聽了佛的開示，自悟心開。照見身體上的體質極微的分子，與組成物質世界的微細分子，都是一樣的沒有什麼差別。而且這種物質分子的微塵自性，推尋他的根本，都是空的，都沒有感觸的實體。因此乃至於刀兵水火，也沒有什麼實體的感觸。所以我就從一切事物的法則與性能上，悟得無生法忍（見註五十三），得成阿羅漢的果位。現在又廻心轉求大乘之道，入於菩薩位中。自聽了諸佛宣揚妙法，對於佛的知見和實際理論。我首先認爲應從治平心地來證明它。佛現在問我們修什麼方法，才能圓滿通達佛的果地。我認爲仔細觀察身體與物質世界的兩種微塵，其自性都是平等的，根本沒有差別。其實，都是自性本體的功能，虛妄亂動，發生塵質。若使塵垢銷除，智慧自得圓滿，便成無上大道，才是第一妙法。」

（註六十一）毗舍浮佛：譯曰遍一切自在，爲第三十劫中第二佛之名。

月光童子。即從座起。頂禮佛足。而白佛言。我憶往昔恒河沙劫。有佛出世。名爲水天。教諸菩薩。修習水觀。入三摩地。觀於身中。水性無奪。初從涕唾（土臥切口液也）。如是窮盡津液精血．大小便利．身中旋復．水性一同。見水身中與世界外浮幢王剎．諸香水海．等無差別。我於是時．初成此觀．但見其水．未得無身。當為比丘．室中安禪。我有弟子．闚（同窺）窗觀室．唯見淸水．徧在室中．了無所見。童稚（音至幼也）無知．取一瓦礫（音歷小石也）投於水內．激水作聲．顧盼而去。我出定後．頓覺心痛。如舍利弗遭違害鬼。我自思惟．今我已得阿羅漢道．久離病緣。云何今日忽生心痛．將無退失。爾時童子捷（急也）來我前．說如上事。我則告言．汝更見水．可即開門．入此水中．除去瓦礫。童子奉教。後入定時．還復見水．瓦礫宛然．開門除出。我後出定．身質如初。逢無量佛．如是至於山海自在通王如來．方得亡身。與十方界諸香水海．性合眞空．無二無別。今於如來得童眞名．預菩薩會。佛問圓通．我以水性一味流通．得無生忍．圓滿菩提．斯為第一。

一【浮幢王刹諸香水海】案華嚴經、華藏海中有大蓮花、其蓮花中、有諸香水海、一一香水海、爲諸佛刹世界之種、今觀身水、與彼海同、

二【違害鬼】舍利弗於耆闍崛山入金剛三昧、出定後、忽患頭疼、佛告有伽羅鬼、手打汝頭、彼鬼有大力、若手擊須彌山、便應爲二分、此金剛三昧力、正使須彌山打頭、無能損害其毛髮也、

三【山海自在通王如來】爲過去三十五佛中之第三十三佛、

（二十）依水大種性悟到自性清淨的修法：月光童子起立自述說：「我記得在過去無數劫以前，有一位佛出世，名爲水天佛。他教授一切菩薩，修習水觀的方法，進入正定三昧的境界。（有一類修行的方法，先須配合環境。或在山之巔，或在水之涯，專修禪定，妄念自然容易清淨。因爲水邊林下，能使心境自然安靜。修習水觀的人，常在澄潭清水邊去禪坐。攝念注視澄清冷寂的一潭清水，心境會很容易的寂靜下去。漸漸地忘其所以，得到心空境寂，忽然猶如忘身。到了那時，祇有水天一色，物我兩忘，渾然成爲一片。這是水觀的初步。再進而忘其

所忘，空其所空。水色淸光，都了不可得。自然進入了水觀的三昧。但與無上正覺，還了不相關。）我當時觀照身內的水大種性，都是一樣的。如涕淚唾液，大小便與精血等。推尋它的究竟，那不過是水大性能的變化。而且身體內部的水，與世界內外所有的水分和海水等，都是同一性能，沒有什麼差別。我在開始成功這種水觀的時候，祇能使心水融化爲一。水卽我身，我卽是水。卻不能忘去澄波止水的這一境界。那時，當我做出家比丘的時候，有一次在室內安然坐禪。我有一個小弟子，從窗隙裡偷看。他祇見室內滿是淸水，其他什麼都沒有看見。就拿了一塊瓦片，丁東一聲，投到水裡去。看了一會兒，便自去了。我出定以後，頓時覺得心裡很痛。好像舍利弗那一次在山中入定的時候，被鬼打了一樣。我自己研究，我已經得到阿羅漢道，好久都沒有疾病的事，何以今天忽然心痛？難道是道力退失了嗎？這時我的那個小弟子來了，告訴我剛才的事。我就同他說：你再等我閉門入定之時，看到了室內的水，就立刻開門入內，拿出這塊瓦片。這個孩子聽了以後，當我再度入定之之時，果然又看到了滿室是水，那塊瓦片淸楚地在裡面，他就開門把瓦片拿走。我出定以後，身體也就恢復如初。後來又跟著很多位佛學習。到了山海自在通王佛出世，才能夠忘去身見（感覺）的作用。與十方世界所有的水分與大海水，完全合一，證入眞空的自性。悟徹水大種性的自性功能，與人我自性眞空妙有的功能，都是同樣沒有分別的。現在遇到吾佛，得到童眞菩薩的名號，入於菩薩之林。佛現在問我們修什麼方法，才能圓滿通達佛的果地。我是從觀察水性一味流通的自在功能，得入無生法忍的境界。我認爲要求得圓滿無上正覺，修諦觀水性法門，才是第一妙法。」

瑠璃光法王子即從座起．頂禮佛足．而白佛言．我憶往昔經恒沙劫．有佛出世名無量聲。開示菩薩本覺妙明。觀此世界及衆生身．皆是妄緣風力所轉。我於爾時．觀界安立．觀世動時．觀身動止．觀心動念．諸動無二．等無差別。我時覺了此羣動性．來無所從．去無所至。十方微塵顚倒衆生同一虛妄。如是乃至三千大千一世界內。所有衆生。如一器中貯(音作)百蚊蚋。啾啾(音鳩細聲也)亂鳴。於分寸中鼓發狂鬧。逢佛未幾。得無生忍。爾時心開。乃見東方不動佛國(二)。爲法王子。事十方佛。身心發光。洞徹無礙。佛問圓通。我以觀察風力無依。悟菩提心。入三摩地。合十方佛傳一妙心。斯爲第一。

一【瑠璃光法王子】梵語吠琉璃、此云青色寶、由此菩薩、常放青色光明、同彼瑠璃、故以爲號也、

二【不動佛國】梵語阿閦鞞、此云不動、亦不動佛國、即東方阿閦佛國、妙喜世界也、

(二十二) 依風大種性悟明自性無礙的修法：瑠璃光菩薩起立自述說：「我記得在過去很久遠刼以前，有一位無量聲佛出世。開示菩薩本覺自性的妙明眞心。觀察這個形成世界種性，以及形成一切衆生身體種性的，都是妄緣攪亂的風力所生。我就在這個時候，觀察空間時間裏的運動，以及身體與心念的活動，都

同是這個風力的作用，其中並沒有什麼不同。那時，我就覺悟得，這一切動力功能的自性，來時既無固定的方所，去了也無固定的所在。盡十方世界所有的物質微塵的動力，以及衆生顚倒妄動的本能，都是這種風力的虛妄作用。大而言之，由三千大千世界以外，而至於這個世界以內。所有一切衆生，好像在一個瓶子裡面，裝了很多的蚊蟲，啾啾亂叫。那都是身體以內的方寸之地，鼓動着一股風力氣機，狂亂嘈鬧。（世界與衆生生命存在的動能，都是一股氣的作用。天地在大氣中運行不息，才有古往今來的存在。衆生也依大氣而生存。人身猶如一個小天地。生命的存在，全憑方寸之間一點氣機的往來。一氣不來，生命就告死亡。妄念之動，必與氣息相依，念動之時氣必動。換言之，氣動念也跟着就動。修持的人，有時雖要求念靜或念止。但因氣息不得靜止，所以妄心也不能止息。譬如樹欲靜而風不止。並非是樹不能靜，祇因樹是依風而動。風不止時，所以樹也不能自靜。因此西傳密宗或他家的修持方法，有專依氣息來修持。先使氣脈開解，心息相依。然後到達氣住脈停，心空境寂的境界。這一類的修持法門，都是依止風大種性而修的方法。）我遇到無量聲佛的敎誨，不久就得到無生法忍。當時心開意解，就見到東方不動佛國，（親見自性本覺不動的眞佛。）就爲不動佛座下的法王子。並且能夠同時事奉十方一切諸佛。身心朗然洞澈，內外無礙而光明自發。佛現在問我們修什麼方法，才能圓滿通達佛的果地。我從觀察風力氣息無依的性能，悟到無上正覺自性的眞心，證入正定的三昧境界，合於十方諸佛所傳的微妙心法，才是第一妙法。」

一 虛空藏菩薩·即從座起。頂禮佛足·而白佛言。我與如來·（同在）定光佛所·得無邊身。爾時手執四大寶珠·照明十方微塵佛刹·化成虛空。又於自心現大圓鏡·內放十種微妙寶光·流灌十方盡虛空際·諸幢王刹·來入鏡內·涉入我身。身同虛空·不相妨礙。身能善入微塵國土·廣行佛事·得大隨順。此大神力·由我諦觀四大無依·妄想生滅·虛空無二·佛國本同。於

同發明得無生忍佛問圓通我以觀察虛空無邊入三摩地妙力圓明斯爲第一。

一【虛空藏菩薩】指掌云、因觀四大無依、銷礙入空、得無邊身、故以虛空爲名、依此出生無邊神力、故名爲藏、

二【定光佛】即然燈佛也、瑞應經翻爲錠光、定應作錠、有足曰燈、無足曰錠、錠音定、

（二十二）依虛空而悟到性空的修法：虛空藏菩薩起立自述說：「我與釋迦牟尼佛，同時在過去劫定光佛（註六十二）前，證得無邊無際的性空法身。那時手裏拿着四個透體通明的大寶珠，照明了十方世界。所有微塵佛國，在這光中，化爲虛空。並且又在自己心中，觀想顯現出一個大的圓鏡。從這個大圓鏡內，放出十種微妙的寶光，照耀於十方世界的虛空中。所有一切世界中的佛國刹土，同時也都反射到這個大圓鏡中，參入我的身內。我的身體，與虛空合成一片，彼此不

相妨礙。這個身體，就能够通過任何微塵國土，廣做一切佛事，都可隨意自在。（這是一種用鏡壇的修法。在西傳密宗修法裡，叫做幻觀成就。效力最大，成就也很快。楞嚴咒壇的修法，也同此理。但有一點必須注意的。這種修法，很容易生出實際的解脫覺受。如果沒有經驗過來的人的指點，也很可能入魔。這點須要特別注意。）我修得這種大神力，是由於我仔細觀察，地、水、火、風的四大種性，並無固定的性能可資依止。妄想生滅的現象，也沒有實體可得，等於虛空一樣。一切佛國，也都是同一自性的本體。因此發明，悟得自性，得到無生法忍的境界。佛現在問我們修什麼方法，才能圓滿通達佛的果地。我從觀察虛空自性的無邊際，證入正定的三昧。若要求得神通妙力和圓滿自性光明，這才是第一妙法。」

（註六十二）定光佛：卽燃燈佛。此佛出世之時，釋迦牟尼買五莖之蓮奉佛，因而得未來成佛之記別。

彌勒菩薩即從座起・頂禮佛足・而白佛言。我憶往昔經微塵劫・有佛出世・名日月燈明。我從彼佛而得出家。心重世名・好遊族姓。爾時世尊・教我修習唯心識定・入三摩地。歷劫已來・以此三昧事恒沙佛。求世名心歇滅無有。至然燈佛出現於世。我乃得成無上妙圓識心三昧。乃至盡空如來國土淨穢有無。皆是我心變化所現。世尊。我了如是唯心識故・識性流出無量如來。今得授記・次補佛處。佛問圓通・我以諦觀十方唯識・識心圓明・入圓成實・遠離依他及徧計執・得無生忍・斯爲第一。

一【彌勒菩薩】亦云迷帝隸、正云梅怛利曳那、此云慈氏、姓也、名阿逸多、此云無能勝、謂依唯識觀、起同體慈力最强故、

二【唯心識定】蒙鈔引云、唯心識定者、唯遮境有、識簡心空、唯有自心、心外無法也、

三【識心三昧】藕益云、即是初歡喜地通達之位、此則證道同圓、是故了知一切唯識、四土三身、皆是識心變化流出、所謂心、佛、衆生、三無差別也、

四【次補佛處】敎乘云、補處者止此一生、次補佛位、即等覺菩薩也、案即當來下生此土龍華會上繼釋迦而成佛者、

五【入圓成實】按唯識三性、一徧計所執性、二依他起性、三圓成實性、入圓成實者、蓋由識心妙圓、不復迷識逐境種種計著、故能遠離依他及遍計執、而得無生忍也、◎依他、謂依他衆緣、合和互起、如麻上見繩、◎偏計、謂偏於一切染淨法上、計實我法、如認繩作蛇、◎依他起性、是唯識體、從依他起分別、即偏計執、從依他悟眞空、即圓成實、唯一眞空、圓滿成實、則如麻獨存也、

（二十三）依心識見覺悟徹自性的修法：彌勒菩薩（註六十三）起立自述說：

「我記得在很久遠的劫數以前，有一位日月燈明佛出世。我從他出家。但是我心裡還重視世間名聲，喜歡在貴族或士大夫中往來。那時日月燈明佛就教我修習唯心識定，證入正定的三昧。（唯識觀法。先須理解三界唯心，萬法唯識的原理。然後認識見覺心識的生起作用，都是依他而起的。心意識的作用，是因外界所引發的，又說是勝義法相的幻有。外界引起心意識以後，一般人就堅執我意，以爲

那是實在的。故簡稱這種作用，叫做徧計所執。如果不執着這種徧計所執，也不再依他而起，空無所有，就是法性的畢竟空。然後空有都不執著，就是心識自性寂然不動的圓成實相。這種方法，完全先利用思惟觀察而修，不必再依止別的作用。）我就依這三種事理來思惟觀察。歷劫以來，事奉過無數的佛。漸使追求世間虛名的心，完全歇滅。這樣修持，等到燃燈佛（見註六十二）出世，我才得成無上妙圓的識心三昧。證得虛空無盡中的佛國刹土，所有的淨與穢，有與無，種種現象，都是我的自心功能所變化顯現的境象。由此了解萬有功能，都是唯心識的變現。就是一切諸佛，也都是從心識的自性所產生。因此現在得到吾佛的認可證明，預記我遞補下一次的劫初，在這個世界上成佛，住持教法。佛現在問我們修什麼方法，才能圓滿通達佛的果地。我從觀察十方世界的萬有現象，都是意識所變。證到識心自性，本來圓滿光明，因而進入圓成實相的境界。遠離依他而起的心意作用。滅除徧計所執的執著習慣，得到無生法忍，才是第一妙法。」

（註六十三）彌勒菩薩：譯曰慈氏（姓也），名曰阿逸多，譯曰無能勝，修得慈心三昧，故稱為慈氏。生於南天竺婆羅門家，紹釋迦如來之佛位，為補處之菩薩。先佛入滅，生於兜率天內院。

大勢[一]至法王子，與其同倫五十二菩薩，即從座起，頂禮佛足，而白佛言。我憶往昔恒河沙劫，有佛出世，名無量光[二]。十二如來相繼一劫，其最後佛名超日月光。彼佛教我念佛三昧[三]。譬如有人，一（人則）專為憶，（想）一人（則）專忘，如是二人，若逢不逢，或見非見。二人相憶，二憶念深，如是乃至從生至生，同於形影，不相乖異。十方如來憐念眾生，如母憶子，若子逃逝，雖憶何為。子若憶母，如母憶時，母子歷生不相違遠。若眾生心憶佛念佛，現前當來，必定見佛，去佛不遠，不假方便，自得心開。如染香人，身有香氣。此則名曰香光莊嚴。我本因地，以念佛心，入無生忍。今於此界，攝念

佛人歸於淨土佛問圓通我無選擇都攝六根淨念相繼得三摩地斯爲第一。卷五終

一【大勢至】梵語摩訶那鉢、此云大勢至、亦名無量光、觀經云、以智慧光、普照一切、令離三途、得無上力名大勢至、

二【無量光】梵語阿彌陀、此云無量光、亦云無量壽、

三【念佛三昧】念佛三昧、有事有理、事念則專注一佛、念念相續、念久成定、名曰三昧、理念則正念佛時、反觀自心、觀久心開、名曰三昧、

（二十四）念佛圓通的修法：大勢至菩薩（註六十四），與他共修的同伴五十二位菩薩起立自述說：「我記得過去無量數劫以前，有一位無量光佛出世。先後十二位佛，都用同一的名號，相繼住世敎化，達一大劫之久。最後的佛，名爲超日月光。他敎我修習念佛三昧。如何叫做念呢？譬如人們，有一個人專心憶念思想他；另一個人，卻總是忘懷不想這個想念的人。這樣兩個人，雖然遇見了，也

等於沒有相逢。必須要這兩個人，彼此都互相憶念，彼此都相思不忘。日久功深，憶念愈切。不但一生一世，就是經過無數次生死轉世，也就同形影一般，不能分離。你要知道，十方一切佛，憐惜憶念一切衆生，有如慈母憶念子女一樣。如果兒子違背了慈母，自己逃避母愛，遠走他方。慈母儘管在想念兒子，又有什麼用處呢？如果這個兒子想念母親，也同他的慈母想念他一樣。如此母子二人，雖然歷劫多生，也不會遠離散失了。如果衆生心裡眞切的在憶佛念佛，即生現在，或者將來，必定可以見佛。自性眞心的自性佛，和我們衆生，並無遠近的距離，用不著假借其他方法。祇要自心得到開悟，見到自性的眞心，自然就心開見佛了。所以念佛法門，必須要隨時隨地念念不忘。猶如做染香工作的人，日積月累，自然就身有香氣。所以這種方法，也叫做香光莊嚴。我開始修習的方法，便是從一心念佛，得入無生法忍的境界。現在轉來在這個世界上，教化普攝一般念佛的人，歸到淸淨光明的淨土。佛現在問我們修什麼方法，才能圓滿通達佛的果地。我對於六根門頭的修法，並無選擇其利鈍的分別心。祇要將六根作用，都歸攝在念佛的一念。不妄想散亂，也不昏沉迷昧，就是自性的淨念。這樣念念相繼無間，自然就可得到念佛的三昧，才是第一妙法。」（以上第五卷竟。）

（註六十四）大勢至菩薩：以智慧光，普照一切，令離三塗，得無上力，是故號此菩薩名大勢至。

爾時觀世音[一]菩薩即從座起頂禮佛足而白佛言世尊憶念我昔無數恒河沙劫於時有佛出現於世名觀世音我於彼佛發菩提心彼佛教我從聞[二]思修入三摩地初於聞中入流[三]亡所所入既寂動靜二相了然不生如是漸增聞所聞盡盡聞不住覺所覺空空覺極圓空所空滅生滅既滅寂滅現前忽然超越世出世間十方圓明獲二殊勝一者上合十方諸佛本妙覺心與佛如來同一慈力二者下合十方一切六道眾生與諸眾生同一悲仰世尊由我供養觀音如來蒙彼如來授我如幻

聞熏聞修金剛三昧·與佛如來同慈力故·令我身成三十二[四]應·入諸國土。

世尊。若諸菩薩·入三摩地·進修無漏·勝解[五]現圓。我現佛身而爲說法·令其解脫。

若諸有學·寂靜妙明·勝妙現圓。我於彼前現獨[六]覺身·而爲說法·令其解脫。

若諸有學·斷十二[七]緣·緣斷勝性·勝妙現圓。我於彼前現緣覺身·而爲說法·令其解脫。

若諸有學·得四[八]諦空·修道入滅·勝性現圓。我於彼前現聲聞身·而爲說法·令其解脫。

若諸衆生·欲心明悟·不犯欲塵·欲身清淨。我於彼前現梵[九]王身·而爲說法、令其解脫。

若諸衆生、欲爲天主、統領諸天。我於彼前、現帝釋身、一〇而爲說法、令其成就。

若諸衆生、欲身自在、遊行十方。我於彼前、現自在天身、一一而爲說法、令其成就。

若諸衆生、欲身自在、飛行虛空。我於彼前、現大自在天身、一二而爲說法、令其成就。

若諸衆生、愛統鬼神、救護國土。我於彼前、現天大將軍身、一三而爲說法、令其成就。

若諸衆生、愛統世界、保護衆生。我於彼前、現四天王身、而爲說法、令其成就。

若諸衆生．愛生天宮．驅使鬼神。我於彼前現四天王國太子身．而爲說法．令其成就。

若諸衆生．樂爲人王。我於彼前現人王[一四]身．而爲說法．令其成就。

若諸衆生．愛主族姓．世間推讓。我於彼前現長者[一五]身．而爲說法．令其成就。

若諸衆生．愛談名言．清淨自居。我於彼前現居士[一六]身．而爲說法．令其成就。

若諸衆生．愛治國土．剖斷邦邑。我於彼前現宰官身．而爲說法．令其成就。

若諸衆生．愛諸數術[一七]．攝衛自居。我於彼前現婆羅門[一八]身．而爲說法．令其成就。

若有男子．好學出家．持諸戒律。我於彼前現比丘身．而為說法．令其成就。

若有女人．好學出家．持諸禁戒。我於彼前現比丘尼身．而為說法．令其成就。

若有男子．樂持[一九]五戒。我於彼前現優婆[二〇]塞身．而為說法．令其成就。

若有女子．五戒自居。我於彼前現優婆[二一]夷身．而為說法．令其成就。

若有女人．內政立身．以修家國。我於彼前現女主身．及國夫人命婦大家．(音姑)而為說法．令其成就。

若有眾生．不壞男根。我於彼前現童男身．而為說法．令其成就。

若有處女．愛樂處身．不求侵暴。我於彼前現童女身．而為說法．令其成就。

若有諸天[二二]樂出天倫。我現天身而爲說法。令其成就。

若有諸龍[二三]樂出龍倫。我現龍身而爲說法。令其成就。

若有藥叉[二四]樂度本倫。我於彼前現藥叉身而爲說法。令其成就。

若乾闥婆[二五]樂脫其倫。我於彼前現乾闥婆身而爲說法。令其成就。

若阿修羅[二六]樂脫其倫。我於彼前現阿修羅身而爲說法。令其成就。

若緊那羅[二七]樂脫其倫。我於彼前現緊那羅身而爲說法。令其成就。

若摩呼羅伽[二八]樂脫其倫。我於彼前現摩呼羅伽身而爲說法。令其成就。（正脈疏云天龍八部今但七部闕迦樓羅即金翅鳥）

若諸衆生樂人[二九]修人。我現人身而爲說法。令其成就。

若諸非人有形無形有想無想樂度其倫。我於彼前皆現其身而爲說法·令其成就。

是名妙淨三十二應·入國土身。皆以三昧聞熏(三〇)聞修無作妙力·自在成就。

世尊。我復以此聞熏聞修·金剛三昧無作妙力。與諸十方三世六道一切衆生·同悲仰故。令諸衆生·於我身心·獲十四種無畏功德。

一者·由我不自觀(三一)音以觀(去聲)觀者。令彼十方苦惱衆生·觀其音聲·即得解脫。

二者·知見(三二)旋復。令諸衆生·設入大火·火不能燒。

三者·觀聽(三三)旋復。令諸衆生·大水所漂·水不能溺。

四者·斷滅妄想。心無殺害。令諸衆生·入諸鬼國·鬼不能害。

五者·熏聞[三四]成聞·六根銷復·同於聲聽。能令衆生·臨當被害·刀段段壞。使其兵戈猶如割水·亦如吹光·性無搖動。

六者·聞熏精明·明徧法界·則諸幽暗·性不能全。能令衆生·藥叉·[三五]羅剎·鳩槃茶鬼·及毗舍遮·富單那等。雖近其傍·目不能視。

七者·音性[三六]圓銷·觀聽返入·離諸塵妄·能令衆生·禁繫枷鎖·所不能著。

八者·滅[三七]音圓聞·徧生慈力。能令衆生·經過險路·賊不能劫。

九者·熏聞離塵·色所不劫。能令一切多婬衆生·遠離貪欲。

十者·純音無塵·根境圓融·無對所對。能令一切忿恨衆生·離諸瞋恚。

十一者·銷塵旋明·法界身心·猶如瑠璃·朗徹無礙。能令一切昏鈍性[三八]障諸阿顛迦·永離癡暗。

十二者·融形復聞·不動道場·涉入世間。不壞世界·能徧十方。供養微[三九]塵諸佛如來。各各佛邊爲法王子。能令法界無子衆生·欲求男者·誕音旦生福德智慧之男。

十三者·六根圓通·明照無二·含十方界。立大圓鏡空如來藏。承順四○十方微塵如來。秘密法門·受領無失。能令法界無子衆生·欲求女者·誕生端正福德柔順·衆人愛敬有相之女。

十四者·此三千大千世界·百億日月·現住世間諸法王子·有六十二恒河沙數·修法垂範·教化衆生·隨順衆生·方便智慧·各各不同。由我所得圓通本根·發妙耳門。然後身心微妙含容·周徧法界。能令衆生持我名號·與彼共持六十二恒河沙諸法王子·二人福德·正等無異。世尊·我一名號·與彼衆多名號無異。由我修習得眞圓通。

是名十四施無畏力·福備衆生。

世尊。我又獲是圓通・修證無上道・故又能善獲四不思議無作妙德。

一者・由我初獲妙妙聞心・心精遺聞・見聞覺知不能分隔・成一圓融清淨寶覺。故我能現衆多妙容・能說無邊秘密神咒。其中或現一首四一三首五首七首九首十一首・如是乃至一百八首・千首萬首・八萬四千爍迦四二羅首。二臂四臂六臂八臂十臂十二臂・十四十六十八二十至二十四・如是乃至一百八臂・千臂萬臂・八萬四千母四三陀羅臂。二目三目四目九目。如是乃至一百八目・千目萬目・八萬四千清淨寶目。或慈或威・或定或慧。救護衆生・得大自在。

二者・由我聞思・脫出六塵・如聲度垣・不能為礙。故我妙能現一一形・誦一一咒。其形其咒・能以無畏施諸衆生。是故十方微塵國土・皆名我為施無畏者。

三者．由我修習本妙圓通清淨本根。所遊世界．皆令衆生捨身珍寶．求我哀愍。

四者．我得佛心．證於究竟。能以珍寶種種．供養十方如來．傍及法界六道衆生。求妻得妻。求子得子。求三昧得三昧。求長壽得長壽。如是乃至求大涅槃．得大涅槃。

佛問圓通．我從耳門圓照三昧．緣心自在．因入流相．得三摩提．成就菩提．斯爲第一。世尊．彼佛如來．歎我善得圓通法門。於大會中[四四]授記我爲觀世音號。由我觀聽十方圓明。故觀音名徧十方界。

一【觀世音菩薩】梵云阿那婆婁吉低輸、此云觀世音、從能所境智以立名也、萬象流動、隔別不同、異言殊唱、俱蒙離苦、其宏慈威神、不可思議、於過去無量劫中、已成佛覺、爲正法明如來、以大悲願力、安樂衆生、故現作菩薩也、

二 【從聞思修】溫陵曰、達耳之謂聞、著心之謂思、治習之謂修、無有一佛不以音聲而化群品、無有一機不從耳根聞教解脫、此觀音耳根圓通所以殿於二十五聖也、

三 【入流亡所】入流亡所者、不隨聲塵、頓入法流、而亡所聞相、以入於寂滅本妙覺心地也、

四 【三十二應】現十法界身、圓應羣機、開之有三十二、合之、唯四聖六凡、攝盡羣類矣、

五 【勝解現圓】無明垂盡、種智將圓、曰勝解現圓、斯可以證佛果、故現佛身為說果法也、

六 【獨覺】梵云畢勒支低劫、此云獨覺、獨覺者、出無佛世、觀物變易、自覺無生、故號獨覺也、

七 【十二緣】十二緣、亦曰十二緣起、又曰十二支、十二者、1無明、2行、二者為過去因、3識、4名色、5六入、6觸、7受、此五者為現在果、8愛、9取、10有、三者為現在因、11生、12老死、此二者為未來果、順此則漂流六道、逆之則成辟支佛果、所謂斷者、不再續流於生死也、

八 【四諦空】三果以前賢位聖位、皆為有學、四諦者、即苦集滅道、四聲聞法也、苦即生死苦果、集是惑業苦因、此為世間因果、滅、即涅槃樂果、道、是道品樂因、此為出世間因果、聲聞得聞空無我理、修道入滅、故曰四諦空也、

九 【梵王】即初禪天王、以上品十善根本禪定為因、持清淨行、高超欲界、愛染不生、乃色界天主也、

一〇 【帝釋】梵云釋提桓因、即忉利天王也、以上品十善化他為因、統領諸天、說種種善論、應衆生機、

成就梵行、故現此身爲說法也、

一一【自在天】居欲界天頂、以十善及未到地定爲因、受五欲樂、隨意變化、得自在故、

一二【大自在天】居色界天頂、以四禪及四無量心爲因、或云即摩醯首羅天王、三目八臂、騎白牛、執白拂塵、乘雲御風、飛行自在、

一三【天大將軍】天大將軍、及後之四天王、天太子等、皆以五戒十善催邪輔正爲因、率領諸部、驅役鬼神、除妖孽、降福祥、巡遊世間、保護國土、

一四【人王】即世間之諸侯王也、同以五戒十善化他爲因、有德懷仁、不忍世亂、發爲有道之君、以理邦國也、

一五【長者】西竺言長者、須具十德、一姓貴、二位高、三大富、四威猛、五智深、六年耆、七行淨、八禮備、九上所稱、十下所歸、

一六【居士】居士者、隱居求志之士也、

一七【數術】指掌云、天文地理、陰陽度算、曰數、巫醫相卜、符水咒印、曰術、煉神調氣、愛好長生、曰攝衛自居、

一八【婆羅門】此云淨裔、亦云淨行、其種自有經書、世世相承、以道學爲業、

一九【五戒】五戒者、一不殺生、二不偷盜、三不邪婬、四不妄語、五不飲酒也、前四屬性罪、性即是罪故、後一是遮罪、遮違成罪故、

二〇【優婆塞】此云近事男、言親近承事佛法之善男子也、

二一【優婆夷】此云近事女、亦云淸信女、言堪近修佛法之在家女子也、

二二【諸天】諸天、天界之人也、天雖受樂、亦有二苦、一者爲樂所醉、不得見佛聞法、二者雖受天身、而別業福微、尚有飢渴、故有樂脫出天類也、

二三【諸龍】龍有三苦、一熱沙炙身、二風壞宮衣、三金翅鳥啖、因有多苦、故樂出龍倫也、

二四【藥叉】亦名夜叉、此云輕捷、其行捷疾故、或翻暴惡、其形醜惡故、有地行空行飛行之不同、

二五【乾闥婆】此云尋香、以香爲食、亦云香陰、其身出香、亦陵空之神、或云天帝俗樂之神、

二六【阿修羅】正言阿素洛、此云非天、以其類有天福、無天德、以憍慢心樂勝他故、作下品十善、成修羅身、

二七【緊那羅】此云疑神、其形似人、頭有一角、見者生疑、唐譯歌神、謂帝釋法樂之神也、

二八【摩呼羅伽】摩呼羅伽、亦云莫呼落伽、此云大腹行、即大蟒神之類、

二九【有形無形有想無想】文句曰、有形者、休咎精明之類、無形者、空散消沈之類、有想者、神鬼精靈

之類、無想者精神化爲土木金石之類、此皆八難中攝、

三〇【聞熏聞修無作妙力自在成就】指掌曰熏變執習、修治自性、唯用反聞也、六結既解、妙用現前、不假造作、故曰無作妙力、任運而應、故曰自在成就、

三一【不自觀音以觀觀者】不自觀音者、不似衆生一向循塵也、以觀觀者、謂就彼能觀、反觀自性也、自能如是修習、亦令彼苦惱衆生、聞名感發、悉得解脫、

三二【知見旋復】見根屬火、與一切火性相通、知見旋復、心體內寂、是故果報大火、惡業大火、煩惱大火、悉不能燒也、

三三【觀聽旋復】聞根屬水、與一切水性相通、觀聽旋復、虛明湛寂、是故果報水、惡業水、煩惱水、悉不能溺、滅除九界妄水、而登佛彼岸也、

三四【熏聞成聞】正脈曰熏聞者、當反聞時、則本覺眞聞、內熏妄聞、成純眞聞性也、一根反源、六根解脫、全身泯於無形、故業果刀兵、譬猶吹光割水、自無能傷矣、

三五【羅刹—鳩槃茶鬼—毘舍遮—富單那】羅刹、此云可畏、鳩槃茶、此云魘魅鬼、毘舍遮、此云噉精氣鬼、富單那、此云熱病鬼、性皆幽暗、聞熏精明、譬之烈日、幽暗繁霜、遇之自銷也、

三六【音性圓銷、觀聽返入】纂註云、音性圓銷、則內無所緊、觀聽返入、則外無所累、故枷鎖自脫也、

三七【滅音圓聞】正脉曰、滅音即外脫聲塵、圓聞即證極根性、徧融一切也、滅塵則無復外敵、圓性則咸使內融、故徧生慈力、能令慘心毒人、悉化慈悲眷屬也、

三八【昏鈍性障諸阿顛迦】正脉曰、具足見惑爲昏、具足思惑爲鈍、具足無明爲性障、阿顛迦、此云無善心、又癡之最重者也、

三九【供養─諸佛】供佛足福、稟法足慧、而能紹繼法王、有男子之道、故能感而生男也、

四〇【承順─如來】承順法門、受領無失、承順即坤儀柔德、有女子之道、故能感而生女也、

四一【一首三首】一首三首、長水云、首出衆聖、法身也、臂能提接、化身也、目照導明、智身也、此亦表法或少或多、總見六根圓通、隨感而應、極之八萬四千者、由衆生有八萬四千塵勞也、

四二【爍迦羅】亦作拔折羅、此云具足、或云即金剛也、

四三【母陀羅臂】母陀羅、此云印、言手手各結妙印也、

四四【授記】佛對於發心之衆生、授與將來必當作佛之記莂、曰授記、

（二十五）依音聲而證耳根圓通的修法：觀世音（註六十五）菩薩起立自述說：「我記得過去無量數劫以前，那時有一位觀世音佛出現世間。我就在佛前，發起求證自性正覺的菩提心。觀世音佛就教我，從聞、思、修、（聞聲、思惟、修證）三個階段去修持，證入如來的正定三昧。我最初在耳根聞聲的境界中，就入於能聞的自性之流，亡去所聞的聲音之相。再由這了無所聞的寂滅中進修。有聲與無聲的動靜兩種境象，雖都了然無礙，而卻一念不生。如此漸加精進，能聞與所聞的作用功能，都渙然氷釋淨盡。至於能所雙忘，盡聞無相的境界也無所住。從此所覺與能覺也都空了，空與覺性就渾然一體，至極於圓明之境。由此空與所空都滅，自然就滅盡生滅的作用。於是絕對眞空的寂滅自性，就當下現前。由此忽然超越世間與出世間所有的境界。十方世界，立卽洞澈圓明，獲得兩種特殊妙勝的功能：一，上合十方一切諸佛，本元自性的妙覺眞心。所以與一切諸佛，同樣具有大慈的能力。二，下合十方一切六道（天、魔、人、畜生、餓鬼、地獄）中衆生的心慮。故與一切衆生，同樣具有悲心的仰止。因為我誠心供養觀世音佛，所以蒙佛教授我修如幻夢似的由耳根聞聲熏習能聞性空的金剛三昧。我因爲修得與佛具有同樣的慈力。所以此身能够成爲三十二類變化身。隨時隨地，爲救度衆生，應化顯現於人間世。（觀世音菩薩三十二應化身的妙用，具如原文不譯。若用現世間有限的智識去忖度，也許覺得是宗教上神話的說法。其實，都是眞實不虛的，自有他的至理存在。從理論上說，三十二應化身，都不外身口意三門所發生的神通妙用。一是身能得到神而通之的妙用，能對機設教，變現各種不同的身教法門。二是口能講說無量不同的法門，都能契機契理，使人領悟受益。三是意得神而化之的妙用，能够觀察一切衆生的根機，設立各種不同的教法，使其都得利益。）又因爲從耳根聞薰，得能聞性空的金剛三昧，得到無爲而生起作用的妙力。與諸十方三世，六道一切衆生，生起同一悲仰的心情。能令一切衆生，於我身心中，獲得十四種無畏功德。（具如原文不譯。）又因爲我獲得這種耳根圓通法門，修證而得無上大道。所以又能獲得四種不可思議的無爲而作的妙法。（具如原文不譯。）佛現在問我們修什麼方法，才能圓滿通達佛的果地。我從耳根圓通的圓照三昧，得到緣心自在。因此入於自性實相（註六十六）的法性之流，得到正定的三昧。成就菩提（見註四十三）正覺，這才是第一妙法。過去觀世音佛也讚嘆我善能得入耳根圓通的法門，就在大會中，授記我為觀世音菩薩的名號。因為我成就觀聽的神妙法門，十方世界，都能圓明自在。所以觀世音的名號，也就徧聞於十方世界。」

（註六十五）觀世音：略稱觀音，新譯觀自在。觀世音者，觀世人稱彼菩薩名之音而垂救，故云觀世音。觀自在者，觀世界而自在拔苦與樂也。

（註六十六）實相：實者，非虛妄之義。相者無相也。是指稱萬有本體之語。曰法性、曰眞如、曰實相，其體一也。就其為萬法體性之義言之，則為法性。就其體眞實常住之義言之，則為眞如。就此眞實常住為萬法實相之義言之，則為實相。又依名隨德用之三諦言之，則空諦為眞如。假諦為實相。中諦為法界。大乘以我法二空之涅槃為實相。頓悟入道要門論上曰：「法性空者，卽一切處無心是。若得一切處無心時，卽無有一相可得。何以故，為自性空故，無一相可得。無一相可得者，即是實相。實相者，即是如來妙色身相也。」

爾時世尊於師子座．從其五體同放寶光．遠灌十方微塵如來．及法王子諸菩薩頂。彼諸如來亦於五體同放寶光．從微塵方來灌佛頂．并灌會中諸大菩薩及阿羅漢。林木池沼．皆演法音。交光相羅如寶絲網．是諸大衆得未曾有。一切普獲金剛三昧。即時天雨百寶蓮華．青黃赤白．間錯紛糅。十方虛空成七寶色。此娑婆界大地山河．俱時不現。唯見十方微塵國土合成一界。梵唄(音拜)詠歌．自然敷奏。於是如來．告文殊師利法王子。汝今觀此二十五無學諸大菩薩．及阿羅漢．各說最初成道方便．皆言修習眞實圓通。彼等修行實無優劣前後差別。我今欲令阿難開悟二十五行．誰當其根。兼我滅後．此界衆生．入菩薩乘求無上道．何方便門得易成就。文殊師利法王子．奉佛慈旨．即從座起．頂禮佛足．承佛威神說偈對佛。

覺海性澄圓　圓澄覺元妙（一心眞源）
元明照生所　所立照性亡
迷妄有虛空　依空立世界
想澄成國土　知覺乃衆生（依眞起妄）
空生大覺中　如海一漚發
有漏微塵國　皆依空所生
漚滅空本無　況復諸三有（返妄歸眞）

歸元性無二　方便有多門（歸源無二）
聖性無不通　順逆皆方便
初心入三昧　遲速不同倫（揀選所因）
色想結成塵　精了不能徹
如何不明徹　於是獲圓通（優波色塵）
音聲雜語言　但伊名句味
一非含一切　云何獲圓通（憍陳聲塵）
香以合中知　離則元無有
不恒其所覺　云何獲圓通（香嚴香塵）
味性非本然　要以味時有
其覺不恒一　云何獲圓通（藥王味塵）

觸以所觸明　無所不明觸
合離性非定　云何獲圓通（跋陀 觸塵）
法稱為內塵　憑塵必有所
能所非偏涉　云何獲圓通（迦葉 法塵）
見性雖洞然　明前不明後
四維虧一半　云何獲圓通（那律 眼根）
鼻息出入通　現前無交氣
支離匪涉入　云何獲圓通（周利 鼻根）
舌非入無端　因味生覺了
味亡了無有　云何獲圓通（憍梵 舌根）
身與所觸同　各非圓覺觀

涯量不冥會　云何獲圓通（畢陵身根）
知根雜亂思　湛了終無見
想念不可脫　云何獲圓通（空生意根」）
識見雜三和　詰本稱非相
自體先無定　云何獲圓通（舍利眼識）
心聞洞十方　生於大因力
初心不能入　云何獲圓通（普賢耳識）
鼻想本權機　祇令攝心住
住成心所住　云何獲圓通（孫陀鼻識）
說法弄音文　開悟先成者
名句非無漏　云何獲圓通（富那舌識）

持犯但束身　非身無所束
元非徧一切　云何獲圓通（波離身識）
神通本宿因　何關法分別
念緣非離物　云何獲圓通（目連意識」）
若以地性觀　堅礙非通達
有為非聖性　云何獲圓通（持地地大）
若以水性觀　想念非眞實
如如非覺觀　云何獲圓通（月光水大）
若以火性觀　厭有非眞離
非初心方便　云何獲圓通（烏芻火大）
若以風性觀　動寂非無對

對非無上覺　云何獲圓通琉璃風大
若以空性觀　昏鈍先非覺
無覺異菩提　云何獲圓通空藏空大
若以識性觀　觀識非常住
存心乃虛妄　云何獲圓通彌勒識大
諸行是無常　念性元生滅
因果今殊感　云何獲圓通勢至根大」
我今白世尊　佛出娑婆界
此方眞教體　清淨在音聞
欲取三摩提　實以聞中入隨方定門」
離苦得解脫　良哉觀世音歎人顯法

於恒沙劫中　入微塵佛國
得大自在力　無畏施衆生（歎人殊勝）
妙音觀世音　梵音海潮音
救世悉安寧　出世獲常住（顯法眞實」）
我今啟如來　如觀音所說
譬如人靜居　十方俱擊鼓
十處一時聞　此則圓眞實（圓眞實」）
目非觀障外　口鼻亦復然
身以合方知　心念紛無緒
隔垣聽音響　遐邇俱可聞
五根所不齊　是則通眞實（通眞實」）

音聲性動靜　聞中爲有無
無聲號無聞　非實聞無性
聲無既無滅　聲有亦非生
生滅二圓離　是則常眞實（常眞實）
縱令在夢想　不爲不思無
覺觀出思惟　身心不能及（餘根不及）
今此娑婆國　聲論得宣明
衆生迷本聞　循聲故流轉
阿難縱強記　不免落邪思
豈非隨所淪　旋流獲無妄（迷悟因依）
阿難汝諦聽　我承佛威力

宣說金剛王　如幻不思議
佛母眞三昧指定修門　汝聞微塵佛
一切秘密門　欲漏不先除
畜聞成過誤多聞無益
將聞持佛佛　何不自聞聞」
聞非自然生　因聲有名字
旋聞與聲脫　能脫欲誰名
一根旣返源　六根成解脫正勸眞修
見聞如幻翳　三界若空華
聞復翳根除　塵銷覺圓淨從假入空
淨極光通達　寂照含虛空

却來觀世間　猶如夢中事
摩登伽在夢　誰能留汝形（從空入假）」
如世巧幻師　幻作諸男女
雖見諸根動　要以一機抽
息機歸寂然　諸幻成無性」
六根亦如是　元依一精明
分成六和合　一處成休復
六用皆不成　塵垢應念銷
成圓明淨妙（一心中道）
餘塵尚諸學（餘塵則凡）　明極即如來（明極則聖）」
大衆及阿難　旋汝倒聞機

反聞聞自性　性成無上道

圓通實如是解結之方」

此是微塵佛　一路涅槃門

過去諸如來　斯門已成就

現在諸菩薩　今各入圓明

未來修學人　當依如是法

我亦從中證　非唯觀世音諸佛同證」

誠如佛世尊　詢我諸方便

以救諸末劫　求出世間人

成就涅槃心　觀世音爲最

自餘諸方便　皆是佛威神

即事捨塵勞　非是長修學
淺深同說法（獨選耳根）
頂禮如來藏　無漏不思議
願加被未來　於此門無惑
方便易成就　堪以敎阿難
及末劫沈淪　但以此根修
圓通超餘者　眞實心如是（請佛加被）

於是阿難及諸大衆．身心了然．得大開示。觀佛菩提及大涅槃。猶如有人因事遠遊．未得歸還．明了其家所歸道路。普會大衆．天龍[一]八部．有學二乘．及諸一切新發心菩薩．其數凡有十恒河沙．皆得本[二]心．遠塵離垢．獲法[三]眼淨。性比[四]丘尼聞說偈已．成阿羅漢。無量衆生．皆發無等[五]等阿耨多羅三藐三菩提心。

一【天龍八部】一天衆、二龍衆、三夜叉、四乾闥婆、五阿修羅、六迦樓羅、七緊那羅、八摩睺羅伽、

二【得本心】得本心者、達此現前一念之本體也、

三【法眼淨】肇公曰、即須陀洹道、始見道跡、故得法眼名、

四【性比丘尼】即摩登伽女也、

五【無等等】心之與理、俱不可得、曰無等等、阿耨多羅三藐三菩提、此云無上正徧知、亦言無上正等正覺、

這時，佛以神通能力，顯現出神妙不可思議的境界。然後向文殊師利（見註七）菩薩說：「你現在看上面二十五位達到無學果位的阿羅漢們，以及諸大菩薩們的自述，各自說出他們個人最初成道修持的方法，達到眞心實相的圓通法門。他們的修行方法，實在是沒有什麼好壞優劣可評論，也沒有前後差別可分。但是

我現在要使阿難開悟證得自性，在這二十五位的修行方法中，那樣才與他的根器相宜？而且從我滅度以後，這個世界上的衆生，若要進修大乘菩薩道，勤求無上正道，應該依那種方便法門，才能使他們容易成就？」文殊菩薩就遵照佛的慈旨，起立說偈，作爲結論說：

覺海性澄圓，圓澄覺元妙，

（文殊菩薩首先指出妙覺靈明眞心自性的本元，譬如澄靜無波的大海水一樣。圓融徧滿，寂然無相。在圓澄的寂滅性中，又元自具足靈明妙覺的。所謂本覺之性，不假修證而得。）

元明照生所，所立照性亡，

（自性本元的妙覺，是靈光獨耀，朗然常照，了了明明，元無塵垢。照性至極，就產生相反的妄動功能。在理則上，就叫做有所動了。既有妄動功能的產生，朗然靈明常照的自性，就亡失它本覺圓澄的眞相。等於平靜無波的大海中，忽然起了波浪。波濤洶湧，反而遮障了大海平靜的本來面目。）

迷妄有虛空，依空立世界，

（自性本覺圓澄的功能既已亡失，就依迷於妄動功能的輪轉，開始一變而發生心靈與物理上的虛空境界。虛空的形成，是宇宙世界成因的根本。所以世界宇宙，都是依於虛空而存在的。）

想澄成國土，知覺乃衆生。

（本覺自性，一經變動而產生妄能，迷妄就形成虛空世界。由於堅固妄想，就形成國土世間的存在。復由於靈明妙覺的轉變，所以有一切具有知覺衆生的生存。）

空生大覺中，如海一漚發。

（我們所看到的虛空雖然是無邊無際，廣大無垠。但是虛空還是自性本覺中所生起的第一現象。自性本覺，猶如一大海水。無邊無盡的虛空，還祇如大海中所發現的一個小浮漚。）

有漏微塵國，皆依空所生；

漚滅空本無，況復諸三有。

(這些物理世界，憑無量數微塵構造所成的物質世間，都是依於虛空而生起。然後又存在於虛空之間。須知虛空在本覺自性中，猶如大海中的一小浮漚。如果覺性中的浮泡消滅了，自性就歸還到本來淸淨的本位。若能把現象界中的虛空妄覺滅除了，無邊無際的境界，也就復歸於虛空。虛空都不存在，那裡還有三有的世間可得呢？所謂三有與有漏，都是佛法中指世間現象界的專有名辭。三有是指欲有、無明有、煩惱有。(或說是業有。)這三種現象，都是有生有滅的，名爲生滅法。有生滅就有缺漏。所以說精神世間與物理世間，都是有漏的成因。)

歸元性無二，方便有多門。

(要滅除三有，還歸於本元自性，卻有很多種不同的方法。雖然方法不同，但都是爲了要復還於自性的途徑。)

聖性無不通，順逆皆方便。

(在已證本覺自性的聖境中來看，任何一種方法，都可融會貫通，發明自性。無所謂那一法是順的，那一法是逆的。其實都是為了修證的方便所設立。再說：在已證本覺自性聖境的人看來，環境與方法的順逆，也都是助道的方便。並無一定的執著。）

初心入三昧，遲速不同倫。

（但是最初發心修習佛法，要證悟自性，進入本覺眞心楞嚴（見註一）大定的境界，對於入門方法的選擇，與成佛的難易，的確必須要審愼為之。因為方法的適合與否，關係成功的遲速至為深切，這又應當不得不知的。）

色想結成塵，精了不能徹；

如何不明徹，於是獲圓通。

（二十五位圓通法門，是根據六塵五根以及七大種性，與觀音耳根圓通共成二十五位。但文殊菩薩的總評，卻首先評述色塵入手修持的方法，是有深意的。須知圓澄元妙眞心的本覺自性，既因迷妄而有虛空。復從妄想凝結而形成色塵的物質。色塵物質是自性功能所現的眞精妙有。凡夫迷妄不悟，就認為是實有的。如果悟徹色塵妄想的本性眞空，就可以證入塵銷覺淨的自性本覺。但從色塵入手，雖然可以精了，可是不能明徹。何以不能明徹呢？因爲色塵雖然精了，但是容易著於妙有，所以不能明徹圓通。如果能够透徹色塵，也就可以眞正獲得圓通了。恰如本經佛的結論所說：「生因識有，滅從色除」是同一意義。所以二十五位圓通的結論評述，先從色塵開始，以觀世音的因聲證果爲結。指出世間所有現象，自始至終，不外聲色兩種妄塵的纏縛和變化。雖然變出多門，主要還須向聲色上了。）

音聲雜語言，但伊名句味；
一非合一切，云何獲圓通。

（第二說從聽聞道理，研究理論入手的修法，是不容易達到究竟的。因爲言語文字，都是抽象的表示，不能從一枝一節上，證入本覺眞心的自性，這樣怎麼可以獲得圓通呢？）

香以合中知，離則元無有；

不恒其所覺，云何獲圓通。

（第三說從鼻觀聞香的修法，是不容易達到究竟的。鼻與香氣相合，才產生中間的知覺性能。香氣本身，又是游離不定的。香氣離散了，就一無所有。香味的感覺，並不永遠存在，這樣怎麼可以獲得圓通呢？）

味性非本然，要以味時有；

其覺不恒一，云何獲圓通。

（第四說從舌性嘗味的修法，是不容易達到究竟的。舌頭嘗味的性能，並不是本來常有，必須要在嘗到滋味的時候才有。味覺的性能，又不一定，因滋味不同而變異，這樣怎麼可以獲得圓通呢？）

觸以所觸明，無所不明觸；

合離性非定，云何獲圓通。

（第五說從身體的感觸修法，是不容易達到究竟的。感觸的作用，是因爲與外界有所接觸才發生明了的覺知性。如果沒有所可感觸的，就沒有什麼可明了。時合時離，並沒有一定的性能，這樣怎麼可以獲得圓通呢？）

法稱爲內塵，憑塵必有所；

能所非徧涉，云何獲圓通。

（第六說從意識思惟法則的修法，是不容易達到究竟的。思惟法則，就是意識內在所生的妄想塵障。而且內塵妄想，必定是有所執的。無論是能執的，或者是所執的。祇要有能有所，就不能普徧涉入，這樣怎麼可以獲得圓通呢？）

見性雖洞然，明前不明後；

四維虧一半，云何獲圓通。

（第七說從眼睛見到光明的修法，是不容易達到究竟的。眼的觀見性能，雖然洞然明白。但是眼睛只能明見前方，旁觀左右，祇能看見一半。以四維四方來說，它的功能虧欠了四分之一，這樣怎麼可以獲得圓通呢？）

鼻息出入通，現前無交氣；

支離匪涉入，云何獲圓通。

（第八說從依鼻子呼吸的修法，是不容易究竟的。因爲鼻子的呼吸，是一出一入，出入的中間，不能互相交接，也沒有中間性的存在。出入支離，不可能互相連綿不斷，這樣怎麼可以獲得圓通呢？）

舌非入無端，因味生覺了；

味亡了無有，云何獲圓通。

（第九說從舌根嘗味的修法，是不容易達到究竟的。因爲舌頭的作用，在嘗到滋味的時候，才發生明了的覺知性。失去了滋味，能嘗滋味的知性就不常在，這樣怎麼可以獲得圓通呢？）

身與所觸同，各非圓覺觀；

涯量不冥會，云何獲圓通。

（第十說從身體感觸的修法，是不容易達到究竟的。身體的本身與感觸的作用，都同樣是不能普遍圓滿的。因爲身體與感觸的邊際關係，很不容易冥然體會，這樣怎麼可以獲得圓通呢？）

知根雜亂想，湛了終無見；

想念不可脫，云何獲圓通。

（第十一說從意識了知的修法，是不容易達到究竟的。因爲意識的了知作用，始終是混合了雜亂的思想，才顯見意識的現象。如果意識到了澄淸湛然的境界，就是想念的一種最基本現象，這樣怎麼可以獲得圓通呢？）

識見雜三和，詰本稱非相；

自體先無定，云何獲圓通。

（第十二說從眼所能見的見識的修法，是不容易達到究竟的。因爲眼所能見的見識，必須因有眼根與外境相對，才引發眼識依他起的見相。眼根與外境，以及依他起的萬有識見，三種缺一，都不能顯出眼所能見的見識作用。如果追尋他的根本，並沒有一個固定的自性現象，自體的性能既然不定，這樣怎麼可以獲得圓通呢？）

心聞洞十方，生於大因力；

初心不能入，云何獲圓通。

（第十三說從心聲能聞的修法，是不容易達到究竟的。因爲心聲雖有洞聞十方的功能，但是必須有很深的修持功力，才能發起他的妙用。初學的人，很不容易進入這種境界，這樣怎麼可以獲得圓通呢？）

鼻想本權機，祇令攝心住；

住成心所住，云何獲圓通。

（第十四說從觀想鼻息調氣的修法，是不容易達到究竟的。因爲觀想鼻息的方法，本來祇是一種巧妙的權宜，不過爲了收攝妄念紛飛的忘想，使它專一繫在一點上安然而住。其實，那安然而住的，還是妄心所造成的境界，這樣怎麼可以獲得圓通呢？）

說法弄音文，開悟先成者；

名句非無漏，云何獲圓通。

（第十五說從文字言語的說法修法，是不容易達到究竟的。言語講解的說法，只是播弄聲音文字。如果從前修持已有成就的人，或者可以在言下頓悟，否則是很難的。因爲名辭和文句的本身，這是生滅不定的象徵作用，是屬於有爲法，並不是淸淨無爲的無漏法，這樣怎麽可以獲得圓通呢？）

持犯但束身，非身無所束；
元非徧一切，云何獲圓通。

（第十六說從持戒的修法，是不容易達到究竟的。因爲持戒與犯戒的作用，大體是約束管理身心行爲的作用，由修身而進入治心。如果不屬於身體的行爲，或達到無身境界以後所發生的錯誤，現行的戒律，就不能約束。所以現行有相的戒律範圍，仍因時空而異，並不完全相同，不能普徧引用於一切處所，這樣怎麽可以獲得圓通呢？）

神通本宿因，何關法分別；
念緣非離物，云何獲圓通。

（第十七說從神通的修法，是不容易達到究竟的。意識思想測度推尋所不能理解的叫做神。如意自在而無障礙的叫做通。有的神通從修持定力而得，有的神通從歷劫功德福報而得。但是神通還是定境中的妄念所生，所以說神通是本於宿世的因緣，和那個無分別的眞心正法無關。而且神通始終是依於妄念所緣，妄念所緣仍然不離於物理的作用，這樣怎麼可以獲得圓通呢？）

若以地性觀，堅礙非通達；

有爲非聖性，云何獲圓通。

（第十八說從地大種性的修法，是不容易達到究竟的。觀察身的內外地大的種性，物理的有爲法，始終是有障礙，不能自在通達的。從有爲法起修，不是直接通明自性至聖的境界，這樣怎麼可以獲得圓通呢？）

若以水性觀，想念非眞實；

如如非覺觀，云何獲圓通。

（第十九說從水大種性的修法，是不容易達到究竟的。念力觀想而成水大的境界，完全靠想念的力量所形成，並不是眞實的水性。而且觀想所形成的境界，只是一種如如不動的現象，不是正覺正智所觀照，這樣怎麼可以獲得圓通呢？）

若以火性觀，厭有非眞離；

非初心方便，云何獲圓通。

（第二十說從火大種性的修法，是不容易達到究竟的。觀想本身火力性能的發起，雖然可以厭離有欲的妄情，但並不是眞正的離欲。而且這種方法，更不是發心初學者的方便法門，這樣怎麼可以獲得圓通呢？）

若以風性觀，動寂非無對；

對非無上覺，云何獲圓通。

（第二十一說從風大種性的修法，是不容易達到究竟的。觀察身體內外風大種性，有時候是動搖的，有時候是寂靜的，並非是絕對的無對待。既然動靜有了互相對待的作用，就不是無上正覺的大道，這樣怎麼可以獲得圓通呢？）

若以空性觀，昏鈍先非覺；

無覺異菩提，云何獲圓通。

（第二十二說從觀空的修法，是不容易達到究竟的。人們眼前可以觀察到的虛空，是一種昏鈍晦昧的境界，這就不是正覺的空性，也不是覺性的空。這個虛空現象，根本不同於菩提正覺的性空，這樣怎麼可以獲得圓通呢？）

若以識性觀，觀識非常住；

存心乃虛妄，云何獲圓通

（第二十三說從唯識觀的修法，是不容易達到究竟的。觀察識性的作用，能觀察與所觀察的都是心識的現象。這個能觀與所觀的識性，又不是經常永住的。存心去觀察識性，這個有存心的觀察作用，也是一種虛妄的現象，這樣怎麼可以獲得圓通呢？）

諸行是無常，念性元生滅；

因果今殊感，云何獲圓通。

（第二十四說從念性的修法，是不容易達到究竟的。因爲心念的業力，是念念遷流，本來無常的。心念的性能，元來生滅不停。前念的因，引來後念的果。後念又成因。前念爲更前念的果。所感受的果報，各自不同，這樣怎麼可以獲得圓通呢？）

我今白世尊，佛出娑婆界，

此方眞教體，淸淨在音聞；

欲取三摩提（見註四十八），實以聞中入。

（文殊菩薩又向佛作結論說：佛法出現在這個娑婆世界裡，娑婆是堪忍的意思，也可以說這個世界多缺憾，能忍受諸多缺憾的意思。這世界上眞實教化的體系，在於聽聞音聲的淸淨功能。如果直取如來正定的三昧，實在要從淸淨能聞的自性入門。）

離苦得解脫，良哉觀世音；

於恒沙劫中，入微塵佛國；

得大自在力，無畏施衆生。

（要求達到離苦而得解脫的法門，最好的就是觀世音菩薩的修法。觀音菩薩具備兩種意義，一是代表觀世音其人的名號。二是代表觀察觀照世界上的音聲法門。這個觀世音菩薩與他的修持法門，經過如恒河沙數之多的時劫，和像微塵數之多的諸佛國土，都已得到大自在的力量，以大無畏做布施，給一切衆生以安樂的境界。）

妙音觀世音，梵音海潮音；

救世悉安寧，出世獲常住。

（觀世音菩薩與他的修持法門，第一就是他與一切衆生的自性妙音，即如天籟清越的梵音，與海潮等相似的大聲音。第二如果能够信心勤修，加以體驗，依觀世音修持之力，用之入世，就可以救世，而悉得安寧。用之出世，就可以獲得自性眞心常住的果位。）

我今啓如來，如觀音所說，

譬如人靜居，十方俱擊鼓，

十處一時聞，此則圓眞實。

（文殊菩薩重加證明的說：正如觀世音菩薩所說的，譬如一個人清淨閒居的時候，十方同時打鼓，這十處的聲音，同時都可以聽得到。這證明能聞聲音的功能，是眞實普徧圓滿。）

目非觀障外，口鼻亦復然；
身以合方知，心念紛無緖。

（眼睛雖然有能看的作用，但受到障礙，就看不見了。口與鼻的作用，也同眼睛一樣，都有一定的限度，也有一定的範圍。身體是須要接觸，才發生感觸的覺受作用，離了感觸，就沒有覺受。心思念慮，則憧憧往來，紛繁複雜，極不容易整理出它的頭緒。所以整個身心的六根，除了耳根的能聞以外，其他的功能都是不完全的。）

隔垣聽音響，遐邇俱可聞；
五根所不齊，是則通眞實。

（就是隔着墻垣聽一切的聲音響動，無論遠近，都可以聽得到。這種作用，是其他五根，眼鼻舌身意所不能具備的。因爲這樣，所以說，只有耳根的聞性，才能通達眞實的自性境地。）

音聲性動靜，聞中爲有無；
無聲號無聞，非實聞無性。

（聲音的性能，在有聲的時候，就有響動作用的動相。無聲的時候，就是寂靜無音的靜相。能聞的自性，聞到有聲的響動，就叫做有。聞到無聲可聞的靜境，就叫做無。在無聲的靜境裡，雖然叫做無聞，但是能聞寂靜無聲的自性，並不是絕對的滅了。）

聲無既無滅，聲有亦非生；
生滅二圓離，是則常眞實。

（在無聲的寂靜境裡，能聞的自性，既然並不是絕對的滅了。就在聞到有聲音的響動的時候，能聞的自性，也並沒有因爲有聲音才生起來的。因此了知能聞的自性，本自遠離生滅的兩種作用，就可以證到自性是眞實常存的了。）

縱令在夢想，不爲不思無；
覺觀出思惟，身心不能及。
今此娑婆國，聲論得宣明。

（卽使人在夢境中，還是有想念的存在。而且能聞的作用，並不因爲不思想而不存在。例如人在夢中，呼之就醒。等到醒了以後，能生起思惟的作用，才有知覺觀察的作用生起。所以證明能聞的自性，是超越於身心以外，不是身心所能及的。就是現在這個娑婆世界上所有國土的衆生，都是靠聲音去明白宣揚它的理論，才能使人了解一切深奧不可思議的妙理。）

衆生迷本聞，循聲故流轉，
阿難縱強記，不免落邪思，
豈非隨所淪，旋流獲無妄。

（一切衆生，都迷了本來能聞的自性，祇依循追逐聲音的作用，所以就流轉循環，不能超越。阿難雖然博聞強記，卽使學通萬理，依正覺本來自性的至理來說，不免仍然落在邪思之中。豈不也是因爲追逐聲音，便至淪溺嗎？如果能夠廻旋聞聽業力之流，歸返旋復的自性，就可以獲得無妄常住眞心的實性了。）

阿難汝諦聽，我承佛威力，
宣說金剛王，如幻不思議，
佛母眞三昧。汝聞微塵佛，
一切秘密門，欲漏不先除，
蓄聞成過誤。

（文殊菩薩又向阿難說：我現在承受佛的威力，明白宣說佛的至理，猶如顚撲不破的金剛寶石之王，如幻化的不可思議的法門，出生一切諸佛之母的眞正三昧境界。你雖然聽過如微塵數之多的一切佛說法，記得佛的一切法門，如果不先除了有漏的欲念，縱然蓄積多聞，那反而變爲過誤與障礙。）

將聞持佛佛，何不自聞聞。

（如果把自性能聞的功能，專門來記憶誦持諸佛的佛法，要求他佛來成就你的自性的佛果；何以不向自己能聞的功能上，返照追尋能聞的自性，從聞聽法門以返聞自性呢？）

聞非自然生，因聲有名字。

（聞聽的作用，並不是自然而生。因爲有聲音的動相，才有聞聽這一個名辭的形成。）

旋聞與聲脫，能脫欲誰名。

一根旣返源，六根成解脫。

（如果不依循追逐聲音的動靜二相，只廻旋返聞那個能聞功能的自性，日久功深，就脫離動靜有無的聲音羈絆。能聞的自性，與聲音旣然脫離關係，試問：能脫的那個又是誰呢？倘使能聞的自性，與聲音的動靜有無脫離了關係，返廻本然清淨的根源，那就是耳根一源，返還本原了，這一根上，旣然得到返本還原，所有六根，也就解脫完成了。）

見聞如幻翳，三界若空華，

聞復翳根除，塵銷覺圓淨。

（眼的看見，與耳的聞聽等作用，都是自性功能上的變態，猶如澄清虛空中的幻翳。三界中（欲界、色界、無色界），所有的暫有現象，也都是淸淨自體的幻變，猶如淸淨虛空中的華朵。如果能聞的自性，復返本來淸淨的自體，一切六根幻有妄動的塵翳，自然銷除。浮塵幻翳一經銷除，本覺的自性就圓滿淸淨了。）

淨極光通達，寂照含虛空；

卻來觀世間，猶如夢中事。

（圓滿淸淨到極點，自性的光明，就自然通達。在自性光明中寂然不動，包含朗照十方世界所有的虛空。由此再來觀照，這個世間所有一切的事事物物，都猶如在一場大夢之中了。）

摩登伽在夢，誰能留汝形。

（如果達到這種境界，摩登伽女也是大夢中的一個夢影，她又怎能留得住你的身形呢？）

如世巧幻師，幻作諸男女；

雖見諸根動，要以一機抽。

（清淨本然的自性本體，變態幻化而生出世間的萬有，猶如這個世間上的魔術師們，變化幻作許多男男女女的存在。雖然每個人能運用六根，事實上，只是如機器人一樣，根本只有一個機關在抽掣不息，才發生人生的各種作用。）

息機歸寂然，諸幻成無性。

（如果能止息一機的動能，歸返於自性寂然的本位，所有一切幻象，就都沒有單獨存在的自性了。）

六根亦如是，元依一精明，

分成六和合。一處成休復，

六用皆不成。塵垢應念銷，

成圓明淨妙。

（人的六根作用，也和這個道理一樣，元來都祇是依於心性的一點精明所生，分散功能，變成六根的單獨作用。總合起來，才叫做一個人的全能。所以在六根作用上，只要有一處休息，復返於自性功能，所有六根的作用，就完全不成其爲障礙。到了這個時候，一切六根的塵垢，就當下應念銷除，成爲圓滿光明的淸淨妙覺了。）

餘塵尙諸學，明極卽如來。

（如果還有少許的塵境不能銷盡，就叫做二乘聲聞等，還在有學的階段。到了光明圓滿之極，那就是佛的境界。）

大衆及阿難，旋汝倒聞機，

反聞聞自性，性成無上道，

圓通實如是。

（文殊菩薩再告阿難與大衆說：修行的法門，只要你倒轉來，廻旋復返你能聞聽的機能，反轉聞聽的作用，去聽聞自性，明見了眞心自性的寂然自體，才得完成無上大道。所說的修行圓通法門，最眞實的莫過於這樣了。）

此是微塵佛，一路涅槃門。
過去諸如來，斯門已成就。
現在諸菩薩，今各入圓明。
未來修學人，當依如是法。
我亦從中證，非惟觀世音。

（所有無量數的佛，都同修這一路的法門，而證入涅槃（圓寂）。過去所有已經成佛的人，也是修這一法門，而得到成就。現在的一切菩薩，也正在修這一法門，已經各自入於圓滿光明的境界。未來一般修學佛法的人，也應當依這個法門而修。我也是從這個法門中證得佛道，不祇是觀世音菩薩一人而已。）

誠如佛世尊，詢我諸方便，
以救諸末劫，求出世間人，
成就涅槃心，觀世音爲最。

（誠如佛所詢問我修行方便的法門，爲了救度末劫時期，想要出離世間苦海的人，使他成就證得寂靜眞心的，只有修觀世音所開示的觀察世間音聲的法門，才是最好的修法。）

自餘諸方便，皆是佛威神，

卽事捨塵勞，非是長修學，

淺深同說法。

（至於其他各種的修持方法，都是因佛的威德神力，爲了救度衆生，叫他出離苦海，姑且設立各種權宜的方法。針對各種世間的世俗希求，使人們卽此用，離此用，而捨棄世間塵勞的束縛，並不是菩薩或佛境界的人所經常修學的。至於這些許多不同方法的深淺關係，和每位自己所叙述的情形一樣，不須再加詳細的分析。）

頂禮如來藏，無漏不思議。

願加被未來，於此門無惑。

方便易成就。堪以敎阿難，

及末劫沉淪。但以此根修，

圓通超餘者，眞實心如是。

（文殊菩薩最後又鄭重的表示，起立敬禮說：頂禮無漏不可思議的果位境界，法身本體自性佛。唯願十方三世諸佛的加被，對於觀世音菩薩所說的這一圓通法門，不要再生疑惑。它是一切修持方法中，最方便、最容易成就的法門。不但可以教化阿難，並且也可以教化末劫時期在沉淪中的衆生。祇要依到耳根法門修持，自然可以進入圓通，可以超過其餘的方法以證得眞心實相。）

阿難與大衆，聽了文殊菩薩的廣大開示，當下覺得身心了然明朗。依此觀想佛的正覺自性大道，以及眞心寂滅的境界，猶如遊子遠遊他鄉，雖然還未回家，可是已經明白歸家穩坐的道路。所有在會的大衆，也都得悟本心。遠離塵勞世事的染汚，獲得揀擇正法的法眼淨（註六十七）。性比丘尼（就是摩登伽女）聽說這段話以後，也就成爲阿羅漢。還有很多的衆生，亦同時發起無上正覺的道心。

（註六十七）法眼淨：分明見眞諦謂之法眼淨，通於大小乘言之。註維摩經嘉祥疏曰：「

云法眼淨者：小乘亦法眼，大乘亦法眼。小乘法眼即初果見四諦法（苦、集、滅、道）名法眼。大乘法眼，初地得眞無生法，故云法眼。」

阿難整衣服·於大衆中合掌頂禮。心迹圓明·悲欣交集。欲益未來諸衆生·稽首白佛。大悲世尊。我今已悟成佛法門·是中修行得無疑惑。常聞如來說如是言。自未得度先度人者·菩薩發心。自覺已圓能覺他者·如來應世。我雖未度·願度末劫[一]一切衆生。世尊。此諸衆生·去佛漸遠。邪師說法·如恒河沙。欲攝其心入三摩地。云何令其安立道場·遠諸魔事。於菩提心得無退屈。

爾時世尊於大衆中·稱讚阿難。善哉善哉。如汝所問安立道場·救護衆生末劫沈溺。汝今諦聽。當爲汝說。阿難大衆·唯然奉教。佛告阿難。汝常聞我毗奈耶[二]中·宣說修行三決定義。所謂攝心爲（由也）戒。因戒生定。因定發慧。是則名爲三無漏學。

阿難。云何攝心我名爲戒。若諸世界六道衆生·其心不婬·則不隨其生

死相續。汝修三昧・本爲出塵勞。婬心不除・塵不可出。縱有多智・禪定現
前。如不斷婬・必落魔道。上品魔[三]王。中品魔民。下品魔女。彼等諸魔・亦有
徒衆。各各自謂成無上道。我滅度後末法之中・多此魔民・熾盛世間・廣
行貪婬・僞爲善知識・令諸衆生落愛見坑・失菩提路。汝教世人修三摩
地・先斷心婬・是名如來先佛世尊第一決定清淨明誨。是故阿難・若不
斷婬修禪定者・如蒸砂石・欲其成飯。經百千劫・祇名熱砂。何以故。此非
飯本砂石成故。汝以婬身・求佛妙果。縱得妙悟・皆是婬根。根本成婬・輪
轉三[四]塗・必不能出。如來涅槃・何路修證。必使婬機身心俱斷・斷性亦無・
於佛菩提・斯可希冀。如我此說・名爲佛說。不如此說・即波[五]旬說・
阿難。又諸世界六道衆生・其心不殺・則不隨其生死相續。汝修三昧・本
出塵勞。殺心不除・塵不可出。縱有多智・禪定現前。如不斷殺・必落神[六]道。

上品之人·爲大力鬼。中品則爲飛行夜叉諸鬼帥等。下品當爲地行羅刹。彼諸鬼神亦有徒衆。各各自謂成無上道。我滅度後末法之中·多此鬼神·熾盛世間·自言食肉得菩提路。阿難。我令比丘食五淨肉[七]。此肉皆我神力化生·本無命根。汝婆羅門·地多蒸濕·加以砂石·草菜不生。我以大悲神力所加·因大慈悲·假名爲肉·汝得其味。奈何如來滅度之後·食衆生肉·名爲釋子。汝等當知。是食肉人·縱得心開·似三摩地·皆大羅刹·報終必沈生死苦海·非佛弟子。如是之人·相殺相呑·相食未已·云何是人得出三界。汝教世人修三摩地·次斷殺生。是名如來先佛世尊·第二決定清淨明誨。是故阿難。若不斷殺·修禪定者·譬如有人自塞其耳·高聲大叫·求人不聞·此等名爲欲隱彌露。清淨比丘及諸菩薩·於歧路行·不蹋（音塔踐也）生草·況以手拔。云何大悲·取諸衆生血肉充食。若諸比丘·不服東方絲緜絹帛·（蠶絲類也）及是此土靴履（皮革類也）裘毳·（音粹褐衣也）乳酪醍醐。如是比丘·於世眞脫·酬還宿債·不遊三界。何以故·服（食也）其身分·皆爲彼緣。如人食其地中百穀·足不離地。必使身心·於諸衆生·若身身分·身心二塗·不服不食·我說是人眞解脫者。如我此說·名爲佛說。不如此說·即波旬說。

阿難。又復世界六道衆生·其心不偷·則不隨其生死相續。汝修三昧·本出塵勞。偷心不除·塵不可出。縱有多智·禪定現前。如不斷偷·必落邪道。上品精靈。中品妖魅。下品邪人·諸魅所著。彼等羣邪·亦有徒衆·各各自謂成無上道。我滅度後·末法之中·多此妖邪·熾盛世間·潛匿姦欺·稱善知識。各自謂已得上人法。該（音亥誘也）惑無識·恐令失心。所過之處·其家耗散。我教比丘·循方乞食·令其捨貪·成菩提道。諸比丘等·不自熟食·寄於殘生·旅泊三界·示一往還·去已無返。云何賊人·假我衣服·裨（音卑）販如來·造

種種業皆言佛法，却非出家具戒比丘，爲小乘道。由是疑誤無量衆生，
墮無間獄。若我滅後，其有比丘發心決定修三摩提，能於如來形像之
前，身然一燈，燒一指節，及於身上爇一香炷。我說是人無始宿債，一時
酬畢，長揖（謝去也）世間，永脫諸漏。雖未即明無上覺路。是人於法已決定心。
若不爲此捨身微因，縱成無爲，必還生人，酬其宿債。如我馬麥正等無 九
異。汝教世人修三摩地，後斷偸盜，是名如來先佛世尊第三決定清淨
明誨。是故阿難，若不斷偸修禪定者，譬如有人水灌漏巵（音支漏巵注酒器也），欲求其
滿，縱經塵劫，終無平復。若諸比丘衣鉢之餘，分寸不畜，乞食餘分，施餓
衆生。於大集會，合掌禮衆。有人捶（音錐上聲杖擊也）詈（音立罵也），同於稱讚。必使身心，二俱
捐捨。身肉骨血，與衆生共。不將如來不了義說，迴爲己解，以誤初學。佛
印是人得眞三昧。如我所說，名爲佛說。不如此說，即波旬說。

阿難。如是世界六道衆生．雖則身心無殺盜婬．三行已圓．若大妄語．即三摩地不得清淨．成愛見魔．失如來種。所謂未得謂得．未證言證。或求世間尊勝第一。謂前人言．我今已得須陀洹果．斯陀含果．阿那含果．阿羅漢道．辟支佛乘．十[一〇]地地前諸位菩薩。求彼禮懺．貪其供養。是一顛迦．銷滅佛種。如人以刀斷多羅[二]木。佛記是人永殞善根．無復知見．沈三苦海．不成三昧。我滅度後．敕諸菩薩及阿羅漢．應身生彼末法之中．作種種形．度諸輪轉。或作沙門白衣居士．人王宰官．童男童女．如是乃至婬女寡婦．姦偷屠販．與其同事．稱讚佛乘．令其身心入三摩地。終不自言我眞菩薩．眞阿羅漢．泄佛密因．輕言未學。唯除命終．陰有遺付。云何是人惑亂衆生．成大妄語。汝教世人修三摩地．後復斷除諸大妄語。是名如來先佛世尊．第四決定清淨明誨。是故阿難．若不斷其大妄語者．如刻人糞為栴檀形，欲求香氣，無有是處。我教比丘直心道場，於四威儀一切行中，尚無虛假。云何自稱得上人法。譬如窮人妄號帝王，自取誅滅。況復法王，如何妄竊。因地不眞，果招紆曲。求佛菩提，如噬（音誓咬也）臍人，欲誰成就。若諸比丘心如直絃，一切眞實，入三摩地，永無魔事。我印是人成就菩薩無上知覺。如我所說，名為佛說，不如此說，即波旬說。　卷六終

一　【末劫】即未來時也、

二　【毘奈耶】此云律藏、又翻善治、謂能自治婬怒癡、亦能治衆生惡也、合茲定慧名三無漏學、攝盡萬行、決定當依、乃千經萬論流出之本源、首楞嚴大定之所由生也、

三　【魔王…魔民…魔女】指掌云、魔王者、欲頂天主、禪智勝於淫心所感、魔民者、魔王所屬、禪智與淫欲正等所攝、魔女者、王民所御、淫心勝於禪智所感

四　【三塗】一火途、二血途、三刀途、即地獄、畜生、餓鬼也、

五　【波旬】魔之異稱、此云殺者、謂惱亂正修、殺法身、傷慧命也、

六　【神道】指掌云、神道血食、以殺業爲墮緣、神通福德、以禪智爲生因、今以禪智助殺、故必墮神道也、上中下品、則以其禪智福德、與殺業等次而比也、

七　【五淨肉】五淨肉、謂五不見殺之肉也、除人蛇象馬等外、以不見殺、不聞殺、不疑爲我殺、自死鳥殘、爲五淨、

八　【邪道】指掌云、邪道潛取、以偷心爲墮緣、上品精靈、附山託水惑人祭祀、邪神類也、中品妖魅、盜人物之精華、竊山川之氣潤伺便作祟、邪鬼之類也、下品邪人、賦性險曲、居心邪僻、妄言欺世、外道之類也、

九　【馬麥】釋迦於過去劫中、爲梵志時、曾罵一病比丘、應食馬麥、今世果成、於毘蘭邑、乞食不得、食馬麥八十四日、自言受宿報也、

一〇　【十地】十地之位、有種種不同、此處應說緣覺乘之十地、即由第一苦行具足地、至第十習氣漸薄地也、

一一　【多羅木】南印度建那補羅國北、有多羅林、樹葉長廣光潤、諸國書寫、莫不採用、其樹若以刀斷、不復再生、用喻斷善根人、自滅佛種也、

一二　【噬臍】左傳、若不早圖、後君噬臍、杜注云、喻不可及、藕益曰、人不能自噬其臍、喻悔無所及、案麝被人逐、自噬其臍、雖復噬臍、終不免難也、

第六章　修習佛法的程序與方法

學佛修行入門的基本戒行

阿難隨又起立請問說：「我常聽佛說：『自未得度，先度人者，菩薩發心。自覺已圓，能覺他者，如來應世。』意思是說自己並未度脫苦海，要發心先度他人的人，這就是菩薩心腸的發心。如果自己已經證得本性，圓滿解脫以後，再依照自己所證的，使別人亦得證自性正覺，那就是等於佛來應化世間。我現在雖然還沒有得度，但是要發願去度末劫時期的衆生。將來的人們，距離佛在世的時期漸遠，必定會有很多的邪師外道說法。如何才可以使他們攝伏安心，證得眞實佛境界的三昧？怎樣才可以建立一個安心修道的場所，遠離一切的魔事。使他們對於要求悟得正覺的眞心，永遠不會退轉呢？」

佛說：「你不是經常聽我講說修行所依持的戒律嗎？我常說修行的入門基本要點，有三個決定不易的程序：首先要守戒。因戒可以生定。因定可以發慧。這

是達成無漏果位的三無漏學。

何以稱攝伏妄心爲戒呢？「如果這個世界上的六道衆生，（天、人、魔、畜生、餓鬼、地獄）他們的心裡根本沒有婬根，自然就不跟著生死之流去連續不斷的輪轉。你要修習定慧等持（註六十八）的正三昧，本來是要求出離塵勞煩惱。如果婬心不除，根本就不能出離塵勞之累。卽使有很淵博的世間知識，或者得到少許的禪定境界，如果不斷婬根，必定墮落在魔道之中，與羣魔爲伍。他們也有很多信徒，也都自稱已經成就了無上大道。我去世以後，末法時期之中，將有很多魔民，盛行在世間，廣作貪婬的行爲。並且還自任善知識去教化他人，使一切衆生，墮落在愛慾第一的主觀深坑裡，喪失正覺的道路。你將來教導世人，修學定慧等持的正三昧。必須要先斷心裡的婬根。這就是過去一切佛教所建立的第一個具有決定性的清淨教化。如果不除婬慾，修習禪定，猶如蒸煮沙石，要想它變成了香飯，卽使經過百千劫的時間，也祇能成爲熱沙。因爲沙子根本永遠做不成米飯。如果以婬慾之身來求證佛果，卽使稍有所悟，也都是婬根。根本基於婬慾所發出，始終還在三塗（畜生、餓鬼、地獄）中輪轉不休，必定不能超越。要求圓滿達成佛果的寂滅境界，必定要使身心婬機之根完全斷除。最後連壓制斷除的心念也化爲烏有。然後對於佛的正覺大道，才有希望證得。和我這樣說法相同的，便是眞正的佛說。不是這樣說的，就是魔的說法。

殺戒：「再者，一切世界上的六道衆生，他的心裡沒有殺機，就可以了生脫死。修行的最高三昧，本來要求超越塵勞煩惱。如果殺心不除，根本就不能出離塵勞之累。卽使有很多的世間知識，或者得到少許的禪定境界，如果不斷殺機，必定墮落在神道之中，與鬼神爲伍。他們也有很多信徒，也都自稱已經成就了無上大道。我去世以後，末法時期之中，有很多的鬼神之徒，盛行在世間，自稱必須肉食，才能證得正覺大道。須知我許可有些出家的比丘們，可以吃食五淨肉，(1不見殺2不聞殺3不疑殺4自死5鳥殘)是因爲在有些邊僻的地方，地質不佳，不能生長草木菜蔬。所以在沒有辦法中，才方便許可他們食肉，用來療饑延命。但是吃牠們的肉，應該看做是牠們的慈悲布施，應當具有感恩的觀念。豈可在我滅度以後，貪求口腹之慾，食衆生的肉體，還自稱為釋迦的法子呢？你們應當知道，這種肉食的人，卽使心開悟解，有點相類似的三昧境界，其實還是大羅刹（惡鬼之流）。等到福報完了，必定沉淪在苦海之中，不算是佛弟子。這一類的人，互相殺戮吞吃，沒有了期。不能跳出三界。你將來教導世人，修習三昧，其次就要斷除殺生。這就是過去一切佛教所建立的第二個具有決定性的清淨教化。如果不斷除殺機，修習禪定，猶如掩耳盜鈴，欲蓋彌彰。所以出家比丘，不但不食肉，乃至護惜草木的生機，猶如自家生意一樣。更不能穿著服用血肉之軀的衆生們的皮革絲毛之屬。能够守住這樣清淨戒律的出家比丘，對於現實世界，才得眞正的解脫。祇是『隨緣消舊業，不更造新殃。』而償還宿世業債，更不浮遊於三界（欲界、色界、無色界）之間。為什麼不去服用血肉衆生的毛革呢？因為服用牠的身體某一部份，仍然有殘害牠生命的因緣作用。等於人要吃地上生長的百穀，同時足也不能離地。如果對一切衆生身心的部份，都不用不食，我說這個人，才是眞正的解脫。和我這樣說法相同的，便是眞正的佛說。不是這樣說的，就是魔的說法。

盜戒：「再者，一切世界的六道衆生，滅除心裡的盜機與偷心，就可以了生脫死。修習正三昧，本來要求超越塵勞煩惱，如果偷心不除，根本就不能出離塵勞之累。卽使有很多的世間知識，或者得到少許的禪定境界。如果不斷偷心，必定墮落在邪道之中，與精怪妖魅爲伍。他們也有很多信徒，也都自稱已經成就了無上大道。我去世以後，末法時期之中，有很多的妖孽之流，盛行在世間，居心姦險，自稱爲善知識。都宣說已經得到無上大道，欺騙無知無識之流，恐嚇他們使之喪失眞心自性。所過之處，令人家財耗盡。我敎導出家比丘們，隨時隨地乞食延命，是要他們捨棄貪求的心，成功無上正覺之道。甚之，要比丘們不自做熟食。『寄於殘生，旅泊三界。』表示今生必須了道，祇在人間盡此一度的往來，從此去而不返。有些具有盜賊其心的人，都假借我的衣服，稗販如來，自造種種罪業。雖然口裡都在說著佛法，卻非眞正出家。卽使受過全部的具足戒律，也是祇行小乘的道路。由此而使很多的衆生懷疑誤會，實在是罪過無邊。如果在我滅度以後，有的出家比丘，決定發心修學正三昧。能夠在佛像之前，爲法忘身，我說這個人，無始以來的宿債，都在那一剎那間償還了。必定可以『長揖世間，永脫諸漏。』（此處可參看本經第六卷一二二頁原文。因爲所說的，爲現實世間一般人們難以置信，故部份保留不譯。）你將來敎導世人，修學三昧，須要斷除偷心。這就是過去一切佛敎所建立的第三個具有決定性的淸淨敎化。如果不斷除偷心，修習禪定，猶如水灌漏巵，永遠不會裝滿。若是出家比丘，對於自己基本必需的衣食之外，分毫沒有私蓄。乞食所得，若有賸餘，也要佈施與其他的衆生。假如有人無理來打我罵我，也要以禮相待。必須做到身心兩捨，使這個身體骨肉，亦與衆生共之。決不把佛的不了義說，做爲自己究竟的見解，以貽誤初學。能夠做到這樣的人，我認爲他已得眞正的三昧。和我這樣說法相同的，才是眞正的佛說。不是這樣說的，就是魔的說法。

大妄語戒：「再者，一切世界的六道衆生，雖然身心已經沒有殺盜婬的三業。如果犯大妄語，他在正三昧的境界中，也不能得到淸淨，而成爲貪愛主觀之魔，失却佛果的種性。所謂大妄語，就是『未得謂得，未證言證。』或者爲了求得世間人的尊敬，爭取唯我至上第一的地位。向別人說：我已得到須陀洹（註六十九）的果位。或大阿羅漢（見註五十四）的果位，或獨覺（註七十）辟支佛（註七十一）的果位。甚之是菩薩（見註二十）的果位。祇爲了貪求別人的敬禮和供養，不知已得無邊罪過，銷滅佛性種子。等於用刀斷木，自甘斷除佛種。我可預記這一種人，會永斷善根，再沒有進益的知見，永遠沉淪苦海，不能成就正三昧。我去世以後，常敎一般菩薩和羅漢們，化身應現世間。在末法時期中，作種種形態的人，去救度在生死海中輪轉的衆生。他們或者作沙門（出家者）、白衣、居士（註七十二）、人王、宰官、童男、童女、乃至作婬女、小寡婦、姦偷屠販，與一般衆生共同生活。而在這種種的人生之中，稱讚佛法，使他們的身心，進入佛法正三昧的境地。但是他們決不自說我是眞菩薩，或眞阿羅漢，故意洩漏密行，輕示於末學後進，藉以自相誇耀。除非世壽命終，方才暗中有所遺囑。祇有那一般妄人，才妖言惑衆，甘犯大妄語戒。你將來敎導世人，修學三昧，還須要他們斷除大妄語。這就是過去一切佛教所建立的第四個具有決定性的教化。如果不斷除大妄語，猶如要雕刻人糞作檀香木狀，想在其中求得香氣，那是決定不可能的。我教誨一切比丘，直心是道場。在日常生活的四威儀（行、居、坐、臥）中，一切行爲，都不能虛假。怎樣可以自己謬稱已得至高無上的道法呢？這譬如乞丐稱王，終會自取殺戮的。更何況自己謬稱爲人天三界之師的法王呢！須知『因地不眞，果招紆曲。求佛菩提，如噬臍人，欲誰成就？』如果一般出家比丘，調正此心，猶如直絃。一切言行，都絕對的眞實，便可進入正三昧的境界，永遠不會遭遇魔事。我將印許這種修行的人，決定可以成就菩薩的果地，得到無上正覺。和我這樣說法相同的，才是眞正的佛說。不是這樣說的，就是魔的說法。」（以上第六卷竟。）

（註六十八）等持：定之別名，梵語舊稱三昧，譯曰定。新稱三摩地。譯曰等持。謂心住於一境而起慧觀，定慧平等維持也。

（註六十九）須陀洹：譯曰預流。聲聞四果中初果之名也。預流者，初入聖道之義。斷三界之見惑，卽得此果。又須譯曰無漏，陀洹譯曰修。以修無漏故，名須陀洹。

（註七　十）獨覺：常樂寂靜，獨自修行。修行功成，於無佛之世，自己覺悟，而離生死者，謂之獨覺。

（註七十一）辟支佛：辟支佛有二種：一名獨覺；二名緣覺。（獨覺見註七十）緣覺者，觀待內外之緣見十二因緣——無明、行、識、名色、六處、觸、受、愛、取、有、生、老死，而悟聖果，故名緣覺。

（註七十二）居士：在家學佛之士也。

阿難。汝問攝心。我今先說入三摩地，修學妙門，求菩薩道。要先持此四種律儀，皎如冰霜。自不能生一切枝葉。心三口四[一]，生必無因。阿難。如是四事，若不遺失。心尚不緣色香味觸。一切魔事，云何發生。若有宿習不能滅除。汝教是人，一心誦我佛頂光明摩訶薩怛[二]多般怛囉無上神咒。斯是如來無見頂相，無爲[三]心佛，從頂發輝，坐寶蓮華所說心咒。且汝宿

四世與摩登伽・歷劫因緣恩愛習氣・非是一生及與一劫。我一宣揚・愛心
永脫・成阿羅漢。彼尙婬女・無心修行・神力冥資・速證無學。云何汝等在
會聲聞・求最上乘・決定成佛・譬如以塵揚於順風・有何艱險。若有末世
欲坐道場・先持比丘清淨禁戒。要當選擇戒清淨者第一沙門・以爲其
師。若其不遇眞清淨僧・汝戒律儀必不成就。戒成已後・著新淨衣・然香
五閑居・誦此心佛所說神咒一百八遍・然後結界建立道場。求於十方現
住國土無上如來・放大悲光來灌其頂。阿難。如是末世清淨比丘・若比
丘尼・白衣檀越・心滅貪婬・持佛淨戒・於道場中發菩薩願・出入澡浴・六
時行道。如是不寐・經三七日。我自現身至其人前・摩頂安慰・令其開悟。
阿難白佛言。世尊。我蒙如來無上悲誨・心已開悟。自知修證無學道成。
六末法修行建立道場・云何結界・合佛世尊清淨軌則。

佛告阿難。若末世人願立道場。先取雪山大力白牛。食其山中肥膩香草。此牛唯飲雪山清水。其糞微細。可取其糞、和合栴檀、以泥其地。若非雪山、其牛臭穢、不堪塗地。別於平原、穿去地皮、五尺已下、取其黃土和上栴檀、沈水、蘇合、薰陸、鬱金、白膠、青木、零陵、甘松、及雞舌香、以此十種細羅爲粉。合土成泥、以塗場地。

方圓丈六、爲八角壇。壇心置一金銀銅木所造蓮華。華中安鉢。鉢中先盛八月露水。水中隨安所有華葉。取八圓鏡、各安其方、圍繞華鉢。鏡外建立十六蓮華。十六香鑪、間華鋪設。莊嚴香鑪、純燒沈水、無令見火。取白牛乳、置十六器。乳爲煎餅、幷諸砂糖、油餅、乳糜、蘇合、蜜薑、純酥、純蜜。於蓮華外、各各十六、圍繞華外、以奉諸佛及大菩薩。每以食時、若在中夜、取蜜半升、用酥三合。壇前別安一小火爐。以兜樓婆香、煎取香水、沐浴其炭・然令猛熾。投是酥蜜於炎爐內・燒令烟盡・享佛菩薩。

令其四外徧懸幡華。於壇室中・四壁敷設十方如來及諸菩薩所有形像。應於當陽張盧舍那・釋迦・彌勒・阿閦・彌陀。諸大變化觀音形像・兼金剛藏安其左右。帝釋・梵王・烏芻瑟摩・幷藍地七迦・諸軍茶利・與毗俱胝・四天王等・頻那八夜迦・張於門側・左右安置。

又取八鏡覆懸虛空・與壇場中所安之鏡・方面相對・使其形影重重相涉。

於初七中・至誠頂禮十方如來・諸大菩薩・阿羅漢號。恒於六時誦咒圍壇・至心行道。一時常行一百八徧。第二七中・一向專心發菩薩願・心無間斷。我毗奈耶先有願教。第三七中・於十二時・一向持佛般怛囉咒。至第七日・十方如來一時出現。鏡交光處・承佛摩頂。即於道場修三摩地。能令如是末世修學·身心明淨猶如瑠璃。阿難。若此比丘本受戒師·及同會中十比丘等·其中有一不清淨者·如是道場多不成就。從三七後·端坐安居·經一百日。有利根者·不起於座·得須陀洹。縱其身心聖果未成。決定自知成佛不謬。汝問道場·建立如是。

阿難頂禮佛足·而白佛言。自我出家·恃佛憍愛。求多聞故·未證無爲。遭彼梵天邪術所禁·心雖明了·力不自由。賴遇文殊·令我解脫。雖蒙如來佛頂神咒·冥獲其力·尚未親聞。惟願大慈重爲宣說·悲救此會諸修行輩·末及當來在輪迴者·承佛密音·身意解脫。於時會中一切大衆·普皆作禮·佇聞如來秘密章句。爾時世尊從肉髻中。涌百寶光。光中涌出千葉寶蓮。有化如來坐寶華中。頂放十道百寶光明。一一光明皆徧示現十恒河沙金剛密迹·擎山持杵·徧虛空界。大衆仰觀·畏愛兼抱·求佛哀祈。一心聽佛無見頂相放光如來宣說神咒。

（第一會名為毗盧真法會。謂下十二法門密言，皆一毗盧真心法身所流演也。）

那摩　達拖　斜　寫辣呼　秒

南無薩怛他1 蘇伽多耶2 阿囉訶帝3 三藐三菩陀寫4

na mō sā dǎ tō sōō chiā dō yā ō lā hō dē sān miǒ sān pōō tō shā

達拖　止　石　散　受

薩怛他5 佛陀俱胝、瑟尼釤6 南無薩婆7 勃陀勃地8

sā dā tō fū tō jū tzē sū nē sǎn nā mō sā pō pū tō pū sēr

多皮　那摩　秒　南

薩哆鞞弊9 南無薩多南10 三藐三菩陀11 俱知喃12 娑

sā dō pēē biē nā mō sā dō nǎn sān miǒ sān pōō tō jū tzē nǎn sō

辣　加　生斜南　寫　多南

舍囉、婆迦13 僧伽喃14 南無盧雞、阿羅漢、跢喃15 南

siā lā pō jiā sǔn chiā nǎn nā mō lū jē ō lō hǎn dō nǎn nā

奴南　節利拖　斜南

無蘇盧多、波那喃16 南無娑羯唎陁、伽彌喃17 南無盧

mō sōō lū dō bō nō nǎn nā mō sō jēh nē tō, chiā mē nǎn nā mō lū

秒斜多南　斜辣　奴南

雞、三藐、伽跢喃18 三藐、伽婆囉19 底波、多那喃20 南無

jē sǎn miǒ chiā dō nǎn sǎn miǒ chiā pō lā dēē bō dō nō nǎn nā mō

提婆、離瑟赧(石覽)21 南無悉陁(陀)耶22 毗(皮)地(受)耶23 陀囉(辣)離瑟赧(石覽)24

tēe pō nēe sǔ nǎn nā mō shī tō yā pēe sēr yā tō lā nēe sǔ nǎn

舍波奴25 揭(節)囉(辣)訶(呼)26 娑訶(呼)娑囉(辣)、摩他(拖)喃(南)27 南無跋囉(辣)訶(呼)

sēr bō nō jēh lā hō sō hō sō lā mō tō nǎn nā mō bā lā hō

摩泥28 南無因陀囉(辣)耶29 南無婆伽(斜)婆帝30 盧陀囉(辣)耶31

mō nēe nā mō yīn tō lā yā nā mō pō chiā pō dē lū tō lā yā

烏摩般(鉢)帝32 娑醯(希)夜耶33 南無婆伽(斜)婆帝34 那(奴)囉(辣)野35 拏(奴)耶

wōo mō bu dē sō shē yā yā nā mō pō chiā pō dē nō lā yā nō yā

36 般(盤)遮摩訶(呼)、三慕陀囉(辣)37 南無悉羯(節)唎(利)多耶38 南無婆伽(斜)

pǎn tzā mō hō sān mō tō lā nā mō shī jēh nē dō yā nā mō pō chiā

婆帝39 摩訶(呼)迦(加)囉(辣)耶40 地(受)唎(利)、般(鉢)剌(拉)那(奴)41 伽(斜)囉(辣)毗(皮)陀囉(辣)42

pō dē mō hō jiā lā yā sēr nē bu lā nō chiā lā pēe tō lā

波拏(奴)、迦(加)囉(辣)耶43 阿(窩)地(受)目帝44 尸摩舍那(奴)泥45 婆悉泥46 摩

bō nō jiā lā yā ō sēr mǒh dē szē mō siē nō nēe pō shī nēe mō

怛(達)唎(利)伽(斜)拏(奴)47 南無、悉羯(節)唎(利)多耶48 南無婆伽(斜)婆帝49 多他(拖)

dǎ nē chiā nō nā mō shī jēh nē dō yā nā mō pō chiā pō dē dō tō

伽跢、俱囉耶50　南無般頭摩、俱囉耶51　南無跋闍囉、俱
囉耶52　南無摩尼、俱囉耶53　南無伽闍、俱囉耶54　南
無婆伽婆帝55　帝唎茶56　輸囉西那57　波囉訶囉、拏囉闍
耶58　跢他伽多耶59　南無婆伽婆帝60　南無阿彌、多婆耶
61　跢他伽多耶62　阿囉訶帝63　三藐三菩陀耶64　南無婆
伽婆帝65　阿芻鞞耶66　跢他伽多耶67　阿囉訶帝68　三藐三
菩陀耶69　南無婆伽婆帝70　鞞沙闍耶71　俱盧、吠柱唎耶72
般囉婆、囉闍耶73　跢他伽多耶74　南無婆伽婆帝75　三補

師、毖多76 薩憐捺囉 剌闍耶77 跢他伽多耶78 阿囉訶帝
szē bē dō sǎ niěn lǎ lǎ là sěh yǎ dō tō chiǎ dō yǎ ō lǎ hō dē
秘 納辣 拉蛇 多拖斜 辣呼

79 三藐三菩陀耶80 南無婆伽婆帝81 舍雞野、母那曳82
sǎn miǒ sǎn pōo tō yǎ nà mō pō chiǎ pō dē sie jē yǎ mō nō shěh
秒 斜 奴洩

跢他伽多耶83 阿囉訶帝84 三藐三菩陀耶85 南無婆伽婆
dō tō chiǎ dō yǎ ō lǎ hō dē sǎn miǒ sǎn pōo tō yǎ nà mō pō chiǎ pō
多拖斜 窩辣呼 斜

帝86 剌怛那、雞都、囉闍耶87 跢他伽多耶88 阿囉訶帝89
dē là dǎ nō jē dōo lǎ sěh ǎ dō tō chiǎ dō yǎ ō lǎ hō dē
拉達奴 辣蛇 多拖斜 呼

三藐三菩陀耶90 帝瓢91 南無薩羯唎多92 翳曇、婆伽婆
sǎn miǒ sǎn pōo tō yǎ dē piǒ nà mō sǎ jěh lē dō ē tǎn pō chiǎ pō
嫖 節利 易談 斜

多93 薩怛他、伽都瑟尼釤94 薩怛多、般怛囕95 南無阿
dō sǎ dǎ tō chiǎ dōo sǔ nēe sǎn sǎ dǎn dō bụ dǎ nǎn nà mō ō
達拖 斜 石 散 丹 鉢達藍

婆囉視馱96 般囉帝97 揚岐囉98 薩囉婆99 部多、揭囉
pō lǎ sē dǎn bụ lǎ dē yǎng chē lǎ sǎ lǎ pō bōo dō jěh lǎ
辣 月 豈辣 節

訶100 尼揭囉訶101 羯迦囉訶尼102 跋囉、毖地耶103 叱陀
hō nēe jěh lǎ hō jěh jā lǎ hō nēe bǎ lǎ bē sěr yǎ chǐ tō
節 節加 八辣 秘受 七

你104 阿迦囉105 密唎柱106 般唎怛囉耶107 儜揭唎108 薩

nē ō iā lā mĭ nē tzōō bu nē dā lā yā nin jēh nē sā

窩 加 利 利 達 辣 林 節 利

囉婆109 槃陀那110 目叉尼111 薩囉婆112 突瑟吒113 突悉乏114

lā pō pān tō nō mŏh tsā nē sā lā pō tū sū tzā tū shī fān

辣 盤 奴 差 石 作 特 飯

般那你115 伐囉尼116 赭都囉117 失帝南118 羯囉訶119 娑訶、

bu nō nē fā lā nēē iā dōō lā sū dē nān jēh lā hō sō hō

奴 者 節

薩囉、若闍120 毗多崩娑那、羯唎121 阿瑟吒冰、舍帝南122

sā lā rō sēh pēē dō bōn sō nō jēh nē ō sū tzā bīn sīē dē nān

蛇 皮 奴 節 利 石 作

那叉、剎怛囉、若闍123 波囉、薩陀那、羯唎124 阿瑟吒南125

nō tsā sā dā lā rō sēh bō lā sā tō nō jēh nē ō sū tzā nān

奴 差 殺 達 辣 蛇 奴 節 利 石 作

摩訶羯囉訶、若闍126 毗多崩、薩那羯唎127 薩婆、舍都嚧128

mō hō jēh lā hō rō sēh pēē dō bōn sā nō jēh nē sā pō sīē dōō lū

節 蛇 皮 奴 節 利 盧

你婆囉、若闍129 呼藍、突悉乏130 難遮那舍尼131 毖沙舍132

nā pō lā rō sēh hōō nān tū shī fān nān tzā nō sīē nēē bē sō sīē

辣 蛇 特 飯 奴 秘

悉怛囉133 阿吉尼134 烏陀迦囉、若闍135 阿般囉視多、具

shī dā lā ō jī nēē wōō tō iā lā rō sēh ō bu lā szē dō jū

達 辣 窩 加 蛇 窩 鉢

囉136 摩訶般囉、戰持137 摩訶疊多138 摩訶帝闍139 摩訶稅
多、闍婆囉140 摩訶跋囉、槃陀囉141 婆悉你142 阿唎耶、多
囉143 毗唎俱知144 誓婆、毗闍耶145 跋闍囉、摩禮底146 毗
舍嚧多147 勃騰罔迦148 跋闍囉、制喝那、阿遮149 摩囉制婆
150 般囉質多151 跋闍囉、擅持152 毗舍囉遮153 扇多舍154 鞞提
婆155 補視多156 蘇摩嚧波157 摩訶稅多158 阿唎耶、多囉159
摩訶婆囉、阿般囉160 跋闍囉、商羯囉、制婆161 跋闍囉、
俱摩唎162 俱藍陀唎163 跋闍囉、喝薩多遮164 毗地耶165 乾

遮那166 摩唎迦167 啒蘇母168 婆羯囉跢那169 鞞嚧遮那170 俱
tzā nō mō nēi jiā gwǔ soo mō pō jiěh lā dō nō pēi lū tzā nō jū
奴 利 加 骨 節 辣 多 奴 皮 盧 奴

唎耶171 夜囉菟172 瑟尼釤173 毗折藍婆、摩尼遮174 跋闍囉
nēi yā yā lā tōo sū nēē sǎn pēē jěh nǎn pō mō nēē tzā bā sěh lā
利 兔 石 散 皮 即 八

迦那、迦波囉婆175 嚧闍那176 跋闍囉、頓稚遮177 稅多遮
jiā nō jiā bō lā pō lū sěh nō bā sěh lā dwon tzē tzā swē dō tzā
加 奴 加 辣 盧 蛇 奴 八 蛇 辣 知

178 迦摩囉179 剎奢尸180 波囉婆181 翳帝夷帝182 母陀囉183 羯
jiā mō lā sā tsěh szē bō lā pō ē dēi ēē dēi mō tō lā jiěh
加 辣 殺 車 私 異 宜 節

拏184 娑鞞囉懺185 掘梵都186 印兔那、麼麼寫187
nō sō pēi lā tsǎn jwěh fǎn dōo yīn tōo nō mō mō shā
奴 皮 訣 凡 奴

（**第二會**名為釋尊應化會【又名楞嚴教主會】。下之五部三寶，夜叉神王金剛密跡，八種法門，悉為釋迦示現者也。）

烏鉡188 唎瑟、揭拏189 般剌、舍悉多190 薩怛他191 伽都瑟
woo shin nēi sū jiěh nō bō lā siē shī dō sā dā tō chiā dōo sū
信 利 石 節 奴 鉢 達 拖 斜 石

尼釤192 虎鉡都嚧雍193 瞻婆那194 虎鉡都嚧雍195 悉躭婆那
nēē sǎn hū shin dōo lū yōn jiēn pō nō hū shin dōo lū yōn shī dǎn pō nō
散 信 盧 印 占 奴 信 盧 印 丹 奴

196 虎吽都嚧雍 197 波囉瑟地耶 198 三般叉 199 拏羯囉 200 虎吽

hū shīn dōo lū yīn bō lā sū ěr yǎ sǎn bu tsā nō jěh lā hū shǐn

都嚧雍 201 薩婆藥叉 202 喝囉刹娑 203 揭囉訶、若闍 204 毗騰

dōo lū yīn sǎ pō yō tsā hā lā sā sō jěh lā hō rō sěh pēē tón

崩、薩那羯囉 205 虎吽都嚧雍 206 者都囉 207 尸底南 208 揭囉

bōn sǎ nō jěh lā hū shǐn dōo lū yǐn jā dōo lā szē dē nān jěh lā

訶 209 娑訶薩囉南 210 毗騰崩、薩那囉 211 虎吽都嚧雍 212 囉叉

hō sō hō sǎ lā nān pēē tón bōn sǎ nō lā hū shǐn dōo lū yīn lā tsā

213 婆伽梵 214 薩怛他 215 伽都瑟尼釤 216 波囉點 217 闍吉唎 218

pō chiā fān sǎ dǎ tō chiā dōo sū nēē sǎn bō lā diěn sěh jǐ nē

摩訶、娑訶薩囉 219 勃樹、娑訶薩囉 220 室唎沙 221 俱知、娑

mō hō sō hō sǎ lā pū sū sō hō sǎ lā sū nē sō jū tzē sō

訶薩泥 222 帝嚟、阿弊提視、婆唎多 223 吒吒甖迦 224 摩訶

hō sǎ nēē dē nē ō bē tēē szē pō nē dō tzǎ tzǎ yǐn jā mō hō

、跋闍嚧陀囉 225 帝唎菩婆那 226 曼茶囉 227 烏吽 228 娑悉帝

bǎ sěh lū tō lā dē nē pōo pō nō mān tsā lā wōo shīn sō shī dē

229薄婆都230麼麼231印兔那、麼麼寫232
hō pō dōō mō mō yìn tōō nō mō mō shā

（第三會名為觀音合同會。下之四門、皆如觀音上同下合，圓通修證；四不思議、無作妙德、自在成就也。）

囉闍婆夜233主囉跋夜234阿祇尼、婆夜235烏陀迦、婆夜236
lā sēh pō yā tzū lā bā yā ō chēē nēē pō yā wōō tō jiā pō yā

毗沙、婆夜237舍薩多囉、婆夜238婆囉、斫羯囉、婆夜239突
pēē sō pō yā sīē sā dō lā pō yā pō lā tzō jiēh lā pō yā tū

瑟叉、婆夜240阿舍你、婆夜241阿迦囉242密唎柱、婆夜243
sū tsā pō yā ō sīē nēē pō yā ō jiā lā mī nē tzū pō yā

陀羅尼、部彌劍244波伽波陁、婆夜245烏囉迦、婆多、婆夜246
tō lō nēē bōō mē jiēn bō chiā bō tō pō yā wōō lā jiā pō dō pō yā

剌闍檀茶、婆夜247那伽婆夜248毗條怛、婆夜249蘇波囉拏
lā sēh tān tsā pō yā nō chiā pō yā pēē tīō dā pō yā sōō bō lā nō

、婆夜250藥叉、揭囉訶251囉叉私、揭囉訶252畢唎多、揭囉
pō yā yiō tsā jiēh lā hō lā tsā szē jiēh lā hō bī nē dō jiēh lā

訶 253 毗舍遮、揭囉訶 254 部多、揭囉訶 255 鳩槃茶、揭囉訶 256

hō pēē siē tzā jēh lā hō bōō dō jēh lā hō jū pān tsā jēh lā hō

補丹那、揭囉訶 257 迦吒補丹那、揭囉訶 258 悉乾度、揭囉訶 259

bōō dān nō jēh lā hō jā tzā bōō dān nō jēh lā hō shī chiēn dōō jēh lā hō

阿播悉摩囉、揭囉訶 260 烏檀摩陀、揭囉訶 261 車夜揭囉訶 262

ō bō shī mō lā jēh lā hō wōō tān mō tō jēh lā hō tsēh yā jēh lā hō

醯唎婆帝、揭囉訶 263 社多、訶唎南 264 揭婆訶唎南 265 嚧地

shē nē pō dē jēh lā hō sē dō hō nē nān jēh pō hō nē nān lū sēr

囉、訶唎南 266 忙娑訶唎南 267 謎陀、訶唎南 268 摩闍、訶唎

lā hō nē nān mōn sō hō nē nān mēē tō hō nē nān mō sēh hō nē

南 269 闍多、訶唎女 270 視比多、訶唎南 271 毗多、訶唎南 272

nān sēh dō hō nē nü szē bē dō hō nē nān pēē dō hō nē nān

婆多訶唎南 273 阿輸遮、訶唎女 274 質多、訶唎女 275 帝釤

pō dō hō nē nān ō sōō tzā hō nē nü tzē dō hō nē nü dē sān

、薩鞞釤 276 薩婆、揭囉訶南 277 毗陀、夜闍 278 瞋陀、夜彌 279

sā pēē sān sā pō jēh lā hō nān pēē tō yā sēh tzūn tō yā mē

雞囉、夜彌280　波唎、跋囉、者迦281　訖唎擔282　毗陀、夜闍283

瞋陀、夜彌284　雞囉夜彌285　茶演尼286　訖唎擔287　毗陀夜闍288

瞋陀夜彌289　雞囉夜彌290　摩訶般輸、般怛夜291　嚧陀囉292　訖

唎擔293　毗陀夜闍294　瞋陀夜彌295　雞囉夜彌296　那囉夜拏297

訖唎擔298　毗陀夜闍299　瞋陀夜彌300　雞囉夜彌301　怛埵伽嚧、

茶西302　訖唎擔303　毗陀夜闍304　瞋陀夜彌305　雞囉夜彌306　摩

訶迦囉307　摩怛唎伽拏308　訖唎擔309　毗陀夜闍310　瞋陀夜彌311

雞囉夜彌312　迦波唎迦313　訖唎擔314　毗陀夜闍315　瞋陀夜彌316

雞囉夜彌 317 闍夜羯囉 318 摩度、羯囉 319 薩婆、囉他、娑達

jei la yä mē　sěh yä jěh la　mō dōo jěh la　sä pō la tō sō dä

那 320 訖唎擔 321 毗陀夜闍 322 瞋陀夜彌 323 雞囉夜彌 324 赭咄

nō　chǐ nē dǎn　pē tō yä sěh　tzǔn tō yä mē　jei la yä mē　jä dōo

囉 325 婆耆你 326 訖唎擔 327 毗陀夜闍 328 瞋陀夜彌 329 雞囉夜

la　pō chēe nē　chǐ nē dǎn　pēe tō yä sěh　tzǔn tō yä mē　jei la yä

彌 330 毗唎羊、訖唎知 331 難陀、雞沙囉 332 伽拏、般帝 333 索

mē　pēe nē yǎng chǐ nē tzē　lǎn tō jei sō la　chiǎ nō bu dē　sō

醯夜 334 訖唎擔 335 毗陀夜闍 336 瞋陀夜彌 337 雞囉夜彌 338 那

shē yä　chǐ nē dǎn　pēe tō yä sěh　tzǔn tō yä mē　jei la yä mē　nō

揭、那舍囉、婆拏 339 訖唎擔 340 毗陀夜闍 341 瞋陀夜彌 342 雞

jěh nō sīe la pō nō　chǐ nē dǎn　pēe tō yä sěh　tzǔn tō yä mē　jei

囉夜彌 343 阿羅漢 344 訖唎擔 345 毗陀夜闍 346 瞋陀夜彌 347 雞

la yä mē　ō nō hǎn　chǐ nē dǎn　pēe tō yä sěh　tzǔn tō yä mē　jei

囉夜彌 348 毗多囉伽 349 訖唎擔 350 毗陀夜闍 351 瞋陀夜彌 352

la yä mē　pēe dō la chiǎ　chǐ nē dǎn　pēe tō yä sěh　tzǔn tō yä mē

雞囉夜彌353　跋闍囉波你354　具醯夜、具醯夜355　迦地、般帝356

訖唎擔357　毗陀夜闍358　瞋陀夜彌359　雞囉夜彌360　囉叉罔361

婆伽梵362　印兔那、麼麼寫363

（第四會名為剛藏折攝會。火首、圓通開顯；藏王、咒後敎護；金剛、三五部主、降伏五法門一。下之六義、惡則折伏，善則攝投；皆是剛王密跡，力士顯本者也。）

婆伽梵364　薩怛多、般怛囉365　南無粹都帝366　阿悉多、那囉

剌迦367　波囉婆368　悉普吒369　毗迦、薩怛多、鉢帝唎370　什佛

囉、什佛囉371　陀囉陀囉372　頻陀囉、頻陀囉373　瞋陀瞋陀374

虎件虎件375　泮吒、泮吒、泮吒、泮吒、泮吒376　娑訶377　醯醯

泮378 阿牟迦耶泮379 阿波囉、提訶多泮380 婆囉、波囉陀泮381
pān ō mō jiā yā pān ō bō lā tēe hō dō pān pō lā bō lā tō pān

阿素囉382 毗陀囉383 波迦泮384 薩婆、提鞞、弊泮385 薩婆、
ō sū lā pēe tō lā bō jiā pān sā pō tēe pēe bē pān sā pō

那伽、弊泮386 薩婆、藥叉、弊泮387 薩婆、乾闥婆、弊泮388
nō chiā bē pān sā pō yiō tsā bē pān sā pō chiēn dā pō bē pān

薩婆、補丹那、弊泮389 迦吒補丹那、弊泮390 薩婆、突狼枳
sā pō bōo dān nō bē pān jiā tzā bōo dān nō bē pān sā pō tū lōn tzē

帝、弊泮391 薩婆、突澀比㗚392 訖瑟帝、弊泮393 薩婆、什婆
dē bē pān sā pō tū sū bē nēe chī sū dē bē pān sā pō sū pō

利、弊泮394 薩婆、阿播悉摩㗚、弊泮395 薩婆、舍囉、婆拏、
nē bē pān sā pō ō bō shī mō nēe bē pān sā pō sā lā pō nō

弊泮396 薩婆、地帝雞、弊泮397 薩婆、怛摩陀繼、弊泮398
bē pān sā pō sēr dē jēi bē pān sā pō dā mō tō jēi bē pān

薩婆、毗陀耶399 囉誓、遮㗚、弊泮400 闍夜羯囉401 摩度羯
sā pō pēe tō yā lā szē tzā nēe bē pān sēh yā jēh lā mō dōo jēh

囉402 薩婆、囉他娑陀雞、弊泮403 毗地夜404 遮唎、弊泮405

lǎ sǎ pō lǎ tō sō tō jē bē pǎn pēē sěr yǎ tzā nē bē pǎn

者都囉406 縛耆你、弊泮407 跋闍囉408 俱摩唎409 毗陀夜410

jā dōō lǎ wō chē nē bē pǎn bǎ sěh lǎ jū mō nē pēē tō yǎ

囉誓、弊泮411 摩訶波囉、丁羊412 乂耆唎、弊泮413 跋闍囉、

lǎ szē bē pǎn mō hō bō lǎ dīn yāng ēh chē nē bē pǎn bǎ sěh lǎ

商羯囉夜414 波囉丈耆、囉闍耶泮415 摩訶迦囉夜416 摩

sōng jěh lǎ yǎ bō lǎ tzōng chēē lǎ sěh yǎ pǎn mō hō jā lǎ yǎ mō

訶、末怛唎迦拏417 南無、娑羯唎多、夜泮418 毖瑟拏婢、曳

hō mụ dǎ nē jā nō nā mō sō jěh nē dō yǎ pǎn bē sū nō bē shěh

泮419 勃囉訶、牟尼、曳泮420 阿耆尼、曳泮421 摩訶羯唎、

pǎn pū lǎ hō mō nēē shěh pǎn ō chēē nē shěh pǎn mō hō jěh nē

曳泮422 羯囉檀遲、曳泮423 蔑怛唎、曳泮424 嘮怛唎、曳泮425

shěh pǎn jěh lǎ tǎn tsē shěh pǎn měh dǎ nē shěh pǎn lō dǎ nē shěh pǎn

遮文荼、曳泮426 羯邏囉怛唎、曳泮427 迦般唎、曳泮428 阿

tzā vēn tsā shěh pǎn jěh nō lǎ dǎ nē shěh pǎn jā bụ nē shěh pǎn ō

地目、質多429 迦尸摩、舍那430 婆私你、曳泮431 演吉質432 薩
sêr mŏh tzē dō jā szē mō siě nō pō szē nē shěh pān yiěn jī tzē sā

埵、婆寫433 麼麼、印兔那、麼麼寫434
tō pō shā mō mō yìn too nō mō mō shā

（**第五會**名為文殊弘傳會。自初分領、往護、代問、揀選、及後請名，非大智德首則不能也。）

突瑟吒、質多435 阿末怛唎、質多436 烏闍、訶囉437 伽婆、訶
tū sū tzā tzē dō ō mụ dā nē tzē dō woō sěh hō lā chiā pō hō

囉438 嚧地囉、訶囉439 婆娑、訶囉440 摩闍、訶囉441 闍多、訶囉
lā lū sêr lā hō lā pō sō hō lā mō sěh hō lā sěh dō hō lā

442. 視毖多、訶囉443 跋略夜、訶囉444 乾陀、訶囉445 布史波、
szē bī dō hō lā bā niŏh yā hō lā chiěn tō hō lā bōō szē bō

訶囉446 頗囉、訶囉447 婆寫、訶囉448 般波、質多449 突瑟吒、
hō lā pō lā hō lā pō shā hō lā bụ bō tzē dō tū sū tzā

質多450 嘮陀囉、質多451 藥叉、揭囉訶452 囉刹娑、揭囉訶453
tzē dō nŏw tō lā tzē dō yiō tsā jēh lā hō lā sā sō jēh lā hō

閉㘑(利)多、揭(節)囉訶454 毗(皮)舍遮、揭(節)囉訶455 部多、揭囉訶456 鳩(糾)槃(盤)

bā nē dō jiēh lā hō pēe sīe tzā jiēh lā hō bōo dō jiēh lā hō jīu pān

茶、揭囉訶457 悉乾(錢)陀、揭囉訶458 烏怛(達)摩陀、揭囉訶459 車夜

tsā jiēh lā hō sīi chiēn tō jiēh lā hō wōo dā mō tō jiēh lā hō tsēh yā

、揭囉訶460 阿播薩摩囉、揭囉訶461 宅袪(斜)革462 茶耆(其)尼、揭(節)囉(辣)

jiēh lā hō ō bō sā mō lā jiēh lā hō tzē chiā gē tsā chēe nēe jiēh lā

訶(呼)463 唎(利)佛帝、揭囉訶464 闍(蛇)弭(迷)迦(加)、揭囉訶465 舍俱尼、揭囉訶

hō nē fū dā jiēh lā hō sēh mī jiā jiēh lā hō sīe jū nēe jiēh lā hō

466 姥(母)陀(納)囉467 難地(受)迦(加)、揭囉訶468 阿藍婆、揭囉訶469 乾(錢)度波尼

mō tō lā nān sēr jiā jiēh lā hō ō nān pō jiēh lā hō chiēn dōo bō nēe

、揭囉訶470 什佛囉471 堙(烟)迦(加)醯(西)迦(加)472 墜帝藥迦(加)473 怛(達)隸(利)帝藥迦(加)474

jiēh lā hō sū fū lā yiēn jiā shē jiā tzwē dā yiō jiā dā nē dā yiō jiā

者突託迦(加)475 眤(尼)提、什伐囉476 毖(秘)釤(散)摩、什伐囉477 薄(博)底迦(加)478 鼻

jiā tū tō jiā nēe tēe sū fā lā bē sān mō sū fā lā bō dā jiā bī

底迦479 室隸(利)、瑟(石)密迦(加)480 娑你、般(鉢)帝迦(加)481 薩婆、什伐囉482 室嚧(盧)

dē jiā sū nē sū mī jiā sō nē bū dā jiā sā pō sū fā lā sū lū

吉帝483 末陀、鞞達、嚧制劍484 阿綺嚧鉗485 目佉嚧鉗486 羯唎

突嚧鉗487 羯囉訶488 羯藍、羯拏、輸藍489 憚多、輸藍490 迄唎

夜、輸藍491 末麼、輸藍492 跋唎室婆、輸藍493 毖栗瑟吒、輸

藍494 烏陀囉、輸藍495 羯知輸藍496 跋悉帝輸藍497 鄔嚧輸

藍498 常伽輸藍499 喝悉多輸藍500 跋陀輸藍501 娑房盎伽502

般囉、丈伽、輸藍503 部多、毖跢荼504 荼耆尼505 什婆囉506 陀

突嚧迦507 建咄嚧吉知508 婆路多毗509 薩般嚧510 訶淩伽511

輸沙怛囉512 娑那羯囉513 毗沙喻迦514 阿耆尼515 烏陀迦516

末囉、鞞囉 517 建多囉 518 阿迦囉 519 密唎咄 520 怛斂部迦 521 地

mu la pee la jiĕn dŏ la ŏ jia la mĭ nĕ dŏo dă niĕn boo jia sĭ

（皮　加辣　利都　達念加　受）

栗剌吒 522 毖唎瑟質迦 523 薩婆那俱囉 524 肆引伽弊 525 揭囉

nĭ la tză bĕ nĕ sŭ tzĕ jia să pŏ nŏ jü la szĕ yĭn jia bĕ jiĕh la

（乍　秘利石至加　奴　辣　斜　節辣）

唎、藥叉 526 怛囉芻 527 末囉視 528 吠帝釤 529 娑鞞釤 530 悉怛多、

nĕ yŏ tză dă la tsü mu la szĕ fĕ dĕ săn sŏ pĕe săn shĭ dăn dŏ,

（利　差　達辣初　費　散　皮散　丹）

鉢怛囉 531 摩訶跋闍嚧 532 瑟尼釤 533 摩訶般賴、丈耆藍 534 夜

bŭ dă la mŏ hŏ bă sĕh lü sŭ nĕ săn mŏ hŏ bŭ nă tzăng chĕe lăn yă

（鉢達辣　蛇盧　石　散　其）

波突陀 535 舍喻闍那 536 辮怛隸拏 537 毗陀耶 538 槃曇迦嚧彌 539

bŏ tŭ tŏ sĕ yü sĕh nŏ biĕn dă nĕ nŏ pĕe tŏ yă păn tăn jia lü mĕ

（裕蛇奴　達利奴　皮　盤談加盧）

帝殊 540 槃曇迦嚧彌 541 般囉毗陀 542 槃曇迦嚧彌 543 跢姪

dĕ sü păn tăn jia lü mĕ bŭ la pĕe tŏ păn tăn jia lü mĕ dŏ tzĕ

（盤談加盧　皮　盤談加盧　多至）

他 544 唵 545 阿那隸 546 毗舍提 547 鞞囉 548 跋闍囉 549 陀唎 550 槃

tŏ ăn ŏ nŏ nĕ pĕe sĕ tĕe pĕe la bă sĕh la tŏ nĕ păn

（拖　安　奴利　皮　皮辣　八蛇辣　利　盤）

陀槃陀你 551 跋闍囉謗尼泮 552 虎𤙖都嚧甕泮 553 莎婆訶 554

tŏ păn tŏ nĕ bă sĕh la bŏng nĕe păn hŭ shĭn dŏo lü yĭn păn sŏ pŏ hŏ

（盤　八蛇辣　信　印）

阿難。是佛頂光聚・悉怛多般怛羅・祕密伽陀・微妙章句。出生十方一切諸佛。

十方如來・因此咒心・得成無上正徧知覺。

十方如來・執此咒心・降伏諸魔・制諸外道。

十方如來・乘此咒心・坐寶蓮華・應微塵國。

十方如來・含此咒心・於微塵國・轉大法輪。

十方如來・持此咒心・能於十方摩頂授記。自果未成・亦於十方蒙佛授記。

十方如來・依此咒心・能於十方拔濟羣苦。所謂地獄餓鬼畜生・盲聾瘖瘂・怨憎會苦・愛別離苦・求不得苦・五陰熾盛・大小諸橫（去聲禍逆也）同時解脫。賊難兵難・王難獄難・風火水難・飢渴貧窮・應念銷散。

十方如來．隨此咒心．能於十方事善知識．四威儀中供養如意．恒沙如來會中推為大法王子。

十方如來．行此咒心．能於十方攝受九親因．令諸小乘聞祕密藏．不生驚怖。

十方如來．誦此咒心．成無上覺．坐菩提樹．入大涅槃。

十方如來．傳此咒心．於滅度後．付佛法事．究竟住持．嚴淨戒律．悉得清淨。

若我說是佛頂光聚般怛羅咒．從旦至暮．音聲相聯．字句中間．亦不重疊．經恒沙劫．終不能盡。亦說此咒．名如來頂。汝等有學．未盡輪迴．發心至誠．取阿羅漢．不持此咒．而坐道場．令其身心．遠諸魔事．無有是處。

阿難。若諸世界．隨所國土．所有眾生．隨國所生一〇樺（音話）皮貝葉紙素白氈．

(音牒)書寫此咒．貯於香囊。是人心昏．未能誦憶。或帶身上。或書宅中。當知是人盡其生年．一切諸毒所不能害。

阿難。我今為汝更說此咒．救護世間得大無畏．成就衆生出世間智。若我滅後．末世衆生．有能自誦．若教他誦．當知如是誦持衆生．火不能燒．水不能溺．大毒小毒所不能害。如是乃至天龍鬼神．精祇魔魅．所有惡咒．皆不能著。心得正受。一切咒詛(音阻)厭蠱毒藥．金毒銀毒．草木蟲蛇萬物毒氣．入此人口．成甘露味。一切惡星．并諸鬼神．磣(沉上聲)心毒人．於如是人不能起惡。頻那夜迦諸惡鬼王．并其眷屬．皆領深恩．常加守護。

阿難當知。是咒常有八萬四千那由他恒河沙俱胝金剛藏王菩薩種族。一一皆有諸金剛衆而為眷屬．晝夜隨侍。設有衆生於散亂心．非三摩地．心憶口持。是金剛王．常隨從彼諸善男子。何況決定菩提心者。此

諸金剛菩薩藏王、精[一二]心陰速、發彼神識。是人應時心能記憶八萬四千
恒河沙劫、周徧了知、得無疑惑。
從第一劫、乃至後身、生生不生藥叉羅剎、及[一三]富單那、迦吒富單那、鳩槃
茶、毗舍遮等、并諸餓鬼、有形無形、有想無想、如是惡處。是善男子、若讀
若誦、若書若寫、若帶若藏、諸色供養、劫劫不生貧窮下賤不可樂處。此
諸衆生、縱其自身不作福業、十方如來所有功德、悉與此人。由是得於
恒河沙阿僧祇不可說不可說劫、常與諸佛同生一處。無量功德、如惡
[一四]叉聚、同處熏修、永無分散。
是故能令破戒之人、戒根清淨。未得戒者、令其得戒。未精進者、令得精
進。無智慧者、令得智慧。不清淨者、速得清淨。不持齋戒、自成齋戒。
阿難。是善男子持此咒時。設犯禁戒於未受時。持咒之後。衆破戒罪、無

問輕重，一時銷滅。縱經飲酒，食噉五辛[一五]，種種不淨，一切諸佛菩薩金剛天仙鬼神不將爲過。設著不淨破弊衣服，一行一住悉同淸淨。縱不作壇，不入道場，亦不行道，誦持此咒，還同入壇行道功德，無有異也。若造五逆[一六]無間重罪，及諸比丘比丘尼四棄八棄[一七]，誦此咒已，如是重業，猶如猛風吹散沙聚，悉皆滅除，更無毫髮。阿難，若有衆生，從無量無數劫來，所有一切輕重罪障，從前世來未及懺悔，若能讀誦書寫此咒，身上帶持，若安住處莊宅園館，如是積業，猶湯銷雪，不久皆得悟無生忍。

復次阿難。若有女人未生男女，欲求孕者，若能至心憶念斯咒，或能身上帶此悉怛多般怛囉者。便生福德智慧男女。求長命者，即得長命。欲求果報速圓滿者，速得圓滿。身命色力，亦復如是。命終之後，隨願往生十方國土。必定不生邊地下賤，何況雜形。

阿難。若諸國土州縣聚落、饑荒疫癘。（音力）或復刀兵賊難鬪諍。兼餘一切厄難之地。寫此神咒、安城四門、并諸支提（一八）、或脫闍（一九）（音都）上。令其國土所有衆生、奉迎斯咒、禮拜恭敬、一心供養。令其人民各各身佩。或各各安所居宅地。一切災厄悉皆銷滅。

阿難。在在處處、國土衆生、隨有此咒、天龍歡喜、風雨順時、五穀豐殷、兆庶安樂。亦復能鎭一切惡星、隨方變怪。災障不起。人無橫夭。杻械枷鎖不著其身。晝夜安眠。常無惡夢。阿難。是娑婆界（二〇）、有八萬四千災變惡星。二十八大惡星而爲上首。復有八大惡星以爲其主。作種種形出現世時、能生衆生種種災異。有此咒地、悉皆銷滅。十二由旬成結界地。諸惡災祥、永不能入。

是故如來宣示此咒、於未來世、保護初學諸修行者、入三摩提、身心泰然·得大安隱。更無一切諸魔鬼神·及無始來寃橫宿殃·舊業陳債·來相惱害。汝及衆中諸有學人·及未來世諸修行者·依我壇場如法持戒·所受戒主·逢淸淨僧·持此咒心·不生疑悔。是善男子·於此父母所生之身·不得心通·十方如來便爲妄語。

說是語已。會中無量百千金剛·一時佛前合掌頂禮·而白佛言。如佛所說。我當誠心保護如是修菩提者。

爾時梵王·幷天帝釋·四天大王·亦於佛前同時頂禮·而白佛言。審有如是修學善人·我當盡心至誠保護·令其一生所作如願。

復有無量藥叉大將·諸羅刹王·富單那王·鳩槃茶王·毗舍遮王·頻那夜迦·諸大鬼王·及諸鬼帥·亦於佛前合掌頂禮。我亦誓願護持是人·令菩提心速得圓滿。

復有無量日月天子・風師雨師・雲師雷師・幷電伯等・年歲巡官・諸星眷屬・亦於會中・頂禮佛足・而白佛言。我亦保護是修行人・安立道場・得無所畏。

復有無量山神海神・一切土地・水陸空行・萬物精祇・幷風神王・無色界天・於如來前・同時稽首・而白佛言。我亦保護是修行人・得成菩提・永無魔事。

爾時八萬四千那由他恒河沙俱胝金剛藏王菩薩・在大會中・即從座起・頂禮佛足・而白佛言。世尊。如我等輩・所修功業・久成菩提・不取涅槃・常隨此咒・救護末世・修三摩提正修行者。世尊。如是修心求正定人・若在道場・及餘經行・乃至散心遊戲聚落・我等徒衆・常當隨從侍衛此人。縱令魔王・大自在天・求其方便・終不可得。諸小鬼神・去此善人十由旬外。除彼發心樂修禪者。世尊。如是惡魔若魔眷屬。欲來侵擾是善人者。我以寶杵殞碎其首。猶如微塵。恒令此人。所作如願。

一【心三口四】心三者、即貪瞋癡也、口四者、即妄言兩舌、綺語惡口是也、

二【摩訶薩怛多般怛囉】此云大白傘蓋、文句曰、體無對待曰大相絕塵染曰白用覆一切曰傘蓋、乃五會神咒之總名、亦即大佛頂三德秘藏之異稱也、

三【無爲心佛】無爲心佛、乃從佛頂光所化之佛也、

四【歷劫因緣】案阿含摩登伽女經中佛說摩登伽女與阿難、在過去生中、有五百世夫婦因緣、

五【結界】結界者、遮惡持善之義、分迷悟善惡之界畔、退惡類住善者之法也、密教於每一修法之先則行之、

六【建立道場】即建壇方式也、以下至咒前各種儀式、以楞嚴蒙鈔、引證最爲詳博、茲皆不註、

七【藍地迦等】大孔雀明王經、有藍毘迦、或曰即藍地迦也、具大光明、有大神力乃靑面金剛也、軍荼利、毘俱胝、俱爲護壇菩薩、

八【頻那夜迦】蘇悉地經、有頻那夜迦障礙神也、或云頻那、猪首、夜迦、象鼻、護壇神將也、

九【攝受親因】言如來與歷劫親眷、互相因依、自雖成佛、念彼等散在十方、亦常持此攝受、

一〇【樺皮貝葉紙素白氎】樺皮、樺樹之皮也、此土即有、治令薄輭、可以作書、貝葉、西竺所出、其葉長廣、可以寫字、紙素、紙之素者、白氎、灌頂曰、高昌國有草實如繭、其中絲如細纑、名曰氎子、取織爲細毛布、柔輭白淨、可以作書、

一一【呪詛厭蠱毒藥】厭蠱者、蟲毒也、毒藥者、物毒也、皆能害人、呪詛厭蠱毒藥、謂用惡咒詛禱二毒、以暗害於人也、案左傳皿蟲爲蠱、疏謂以毒藥藥人、令人不自知者、謂之蠱毒、相傳苗猺之地、民以百蟲置一器中、令其相啖食、最後存者則爲蠱、放之可以殺人、

一二【精心陰速】精心者、純眞之心也、護咒菩薩、以純眞之心、於陰暗中、速疾啓發彼持咒人神識、通明、周遍了知、得無疑惑、

一三【富單那等】富單那、此云臭惡鬼、迦吒富單那、此云奇臭惡鬼、鳩槃茶、此云甕形鬼、毘舍遮、此云啖精氣鬼、

一四　【惡叉聚】惡叉聚果三顆一蔕、不相分離、用喻佛德呪德己德三永相依、

一五　【五辛】五種辛辣之菜、即蒜、葱、韭、薤、與渠、等其味極臭、

一六　【五逆無間】五逆者、殺父、弒母、殺阿羅漢、破合和僧、出佛身血、罪之重者、無過於此、犯者墮無間獄、

一七　【四棄八棄】四棄、即淫殺盜妄四根本重罪、犯此四者、則永見棄於佛法之外、清淨僧中不共住故、八棄則爲比丘尼戒前四重罪外加觸、八、覆、隨、四者、詳四誦律、

一八　【支提】此云可供養處、又翻靈廟、或云有佛舍利者曰塔、無舍利者曰支提、

一九　【脫闍】或譯爲幢、或云闍訓爲都、字脫、闍、即城台高顯處也、

二〇　【八萬四千災變】星言八萬四千者、應衆生塵勞之數也、二十八爲四方之紀、八爲五行之經、佛經阿含方等中、言星象者、不一而足、與此方三垣七耀二十八宿、分野變異之說、比比小異而大同、可參看史記天官書、

佛又說：「阿難，你問如何攝伏妄心，我現在已先說佛法入門的正三昧，與

修學菩薩道的微妙法門。要先能行持這四種戒律儀範，『皎如氷雪』，自然就不會另生過犯的枝節。所謂一切過犯，不外心三：貪、嗔、癡，口四：妄語、兩舌、惡口、綺語，如果謹嚴敬持戒行來自修，這些過犯，就不會有發生的可能了。若能永不遺失這四種戒心，心裡根本不染著外界的色香味觸等境，一切魔事，那裡再會發生。若是還有宿世的罪過不能除滅，你可以教他們，一心念誦我佛頂光明『摩訶薩怛多般怛羅』（註七十三）無上神咒。（本節原文已經說的很明白，如有眞心修學的人，可自研讀本經的記述。）

（註七十三）摩訶薩怛多般怛羅咒：摩訶譯曰大，薩怛多譯曰白，般怛羅譯曰傘蓋。體無對待曰大，卽如來藏本妙圓心，如實空義。相離染垢曰白，卽如來藏，元明心妙，如實不空義。用覆一切曰傘蓋，卽如來藏，妙明心元，如實空不空義。

阿難即從座起・頂禮佛足而白佛言。我輩愚鈍・好爲多聞於諸漏心未求出離。蒙佛慈誨・得正熏修・身心快然・獲大饒益・世尊。如是修證佛三摩提・未到涅槃。云何名爲乾（一）（音干）慧之地・四十四心至何漸次得修行目。詣何方所・名入地（二）中。云何名爲等覺（三）菩薩。作是語已・五體投地・大衆一心・佇佛慈音・瞪瞢瞻仰。

爾時世尊讚阿難言。善哉善哉。汝等乃能普爲大衆・及諸末世一切衆生・修三摩提・求大乘者・從於凡夫・終大涅槃・懸示無上正修行路。汝今諦聽。當爲汝說・阿難大衆・合掌刳（音枯）心（剖除妄心）・默然受教。佛言。阿難當知。妙性圓明・離諸名相・本來無有世界衆生。因妄有生。因生有滅。生滅名妄。滅妄名眞。是稱如來無上菩提・及大涅槃・二轉（四）依號。阿難。汝今欲修眞三摩地・直詣如來大涅槃者・先當識此衆生世界二顛倒因。顛倒不生・

斯則如來眞三摩地。

阿難。云何名爲衆生顛倒。阿難。由性明心．性明圓故。因明發性．性妄見生。從畢竟無成究竟有。五此有所有．非因所因．住所住相．了無根本。本此無住建立世界及諸衆生。迷本圓明．是生虛妄。妄性無體．非有所依。將欲復眞．欲眞已非眞眞如性。非眞求復．宛成非相。非生六非住．非心非法．展轉發生。生力發明．熏以成業。同業相感。因有感業．相滅相生。由是故有衆生顛倒。

阿難。云何名爲世界顛倒。是有所有．分段妄生．因此界立。非因所因．無住所住．遷流不住．因此世成。三世四方．和合相涉．變化衆生．成十二類。是故世界因動有聲。因聲有色。因色有香。因香有觸。因觸有味。因味知法。六亂妄想成業性故。十二區分．由此輪轉。

是故世間聲香味觸·窮十二變爲一旋復。乘此輪轉顚倒相故。是有世
界卵生·胎生·濕生·化生·有色·無色·有想·無想·若非有色·若非無色·若非
有想·若非無想。

七 阿難。由因世界虛妄輪迴·動顚倒故·和合氣成八萬四千飛沈亂想。如
是故有卵羯邏藍·（此云凝滑）流轉國土。魚鳥龜蛇·其類充塞。

八 由因世界雜染輪迴·欲顚倒故·和合滋成八萬四千橫豎亂想。如是故
有胎遏蒲曇·（此云皰）流轉國土。人畜龍仙·其類充塞。

九 由因世界執着輪迴·趣顚倒故·和合煖成八萬四千翻覆亂想。如是故
有濕相蔽尸·（此云輭肉）流轉國土。含蠢蝡動·其類充塞。

一〇 由因世界變易輪迴·假顚倒故。和合觸成八萬四千新故亂想。如是故
有化相羯南·（此云硬肉）流轉國土。轉蛻飛行·其類充塞。

由因世界留礙輪迴·障顛一一倒故·和合著成八萬四千精耀亂想。如是故

有色相羯南·流轉國土。休咎精明·其類充塞。

由因世界銷散輪迴·惑顛一二倒故。和合暗成八萬四千陰隱亂想。如是故

有無色羯南·流轉國土。空散銷沈·其類充塞。

由因世界罔象輪迴·影顛一三倒故·和合憶成八萬四千潛結亂想。如是故

有想相羯南·流轉國土。神鬼一四精靈·其類充塞。

由因世界愚鈍輪迴·癡顛一五倒故·和合頑成八萬四千枯槁亂想。如是故

有無想羯南·流轉國土。精神化爲土木金石·其類充塞。

由因世界相待輪迴·僞顛一六倒故·和合染成八萬四千因依亂想。如是故

有非有色相·成色羯南·流轉國土。諸一七水母等·以蝦爲目·其類充塞。

由因世界相引輪迴·性顛一八倒故·和合咒成八萬四千呼召亂想。由是故

有非無色相・無色羯南・流轉國土。咒詛厭生・其類充塞。

由因世界合妄輪迴・罔[19]顛倒故・和合異成八萬四千迴互亂想。如是故

有非有想相成想・羯南・流轉國土。彼蒲盧等異質相成・其類充塞。[20]

由因世界怨害輪迴・殺顛[21]倒故・和合怪成八萬四千食父母想。如是故

有非無想相・無想羯南・流轉國土。如土梟等附塊爲兒・及破鏡鳥以毒[22]

樹果抱爲其子・子成・父母皆遭其食・其類充塞。

是名衆生十二[23]種類。

卷七終

一【乾慧地】涅槃者、末後圓極之果、乾慧者、最初發覺之因、而於中間四十四心、即十信、十住、十行、十向、及煖、頂、忍、世、之四加行也、

二【地中】地中者、即十地之中也、地地分齊、不相踰越、斷惑證眞、由此可躋於等覺也、

三【等覺菩薩】此乃地上之菩薩、其覺已與佛等、而未入佛之妙覺果海、

四【二轉依號】菩薩智果、乃轉衆生所依之煩惱所成、涅槃斷果、乃轉衆生所依之生死所成、故號二轉依也、

五【此有所有非因所因】文句云、此段文意、與前四卷中性覺必明妄爲明覺一段、正相彷彿、言祇由本性眞明之心、其性本明圓故然、但有性德、未有修德、故因而明發於性、性中之妄見忽生、遂從畢竟無中、妄成究竟有相、然而此有所有、當體虛妄、如空中花、如夢中物、實非因於所因、即今住所住相、亦復了無根本、不過本此無住、建立世界及諸衆生耳、此明衆生顚倒、而兼及世界者、正顯世界與衆生、祇因一迷、更無二法也、

六【非生非住】生住心法、本無自性、而三乘魔外等、於此非生非住非心非法、而妄見有生有住有、心有法、從此虛妄展轉發生、熏以成業、同業相感、而九界衆生顚倒、從此非有妄成有矣、

七【動顚倒】正脈曰、卵唯想生、虛妄即想也、想體輕擧、名動顚倒、卵以氣交、名和合氣成、想多升沈、名飛沈亂想、故感魚鳥飛沈之類也、

八【欲顚倒】正脈曰、胎因情有、雜染即情也、情生於愛、名欲顚倒、胎以精交、名和合滋成、情有偏正、名橫竪亂想、故感人畜橫竪之類也、

九【趣顚倒】正脈曰、濕以合成、執着即合也、合由愛滯、觸境趣附、名趣顚倒、濕以陽生、名和合煖成、

所趣無定、名翻覆亂想、故感蠢蝡翻覆之類也、

一〇【假顛倒】正脈曰、化以離應、變易即離也、離此托彼、名假顛倒、觸類而變、名合和觸成、轉故趣新、名新故亂想、故感蝶蛤蛻變之類也、

一一【障顛倒】正脈曰、堅執不捨、名爲留滯、障隔不通、名障顛倒、其想結成精耀、但有色相、故感休咎精明之類也、

一二【惑顛倒】正脈曰、厭有著空、滅身歸無、名銷散輪迴、迷漓無聞、名惑顛倒、依晦昧空、和合暗成、故曰陰隱亂想、即無色界外道類也、

一三【影顛倒】正脈曰、虛妄失眞、邪著影像、無所託陰、從憶想生、其神不明而幽爲鬼、其精不全而散爲魘、名潛結亂想、故感鬼神陰隱之類、

一四【神鬼精魘】神鬼精魘、相不可見、陰隱潛結、衆生邪慕靈通、逐影憶想、時或恍忽見之、久當墮其類也、

一五【癡顛倒】正脈曰、不了諦理、固守愚癡、癡鈍之極、則頑冥無知、而精神化爲土木金石也、

一六【僞顛倒】正脈曰、迷失天眞、繇著浮僞、彼此異質、染緣相合、故曰因依亂想也、

一七【水母】一名海蜇、溫陵曰、水母以水沫爲體、以蝦爲目、本非有色、待物成色、本非有用、待物成用、

一八【性顛倒】正脈曰、邪業相引、使性情顛倒、而乘咒託識、不由生理、妄隨召呼、即世間邪術咒詛精魅魔物、因而有生者也、

一九【罔顛倒】訴罔取他、納爲己有、名罔顛倒、此必因中好取他物、納爲己有、故果中亦被他物取爲己有也、

二〇【蒲盧】細腰蜂也、取青蟲伏之可以化爲己子、

二一【殺顛倒】長水曰、冤對相讎、連環不止、託至親之父子、發至冤之殺害、豈不怪哉、

二二【土梟—破鏡】土梟、鳥名、食母、破鏡、獸名、食父、今言鳥者、正脈以爲等字之悞、

二三【十二種類】憨山曰、妙淨明心、離諸名相、本來無有世界衆生、是故世界衆生、但因妄想而有也、

（大乘道的四十位的心行，和四種加行的功用境界，是一切衆生從凡夫地直達菩薩境界的十地，至於成佛的共通途徑。所以仍從衆生顛倒和世界顛倒說起。）

修學佛法進度程序的指示

阿難又問：「這樣修證佛地正三昧境界的人，如果還未達到涅槃（圓寂），何以祇能稱他是乾慧地？由乾慧地再求進步，身心善行漸次增益所發現的四十四

位心境現象，與它的界說和目的。以及菩薩的十地（註七十四）境界。乃至等覺（相等於佛地的正覺）菩薩的果地。究竟是如何情形？希望佛再加說明。」

佛說：「自性本來是靈妙圓明的。既非任何一個名辭可以形容，更非任何一種現象可以比擬。就其形而上的本位而言：本體自性中，本來沒有物理世界與衆生界的存在。因爲妄動，然後才有物理世界和衆生界的生起。既然有生，一定就有相對待的作用，跟著就會滅了。有了生滅，就稱爲妄心。如果生滅不停的妄心銷滅了，就名眞如，或稱爲眞心，或叫做眞性。悟得其理，證到其事的，便稱作無上菩提，已得無上正等正覺（註七十五）。以其現象而言，就稱之爲大涅槃（圓寂）。其實，這兩個名詞，祇是互相說明表示的名號。你現在要修佛的眞正三昧，直入佛的大涅槃境界，首先應當認識這衆生界和物理世界兩種顚倒的原因。如果再不生起顚倒，就可以達到佛的眞正三昧的境地。

「如何叫做衆生顚倒呢？由於眞心自性是本來靈明圓滿的。靈明至極，於是發起自性功能的妄動。自性妄動不息，就有了生滅不停的作用。於是從自性本體的畢竟虛無空寂的本位中，生起勝妙實有的有爲作用。這個有所爲的有爲作用，原來並不因爲有個什麼原因才發生。祇是當自性功能妄動的時候，突然發生，暫時存在，偶然停留而形成一種現象，其實並無固定的根本。從這個無所住但有現象的有爲作用，而形成了物理世界和一切衆生界。無奈一切衆生反而迷失了自性本來的圓滿光明，便發生虛妄的知見，誤以爲那些有爲現象爲眞實的存在。其實，不知道這個虛妄的作用和現象，並無一個固定的自體，更沒有實在存在的東西可以依持。可是如果要想返復歸還到眞如的本性，有這個要想求得眞如的心，就不是眞的眞如自性了。如用這個並非眞心自體來求得返本還元之道，顯然又成爲一種錯誤的現象。『非生非住，非心非法，』無生之中求生。不可住之中求住。依妄心而求眞如，用謬誤的理則而求眞理，展轉發生心理連屬不休的力量，形成業力的作用。因此，業力相同的就互相感應，產生交感的作用，彼此相生相滅，所以才有衆生的種種顚倒的存在。

「如何叫做世界顚倒呢？這些有爲的萬有現象，既已形成有所爲以後，便自然的成爲分段的妄有妄生，因此成立空間的界限與方位。其實，那都不是萬有自作或者是人爲的造成，也不由於先天有個決定性的原因，更沒有一個必然性的果然存在。因此時間的三世(過去、現在、未來)的作用，和空間的四個方位，互相和合干涉，互相分化又互相統一，(宇宙猶如一個大而無比的自然物理化學的洪爐。)變化生出一切衆生的種類。(參看本書第四章)因此世界上因有動力的妄能而有聲音，因有聲音而有物理的色相。因物理的色相而有香臭。因香臭而有感觸。因感觸而有味性。因味性而有思惟意識。(這六種作用，如連環聯圈不斷，互爲因果，互爲起滅。)由此六種現象，構成雜亂的妄想，形成業力性能。(有正反和排吸，統一和分化的相對作用。)成立內外正反的十二種區分。由此如輪圈一樣的旋轉不停，所以世間上有聲音香臭味性感觸等變化。但無論如何變化，都由六位的能所互變，自始至終，終復爲始。充其量的反復變動，都窮極於十二變之中，形成一個輪周似的旋復作用。依據這種輪轉似的顚倒變化作用，構成衆生界的現象，所以世界上有卵生、胎生、濕生、化生、有色(有色相和情想的。)、無色（沒有色相和情想的。）、有想（有精神存在而無形相可見，如鬼神精靈之類。）、無想（沒有精神作用而有形相可見，如精神化做土木金石礦物等的物質之類。）、非有色（無堅固的色情而有形象的存在，如水母浮石等。）、非無色（偶然暫有色情作用，而沒有長存的形象可得。）、非有想（好像似有知覺，而其實沒有情想的作用，如蒲盧、向日葵、含羞草等。）、非無想（好像沒有情想，而其實也有情想，如土梟、破鏡鳥等惡毒禽獸之類。），如此等等，共有十二種類的衆生。（以上第七卷竟。）

（註七十四）十地：華嚴仁王等諸大乘經所明大乘菩薩之十地也。一歡喜地，二離垢地，三發光地，四焰慧地，五極難勝地，六現前地，七遠行地，八不動地，九善慧地，十法雲地。

（註七十五）無上正等正覺：阿耨多羅三藐三菩提之譯文，阿云無，耨多羅云上，三云正，藐云等，三云正，菩提云覺，卽是無上正等正覺。眞正平等覺知一切眞理之無上智慧也。

阿難。如是衆生一一類中・亦各各具十二顛倒[一]。猶如揑目亂華發生。顛倒妙圓眞淨明心・具足如斯虛妄亂想。汝今修證佛三摩提・於是本因元所亂想。立三漸次・方得除滅。如淨器中除去毒蜜・以諸湯水幷雜灰香・洗滌其器・後貯甘露。云何名爲三種漸次。一者修習・除其助因。二者眞修・刳[二]（音枯剜去也）其正性。三者增進・違[三]其現業。

云何助因。阿難。如是世界十二類生・不能自全・依四[四]食住。所謂段食・觸食・思食・識食。是故佛說一切衆生皆依食住。阿難。一切衆生食甘故生・食毒故死。是諸衆生求三摩提・當斷世間五種辛菜。是五種辛・熟食發婬・生啖增恚。如是世界食辛之人・縱能宣說十二部經・十方天仙嫌其臭穢・咸皆遠離。諸餓鬼等・因彼食次・舐（音示）其唇吻。常與鬼住・福德日銷・長無利益。是食辛人修三摩地・菩薩天仙十方善神不來守護・大力魔王得其方便．現作佛身．來爲說法．非毀禁戒．讚婬怒癡．命終自爲魔王眷屬。受魔福盡．墮無間獄。阿難．修菩提者永斷五辛。是則名爲第一增進修行漸次。

云何正性。阿難。如是衆生入三摩地．要先嚴持清淨戒律。永斷婬心不餐酒肉。以火淨食．無啖生氣。阿難。是修行人．若不斷婬及與殺生．出三界者．無有是處。當觀婬欲．猶如毒蛇．如見怨賊。先持聲聞四棄八棄．執身不動。後行菩薩清淨律儀．執心不起。禁戒成就．則於世間永無相生相殺之業。偷劫不行．無相負累．亦於世間不還宿債。是清淨人修三摩地．父母所生肉身．不須天眼．自然能觀見十方世界。覩佛聞法．親奉聖旨。得大神通．遊十方界。宿命清淨．得無艱險。是則名爲第二增進修行漸次。

云何現業。阿難。如是清淨持禁戒人．心無貪婬．於外六塵不多流逸。因不流逸・旋元自歸。外塵既不內緣・則六根無所偶。對也反流全一・六用不行。十方國土・皎然清淨。譬如瑠璃・內懸明月。身心快然・妙圓平等・獲大安隱。一切如來密圓淨妙・皆現其中。是人即獲無生法忍。從是漸修・隨所發行・安立聖位。是則名爲第三增進修行漸次。

一【十二顚倒】十二類生、皆由眞如不覺妄顚倒成、一則現起名事造、餘則冥伏爲理具、故言各各互具十二顚倒也、然妙圓眞心、本自明淨、雖在顚倒亂想之中、體仍如故、譬猶捏目生華、一停其捏、依然清淨、後文三種漸次、即明示反染還淨、從淺至深之進修法門也、

二【刳其正性】蕅益曰、正性者、業果相續之根本也、刳者剜去之也、婬殺與盜、皆爲殺害法身之刼賊、故須刳而去之、方能執身不動、執心不起、心身俱淨、得大神通也、

三【違其現業】蕅益曰、違現業者、即前第二決定義中之「逆彼無始織妄業流」也、戒行精嚴、背塵合覺、六根內淨、五蘊頓超、即是無滅無生之眞如理智、此由戒生定、由定發慧、所以漸進於聖位

也、

四【四食】一段食、謂人間食必有分段、二觸食、謂鬼神等觸氣而飽、三思食、禪天但以禪思爲食、四識食、則四空天中唯以識定續命也、法身纏於幻質、幻質依於食住、故食不淨爲助眞成妄之初因也、

佛告阿難：「這些每一種類的衆生之中，也同時各自具有十二種生命輪轉顚倒的因緣。（換言之：人亦具有獸欲，獸也具有人心。民胞物與，心物是沒有絕對可分的界限的。）猶如一個人自揑其目，就會本能地眼前看到許多亂起的光華。須知靈妙圓明的眞心自性，本自具足所有的虛妄亂想的功能。你現在要修證佛的正法三昧，對於發生虛妄亂想的根本原因，設立三個漸修的次第步驟，才能滅除其根。好像一個潔淨的寶瓶，久裝毒藥，現在要想除去毒汁，恢復原有的潔淨，必須先用湯水香灰洗滌，還它本來的潔淨，然後才可以儲藏甘露。如何名爲三種漸修的次序呢？第一：是修習助因。修習一切善業，薰習一切善心，以銷除

它的助因。第二：是眞修正性。培養善根，從事眞正的修行，以剖出圓明靈妙的正性。第三：是增進善業。在行爲上，爲善無止境。在治心性的功用上，百尺竿頭，更求進步。如此增進修持，使與現行業力相反而行。所謂隨緣消舊業，不再造新殃了。

（一）如何是修習助因？這個世界上十二種類的衆生（註七十六），都依賴飮食而生存，所謂摶食，又名叚食。就是衆生們依時間的分段，用肢體幫忙來喫食。觸食，依靠感覺而食，如日光空氣等。思食，精神上的食糧。識食，心理上的享受。因此衆生們，食甘甜的食物而能生存，食毒素食物便會死亡。所以一切衆生，要求得佛正法的三昧，應當斷除世間的五種辛菜。（葱、蒜、韮、薤、興渠——此物中土所無。）這五種辛菜，熟食使人容易發生婬慾，生吃使人容易發生瞋恨。如不戒除，卽使善能講說一切經典，一切天仙聖賢，也都嫌其臭穢，和他遠離。鬼魅卻喜與其爲伍，不知不覺間，就墮落在魔道之中。所以一般修習菩提，而求無上正覺者，必要永斷五辛，這就是第一項的修行次序。

（二）如何是眞修正性？一般衆生要求證入佛正法的三昧，必須先要嚴持清淨的戒律，永斷婬慾的習氣。不飲酒、不食肉，以火淨食，不喫生物。如果修行的人，不斷婬慾和殺生的心，想超出三界外，是不可能的。所以人們應當看破婬慾的事，猶如毒蛇，視同寃家盜賊一樣。首先要守持聲聞乘的執身不動的戒律。以後再行持菩薩乘的淸淨戒律和儀軌，再使執心不起。若得禁戒成就，在此世間，便永遠沒有相生相殺的惡業。又能永不再起偷盜的心理和行爲，就沒有互相負累的果報。在此世間，就不須償還宿債。能夠做到這樣淸淨的修行人，如果修習佛正法的三昧，不須要另得天眼通，就以這個父母所生的肉身，也自然可以看見十方世界，親見諸佛而聽法。能夠得大神通，遊於十方世界。可使宿命淸淨，再無艱難險阻，這是第二項的修行次序。

（三）如何是增進善業，轉變現在所行的業力？能夠這樣嚴肅持守戒律，沒有貪婬的心，對於外界六塵物欲的現象，漸漸不會奔放流逸。因此收攝放心，回復歸還到自性的本元。對於外界物欲現象的誘惑，既然不去追逐它、攀緣它，那塵，六根的生理本能，自然就沒有對象。這樣便會使奔流放逸的狂心休息了，返還到一靈不昧，純眞無漏的境地。六根六塵的作用，既然能夠不再生起行動的業力。十方國土的物質障碍，就一齊銷除，皎然淸淨。『譬如瑠璃，內懸明月。身心快然，妙圓平等，獲大安隱。』一切佛圓明淸淨微妙的密意，都會在這種境界中明白顯現，如此就可以獲得無生法忍。由此再加漸修，隨他所發現的行持境界的過程，安立各種次序的聖位名稱和含義，這是第三項的修行次序。」

（註七十六）十二種類的衆生：梵語薩埵，舊譯曰衆生，新譯曰有情。衆生有三義：一、衆人共生之義。二、衆多之法，假和合而生，故名衆生。三、經衆多之生死故名衆生。十二類生者：1.卵生2.胎生3.濕生4.化生5.有色6.無色7.有想8.無想9.非有色10非無色11非有想12非無想也。

阿難。是善男子。欲愛乾枯・根境不偶。現前殘質・不復續生。執心虛明・純

是智慧。慧性明圓、瑩（音螢光明也）十方界。乾有其慧、名乾慧地。三

欲習初乾、未與如來法流水接。即以此心、中中流入、四圓妙開敷。從眞妙圓、重發眞妙。妙信常住、一切妄想滅盡無餘。中道純眞、名信心住。五

眞信明了、一切圓通。五陰十二處十八界、三不能爲礙。如是乃至過去未來無數劫中、捨身受身、一切習氣、皆現在前。是善男子、皆能憶念、得無遺忘。名念心住。

妙圓純眞、眞精發化。無始習氣、通一精明。唯以精明、進趣眞淨。名精進心。

心精現前、純以智慧、名慧心住。

執持智明、周徧寂湛。寂妙常凝、名定心住。

定光發明、明性深入。唯進無退、名不退心。

心進安然保持不失。十方如來氣分交接。名護法心。
覺明保持。能以妙力、迴佛慈光、向佛安住。猶如雙鏡、光明相對。其中妙
影重重相入。名迴向心。
心光密迴、獲佛常凝無上妙淨。安住無爲、得無遺失。名戒心住。
住戒自在。能遊十方、所去隨願。名願心住。
阿難。是善男子、以眞方便發此十心。心精發暉、十用涉入、圓成一心。名
六 發心住。
心中發明、如淨瑠璃內現精金。以前妙心、履以成地。名治地住。
心地涉知、俱得明了。遊履十方、得無留礙。名修行住。
行與佛同。受佛氣分。如中陰身自求父母。陰信冥通、入如來種。名生貴
住

既遊道胎・親奉覺胤。(音閏)如胎已成・人相不缺。名方便具足住。
容貌如佛。心相亦同。名正心住。
身心合成。日益增長。名不退住。
七 十身靈相・一時具足。名童真住。
形成出胎・親爲佛子。名法王子住。
表以成人。如國大王以諸國事分委太子。彼刹利王世子長成。陳列灌 八
頂。名灌頂住。
阿難。是善男子成佛子已。具足無量如來妙德。十方隨順。名歡喜行。九
善能利益一切衆生。名饒益行。
自覺覺他・得無違拒。名無瞋恨行。

種類出生窮未來際·三世平等·十方通達。名無盡行。

一切合同·種種法門·得無差誤。名離癡亂行。

則於同中·顯現羣異。一一異相·各各見同。名善現行。

如是乃至十方虛空滿足微塵·一一塵中現十方界。現塵現界·不相留礙。名無著行。

種種現前·咸是第一波羅密多。名尊重行。

如是圓融·能成十方諸佛軌則。名善法行。

一一皆是淸淨無漏·一眞無爲·性本然故。名眞實行。

阿難。是善男子滿足神通·成佛事已。純潔精眞·遠諸留患。當度衆生·滅除度相。迴無爲心·向涅槃路。名救護一切衆生離衆生相迴向。(一〇)

[一一]壞其可壞。遠離諸離。名不壞迴向。

本覺湛然。覺齊佛覺。名等一切佛迴向。

精眞發明。[一二]地如佛地。名至一切處迴向。

世界如來。互相涉入。得無罣礙。名無盡功德藏迴向。

於同[一三]佛地。地地中各各生清淨因。依因發揮。取涅槃道。名隨順平等善根迴向。

[一四]眞根既成。十方衆生皆我本性。性圓成就。不失衆生。名隨順等觀一切衆生迴向。

即一切法。離一切相。唯即與離。二無所著。名眞如相迴向。

眞得所如。十方無礙。名無縛解脫迴向。

性德圓成・法界[一五]量滅。名法界無量迴向。

阿難。是善男子・盡是清淨[一六]四十一心。次成四種妙圓加行。

即以佛覺用為己心・若出未出。猶如鑽火・欲然其木。名為煖地。

又以己心成佛所履・若依非依。如登高山・身入虛空・下有微礙。名為頂地。

心佛二同・善得中道。如忍事人・非懷非出。名為忍地。

數量銷滅。迷覺中道・二無所目。名世第一地。

阿難。是善男子・於大菩提善得通達・覺通如來・盡佛境界。名[一七]歡喜地。

異性入同・同性亦滅。名離垢地。

淨極明生。名發光地。

明極覺滿。名燄慧地。

一切同異所不能至。名難勝地。

無爲眞如性淨明露。名現前地。

盡眞如際。名遠行地。

一眞如心。名不動地。

發眞如用。名善慧地。

阿難。是諸菩薩·從此已往·修習畢功·功德圓滿。亦自此地名修習位。慈陰妙雲·覆涅槃海。名法雲地。

如來[一八]逆流·如是菩薩順行而至·覺際[一九]入交。名爲等覺。

阿難。從乾慧心至等覺已·是覺始獲金剛心中初乾慧地·如是重重單

[二〇]復十二方盡妙覺成無上道。是種種[二一]地皆以金剛觀察如幻十種[二二]深喻奢摩他中用諸如來毗婆舍[二三]那清淨修證漸次深入阿難如是皆以三增進[二四]故善能成就五十五位[二五]眞菩提路作是觀者名爲正觀若他觀者名爲邪觀。

一【殘質】正脈曰、果縛僅存也、案殘質即多生之習氣尚有殘存、而不更造新業也、

二【執心虛明】執心虛明、即我法二執之心、已離欲染無煩惱障、故慧性圓明、鑒十方界、

三【乾慧】此乾慧即聖位也、四敎儀言三賢爲外凡、四加行爲內凡、地上方名聖位、楞嚴經中以獲無生忍即入三摩地、由入三摩地即階乾慧、故知乾慧即聖位也、

四【中中流入】長水曰、即用此乾慧中智、合中道理、智理具中、故名中中、此中智念念相續而進上位、故言中中流入、意顯無功用道、任運而修也、

五【信心】信者、純眞無妄之謂也、以中道心純眞無妄、則因心與果覺相應、故三賢十地等妙果海之直入、必依此十心爲發軔之始也、

六【發心住】住者、永不退還之意、從上十心一超直入、依無住智、生如來家、永不退轉也、

七【十身】十身者、謂一菩提身、二願身、三化身、四力持身、五莊嚴身、六威勢身、七意生身、八福身、九法身、十智身、

八【陳列灌頂】西竺禮習、國王之太子即王位時、須陳取四大海水、貯金瓶內、王持此水灌太子頂、爲受王職位、表示爲王當用衆智也、菩薩受職、亦復如是、諸佛智水灌其頂、故乃住位之極頂也、

九【歡喜行】行者、具有修行施行二種意義、前之十住、方生佛家受菩薩職、此十行乃攝行佛事、學習諸佛本所修行、講說諸佛本所修行、繁興妙行、自利利他、普令衆生歡喜滿足、故揀歡喜爲初行也、

一〇【迴向】迴向、即是發願、前十住十行、出俗心多、大悲行劣、此須濟以悲願、處俗利生、回眞向俗、回智向悲、使眞俗圓融、智悲不二、是名十回向位、

一一【壞其可壞遠離諸離】壞其可壞、即離衆生相、遠離諸離、即離相亦離、能所俱空、則本覺湛然、故名不壞也、

一二【地如佛地】正脈曰、地如佛地者、正表發揮自己因地心中所含無邊境界、全同諸佛果地理上所現無邊刹土也、

一三【同佛地】同佛地、即前之地如佛地也、以此藏中功德無盡、如六度萬行萬德莊嚴、皆其本有、故言各各生淸淨也、

一四【眞根】平等善根性眞圓融、周遍法界、故名眞根、此根全修即性、而此性攝盡衆生、故曰皆我本性、然我根既成、衆生齊成、故曰性圓成就、蓋成就眞根、即成就佛道也、

一五【法界量滅】正脈曰、法界量滅者、良由體無不遍而用無不周、是以一塵一毛、皆等法界無復限量、是則量滅者即無量也、

一六【四十一心】溫陵曰、四十一心者、乾慧一、信住行向各十、小乘通教皆有四加、而非妙非圓、故此特標妙圓加行、融前四十一心、加功用行、以爲登地之勝進、但泯前心、非離前位、別有四行也、

一七【歡喜地】地有二義、一者成實義、蓋地以堅實爲體也、二者發生意、蓋地以發生爲用也、溫陵曰、十地者、蘊積前法至於成實、一切佛法依此發生、故謂之地也、

一八【如來逆流】言逆流者、謂諸佛已至果海、而倒駕慈航出涅槃入生死也、菩薩順行而至者、謂菩薩將窮果海、方違生死趣向涅槃也、

一九【覺際入交】覺際入交者、言佛出菩提覺際、菩薩入菩提覺際、彼此正相交會、故云入交、正脈云、譬如入海採寶者、前人已得衆寶、逆流而出到於海門、後人方以進取、順流而入、亦到海門、是二

船恰齊、但船頭向外向內為不同耳、

二〇【重重單複十二】重重猶言位位也、自乾慧以來、如是一重一重有單有複、至十二重方盡妙覺、溫陵謂一乾慧為單、二信三住四行五向為複、六暖七頂八忍九世為單、十地為複、十一等覺十二金剛心為單、故曰重重單複十二也、

二一【種種地】種種地指由乾慧以至妙覺也、金剛喻能觀之智、如幻喻所觀之境、

二二【十種深喻】大品經云、解了諸法如幻、如燄、如水中月、如虛空、如響、如乾闥婆城、如夢、如影、如鏡中像、如化、為十喻、

二三【毘婆舍那】此云差別觀、案奢摩他為止、此觀則依止所成之觀行也、

二四【三增進】即前之第三漸次也、

二五【五十五位】信、住、行、向、地、為五十、四加行及等覺為五、共成五十五位、正脉云、既言眞菩提路、則顯乾慧非眞、妙覺非路也、

五十五位修行的聖位和境界的含義

（甲）乾慧地：欲愛之念已經乾枯了，六根與外界物欲就不互相偶合。目前的有限殘生，氣質已經變化，不再繼續發生業習。執心虛明不昧，完全是清明在躬的智慧。修持漸久，智慧的性能，光明圓滿，照耀十方世界。因為祇是乾有其慧而已，未能發生自性大定的功德，所以名爲乾慧地。

（乙）十信（註七十七）

①信心住：乾慧地中，祇是欲習初乾，還未與眞如自性的法流相接。就以這初得乾有智慧的心，心心念念之中，如箭箭中的，中入法性之流，漸漸使眞心開展圓妙。從此在眞心妙圓的境界裡，重新發生至眞絕妙的知見，證得眞心元是常住不變，深具眞實的信心。一切妄想，自然滅盡無餘，完全在中道純眞中行，名爲信心住。

②念心住：證得眞實的信心，明了一切都能圓通自在。身心內外和中間三處，再不會受到障礙。乃至對於過去未來，無數劫中捨身受身的一切習氣，都在一念之間，現在目前，自然記憶不失，名爲念心住。

③精進心：眞心靈妙圓滿，眞精發生變化。無始以來的習氣，都融化成爲一體的精明妙用。祇用這種精明再求進步，入於眞淨之境，名爲精進心。

④慧心住：眞心的精明現前，一切作爲，純爲智慧，名慧心住。

⑤定心住：執持智慧光明之境，身心內外，周徧寂湛。在寂靜靈妙之中，有如止水澄波，經常凝定不動，名爲定心住。

⑥不退心：在定境中，發現淸淨光明。由定境的光明中，深入自性，有進而無退，名爲不退心。

⑦護法心：此心進入輕安泰然之境，始終保持不失，和十方諸佛的氣分相交接，名爲護法心。

⑧廻向心：保持眞心寂照的覺明境界，能夠生起妙有的力量，廻光反照到佛力的慈光。轉向佛的境界中安然而住，猶如一對明鏡，光明互相映照。其中的妙影，互相重重映入，名爲廻向心。

⑨戒心住：心光緜密返還，獲得佛的常凝無上妙淨之力。安住在無爲之境

中，永遠不會遺失，名爲戒心住。

⑩願心住：住於自在無礙的戒心境中，能够遊於十方世界，所去都可隨願，名爲願心住。

（丙）十住（註七十八）

①發心住：若有人用此眞實的法門，發起以上的十心。心精發生光輝，所學的十心功用，都互相涉入，圓成爲唯一眞心，名爲發心住。

②治地住：心中所發的明淨境界，猶如在淸淨的瑠璃之中，現出內在的精金。前面所發的妙心，隨時隨地都在妙明的心地中行履，名爲治地住。

③修行住：發心與治地所涉及的一切知見，都得明明了了。遍遊十方世界，都無留礙，名爲修行住。

④生貴住：所行與佛相同，感受佛的氣分。猶如中陰身一樣，能够自由求得轉生的父母，互相感應，入於佛的種性，名爲生貴住。

⑤方便具足住：既能隨時遊心於道，猶如初得人身而入胎，已經親承佛的法

統。由此再加修行，如胎兒的完成人形，名爲方便具足住。

⑥正心住：再進而形容如佛，道心也和佛相同，名正心住。

⑦不退住：身心圓明，打成一片，日日增長，名爲不退住。

⑧童眞住：再此增進，佛所具有的十身（註七十九）靈相，一時都得具足，名爲童眞住。

⑨法王子住：逐漸人形完全長成，出胎在世，親爲佛的得法之子，名爲法王子住。

⑩灌頂住：已經長養成人，猶如國之太子，成年以後，行將繼承王位，得到灌頂，名爲灌頂住。

（以上由生貴住至灌頂住，以入胎成人爲譬喻。在功用上，確很實在。不過有些人，卻把它當成實相來做，堅執爲實有的境界，實在貽誤不淺。此中妙用，唯證方知，要到空有雙融，智悲雙運的實際理地，才解語此。）

（丁）十行（註八十）

⑴歡喜行：既已成爲佛的法子，就具足有無量如來的妙德。在十方世界中，一切隨順衆生，隨緣而度，名爲歡喜行。

⑵饒益行：善於爲一切衆生造福利，名爲饒益行。

⑶無嗔恨行：不但自覺，且能覺他。對於所遭遇的一切煩惱，皆無違拒，名爲無嗔恨行。

⑷無盡行：於未來無窮的時際裡，出生於任何種類的衆生之中，不受時間空間的影響，名爲無盡行。

⑸離癡亂行：或演繹、或綜合一切各種法門，始終沒有差誤，名爲離癡亂行。

⑹善現行：在一切根本同一的法性中，顯示各種不同的差異作用。在每一差異的現象上，又能見到它根本的同處，名爲善現行。

⑺無著行：進而至於十方虛空界的所有微塵裡，在任何一粒塵中，又可以現出另一個十方世界。如此互相變現，無論現塵或現出世界，都能彼此不相留礙，

名爲無著行。

⑻尊重行：種種現前的作爲，都是爲了救度衆生，使其解脫到達彼岸（註八十一）的第一義，名爲尊重行。

⑼善法行：如此圓融通達，能夠完成十方諸佛的儀軌和法則，名爲善法行。

⑽眞實行：如上所說的各種次序和境界，一一都是清淨無漏中的行業。也都是一眞無爲自性中本然的流露，名爲眞實行。

（戊）十廻向（註八十二）

⑴救護一切衆生離衆生相廻向：此人如果已經滿足得到神通妙用，成就佛事，絕對的純潔精眞，遠離了一切殘留的過患，當然就要救度一切衆生。但是自己又須滅除心中表示足以度他，或我已度他的觀念和現象。廻此無爲之心，都歸向於涅槃（圓寂）之路，名爲救護一切衆生離衆生相廻向。

⑵不壞廻向：空壞了一切可以空壞的，遠離了一切可以遠離的，連能壞能離之相都不存在，名爲不壞廻向。

(3)等一切佛迴向：自性本覺之體，湛然現前。覺性已並齊於佛的正覺，名爲等一切佛迴向。

(4)至一切處迴向：眞心至精發出光明，心地等於佛的心地，名爲至一切處迴向。

(5)無盡功德藏迴向：萬有世界，與眞如自性，可以互相涉入，一點沒有罣礙，名爲無盡功德藏迴向。

(6)隨順平等善根迴向：在佛與衆生平等的性地中，而發生各各不同的淸淨之因。依此因而發揮它的妙用，取得涅槃(圓寂)的道果，名爲隨順平等善根迴向。

(7)隨順等觀一切衆生迴向：眞實的道根旣已成就，視十方世界裡的衆生，都是我本性的同體。自性雖然已經圓滿成就，同時亦不忘失救度任何一個衆生，名爲隨順等觀一切衆生迴向。

(8)眞如（見註四十四）相迴向：『卽一切法，離一切相。』於不卽不離，亦離亦卽之中，兩者都沒有執著的心，名爲眞如相迴向。

⑼無縛解脫迴向：眞心得到如所如如的境界，十方世界，一切無礙，名爲無縛解脫迴向。

⑽法界無量迴向：本來自性的妙德圓成了，所謂法界的邊際和數量的觀念也滅除了，名爲法界無量迴向。

以上就是心性修行過程中，所立四十一位淸淨心地境界的含義。其次還要成功四種微妙圓滿的加行。（這裡所謂加行，是針對以上修治心性的心地法門而言。因爲四十一位的修行次序，大部份是專指心性的境界而建立它的名稱和次序。心地雖然已經得到極高明之境，而在行持的工夫上，還得注意它的功用。這種工夫的功用境界，就名爲四加行。如果將四加行也作爲心性的法則來看，似乎失於切實。所以下面就基於這個體驗，來說四加行的妙用。）

（巳）四加行（註八十三）

⑴煖地：既已得到如佛的覺性妙用，在自己心地上用功夫，好像欲出未出，有如鑽木取火。火光雖未燃發，而煖氣已經流佈，就名爲煖地。

(2)頂地：自己心地上，已經成就，和佛的所行所履一樣。對於這個氣質殘留塵色的生理之身，外表像是依靠它。其實內在又並不一定依靠它。猶如人登到高山的峯頂上，身體雖然已經上接虛空，入於虛空之中，但是下面還有些障礙，不能完全離開，就名爲頂地。

(3)忍地：卽心卽佛，心就是佛。已經證得這個眞心不二的絕對眞理之實境，此心已同於佛道，並且善能得到中道不二的妙用。猶如忍住某一種事的人，心中如有如無，大有忍住不動的意味，就名爲忍地。

(4)世第一地：一切境界和名稱數量，完全銷滅。既無所謂迷，也無所謂覺。迷覺乃二邊對待的名辭和作用，現在都成爲未悟以前的過去臆語。祇有在不二的中道第一義諦中行，其餘都成爲無所謂的名辭，就名爲世第一法。

(庚) 十地（註八十四）

(1)歡喜地：在大菩提中（無上正知正覺），善得通達，覺心已通達於眞如自性，盡能了解佛的境界，名爲歡喜地。

(2)離垢地：一切世間出世間諸法差異的性能，都能明了它的同一根源。後來併同一之性也滅除不住，名爲離垢地。

(3)發光地：內心淨極，自性光明發生，名爲發光地。

(4)燄慧地：自性光明已極，正覺圓滿，名燄慧地。

(5)難勝地：一切諸法的同異，都不可得，名爲難勝地。

(6)現前地：無爲眞如自性，自然發露淨明妙德，名爲現前地。

(7)遠行地：窮盡眞如自性的邊際，名爲遠行地。

(8)不動地：一心眞如，如如不動，名爲不動地。

(9)善慧地：發起眞如心的妙用，名爲善慧地。

(10)法雲地：在修習菩薩道的過程中，從此以往，修習的功用已畢，功德已經圓滿。也有認爲到此才是眞正修習佛法的正位，所謂慈蔭妙雲，覆涅槃海，名爲法雲地。

(以上爲修習大乘菩薩道的五十五位次序竟。)

等覺：由凡夫境界，要求返本還元，證得自性眞如，必須要逆轉生死海中的妄想之流。如有一修習行持者，依照上面所說的次序，順行而至於正覺的性海，與諸佛法性相交，名爲等覺之位，便和諸佛的菩提正覺相等了。

妙覺：到了等覺位以後，覺性才獲得金剛喩心中的大定。由最初的乾慧地，如是重重單複十二，方盡妙覺，成無上道。（例如以每一位爲單數，加積成爲十位，十位卽是五位的二數的複數，此爲一重單複。衆生世界因有時間的三位，空間的四位，三四四三，乘得十二。所以衆生界得形成六根六塵，統名爲十二根塵。如果修返本還元之道，也得依十二根塵而修持，此爲第二重單複。從乾慧地，至煖、頂、忍、世第一法。等覺、妙覺、七個單位，加上十地等五十位的五數，七五相加得十二。此爲第三重單複。天數五、地數五、天地之數五十又五，其用四十有九。五是一至十的中數，與十交叉，順行推演至於無窮數，逆行復歸於一。所以修行佛道，建立五十五位，此爲第四重單複。形而下的有數，都始於一。十百千萬億而至於無量之數，還都祇是一位。形而上的數，也由一而逆返。

返一以還，進於形而上的不可知之數。古今中外，東西方的聖凡，對於名數的道理，並無兩樣，實爲不可思議的至理。此中妙理無窮，由此貫通，佛法名數之理，可以了然矣。）

以上所說的種種地位，都是用不變如金剛的智慧去觀察。認識世間事物，皆是如夢、如幻、如露、如電、如鏡花、如水月、如陽燄、如空花、如海市蜃樓、如芭蕉。觀察認識清楚了，在奢摩他（止定的境界）中，用諸佛所教毗婆舍那（慧觀），雙融雙運，而淸淨修證之。漸次深入，從步步精進的程序上，立此位數。但都是用上述三種漸次增進的方法，修成五十五位的眞正菩提正覺之路。如果能够依此去修觀，才名爲正觀。若做其他觀的，就名爲邪觀。

（註七十七）十信：菩薩五十五位修行中之第一十位也。

（註七十八）十住：菩薩五十五位修行中之第二十位也。

（註七十九）十身：1.菩提身，2.願身，3.化身，4.住持身，5.相好莊嚴身，6.勢力身，7.如意身，8.福德身，9智身，10法身。

（註八　十）十行：菩薩五十五位修行中之第三十位也。菩薩於十信十住滿足自利，又復爲利他之行也。

（註八十一）彼岸：生死之境界，譬之此岸。業煩惱，譬之中流。涅槃，譬之彼岸也。

（註八十二）十廻向：菩薩五十五位修行中之第四十位也。以大悲心救護一切衆生，謂之廻向。

（註八十三）四加行：於大乘法相宗以煖地、頂地、忍地、世第一地、等四善根爲五位中加行位，故以四加行爲四善根之異名。

（註八十四）十地：菩薩五十五位修行中之第五十位也。

爾時文殊師利法王子在大衆中．即從座起．頂禮佛足．而白佛言。當何名是經。我及衆生云何奉持。佛告文殊師利。是經名大佛頂悉怛多般怛羅無上寶印．十方如來清淨海眼。亦名救護親因．度脫阿難及此會中性比丘尼．得菩提心．入徧知海。亦名如來密因修證了義。亦名大方廣妙·蓮華王十方佛母陀羅尼咒。亦名灌頂章句·諸菩薩萬行首楞嚴。
汝當奉持。

說是語已。即時阿難及諸大衆·得蒙如來開示密印般怛羅義。兼聞此
經了義名目。頓悟禪那修進聖位。增上妙理·心慮虛凝。[一]斷除三界修心
六品微細煩惱。即從座起·頂禮佛足·合掌恭敬而白佛言。大威德世尊。
慈音無遮。善開衆生微細沈惑。令我今日身心快然·得大饒益。世尊。若
此妙明眞淨妙心·本來徧圓。如是乃至大地草木·蠕（音孺）動含靈本元眞
如·即是如來成佛眞體。佛體眞實·云何復有地獄·餓鬼·畜生·修羅·人·天·
等道。世尊。此道爲復本來自有。爲是衆生妄習生起。世尊。如[二]寶蓮香比
丘尼·持菩薩戒·私行婬欲。妄言行婬非殺非偷·無有業報。發是語已·先
於女根生大猛火·後於節節猛火燒然·墮無間獄。[三]瑠璃大王。[四]善星比丘。

瑠璃爲誅瞿曇族姓。善星妄說一切法空。生身陷入阿鼻地獄。此諸地
獄·爲有定處·爲復自然·彼彼發業·各各私受。惟垂大慈·開發童蒙。令諸
一切持戒衆生·聞決定義·歡喜頂戴·謹潔無犯。
佛告阿難。快哉此問。令諸衆生·不入邪見。汝今諦聽。當爲汝說。阿難。一
五 切衆生實本眞淨。因彼妄見。有妄習生。因此分開內分（去聲）外分。阿難。內
分即是衆生分內。因諸愛染·發起妄情。情積不休·能生愛水。是故衆生·
心憶珍羞·口中水出。心憶前人·或憐或恨·目中淚盈。貪求財寶·心發愛
涎·舉體光潤。心著行婬·男女二根·自然流液。阿難。諸愛雖別·流結是同。
潤濕不升·自然從墜。此名內分。阿難。外分即是衆生分外。因諸渴仰·發
六 明虛想。想積不休·能生勝氣。是故衆生·心持禁戒·舉身輕清。心持呪印·
顧盼雄毅。心欲生天·夢想飛舉。心存佛國·聖境冥現。事善知識·自輕身

命。阿難。諸想雖別。輕舉是同。飛動不沈。自然超越。此名外分。

阿難。一切世間生死相續。生從順習。死從變流。臨命終時。未捨煖觸。一生善惡俱時頓現。死逆生順。二習相交。（正脈云死逆生順二習相交當在煖觸下）

七

純想即飛。必生天上。若飛心中。兼福兼慧。及與淨願。自然心開。見十方佛。一切淨土。隨願往生。情少想多。輕舉非遠。即為飛仙大力鬼王。飛行夜叉。地行羅剎。遊於四天。所去無礙。其中若有善願善心。護持我法。或護禁戒。隨持戒人。或護神咒。隨持咒者。或護禪定。保綏法忍。是等親住如來座下。情想均等。不飛不墜。生於人間。想明斯聰。情幽斯鈍。情多想少。流入橫生。重為毛羣。輕為羽族。七情三想。沈下水輪。生於火際。受氣猛火。身為餓鬼。常被焚燒。水能害己。無食無飲。經百千劫。九情一想。下洞火輪。身入風火二交過地。輕生有間。重生無間。二種地獄。純情即沈。

入阿鼻獄。若沈心中、有謗大乘、毀佛禁戒、誑妄說法、虛貪信施、濫（音亂）膺（音應）恭敬、五逆十重、更生十方阿鼻地獄。循造惡業、雖則自招。衆同分中、兼有元地。八。

阿難。此等皆是彼諸衆生。自業所感。造十習因。受六交報。

云何十因。阿難。一者婬習交接、發於相磨。研磨不休、如是故有大猛火光、於中發動。如人以手自相摩觸、煖相現前。二習相然、故有鐵牀銅柱諸事。是故十方一切如來、色目行婬、同名欲火。菩薩見欲、如避火坑。九

二者貪習交計、發於相吸。吸攬（音覽取也）不止、如是故有積寒堅冰、於中凍冽（音烈）。一〇如人以口吸縮風氣、有冷觸生。二習相陵、故有吒吒（音乍）波波羅羅、青赤白蓮、寒冰等事。是故十方一切如來、色目多求、同名貪水。菩薩見貪、如避瘴（音障毒也）海。

三者慢習交陵，發於相恃。馳流不息，如是故有騰逸奔波，積波為水。如人口舌自相緜味，因而水發。二習相鼓，故有血河、灰河、熱沙、毒海、融銅、灌吞諸事。是故十方一切如來色目我慢，名飲癡水。菩薩見慢，如避巨溺。

四者瞋習交衝，發於相忤。忤結不息，心熱發火，鑄(音柱)氣為金。如是故有刀山、鐵橛(音厥)、劍樹、劍輪、斧鉞(音月)、鎗鋸。如人銜冤，殺氣飛動。二習相擊，故有宮割斬斫(音昨)剉(音錯)刺槌(音追)擊諸事。是故十方一切如來色目瞋恚，名利刀劍。菩薩見瞋，如避誅戮。

五者詐習交誘，發於相調。引起不住，如是故有繩木絞校(音教)。如水浸田，草木生長。二習相延，故有杻(音紐)械(音謝)枷鎖鞭杖檛(音撾)棒諸事。是故十方一切如來色目姦偽，同名讒賊。菩薩見詐，如畏豺狼。

六者·誑習交欺·發於相罔。誣罔不止·飛心造奸。如是故有塵土屎尿穢汙不淨。如塵隨風·各無所見。二習相加·故有沒溺騰擲·飛墜漂淪諸事。是故十方一切如來·色目欺誑·同名劫殺。菩薩見誑·如踐蛇虺(音卉)。

七者·怨習交嫌·發於銜恨。如是故有飛石投[一三]礫(音歷)·匣貯車檻·甕盛囊撲。如陰毒人·懷抱畜惡。二習相呑·故有投擲擒捉·擊射拋撮諸事。是故十方一切如來·色目怨家·名違害鬼。菩薩見怨·如飲鴆[一四](音趁)酒。

八者·見[一五]習交明·如薩迦[一六]耶·見戒禁取·邪悟諸業·發於違拒·出生相反。如是故有王使主吏·證執文籍。如行路人·來往相見。二習相交·故有勘(音刊考對也)問·權詐·考訊推鞫(音菊窮詰也)·察訪·披究·照明·善惡童子·手執文簿辭辯諸事。是故十方一切如來·色目惡見·同名見坑。菩薩見諸虛妄偏執·如臨毒壑。

九者·枉習交加·發於誣謗。如是故有合一七山合石·碾(音拈軋也)磑(音挨)耕磨。如讒賊人逼枉良善。二習相排·故有押(壓)捺搥(槌)按·蹙(音促)漉(音鹿)衡度諸事。是故十方一切如來·色目怨謗·同名讒虎。菩薩見枉·如遭霹靂(音辟歷雷震也)。

十者·訟習交諠·發於藏覆一八。如是故有鑑見照燭·如於日中·不能藏影。二習相陳·故有惡友·業鏡火珠·披露宿業·對驗諸事。是故十方一切如來·色目覆藏·同名陰賊。菩薩觀覆·如戴高山·履於巨海。

云何六報。阿難。一切衆生·六識造業·所招惡報·從六根出。

云何惡報從六根出。一者見報·招引惡果。此見業交·則臨終時·先見猛火滿十方界。亡者神識·飛墜乘烟·入無間獄。發明二相。一者明見·則能徧見種種惡物·生無量畏。二者暗見·寂然不見·生無量恐。如是見火(眼根)燒聽(耳根)·能爲鑊(音戶釜也)湯烊銅。燒息(鼻根)·能爲黑烟紫燄。燒味(舌根)·能爲焦丸鐵糜。

燒觸、（身根）能爲熱灰爐炭。燒心、（意根）能生星火迸（音并散也）灑、煽（扇）鼓空界。

二者、聞報招引惡果。此聞業交、則臨終時、先見波濤沒溺天地。亡者神識、降注乘流、入無間獄。發明二相。一者開聽、聽種種鬧、精神愗（音茅昏也）亂。二者閉聽、寂無所聞、幽魄沈沒。如是聞波、注聞（耳）則能爲責爲詰。注見（目）、則能爲雷、爲吼、爲惡毒氣。注息（鼻）、則能爲雨爲霧、灑諸毒蟲、周滿身體。注味（舌）、則能爲膿爲血、種種雜穢。注觸（身）、則能爲畜爲鬼、爲糞爲尿。注意則能爲電爲雹、摧碎心魄。

三者、鼻報招引惡果。此鼻業交、則臨終時、先見毒氣充塞遠近。亡者神識、從地踊出、入無間獄。發明二相。一者通聞、被諸惡氣熏極心擾。二者塞聞、氣掩不通、悶絕於地。如是鼻氣、衝息則能爲質爲履。衝見則能爲火爲炬。衝聽則能爲沒爲溺、爲洋爲沸。衝味、則能爲餒（音納飢也）爲爽。衝觸、則能爲綻（音占破也）、爲爛、爲大肉山、有百千眼、無量咂（音札吸也）食。衝思則能爲灰爲瘴、爲飛砂礰、擊碎身體。

四者味報、招引惡果。此味業交、則臨終時、先見鐵網、猛燄熾烈、周覆世界。亡者神識、下透挂網、倒懸其頭、入無間獄。發明二相。一者吸氣、結成寒冰、凍裂身肉。二者吐氣、飛爲猛火、焦爛骨髓。如是嘗味、歷嘗則能爲承（領納也）、爲忍（受也）。歷見則能爲然金石。歷聽則能爲利兵刃。歷息則能爲大鐵籠、彌覆國土。歷觸則能爲弓、爲箭、爲弩、爲射。歷思則能爲飛熱鐵從空雨下。

五者觸報、招引惡果。此觸業交、則臨終時、先見大山、四面來合、無復出路。亡者神識、見大鐵城、火蛇、火狗、虎狼、師子、牛頭獄卒、馬頭羅剎、手執鎗矟（音朔）、驅入城門、向無間獄。發明二相。一者合觸、合山逼體、骨肉血潰。

二者離觸、刀劍觸身、心肝屠裂。如是合觸。歷觸、則能爲道爲觀、爲廳爲案。歷見則能爲燒爲爇、歷聽則能爲撞爲擊、爲剚（音刺）爲射。歷息則能爲括爲袋、爲考爲縛。歷嘗則能爲耕爲鉗、爲斬爲截。歷思則能爲墜爲飛、爲煎爲炙（音熾）。

六者思報招引惡果。此思業交、則臨終時、先見惡風吹壞國土。亡者神識、被吹上空、旋落乘風、墮無間獄。發明二相、一者不覺、迷極則荒、奔走不息。二者不迷、覺知則苦、無量煎燒、痛深難忍。如是邪思、結思則能爲方爲所。結見、則能爲鑒爲證。結聽、則能爲大合石、爲冰爲霜、爲土爲霧。結息、則能爲大火車、火船火檻。結嘗、則能爲大叫喚、爲悔爲泣。結觸、則能爲大爲小、爲一日中萬生萬死、爲偃爲仰。

阿難。是名地獄十因六果、皆是衆生迷妄所造。若諸衆生惡業圓造、入阿鼻獄·受無量苦·經無量劫。六根各造·及彼所作兼境兼根·是人則入八無間獄·身口意三作殺盜婬·是人則入十八地獄·三業不兼·中間或爲一殺一盜·是人則入三十六地獄。見見一根·單犯一業·是人則入一百八地獄。由是衆生別作別造·於世界中入同分地·妄想發生·非本來有。

復次阿難。是諸衆生·非破律儀·犯菩薩戒·毀佛涅槃·諸餘雜業·歷劫燒然·後還罪畢·受諸鬼形。

若於本因貪物爲罪。是人罪畢·遇物成形·名爲怪鬼。

貪色爲罪。是人罪畢·遇風成形·名爲魃(音跋旱鬼也)鬼。

貪惑爲罪。是人罪畢·遇畜成形·名爲魅鬼。

貪恨爲罪。是人罪畢·遇蟲成形·名蠱毒鬼。

貪憶爲罪。是人罪畢，遇衰成形，名爲癘鬼。

貪傲爲罪。是人罪畢，遇氣成形，名爲餓鬼。

貪罔爲罪。是人罪畢，遇幽爲形，名爲魘（音掩）鬼。

貪明爲罪。是人罪畢，遇精爲形，名魍魎鬼。

貪成爲罪。是人罪畢，遇明爲形，名役使鬼。

貪黨爲罪。是人罪畢，遇人爲形，名傳送鬼。

阿難。是人皆以純情墜落，業火燒乾，上出爲鬼。此等皆是自妄想業之所招引。若悟菩提，則妙圓明本無所有。

復次阿難。鬼業既盡，則情與想二俱成空。方於世間與元負人，怨對相值。身爲畜生，酬其宿債。

物怪之鬼，物銷報盡，生於世間，多爲梟類。

風魃之鬼．風銷報盡生於世間．多為咎徵一切異類。

畜魅之鬼．畜死報盡生於世間．多為狐類。

蟲蠱之鬼．蠱滅報盡生於世間．多為毒類。

衰癘之鬼．衰窮報盡生於世間．多為蛔(音回腹內蟲也)類。

受氣之鬼．氣銷報盡生於世間．多為(供人所)食(之)類。

緜幽之鬼．幽銷報盡生於世間．多為(供人)服(用之)類。

和精之鬼．和銷報盡生於世間．多為應(時而至之)類。

明靈之鬼．明滅報盡生於世間．多為休徵(麟鳳之類)一切諸類。

依人之鬼．人亡報盡生於世間．多為循(善也)類。

阿難。是等皆以業火乾枯．酬其宿債．傍為畜生。此等亦皆自虛妄業之所招引。若悟菩提．則此妄緣本無所有。如汝所言寶蓮香等．及瑠璃王．

善星比丘。如是惡業。本自發明。非從天降。亦非地出。亦非人與。自妄所招。還自來受。菩提心中。皆為浮虛妄想凝結。

復次阿難。從是畜生酬償先債。若彼酬者分（去聲）越所酬。此等眾生。還復為人。反徵其剩。如彼有力兼有福德。則於人中不捨人身。酬還彼力。若無福者。還為畜生。償彼餘直。阿難當知。若用錢物。或役其力。償足自停。如於中間殺彼身命。或食其肉。如是乃至經微塵劫。相食相誅。猶如轉輪。互為高下。無有休息。除奢摩他及佛出世。不可停寢（止也）。

一九

汝今應知。彼梟倫者。酬足復形。生人道中。參合頑（心忘德義之人）類。

彼咎徵者。酬足復形。生人道中。參合（妖）異（之）類（異類他本有作愚類者）。

彼狐倫者。酬足復形。生人道中。參於庸（鄙之）類。

彼毒倫者（蛇蝎之屬）。酬足復形。生人道中。參合很（戾之）類。

彼蛔倫者。酬足復形。生人道中。叅合微賤之類。

彼食倫者。酬足復形。生人道中。叅合柔弱之類。

彼服倫者。酬足復形。生人道中。叅合勞役之類。

彼應倫者。酬足復形。生人道中。叅於文彩之類。

彼休徵者。酬足復形。生人道中。叅合聰明之類。

彼諸循倫。酬足復形。生人道中。叅於豁達之類。

阿難。是等皆以宿債畢酬。復形人道。皆無始來業計顛倒。相生相殺。不遇如來。不聞正法。於塵勞中。法爾輪轉。此輩名爲可憐愍者。

阿難。復有從人。不依正覺修三摩地。別修妄念。存想固形。遊於山林人不及處。有十種仙。

二〇　二一

阿難。彼諸衆生。堅固服餌而不休息。食道圓成。名地行仙。

堅固草木而不休息。藥道圓成．名飛行仙。
堅固金石而不休息。化道圓成．名遊行仙。
堅固動止而不休息。氣精圓成．名空行仙。
堅固津液而不休息。潤德圓成．名天行仙。
堅固精色而不休息。吸粹圓成．名通行仙。
堅固咒禁而不休息。術法圓成．名道行仙。
堅固思念而不休息。思憶圓成．名照行仙。
堅固交遘而不休息。感應圓成．名精行仙。
堅固變化而不休息。覺悟圓成．名絕行仙。
阿難。是等皆於人中鍊心．不修正覺。別得生理．壽千萬歲。休止深山或大海島．絕於人境。斯亦輪迴妄想流轉。不修三昧。報盡還來．散入諸趣。

阿難。諸世間人·不求常住。未能捨諸妻妾恩愛。於邪婬中·心不流逸。澄瑩生明。命終之後·鄰於日月。如是一類·名四天王天。

於己妻房·婬愛微薄。於淨居時·不得全味[二二]。命終之後·超日月明·居人間頂。如是一類·名忉利天[二三]。

逢欲暫交·去無思憶。於人間世·動少靜多。命終之後·於虛空中朗然安住。日月光明·上照不及。是諸人等·自有光明。如是一類·名須燄摩天[二四]。

一切時靜。有應觸來·未能違戾[二五]。命終之後·上升精微·不接下界諸人天境。乃至劫壞·三災不及。如是一類·名兜率陀天[二六]。

我無欲心·應汝行事。於橫陳[二七]時·味如嚼蠟[二八]。命終之後·生越化地。如是一類·名樂變化天。

無世間心·同世行事。於行事交·了然超越。命終之後·徧能出超化無化境。如是一類名他化自在天。

阿難。如是六天形雖出動心迹尙交自此已還名爲欲界二九。卷八終

一【斷除三界……】斷除三界修道位中前六品細惑以實證二果也、

二【寶蓮香】長水曰、寶蓮香事、未檢所出、

三【琉璃大王】琉璃王舍衞國之太子也、以私怨誅釋族、佛謂其七日當入地獄、王怖乘舟浮海以避、水中出火燒王死、

四【善星比丘】善星比丘、即調達之子也、善說十二部經、以近惡友、故妄說諸法斷滅、生陷無間地獄、案上三人、皆謬執圓妙、撥無因果、毀律誤人、故循業受報也、

五【妄習】習妄成執、惑爲性具、生佛之趣、實由此判也、

六【勝氣】勝氣、由積想生、想久觀成、即超舉之妙因也、

七【若飛心中】飛者純想之所現、言若純想自己心中所作福業慧業、及淨願等、自得見佛淨土也、

八【元地】元地者、各隨原由因地造業受報也、

九【色目】指掌曰、向人形容曰色、自己觀察曰目、故如來向人形容自己觀察皆名欲火也、

一〇【吒吒、波波、羅羅、青赤白蓮等】吒吒波波羅羅、酷寒逼人之聲也、青赤白蓮、寒氣凍結之相也、

一一【綿味】指掌曰、綿味者舌拄上顎、深取其味也、

一二【宮割斬斫剉刺槌擊】皆刑名也、

一三【飛石投礰柙貯車檻甕盛囊撲】飛以石塊、投以碎石、柙牢盛貯、車中檻禁、盛人甕中以火炙之、收入於囊舉以撲之、皆害人事也、

一四【鴆酒】鴆鳥最毒、羽毛瀝酒、飲之則腸寸寸斷也、

一五【見習】見習有五、一身見、二邊見、三邪見、四見取、五戒禁取、此五總名惡見、互相違反、皆能陷法身致業苦也、

一六【薩迦耶】此云有身、即是衆生身見、謂執身有我、種種計著也、

一七【合山合石碾磑耕磨】兩山豎夾、兩石橫夾、碾軋石研、耕舌磨頂、皆苦慘罪刑也、

一八【藏覆】謂藏覆己過也、人雖不知、自心難昧、故於自心預現其相也、

一九【叅合】叅者雜也、雜合其中、是似而非純也、

二〇【堅固服餌】堅固謂立志不退、服餌謂服食藥餌、

二一 【食道圓成】謂服食既久、道理相應也、

二二 【全味】謂淨心不純、間有念起、禪思之味、不得全也、

二三 【忉利天】此云三十三、居須彌頂、四週各八天、中為善見城、乃帝釋所居、

二四 【須燄摩天】此云善時分、以日月不及、應無晝夜、唯視蓮花開合為晝夜耳、

二五 【違戾】猶拒絕也

二六 【兜率陀天】此云喜足、菩薩住此、多修喜足行故也、

二七 【橫陳】謂橫放其身、陳獻於旁也、

二八 【嚼蠟】以蠟味難膩、嚼之無味、反欲嘔也、

二九 【欲界】以前六天、雖出塵擾、而未能絕欲、故通名曰欲界、

地獄天堂的有無與人生精神心理的因果關係

阿難問：「如果這靈妙光明眞如清淨的妙心，本來是徧滿圓明的。那麼，所有山河大地，與草木含靈等等，都是眞如自性本元的變化作用，和佛得成正覺的自性同是一體。佛的性體既然眞實不變，何以其中又有地獄、餓鬼、畜生、修

羅、人、天等道，各自差別不同的存在呢？這些差別不同的種類，還是本來自然就有的呢？或是一切衆生的虛妄習氣所生起的呢？所謂地獄等，還是有一定的所在？或是基於各自的業力所生，又各自自然地去感受它呢？希望加以說明，使將來的衆生，知道謹愼守戒，純潔不犯。」

佛說：「一切衆生，自性本體，本來實在都是淸淨的眞如。因爲妄心動生知見，才發生有虛妄習氣的作用。因此就分成有內分外分的現象。所謂內分：就是衆生的分內之事。由於愛染一切，發生妄有的情意。情意累積不休，能夠產生內在的愛水。（猶如現代醫學所說的內分泌作用。）所以衆生們，心裡憶想珍羞妙味，就會流出口水。心裡憶想某一個人，或憐或恨，就會眼淚盈眶。如果貪戀追求財寶，心裡就發生一種愛涎，久久使身體光潤。心裡堅想淫慾，男女二根，自然流出液體。愛的心理，雖然有各種差別，卻同是業力之流，連緜不斷所致。心中之結，同樣地無法開解。內在被愛水潤濕，始終不能昇華。愈陷愈深，自然從此墮落，這就叫做內分。所謂外分：就是衆生的分外之事。因爲追求一切外物與外務，發生虛妄的想念。想念累積不休，就能够產生勝氣。（猶如現代物理學所說的原子電子的放射作用。）所以衆生們，心裡嚴守清淨的戒律，全身都會輕安清快。心裡信仰堅定，專一信仰某一形而上的一尊，或咒印，就會顧盼自豪，有毅然出衆的氣概。心裡要想生天，夢裡就覺得自己在飛昇遠舉。心裡存念佛國，聖境就會突然現出。一心事奉善知識，就會自輕其身體與生命。一切想念的心理，雖然不同，但是妄想的功能，卻同是輕清上昇的。（所以現代心理學認為思想是腦神經的波動作用。）想念繼續不止，向上飛動而不下沉，自然有超越的知覺發生。所以叫做外分。

「一切世間的生死相續，生從習慣性的順路而來，死從變化之流而滅亡。當生命將要終了時，這個人還未完全捨滅了煖氣的感觸，那時一生的善惡行為，在意識境象中，就會一齊顯現。死逆生順，兩種習氣，互相交戰。如果平生純粹落在思想中的人，神識就會上昇，必定生於天上。（此處所謂天，也就是代表上昇的界說。）如果祇有心中的昇華意境，一生兼有福德與智慧，以及具有淨願的，自然心境開豁，可以見到十方佛的境界，便可隨願往生任何一個佛國的淨土。如果是情少想多，即使輕舉，也不會很高遠的。就會成爲鬼仙，大力鬼王，飛行夜叉，地行羅刹等，仍然遊行於日月所照臨的天下，所去都無障礙。其中若是有人曾發善願，善心護持佛法戒律神咒禪定等，便能親往如來的座下。情想平均的，不飛也不墜，就生在人間。於是思想淸明的，就是聰明的人。情意幽鬱的，就是愚鈍的人。情多想少，就流入畜生，重爲毛羣，輕爲羽族。七分情，三分想，就沉下到水輪，生在火邊，受猛火炙烤。或身爲餓鬼，常被焚燒，同時水也能够傷害它。而且沒有飲食，如此要經歷百千劫的時間。（例如深海水中的龐大生物等。）九分情，一分想，就會下洞火輪，身入風火二交過地。輕的生在有間地獄，重的生在無間地獄（註八十五）。至於純情無想的，便卽沉入阿鼻地獄。（所謂永墮泥犂，不得轉生。）如果在沉心之中，有誹謗大乘，誣毀佛的禁戒，以誑妄而演說佛法，虛貪別人的信施，濫得他人的恭敬，乃至犯了五逆（註八十六）十重（註八十七），就會更番生於十方阿鼻地獄。這些所造的惡業，雖然說都是自作自受，在共同的業力果報當中，各自兼有它的原因和境地。也都是衆生自心所造的業力，由自己感召而形成的。（此處說明地獄、餓鬼、畜生等業力果報的各種情形，研讀原經卽知。）

「這些惡業所形成的果報，都是自性中所起的業力作用。既不從天而降，也不是從地而出，亦不是他人所授與。完全是根於自己妄心所招引，也由自己去感受。假使能够證得菩提正覺，這些妄緣，都成爲一種虛浮不實的幻象，才知道都是由妄想凝結所形成。」（倘若還未澈悟證得菩提正覺，明見眞心自性，儘管人們不相信地獄報應之說，果報來時，還須自受。不妨細心觀察現實世間的事，就可以知其大半了。）

十種仙道與人間天精神心理的關係

佛說：「又有一種從人本位，不依自性正覺而修習定慧的正三昧，卻懷有妄念而別修一種法門。他們藉着精神存想，以堅固自身的形骸，而逍遙遊樂於山林之中，或者人跡所不能到的地方。這樣的共有十種仙道。

（一）地行仙：修習服食的法門。堅固形骸而不休息，由食物上達到目的，名爲地行仙。

（二）飛行仙：修習烹煉草木藥物的法門。堅固形骸而不休息，由藥物上達到目的，名爲飛行仙。

（三）遊行仙：修習化煉五金八石，用以服食的法門。堅固形骸而不休息，由化驗烹煉上達到目的，名爲遊行仙。

（四）空行仙：修習吐納，導引，運行氣脉的法門。堅固形骸而不休息，由煆煉本身精氣達到目的，名爲空行仙。

（五）天行仙：修習嚥納，吞服津液，或服用淨水的法門。堅固形骸而不休息，由水德潤澤的功能而達到目的，名爲天行仙。

（六）通行仙：修習日月精氣，採納天地精華的法門。堅固形骸而不休息，由吸收天地間物理精華而達到目的，名叫通行仙。

（七）道行仙：修習梵咒的法門。堅固形骸而不休息，依咒語法術上而達到目的，名爲道行仙。

（八）照行仙：修習精神思念，存一注想的法門。堅固形骸而不息，用精神思惟憶念而達到目的，名爲照行仙。

（九）精行仙：修習交遘的法門。堅固形骸而不休息，在互相交感相應而達到目的，名爲精行仙。

（十）絕行仙：修習天地變化物理的玄妙法門。堅固形骸而不休息，從覺悟天地變化妙理而達到目的，名爲絕行仙。

他們都從人本位中，祇求修煉此心，不修自性正覺。另外別求長生之理，可以使壽命維持千萬歲。休止在深山茂林，或者大海島之間，自與人世隔絕。其實還是沒有離開妄想輪迴的流轉作用。如果不再進修正知正覺的如來三昧，福報完時，**還會輪轉墮落。**」（以上第八卷竟。）

（註八十五）無間地獄：地獄，梵語曰泥犂，其依處界說在地下，因謂之地獄。無間地獄，梵語曰阿鼻旨，造五逆罪之一者，卽墮於此，一劫之間，受苦無間，故名無間地獄。

（註八十六）五逆：又曰五無間業，罪惡極逆於理，故謂之逆。是爲感無間地獄苦果之惡業，故謂之無間業。一、殺父，二、殺母，三、殺阿羅漢，四、由佛身出血，五、破和合僧。

（註八十七）十重：又曰十惡，一、殺生，二、偷盜，三、邪婬，四、妄語，五、兩舌，六、惡口，七、綺語，八、貪欲，九、瞋恚，十、邪見撥無因果求僻信福者。此十者並乖理而起，故名惡。

阿難。世間一切所修心人，不假禪那，無有智慧。但能執身不行婬欲。若行若坐，想念俱無。愛染不生，無留欲界。是人應念身爲梵侶。如是一類，名梵衆天。

欲習既除，離欲心現。於諸律儀，愛樂隨順。是人應時能行梵德。如是一類，名梵輔天。

身心妙圓，威儀不缺。清淨禁戒，加以明悟。是人應時能統梵衆，爲大梵王。如是一類·名大梵天。
阿難。此三勝流·一切苦惱所不能逼。雖非正修眞三摩地。清淨心中·諸漏不動·名爲初禪。
阿難。其次梵天·統攝梵人·圓滿梵行。澄心不動·寂湛生光。如是一類·名少光天。
光光相然·照耀無盡·映十方界·徧成瑠璃·如是一類·名無量光天。
吸持圓光·成就教體。發化清淨·應用無盡。如是一類·名光音天。
阿難。此三勝流·一切憂懸所不能逼。雖非正修眞三摩地。清淨心中·麤漏已伏·名爲二禪。
阿難。如是天人·圓光成音·披音露妙·發成精行·通寂滅樂。如是一類·名少淨天。

淨空現前．引發無際．身心輕安．成寂滅樂。如是一類．名無量淨天。世界身心．一切圓淨．淨德成就．勝託現前．歸寂滅樂。如是一類．名徧淨天。

阿難。此三勝流．具大隨順．身心安隱．得無量樂。雖非正得眞三摩地。安隱心中．歡喜畢具。名爲三禪。

阿難。復次天人．不逼身心．苦因已盡。樂非常住．久必壞生。苦樂二心．俱時頓捨。麤重相滅．淨福性生。如是一類．名福生天。捨心圓融．勝解清淨。福無遮中．得妙隨順．窮未來際。如是一類．名福愛天。

阿難。從是天中．有二歧（音奇分也）路。若於先心．無量淨光．福德圓明．修證而住。如是一類．名廣果天。

若於先心·雙厭苦樂·精研捨心·相續不斷。圓窮捨道·身心俱滅。心慮灰[三]凝·經五百劫。是人既以生滅爲因。不能發明不生滅性。初半[四]劫滅。後半劫生。如是一類·名無想天。

阿難。此四勝流·一切世間諸苦樂境所不能動。雖非無爲眞不動地。有所得心·功用純熟。名爲四禪。

阿難。此中復有五不[五]還天。於下界[六]中九品習氣·俱時滅盡。苦樂雙亡。下無卜居。故於捨心衆同分中·安立居處。

阿難。[七]苦樂兩滅·鬭心不交。如是一類·名無煩天。機括獨行·研交無地。如是一類·名無熱天。十方世界·妙見圓澄·更無塵象一切沈垢。如是一類·名善見天。精見現前·陶[八]鑄無礙。如是一類·名善現天。

究竟羣幾·窮色性性·入無邊際。如是一類·名色究竟天。

阿難。此不還天·彼諸四禪四位天王·獨有欽聞·不能知見。如今世間曠野深山·聖道場地·皆阿羅漢所住持故·世間麤人所不能見。

阿難。是十八天·獨行無交·未盡形累。自此已還·名爲色界。九

復次阿難。從是有頂色邊際中·其間復有二種歧路。若於捨心發明智慧·慧光圓通·便出塵界·成阿羅漢·入菩薩乘。如是一類·名爲迴心大阿羅漢。

若在捨心·捨厭成就。覺身爲礙·銷礙入空。如是一類·名爲空處。

諸礙既銷·無礙無滅。其中唯留阿賴耶識·全於末那半分微細。如是一類·名爲識處。

空色既亡·識心都滅。十方寂然·迴無攸往。如是一類·名無所有處。

識性不動，以滅窮研，於無盡中發宣盡性。如存不存，若盡非盡。如是一類，名為非想非非想處。

此等窮（追究也）空不盡（得也）空理。從不還天聖道窮者，如是一類，名不迴心鈍阿羅漢。若從無想諸外道天，窮空不歸，迷漏無聞，便入輪轉。

阿難。是諸天上各各天人，則是凡夫業果酬答，答盡入輪。彼之天王，即是菩薩遊三摩提，漸次增進，迴向聖倫所修行路。（正脈疏云此節當在四空天節之下）

阿難。是四空天，身心滅盡，定性現前，無業果色。從此逮終，名無色界。（一〇）此皆不了妙覺明心，積妄發生，妄有三界。中間妄隨七趣沈溺，補特伽羅各從其類。

復次阿難。是三界中，復有四種阿修羅類。

若於鬼道以護法力，乘通入空。此阿修羅從卵而生，鬼趣所攝。

若於天中降德貶墜。其所卜居鄰於日月。此阿修羅從胎而出。人趣所攝。

有修羅王執持世界。力洞貫也無畏。能與梵王及天帝釋四天爭權。此阿修羅因變化有。天趣所攝。

阿難別有一分下劣修羅。生大海心。沈水穴口。旦遊虛空。暮歸水宿。此阿修羅因濕氣有。畜生趣攝。

一【麤漏已伏】漏者、欲染之謂也、麤漏已伏、即初禪中愛染雖不能斷、而於二禪清淨心中、亦能無所由起。故曰已伏也、

二【勝託現前】有漏之樂、至此已極、自覺殊勝可託、故曰勝託現前、

三【灰凝】此即無想定也、

四【初半刼滅、後半刼生】指掌云、初半刼滅者、謂初生此天、宿定暫壞、半刼漸滅想心、宿定乃成故也、後半刼生者、謂後將報終、現定未失、半刼漸生想心、現定乃壞故也、

五【五不還天】第三果人、斷欲界九品思惑盡、即生此天、不復欲界受生、故曰不還也、

六【下界九品習氣】下界即欲界、欲界習氣即指思惑、思惑與生俱來、積習難除、分九品斷、斷前六品證二果、斷後三品證三果、

七【機括獨行】闢心發動曰機、收攝不交曰括、唯餘一念、故曰獨行、

八【陶鑄無礙】如陶師之範土爲瓦、鑄人之模金成像、心之所至、手之所到、任運成就、得自在、故曰無礙、

九【色界】以上十八天、雖離欲染、尚有色質、故通名色界、又通名梵世、爲已離欲染也、又號四禪天、謂已離散動也、欲界六天、爲十善感生、此界兼禪定感生、然特有漏禪觀也、

一〇【補特伽羅】此云有情、亦云數取趣、謂諸有情、起惑造業、隨趣受生、於三界中數數有所取著也、

（此段中有述說三界（欲界、色界、無色界，）天人境界的修行果報，以四禪（註八十八）九定（註八十九）的功用境界，配合心地的修養，形成三界天人

的差別本位。人天之事，道理深秘，恐非一般所能信解。但擇要述說，故不詳譯。研讀原經可知。至於天堂地獄的變相，以及其如何形成的問題，卻有其扼要的結論如下。）

（註八十八）四禪：一、初禪：不須分段而食，故無鼻舌二識。二禪：無前五識，僅有意識。三禪：亦僅有意識，怡悅之相，至極淨妙。四禪：亦僅有意識，唯有捨受與之相應。

（註八十九）九定：上述四禪加四空及滅盡定，是謂九定。四空，又曰四無色定：一、空無邊處定，捨色想而緣無邊之虛空。二、識無邊處定，心識無邊之意。三、無所有處定，觀心識無所有。四、非想非非想處定，捨前之有想故曰非想，復捨前之無想故曰非非想。滅盡定：又名滅受想定。滅盡六識心心所而不使起之禪定也。

阿難。如是地獄·餓鬼·畜生·人及神仙·天洎修羅。精研七趣·皆是昏沈諸

有爲相。妄想受生。妄想隨業。於妙圓明無作本心．皆如空華．元無所著。但一虛．妄更無根緒。阿難。此等衆生．不識本心．受此輪迴．經無量劫．不得眞淨．皆由隨順殺盜婬故。反此三種。又則出生無殺盜婬。有名鬼倫。無名天趣。有無相傾．起輪迴性。若得妙發三摩提者．則妙常寂．有無二無．無二亦滅。尚無不殺不偷不婬．云何更隨殺盜婬事。阿難。不斷三業．各各有私。因各各私．衆私同分．非無定處。自妄發生．生妄無因．無可尋究。汝勗（音旭勉也）修行．欲得菩提．要除三惑。不盡三惑．縱得神通．皆是世間有爲功用。習氣不滅．落於魔道。雖欲除妄．倍加虛僞。如來說爲可哀憐者。汝妄自造。非菩提咎。作是說者．名爲正說。若他說者．即魔王說。

佛說：「以上所說的地獄天堂，人及神仙和魔等情形。如果精細研究他的根本，都因爲衆生自己昏迷沉醉於一切有爲的現象當中，因爲有了妄想而感受各類不同的生命。妄想隨著業力的旋轉，在元來圓明無作的本覺眞心中，自作自受。都像空華亂發，元本是沒有所著。其實一切都是虛妄，那裡有它的根本。因爲一切衆生，不認識圓明靈妙的本覺眞心，所以感受輪廻的作用。雖然經過無量劫來，也不能够得到眞淨。基本原因，都因爲隨順著殺盜婬三業去造作一切。反此三者，就生出沒有殺盜婬的意境。有此三業的惡念就成爲鬼類。沒有此三業的善念就成爲天人境界。或有或無，互相擾亂，就生起輪廻旋復的性能。如果能得發生定慧妙覺的性境，就可常住在妙圓常寂的聖境。到此有與無兩種都不存在，乃至不存在也歸寂滅。如此，連不殺不盜不婬的善境也沒有，那裡還會隨着殺盜婬的惡念去行事呢？你要知道，如果不能斷了這三業的根本，一切衆生，人人必然各自有他的自私之心存在。因爲各有各的自私之心，所以又有集合大衆的自私之心，就成爲一個共同的大我之私。大我的私心與個人的自私，自有人爲的一定界限，形成人生各種不同的意境。

天堂地獄的原理

因此可以瞭解天堂地獄，實在是有它固定的處所。但是仍然根原於自心的妄念業力所形成。至於妄念的發生，根本是無因而自起，實在是無可尋究。（如切見妄念是空，當下可以釋然氷消。）所以你努力修行，要求證得無上正覺的菩提，必須先要斷除這三業之惑。如果不斷盡這三惑，即使得到神通，也都是世間的有爲功用。習氣不能滅盡，結果落於魔道之中。雖然要想滅除妄想，反而倍加虛僞，我說爲最可憐愍的了！你要知道，業力妄念，都是因爲不了自心所造成，並非自性菩提有此必然的過咎。『作是說者，名爲正說，若他說者，即魔王說。』」

即時如來將罷法座。於師子牀．攬七寶几．迴紫金山再來凭倚。普告大衆及阿難言。汝等有學緣覺聲聞．今日迴心趣大菩提無上妙覺。吾今已說眞修行法。汝猶未識修奢摩他毗婆舍那微細魔事。魔境現前．汝不能識。洗心非正．落於邪見。或汝陰魔。或復天魔。或著鬼神。或遭魑魅。心中不明．認賊爲子。又復於中得少爲足。如第四禪無聞比丘．妄言證聖。天報已畢．衰相現前。謗阿羅漢身遭後有．墮阿鼻獄。汝應諦聽。吾今爲汝子細分別。阿難起立．幷其會中同有學者．歡喜頂禮．伏聽慈誨。佛告阿難及諸大衆。汝等當知。有漏世界十二類生．本覺妙明．覺圓心體．與十方佛無二無別。由汝妄想迷理爲咎．癡愛發生．生發徧迷．故有空性。化迷不息．有世界生。則此十方微塵國土．非無漏者．皆是迷頑妄想安立。當知虛空生汝心內．猶如片雲點太淸裏。況諸世界在虛空耶。汝等一人發眞歸元・此十方空皆悉銷殞。云何空中所有國土而不振裂。汝輩修禪飾三摩地。十方菩薩・及諸無漏大阿羅漢・心精通脗(同吻合也)・當處湛然。一切魔王及與鬼神諸凡夫天・見其宮殿無故崩裂。大地振坼(音策裂也)・水陸飛騰・無不驚慴。(音摺)凡夫昏暗・不覺遷訛。(音俄)彼等咸得五種神通・唯除漏盡・戀此塵勞。如何令汝摧裂其處。是故鬼神及諸天魔魍魎妖精・於三昧時・僉(音千皆也)來惱汝。然彼諸魔雖有大怒。彼塵勞內。汝妙覺中。如風吹光・如刀斷水・了不相觸。汝如沸湯・彼如堅冰・煖氣漸鄰・不日銷殞。徒恃神力・但爲其客。成就破亂・由汝心中五陰主人。主人若迷・客得其便。當處禪那・覺悟無惑・則彼魔事無奈汝何。陰銷入明・則彼羣邪咸受幽氣。明能破暗・近自銷殞。如何敢留擾亂禪定。若不明悟・被陰所迷・則汝阿難必爲魔子・成就魔人。如摩登伽・殊爲眇(音杪微也)劣。彼唯咒汝・破佛律儀。

八萬行中．祇毀一戒。心淸淨故．尙未淪溺。此乃蘪汝寶覺全身。如宰臣家．忽逢籍沒。宛轉零落．無可哀救。

一【紫金山】喻佛身也、

二【無聞比丘】智度論言、此比丘不廣尋經論、師心修行、無廣聞慧、不識諸禪三界地位、但精勤不息、證得初禪、謂是初果、乃至四禪、便謂已證四果羅漢、更不進修、無常至時、忽然起謗、謂佛說羅漢無生、是大妄語、由此生謗、墮阿鼻獄、

第七章 修習佛法定慧中的錯誤和歧路

佛說：「一切衆生靈妙光明的自性本覺眞心，本來是圓滿的。與十方諸佛，無二無別。衆生們因爲迷此眞理，才有變相作用的妄心，發生癡迷與貪愛。生了癡愛以後，就普遍地遮障了自性本覺的光明。於是自性眞空，迷妄變化不息，形成世界萬有形形色色種種的存在。所以這十方世界之內，所有物質和精神的存在，凡是未得到無漏（見註卅九）果的人，都是癡迷於頑固性的妄想而生存成長。

性空正覺的基本認識

應當知道：『虛空生汝心內，（自性本覺的眞心）猶如片雲點太清裡，況諸世界在虛空耶！』如果有一個人能夠證悟到眞心自性，返還自性本元之體，這十方虛空，就完全銷殞。所謂虛空粉碎，大地平沉。祇因一切凡夫智慧昏暗，所以覺不到它變遷的跡象。如果是已經證得果位的大菩薩，阿羅漢等，彼此心精相通，當處湛然清淨。其他鬼神天魔精怪之流，自然會感覺不安，便要向你擾亂不休。

他們雖然震怒，向你擾亂。但是他們在塵勞煩惱裏，你若能住靈明妙覺的自性寂照中，好像『如風吹光，如刀斷水，了不相觸。汝如沸湯，彼如堅氷。煖氣漸隣，不日銷殞。』他們雖然依靠神通之力，等於外客想來喧賓奪主，是否能夠成就破亂，全在你心中的五陰（見註廿六）主人。如果自己心中著迷，不能自主，外來的客邪，就得到方便了。若是能夠在禪定境界中，當下不迷，卽使羣魔亂舞，也就無奈你何。否則，就會爲之迷惑，墮入魔道，以致形神俱滅，無可哀救。」

（以下說明修習禪定的功用過程中，精神發生心理生理的變化，自己誤認爲已經得道，著於幻覺錯覺的魔境，吾佛慈悲，故一一加以分析。）

阿難當知。汝坐道場．銷落諸念。其念若盡．則諸離念一切精明。動靜不移。憶忘如一。當住此處入三摩提。如明目人處大幽暗．精性妙淨．心未發光。此則名為色陰區宇[一]。若目明朗．十方洞開．無復幽黯．名色陰盡。是人則能超越劫濁。觀其所由．堅固妄想以為其本。

阿難。當在此中精研妙明．[二]四大不織[三]．少選之間．身能出礙[四]。此名精明流溢前境。斯但功用暫得．如是非為聖證。不作聖心．名善境界。若作聖解．即受羣邪。

阿難。復以此心精研妙明．其身內徹。是人忽然於其身內拾出蟯（音饒）蛔[五]。身相宛然．亦無傷毀。此名精明流溢形體。斯但精行暫得．如是非為聖證。不作聖心．名善境界。若作聖解．即受羣邪。

又以此心內外精研。其時魂魄[六]意志精神．除執受身．餘皆涉入．互為賓[七]

主。忽於空中聞說法聲。或聞十方同敷密義。此名精魄遞相離合。成就善種。暫得如是。非爲聖證。不作聖心。名善境界。若作聖解。即受羣邪。

又以此心澄露皎徹。內光發明。十方徧作閻浮檀色。一切種類化爲如來。於時忽見毗盧[八]遮那。踞天光[九]臺。千佛圍繞。百億國土。及與蓮華。俱時出現。此名心魂靈悟所染。心光研明。照諸世界。暫得如是。非爲聖證。不作聖心。名善境界。若作聖解。即受羣邪。

又以此心精研妙明。觀察不停。抑按[一〇]降伏。制止超越。於時忽然十方虛空成七寶色。或百寶色。同時徧滿。不相留礙。青黃赤白。各各純現。此名抑按功力逾分。暫得如是。非爲聖證。不作聖心。名善境界。若作聖解。即受羣邪。

又以此心研究澄徹。精光不亂。忽於夜半。在暗室內。見種種物。不殊白

晝。而暗室物·亦不除滅。此名心細·密澄其見·所視洞幽。暫得如是·非爲
聖證。不作聖心·名善境界。若作聖解·即受羣邪。
一一 又以此心圓入虛融·四體忽然同於草木·火燒刀斫·曾無所覺。又則火
光不能燒爇。縱割其肉·猶如削木。此名塵併·排四大性·一向入純。暫得
如是·非爲聖證。不作聖心·名善境界。若作聖解·即受羣邪。
又以此心成就清淨·淨心功極·忽見大地十方山河皆成佛國·具足七
一二 寶·光明徧滿。又見恒沙諸佛如來徧滿空界·樓殿華麗·下見地獄·上觀
天宮·得無障礙。此名欣厭凝想日深·想久化成。非爲聖證。不作聖心·名
善境界。若作聖解·即受羣邪。
一三 又以此心研究深遠·忽於中夜·遙見遠方市井街巷·親族眷屬·或聞其
語。此名迫心逼極飛出·故多隔見。非爲聖證。不作聖心·名善境界。若作

聖解即受羣邪。

又以此心研究精極。見善知識形體變移。少選無端種種遷改。此名邪心含受魑魅。或遭天魔入其心腹。無端說法通達妙義。非爲聖證。不作聖心魔事銷歇。若作聖解。即受羣邪。

阿難。如是十種禪那現境。皆是色陰用心交互。故現斯事。衆生頑迷。不自忖量。逢此因緣。迷不自識。謂言登聖。大妄語成。墮無間獄。汝等當依如來滅後。於末法中宣示斯義。無令天魔得其方便。保持覆護。成無上道。

一【色陰區宇】區宇猶小屋也、精性妙淨之心、本自周遍、因受色陰局蔽、其光不能普照、故爲區宇也、

二【四大不織】織者、彼此相入之意、一切衆生、妄認地水火風爲自身相、今既不織、則身不有也、

三【少選】謂須臾之間、

四【出礙】出礙者、不是肉身出礙、蓋以四大不織、另覺有淸虛之身、出離四大也、

五　【蟯蛔】蟯蛔腸胃中蟲、此身乃清虛之身、蓋以精明從外向內、觀肉身如木偶、故得拾出蟯蟲、而宛然無傷也、

六　【魂魄意志精神】指掌曰、天地之氣有六、所謂陰陽晦明風雨、人亦應有所謂魂魄意志精神、氣之上升爲魂、下沈爲魄、宛似天地陰陽二氣、氣斂靜者爲志、散動者爲意、宛似天地晦明二氣、氣之充和者爲神、氣之浸潤者爲精、宛似天地風雨二氣、但唯約一身言之、是六氣爲所執受、身爲能執受、即色質總相也、

七　【互爲賓主】言魂本上升、而亦能下沈、魄本下沈而亦能上升、餘四例此、故曰互爲賓主也、

八　【毘盧遮那】此云徧一切處、法身佛也、

九　【天光臺】梵網經云、爾時蓮花台藏世界、赫赫天光師子座上、蓋臺依於座、故曰天光臺也、

一〇　【抑按降伏制止超越】抑按者、不得抑按前境、但唯抑止自心、按定不動、以此對治、前境銷滅即是降伏、若一味抑按、即是制止超越觀慧、故有以下之現象也、

一一　【塵併】塵併者、身界俱忘、內塵外塵、合爲一體也、雖合爲一體、而四大之性、猶未全忘、若復以研究之力、排遣四大之性、以致空洞無礙、則是一向入純、

一二【欣厭】欣者欣求淨心、厭者厭棄染境也、

一三【迫心】迫心者、謂研究妙明以求深遠、功力逼迫之極、似覺妄理相應、有飛出之相、

生理與心理互變範嚋的魔境

色陰區宇

佛說：「在禪定靜慮的當中，消滅一切雜念。如果雜念眞能捨離無存，一切精明了然，動中靜中，自然都不變移。憶念妄念，還是一樣。當你停留在這種禪定的境界上，正像一個開著眼的人，處在很幽暗的房間裡。雖然自性心精靈妙淸淨，但是眞心還未發生光明。這種境界，名爲色陰（見註二十八）區宇。如果像開眼去看晴明，十方洞開無遮，再也沒有幽暗的存在，就名爲色陰盡。這個人就能夠超越劫濁（註九十）。可是若仔細觀察這種來由，還是因爲堅固妄想爲它的根本作用。（以下列擧色陰區宇的十項魔境，佛都說：並非已經得證聖道，如果心裡不認爲是證聖境，那是很好的境界。假使認爲這就是證得聖境，就會落於羣邪。）

(1)在色陰區宇裏，精誠研究它的玄妙靈明。覺得自己這個四大之身，忽然脫

離羈絆似的。頃刻之間，身體能夠脫離了障礙，優遊自在。這是精明流溢到眼前的境界。祇是功用的現象。暫時得到如此，不可以執著爲是。

⑵又因爲此心精誠研究它的玄妙靈明，可以徹見身內的一切。自己竟能在身體的內部，檢拾出蟯蛔等蟲。可是自身仍舊安然無恙，也不會受到傷毀。這是精明流溢到身體上去，祇是精誠專一修行所致。暫時得到如此，不可以執著爲是。

⑶又因爲此心向內外精誠研究，那時候的魂魄意志和精神，除了還把握住有這個身體以外，其餘的地方，都可以互相涉入，而且還可以互爲賓主。這時，忽然聽到空中說法的聲音，或者聽到十方虛空中，同時有人在演講奧妙的至理。這是精神魂魄互相分離，卻與別的精神魂魄互相和合的作用，也可以成就一種善根。暫時得到如此，不可以執著爲是。

⑷又因爲此心的澄淸皎潔，發露出自心的光明。看見了十方世界，都變成紫金色的光明。一切物件，都化爲佛身。或者在那個時候，忽然看到毗盧遮那佛踞坐在天空中的光臺上面。還有千佛圍繞著，虛空中的無數國土和蓮花，都同時出

現。這是心魂靈悟，引發平時聞聽所習染的境界。因爲自心光明的發起，照到一切世界。暫時得到如此，不可以執著爲是。

⑸又因爲此心精誠研究它的靈明虛妙，一直不停地在起觀察作用。過分地抑制按捺，想要降伏妄念，自然會引起超越制止作用的相反力量。於是，忽然之間，看見十方的虛空，同時都變成七寶或百寶的光色，靑黃赤白，各自顯現，彼此不相障礙。這是抑制按捺的功力太過於用力所致的現象。暫時得到如此，不可以執著爲是。

⑹又因爲此心研究到澄淸透澈的境界，自心的精光，再不散亂妄動。在夜半暗室之中，猶如白天一樣，忽然可以看見種種的物象。而且暗室中的東西，依舊照樣存在。這是此心功用細密所致。因此使能見的功能澄淸，可以使它洞見幽暗中的現象。暫時得到如此，不可以執著爲是。

⑺又因爲此心契合圓通，與虛無相融化，覺得四肢同於草木一樣，就用火燒刀斫，也沒有感覺。用火燒他的身體，不能著熱，用刀割他的肢肉，猶如削劈木

頭。這是生理本能的物理塵性的併合，排除了四大（地、水、火、風）的種性，一直趨向而入於純一的現象。暫時得到如此，不可以執著爲是。

(8)又因爲此心力求成就淸淨之果，淨心的功力達到極點，忽然看見十方大地山河，都變成了佛國。並且具足七寶，各色的光明又徧滿在虛空之間。同時又看見無數的佛，徧滿在虛空之間，都有非常華麗的樓殿。而且下見地獄，上觀天堂，都沒有障礙。這是平常欣慕佛國勝景，厭惡人間濁世的思想所凝結。日累月積，凝想久了，精神就變化成功這種現象。暫時得到如此，不可以執著爲是。

(9)又因爲此心研究至於深遠之極，忽然在夜半，可以看見遠方的市井街巷，或者親族眷屬等人。甚之，還可以聽到他們的說話。這是用功急切，迫逼此心太過，使令心神飛出，所以不受障礙遠隔，也能够看見一切。暫時得到如此，不可以執著爲是。

(10)又因爲此心研究到精細之極，看見善知識的形體變移不定，刹那之間，無端有種種遷改。這是邪心含受了魑魅，或者是遭遇天魔入於心腹。甚之，會無端說法，通達一切妙義。自己若不認做已經證得聖心，這種魔事，就會漸漸銷歇，不可以執著爲是。

以上所說的這十種禪定中的境界現象，都是色陰的生理與心理，和物理的交感互變，所以顯現這種情形。因爲衆生迷頑無知，不自加忖量，遇到這種現象，就迷不自識，自己說是已經躋登聖人的地位。於是便成爲大妄語，結果墮於無間地獄（見註八十五）。當我滅度以後，你們應當依我所教，在末法時期中，宣揚其中義理。莫使天魔得其方便，保護扶持一般修學的人，得成無上大道。」

（註九十）劫濁：從滅劫人壽二萬歲時爲劫濁。五濁之一，言時之濁亂也，指五濁（劫濁、見濁、煩惱濁、衆生濁、命濁）中煩惱濁等四濁之興時。法華經方便品曰：「劫濁亂時，衆生垢重。」

阿難。彼善男子、修三摩提奢摩他中、色陰盡者、見諸佛心、如明鏡中顯現其像。若有所得而未能用。猶如魘人、手足宛然、見聞不惑、心觸客邪

而不能動。此則名爲受陰區宇[一]。若魘咎歇·其心離身·返觀其面·去住自由·無復留礙·名受陰盡。是人則能超越見濁。觀其所由虛明妄想以爲其本。

阿難。彼善男子·當在此中[二]得大光耀。其心發明·內抑過分。忽於其處發無窮悲。如是乃至觀見蚊蝱·猶如赤子·心生憐愍·不覺流淚。此名功用抑摧過越。悟則無咎·非爲聖證。覺了不迷·久自銷歇。若作聖解·則有悲魔入其心腑。見人則悲·啼泣無限。失於正受·當從淪墜。

阿難。又彼定中諸善男子·見色陰銷·受陰明白。勝相現前·感激過分。忽於其中生無限勇。其心猛利·志齊諸佛。謂三[三]僧祇·一念能越。此名功用陵[四]率過越。悟則無咎·非爲聖證。覺了不迷·久自銷歇。若作聖解·則有狂魔入其心腑。見人則誇·我慢無比。其心乃至上不見佛·下不見人。失於正受·當從淪墜。
又彼定中諸善男子·見色陰銷·受陰明白。前無新證·歸失故居。智力衰
微·入中[五]隳地·迥無所見。心中忽然生大枯渴。於一切時沈憶不散。將此
以為勤精進相。此名修心無慧自失。悟則無咎·非為聖證。若作聖解·則
有憶魔入其心腑。旦夕撮[六]執也心·懸在一處。失於正受·當從淪墜。
又彼定中諸善男子·見色陰銷·受陰明白。慧力過定·失於猛利。以諸勝
性懷於心中·自心已疑是盧[七]舍那·得少為足。此名用心亡失恒[八]審溺於
知見。悟則無咎·非為聖證。若作聖解·則有下劣易知足魔入其心腑。見
人自言我得無上第一義諦。失於正受·當從淪墜。
又彼定中諸善男子·見色陰銷·受陰明白。新證未獲·故心已亡。歷覽二
際·自生艱險。於心忽然生無盡憂。如坐鐵牀·如飲毒藥·心不欲活。常求

於人令害其命·早取解脫。此名修行失於方便。悟則無咎·非爲聖證。若作聖解·則有一分常憂愁魔·入其心腑。手執刀劍·自割其肉·欣其捨壽。或常憂愁·走入山林·不耐見人。失於正受·當從淪墜。

又彼定中諸善男子·見色陰銷·受陰明白。處淸淨中·心安隱後·忽然自有無限喜生。心中歡悅·不能自止。此名輕安無慧自禁。悟則無咎·非爲聖證。若作聖解·則有一分好喜樂魔·入其心腑。見人則笑。於衢路傍自歌自舞。自謂已得無礙解脫。失於正受·當從淪墜。

又彼定中諸善男子·見色陰銷·受陰明白。自謂已足·忽有無端大我慢起。如是乃至慢與過慢·及慢過慢·或增上慢·或卑劣慢·一時俱發。心中尚輕十方如來。何況下位聲聞緣覺。此名見勝無慧自救。悟則無咎·非爲聖證。若作聖解·則有一分大我慢魔·入其心腑。不禮塔廟·摧毀經像。

謂檀越言・此是金銅・或是土木。經是樹葉・或是氎華。肉身眞常・不自恭敬・却崇土木・實爲顚倒。其深信者・從其毀碎・埋棄地中。疑誤衆生入無間獄。失於正受・當從淪墜。

又彼定中諸善男子・見色陰銷・受陰明白。於精明中・圓悟精理・得大隨順。其心忽生無量輕安。已言成聖得大自在。此名因慧獲諸輕清。悟則無咎・非爲聖證。若作聖解・則有一分好輕清魔・入其心腑。自謂滿足・更不求進。此等多作無聞比丘・疑誤衆生・墮阿鼻獄。失於正受・當從淪墜。

又彼定中諸善男子・見色陰銷・受陰明白。於明悟中得虛明性。其中忽然歸向永滅。撥無因果・一向入空。空心現前・乃至心生長斷滅解。悟則無咎・非爲聖證。若作聖解・則有空魔入其心腑。乃謗持戒・名爲小乘。菩薩悟空・有何持犯。其人常於信心檀越・飲酒噉肉・廣行婬穢。因魔力故・

攝其面前之人不生疑謗。鬼心久入．或食屎尿與酒肉等。一種俱空．破佛律儀．誤入人罪。失於正受．當從淪墜。（長斷滅解下有脫落楞嚴指掌補云此名定心沈沒失於照應）

又彼定中諸善男子．見色陰銷．受陰明白。味其虛明．深入心骨．其心忽有無限愛生。愛極發狂．便爲貪欲。此名定境安順入心．無慧自持．誤入諸欲。悟則無咎．非爲聖證。若作聖解．則有欲魔入其心腑．一向說欲爲菩提道．化諸白衣平等行欲。其行婬者．名持法子。神鬼力故．於末世中攝其凡愚．其數至百。如是乃至一百二百．或五六百．多滿千萬。魔心生厭．離其身體。威德既無．陷於王難。疑誤衆生．入無間獄。失於正受．當從淪墜。

阿難．如是十種禪那現境．皆是受陰用心交互．故現斯事。衆生頑迷．不自忖量。逢此因緣．迷不自識．謂言登聖。大妄語成．墮無間獄。汝等亦當將如來語於我滅後傳示末法。徧令衆生開悟斯義。無令天魔得其方便。保持覆護成無上道。

一【受陰區宇】行人修三摩提、色陰既盡、空色俱忘、心光徧圓、雖自心本具佛心功德、昭昭不昧、然而蔽於受陰、不能隨緣顯現、如才出一屋、又進一屋、故名受陰區宇也、

二【此中】指受陰將破未破之時、

三【三僧祇】僧祇、此云無量數、三則包含過現未來之無央長時刧也、

四【陵率過越】意謂陵跨佛乘、率爾自任、未免過越其分、

五【中隳地】色陰已消、受陰未盡、兩者中間、杳無所依、灰心泯志、曰中隳地

六【攝心】謂從朝至暮、拘促其心、繫於方寸、絲毫不敢縱放、故全失於正受也、

七【盧舍那】圓滿報身佛也、

八【恒審】恒常審察自己身分也、

感覺變幻範疇的魔境

受陰區宇

佛說：「在修止觀、禪定的止定境界中，色陰已盡者。身心的物理互變淨盡了，就見到一切佛心，宛如明鏡當中，顯現出影像，如像似有所得而未能生起作用。猶如睡夢中被魔魘的人，手足宛然存在，見聞之性也不迷惑，祇是此心被客邪所魘觸而不能動。這種境界，名爲受陰（見註廿九）區宇。例如被魔魘的人，如果魔力消歇，其心就可離身，可以返觀其面，來往去住自由，再無留礙之處，就名爲受陰盡。這個人就可以超越見濁。可是若仔細觀察這種來由，還是因爲妄想虛明爲它的根本作用。

(1)在這種禪定境界中的人，得到大光明的照耀，其心有所發明。因爲內心抑制過分，就在這境界上，發起無窮的悲心。乃至看見了蠢動蚊蝱，都猶如自己的赤子，心裡發生憐愍，不覺淚流。這是功用摧抑過度。悟則無咎，並非眞正證得聖果。祇要覺了不迷，久之自會銷歇。如果見解上，認爲這便是已經得道的聖人境界，就有悲魔入其心腑，見人就悲，啼泣無限，從此就失於正受而致淪墜。

(2)又在禪定中的人，自見色陰銷盡，受陰明白。勝相現前，感激過分。忽然在這中間，生起無限的勇氣，其心猛利無比，志齊諸佛，認爲三大阿僧祇劫，自己已經在一念之間，就能超越。這種境界，名爲功用陵越，草率過分。悟則無咎。就可明白這種境界，並非眞正證得聖果。祇要覺了不迷，久久自會銷歇。如果見解上，認爲這便是已經得道的聖人境界。就有狂魔入其心腑，見人就誇，我慢無比。其心乃至上不見佛，下不見人，從此就失去正受，而致淪墜。

(3)又在禪定中的人，自見色陰銷盡，受陰明白。前進得不到新的證驗，退後又遺失了原來已經得到的境界。以致智力日益衰微，而墮入不進不退的中隳之地，再無新的見地，心中忽然發生一種大枯竭的境界。在一切時，沉憶不散，自已竟認爲這就是勤精進的現象。這種境界，名爲修心無慧而自失其心。悟則無咎，就可明白那並非眞正證得聖果。如果見解上，認爲這便是已經得道的聖人境界。就有憶魔入其心腑，時刻撮緊此心，懸在一處，從此失於正受而致淪墜。

(4)又在禪定中的人，自見色陰銷盡，受陰明白，慧解過於定力，因此失於猛利，落在智者過之之病。以駕陵一切好勝的個性，懷在心中。疑心自己就是報身佛，因此就得少爲足。這種境界，名爲用心修行，而亡失恒常反省審察之過。溺於少得的知見，就自命爲究竟。悟則無咎，就可明白那並非眞正證得聖果。如果見解上，認爲這便是已經得道的聖人境界。就有下劣易知足魔入其心腑，見人自言，我已證得無上第一義諦，從此失於正受而致淪墜。

(5)又在禪定中的人，自見色陰銷盡，受陰明白。新的證驗未能獲得，從前的心得又已亡失，歷覽過去現在與未來的三際，自己就發生求道多艱難險阻的想法。心上忽然發生無盡憂愁。如坐鐵床，如飲毒藥，心不欲活，常求他人令害其命，以便早得解脫。這種境界，名爲失却修行方便對治的法門。悟則無咎，就可明白那並非眞正證得聖果。如果見解上，認爲這便是已經得道的聖人境界，就有一分常憂愁魔入其心腑，手執刀劍，自割其肉，喜歡捨斷自己的壽命。或者常懷憂愁，走入山林，不耐見人，從此失却正受而致淪墜。

(6)又在禪定中的人，自見色陰銷盡，受陰明白。處在淸淨的境界中，此心得到安隱以後，忽然自有無限的喜悅產生。心中的歡悅，不能自止。這種境界，名爲在輕安境中，卻無智慧以自禁。悟則無咎，就可明白那並非眞正證得聖果。如果見解上，認爲這便是已經得道的聖人境界。就有一分好喜樂魔入其心腑，見人就笑，在衢路旁自歌自舞，自謂已經證得無礙解脫，從此失去正受而致淪墜。

(7)又在禪定中的人，自見色陰銷盡，受陰明白。自謂菩提道業，已經滿足，無端生起大我慢。(謂我已成佛)這樣乃至生起慢與過慢，(謂自計自己勝於一切。)及慢過慢，(謂在勝中更自計已勝。)或增上慢，(稍見其理，卽未得言得，未證言證。)或卑劣慢。(對有道的賢者前，却自甘卑劣，不肯去求學上進。)這些慢心，同時發起。對於十方如來，卻加輕視。更何況下位聲聞緣覺之流。這種境界，雖畧有殊勝的見地，但又無智慧可以自救。悟則無咎，就可明白那並非眞正證得聖果。如果見解上，認爲這便是已經得道的聖人境界，就有一分大我慢魔入其心腑，不禮塔廟，摧毀經像。向他人說：這些都是泥塑木雕，或者金銅打造的偶像。祇有此現在的肉身，方是常住的眞佛。爲什麼不崇拜自己，卻來崇敬土木之流。實在是一大顚倒等云云。有些人也深信其言，也跟著他毀碎佛像，埋棄地下。因此使一般衆生，自取疑誤，入於無間地獄，從此失於正受而致淪墜。

(8)又在禪定中的人，自見色陰銷盡，受陰明白。在一靈不昧的精明境界當中，圓滿地悟到眞理，得到一切大隨順的感覺。其心就忽然生起無量的輕安，自言已經成聖，得到了大自在了。這種境界，名爲因慧解而獲得輕清。悟則無咎，就可明白那並非眞正證得聖果。如果見解上，認爲這便是已經得道的聖人境界，就有好輕清魔入其心腑。自謂已經滿足，更不再求進步。這些人多做無聞的比丘，自誤誤人，因此墮入無間地獄，從此失於正受而致淪墜。

(9)又在禪定中的人，自見色陰銷盡，受陰明白。在明悟的境界中，得悟虛明之性。就在悟中歸向永滅，認爲世間根本沒有因果作用的存在。一直認爲什麼都空了，就是最高的成就。因此空心現前，內心生出斷滅的見解。悟則無咎，就可明白那並非眞正證得聖果。如果見解上，認爲這便是已經得道的聖人境界，就有空魔入其心腑，反而毀謗持戒的人，稱他們爲小乘。自謂是修菩薩道的人，祇要悟到了空就是了。在空的中間，有什麼戒可持，又有什麼叫做犯戒呢？這種人就經常在信仰他的人家，飲酒噉肉，廣行婬穢。因爲魔力的緣故，鎭攝住信仰他的人們，對他不生懷疑毀謗的心。如此鬼心久入，或者自吃屎尿，也會同酒肉一樣。認爲同樣都是空的，又何必有香臭之別。破了佛所教導的戒律和威儀，引致他人入於罪行，從此失於正受而致淪墜。

⑽又在禪定中的人，自見色陰銷盡，受陰明白。嘗到虛明的感覺，深入身心骨髓之間。他的內心忽有無限的愛念生起。愛極發狂，便成爲貪戀婬慾。這種境界，名爲定境安順入心，缺乏智慧的行持，誤入於一切慾念之中。悟則無咎，就可明白那並非眞正證得聖果。如果見解上，認爲這便是已經得道的聖人境界，就會有貪慾之魔入其心腑。便一向說貪慾就是菩提大道，不修慾事反不能成功無上正道。於是教化一般人們，平等行慾。能多行婬慾者，就名爲修持正法的王子。他們因爲受神鬼之力的支持，所以在末世之中能夠攝收凡愚等人，多至百千萬衆。等到魔心生厭，離開了他的身體，魔境中的威德一時喪失，就身陷國法王

難。這樣去疑誤衆生，必入無間地獄，從此失於正受而致淪墜。

以上所說十種禪定中的境界現象，都是受陰的感覺作用。用心太過，與外魔的交感互變，所以顯現這種情形。因爲衆生迷頑無知，不自加忖量，遇到這種現象，就迷不自識。自稱已經躋登聖人的地位。實在都是大妄語，結果墮於無間地獄。當我滅度以後，你們也應當依我所教，在末法時期中，宣揚其中義理，使一切衆生，都能明白這種道理。莫使天魔得其方便。保護扶持一般修學的人，使其得成無上大道。」

阿難。彼善男子修三摩提受陰盡者。雖未漏盡。心離其形。如鳥出籠。已能成就。從是凡身上歷菩薩六十[一]聖位。得意生[二]身。隨往無礙。譬如有人。熟寐寱（音藝 中語也）**言。是人雖則無別所知。其言已成音韻倫次。令不寐者咸悟其語。此則名爲想陰區宇。若動念盡。浮想銷除。於覺明心。如去塵垢。**

一倫生死·首尾圓照·名想陰盡。是人則能超煩惱濁。觀其所由·融通妄想以爲其本。

阿難。彼善男子受陰虛妙·不遭邪慮·圓定發明。三摩地中·心愛圓明·銳其精思·貪求善巧。爾時天魔候得其便·飛(其)精(氣)附(於旁)人·口說經法。其人(魔附之人)不覺是其魔著·自言謂得無上涅槃。來彼求巧善男子處·敷座說法。其形斯須(少許時也)或作比丘·令彼(求巧之)人見。或爲帝釋。或爲婦女。或比丘尼。或寢暗室身有光明。是人愚迷·惑爲菩薩。信其教化·搖蕩其心。破佛律儀·潛行貪欲。口中好言災祥變異。或言如來某處出世。或言劫火。或說刀兵。恐怖於人。令其家資無故耗散。此名怪鬼年老成魔。惱亂是(求巧)人。厭足心生·(謂魔)去彼人體。弟子與師(信者說者)俱陷王難。汝當先覺·不入輪迴。迷惑不知·墮無間獄。

阿難。又善男子・受陰虛妙・不遭邪慮・圓定發明。三摩地中心愛・遊蕩・飛其精思・貪求經歷。爾時天魔候得其便・飛精附人・口說經法。其人亦不覺知魔著・亦言自得無上涅槃。來彼求遊善男子處・敷座說法。自形無變。其聽法者・忽自見身坐寶蓮華・全體化成紫金光聚。一衆聽人各各如是・得未曾有。是人愚迷・惑爲菩薩。婬逸其心・破佛律儀・潛行貪欲。口中好言諸佛應世。某處某人・當是某佛化身來此。某人即是某菩薩等・來化人間。其人見故・心生傾渴・邪見密興・種智銷滅。此名魃鬼年老成魔・惱亂是人。厭足心生・去彼人體。弟子與師・俱陷王難。汝當先覺・不入輪迴。迷惑不知・墮無間獄。

又善男子・受陰虛妙・不遭邪慮・圓定發明。三摩地中・心愛緜[三]涽（音虎合也）・澄其精思・貪求契合。爾時天魔候得其便・飛精附人・口說經法。其人實不覺知魔著．亦言自得無上涅槃。來彼求合善男子處．敷座說法。其形及彼聽法之人．外無遷變。令其聽者．未聞法前．心自開悟。念念移易。或得宿命。（憶知過去事）或有他心。（亦知他人事）或見地獄。或知人間好惡諸事。或口說偈。或自誦經。各各歡娛．（音于）得未曾有。是人愚迷．惑爲菩薩。緜愛其心．破佛律儀．潛行貪欲。口中好言佛有大小。某佛先佛。某佛後佛。其中亦有眞佛假佛。男佛女佛。菩薩亦然。其人見故．洗滌本心．易入邪悟。此名魅鬼年老成魔．惱亂是人。厭足心生．去彼人體。弟子與師俱陷王難。汝當先覺．不入輪迴。迷惑不知．墮無間獄。

又善男子．受陰虛妙．不遭邪慮．圓定發明。三摩地中．心愛根本（四）．窮覽物化性之終始．精爽其心．貪求辨析。爾時天魔候得其便．飛精附人．口說經法。其人先不覺知魔著．亦言自得無上涅槃。來彼求元善男子處．敷座說法。身有威神．摧伏求者。令其座下．雖未聞法．自然心伏。是諸人等．將佛涅槃菩提法身．即是現前我肉身上。父父子子．遞代相生．即是法身常住不絕。都指現在即爲佛國。無別淨居及金色相。其人信受．亡失先心。身命歸依．得未曾有。是等愚迷．惑爲菩薩。推究其心．破佛律儀．潛行貪欲。口中好言．眼耳鼻舌．皆爲淨土。男女二根．即是菩提涅槃眞處。彼無知者．信是穢言。此名蠱毒魘勝惡鬼．年老成魔．惱亂是人。厭足心生．去彼人體。弟子與師．俱陷王難。汝當先覺．不入輪迴。迷惑不知．墮無間獄。

又善男子．受陰虛妙．不遭邪慮．圓定發明。三摩地中．心愛懸應．周流精研．貪求冥感。爾時天魔候得其便．飛精附人．口說經法。其人元不覺知魔著．亦言自得無上涅槃。來彼求應善男子處．敷座說法。能令聽衆．暫

見其身如百千歲。心生愛染·不能捨離。身爲奴僕·四事供養·不覺疲勞。六
各各令其座下人心·知是先師本善知識·別生法愛·黏(音年)如膠漆·得未
曾有。是人愚迷·惑爲菩薩。親近其心·破佛律儀·潛行貪欲。口中好言·我
於前世於某生中·先度某人。當時是我妻妾兄弟·今來相度·與汝相隨
歸某世界·供養某佛。或言別有大光明天·佛於中住·一切如來所休居
地。彼無知者·信是虛誑·遺失本心。此名癘鬼年老成魔·惱亂是人。厭足
心生·去彼人體。弟子與師·俱陷王難。汝當先覺·不入輪迴。迷惑不知·墮
無間獄。

又善男子·受陰虛妙·不遭邪慮·圓定發明。三摩地中·心愛知見·(文句作深入)勤
苦研尋·(文句作尅己辛勤樂處陰寂)貪求宿命。(文句作靜謐)爾時天魔·候得其便·飛精附人·口說經
法。其人殊不覺知魔著·亦言自得無上涅槃。來彼求知善男子處·敷座

說法。令其聽人各知[七]本業。或於其處語一人言·汝今未死·已作畜生。敕使一人於後蹋(音塔踐也)尾。頓令其人起不能得。於是一衆傾心斂伏。有人起心·已知其肇(始也)。佛律儀外·重加精苦。誹謗比丘·罵詈(音立)徒衆。訐(音揭攻也)露人私事·不避譏嫌。口中好言未然禍福。及至其時·毫髮無失。此大力鬼·年老成魔·惱亂是人。厭足心生·去彼人體。弟子與師·俱陷王難。汝當先覺·不入輪迴。迷惑不知·墮無間獄。

又善男子·受陰虛妙·不遭邪慮·圓定發明。三摩地中·心愛深入[八](文句此作知見)。尅(苦也)己辛勤·樂處陰寂(文句作勤苦研尋)·貪求靜謐(音密安也文句作貪求宿命)。爾時天魔·候得其便·飛精附人·口說經法。其人本不覺知魔著·亦言自得無上涅槃。來彼求陰善男子處·敷座說法。是人無端·於說法處·得大寶珠。其魔或時化為畜生·口銜其珠·及雜珍寶[九]簡冊符牘諸奇異物·先授彼人·後著其體。或誘聽人藏於地下·有明月珠照耀其處。是諸聽者·得未曾有。多食藥草·不餐嘉饌。或時日餐一麻一麥·其形肥充·魔力持故。誹謗比丘·罵詈徒衆·不避譏嫌。口中好言他方寶藏·十方聖賢潛匿之處。隨其後者·往往見有奇異之人。此名山林土地城隍川嶽鬼神·年老成魔。或有宣婬·破佛戒律·與承事者潛行五欲。或有精進·純食草木、無定行事·惱亂是人。厭足心生·去彼人體。弟子與師·俱陷王難。汝當先覺·不入輪迴。迷惑不知·墮無間獄。

又善男子·受陰虛妙·不遭邪慮·圓定發明。三摩地中·心愛神通種種變化·研究化元·貪取神力。爾時天魔·候得其便·飛精附人·口說經法。其人誠不覺知魔著·亦言自得無上涅槃。來彼求通善男子處·敷座說法。是人或復手執火光·手撮其光·分於所聽四衆頭上。是諸聽人頂上火光·

皆長數尺．亦無熱性．曾不焚燒。或水上行．如履平地。或於空中安坐不動。或入缾內。或處囊中。越牖透垣．曾無障礙。唯於刀兵不得自在。自言是佛。身著白衣．受比丘禮．誹謗禪律。罵詈徒衆。訐露人事．不避譏嫌。口中常說神通自在。或復令人傍見佛土。鬼力惑人．非有眞實。讚歎行婬．不毀麤行。將諸猥(音委鄙也)媟(音屑狎也)．以爲傳法。此名天地大力山精．海精．風精．河精．土精．一切草木積劫精魅。或復龍魅。或壽終仙再活爲魅。或仙期終計年應死．其形不化．他怪所附。年老成魔．惱亂是人。厭足心生．去彼人體。弟子與師多陷王難。汝當先覺．不入輪迴。迷惑不知．墮無間獄。

又善男子．受陰虛妙．不遭邪慮．圓定發明。三摩地中．心愛入滅．研究化性．貪求深空。爾時天魔候得其便．飛精附人．口說經法。其人終不覺知魔著。亦言自得無上涅槃。來彼求空善男子處．敷座說法。於大衆內．其形忽空、衆無所見。還從虛空突然而出。存沒自在。或現其身洞如瑠璃。或垂手足作旃檀氣。或大小便如厚石蜜。誹毀戒律、輕賤出家。口中常說無因無果。一死永滅、無復後身、及諸凡聖。雖得空寂、潛行貪欲。受其欲者、亦得空心、撥無因果。此名日月薄蝕、精氣、金玉芝草、麟鳳龜鶴、經千萬年不死爲靈、出生國土。年老成魔、惱亂是人。厭足心生、去彼人體。弟子與師、多陷王難。汝當先覺、不入輪迴。迷惑不知、墮無間獄。

又善男子、受陰虛妙、不遭邪慮、圓定發明。三摩地中、心愛長壽、辛苦研幾、（微也）貪求永歲、棄分段生、頓希變易細相常住。爾時天魔候得其便、飛精附人、口說經法。其人竟不覺知魔著、亦言自得無上涅槃。來彼求生善男子處、敷座說法。好言他方往還無滯。或經萬里、瞬息再來。皆於彼方取得其物。或於一處、在一宅中、數步之間、令其從東詣至西壁、是人急行・累年不到。因此心信・疑佛現前。口中常說・十方衆生皆是吾子。我生諸佛。我出世界。我是元佛・出世自然・不因修得。此名住世自在天魔・使其眷屬・如遮文茶・及四天王毗舍童子・未發心者・利其虛明・食彼精氣。或不因師・其修行人親自觀見・稱執金剛與汝長命。現美女身・盛行貪欲。未逾年歲・肝腦枯竭。口兼獨言・聽若妖魅。前人未詳・多陷王難。未及遇刑・先已乾死。惱亂彼人・以至殂殞。汝當先覺・不入輪迴。迷惑不知・墮無間獄。

阿難當知。是十種魔・於末世時・在我法中出家修道。或附人體・或自現形。皆言已成正偏知覺・讚歎婬欲・破佛律儀。先惡魔師・與魔弟子・婬婬相傳。如是邪精魅其心腑。近則九生。多踰百世。令眞修行・總為魔眷。命終之後・必為魔民。失正偏知・墮無間獄。汝今未須先取寂滅。縱得無學・

留願入彼末法之中．起大慈悲．救度正心深信衆生．令不著魔．得正知見。我今度汝已出生死．汝遵佛語．名報佛恩。阿難。如是十種禪那現境．皆是想陰．用心交互．故現斯事。衆生頑迷．不自忖量．逢此因緣．迷不自識．謂言登聖．大妄語成．墮無間獄。汝等必須將如來語．於我滅後．傳示末法。徧令衆生．開悟斯義。無令天魔得其方便。保持覆護．成無上道。

卷九終

一【六十聖位】由乾慧至妙覺、五十七位外加三漸次也、文句曰、三漸次爲能增進、五十七位爲所增進、能所合稱共成六十、

二【意生身】意生身者、隨意所想、身即能到、乃第八本識所變現、初十信位、即能獲得、爲如來十身相好之一、彼外道邪宗、以默坐出神爲勝事、不知佛門初位、即有此工夫也、

三【緜湣】自覺定心緜密、妙用湣合、是心雖善、然若一有欣愛貪求、是自開其釁、宜乎魔得其便也、

四【根本】心愛窮究萬化根本、逐物析心、求契全體大用、此機一發、便易招魔也、

五【懸應】正脈曰、懸應即多生有緣諸聖來應化也、周流精研、竭誠求於四方、以求冥冥中來相感悟於己也、

六【四事供養】謂飲食衣服臥具湯藥也、

七【各知本業】溫陵曰、邪定能具五通、本業即宿業也、畜生後報也、此二宿命通也、起心知肇、他心通也、許露眼耳通也、

八【深入】指掌曰、自覺想陰未破、勝用未圓、心愛深入圓通境故、

九【簡冊符牘】天書符籙、神碑讖語之類、皆預示國家興亡、聖人出世之事、

一〇【分段……變易】長水曰、分段生死、三界惑盡方始得離、二乘無學登地菩薩、乃得變易、今未離染、頓欲於此分段身上變粗身為細質、易短命為長年、過分希求、故為魔著也、

一一【住世自在天魔】即欲界第六天上大魔王也、以其無出離心、故曰住世也、

一二【毘舍】此云噉人精氣、

想念中精神幻覺範疇的魔境

想陰區宇

佛說：「在修止觀、禪定、的止定境界中，受陰已盡者。雖然沒有達到煩惱

漏盡的果位，而此心可以離開形體以外。猶如飛鳥出籠，頓時已能由此凡夫肉體之身，刹那之間，上歷菩薩道六十聖位的階梯。得成意生身，隨往他方，一切無礙。譬如在熟睡中說夢話的人，雖然他對於其他一切並無知覺，但是他說的話，卻是音韻清晰可辨，使在旁不睡的人，都能懂得他的語意。（換辭言之：卽使不利用這個肉質形體機能，也能夠作到想像中所要作到的事情。）這種境界名爲想陰（見註三十）區宇。如果妄自起心動念的妄心淨盡了，乃至輕微飄忽的浮想也銷除了，自性本覺的光明，就會自然顯現。猶如久受沉埋的的明鏡，一時之間，去掉塵垢一般。視一切衆生死生始終來去之跡，都如明鏡似的了然圓照。這種境界，名爲想陰已盡，這個人就能超越煩惱濁（註九十一）。可是若仔細觀察這種來由，還是以粗浮妄想爲其根本，使身心內外發起融通自在的作用。

(1)當受陰已很清虛靈妙，再不致於被感覺所惑而遭受邪慮。在明朗而圓融的定境中，如果心裡貪愛圓明的境界，使精微的思想更爲敏銳，藉以貪求善巧方便。那時天魔就候得其便，飛精附人。自己不知不覺之間，口說經法。而且並不覺得爲魔所著，反自說已經得達無上涅槃（自性圓寂）之境。就到一般有此同好的人那裡，敷座說法。他的形體，由別人看來，在頃刻之間，有時會變爲出家比丘的形狀，有時變爲天主，或者婦女，或者出家的比丘尼等。有時他身臥暗室之中，會放出光明。一般愚昧無知的人，就迷信他是菩薩化身，至誠地相信他的教化。他搖蕩了人心，破壞了佛所敎的戒律和威儀，暗中實行貪慾之事。口中又好說些災祥禍福變異的事實，或者說某佛在某處出世，或說世界的劫數到了，某時某地要有刀兵戰禍的災難。以種種聳人聽聞的危言，使人自相恐怖，致使他們的家財，無故耗散完了。這種境界，是被年老成魔的怪鬼所惱亂。等到魔心滿足討厭了，就離開了他的身體。他自己與弟子們，都會陷於國法王難。所以你應當先知先覺，便不致墮入輪廻。倘若迷惑不知，便會隨之墮在無間地獄。

⑵當受陰已很淸虛靈妙，再不至於被感覺所惑而遭受邪魔。在明朗而圓融的定境中，如果心裡貪求遊歷，那時天魔就候得其便，飛精附人。自己不知不覺間，宣說經法。而且並不覺得爲魔所著，反自說已經得達無上涅槃（自性圓寂）之

境，就到一般有此同好的人那裡，敷座說法。他自己的形體不變，而聽他說法的人，會忽然看見自身坐在寶色的蓮華上面，覺得自己整體化為紫金光團一樣。一般在座聽法的人，也都是如此，得到平常所未曾有的經驗。那些愚昧無知的人，就迷信他是菩薩化身。婬逸其心，破佛律儀，暗地裡實行貪慾的事。而又好說諸佛應化等事蹟。指出某處某人，就是某佛化身來的，某人就是某菩薩化生人間。於是使見到他們的人，就從內心發生虔誠的信仰，漸使邪見秘密興起，銷滅了佛性的種子。這種境界，是被年老成魔的魃鬼所惱亂。等到魔心滿足討厭了，就離開了他的身體。他自己和弟子們，都會陷於國法王難。所以你應當先知先覺，才不致墮入輪迴。倘若迷惑不知，便會隨之墮入無間地獄。

⑶當受陰已很清虛靈妙，再不致於被感覺所惑而遭受邪慮。在明朗而圓融的定境中，如果心裡愛著緜密的妙境，殫精竭力，去澄清他的精思，貪求契合於佛心或菩薩境界中的妙用。那時天魔就候得其便，飛精附人。自己不知不覺間，宣說經法。而且並不覺得為魔所著，反自說已經得達無上涅槃（自性圓寂）之境。就

到一般有此同好的人那裡，敷座說法。他自己的形體和聽他說法的人們，在外表上都沒有什麼兩樣。但使一般來聽他說法的人，還未聞聽他的說法以前，心裡就自有所悟似的。念念之間，密密移易。或者得宿命通，知道自己前生的事情。或得他心通，知道別人心裡所想的事情。或看見地獄的現象。或知道人間好惡等事情，或口裡出言便成爲絕妙的詩詞偈語。或自會誦出一部很好而有道理的經文。大家都各自歡喜，覺得是從來所未曾有。一般愚昧無知的人，就迷信他是菩薩化身，生起迷戀他的心理。破壞了佛的戒律和威儀，暗中實行貪慾的事。口裡好說佛有大小之別。某佛是先佛，某佛是後佛。其中還有眞佛假佛，男佛女佛的分別。又說菩薩也是如此的。使見了他的人，拋棄了本心，跟着入於邪悟的境界裡去。這種境界，是被年老成魔的魅鬼所惱亂。等到魔心滿足討厭了，就離開了他的身體。他自己和弟子們，都會陷於國法王難。所以你應當先知先覺，才不致墮入輪迴。倘若迷惑不知，便會隨之墮入無間地獄。

(4)當受陰淸虛靈妙，再不致於被感覺所惑而遭受邪慮。在明朗而圓融的定境中，如果心裡愛想追究萬物的根本的知識，深深觀察萬物的變化性能的究竟原因。自心精明開爽，貪求辨別和分析。那時天魔就候得其便，飛精附人。自己不知不覺之間，口說經法。而且不覺得爲魔所著，反自說已經得達無上涅槃（自性圓寂）之境，就到一般有此同好的人那裡，敷座說法。他的身體自然地具有一種神秘的威力，可以摧伏一般來求法的人。他們雖然還沒有聽到什麼，卻自然地就心裡佩服他。他們認爲佛法所說的涅槃、菩提、法身，就在現在我們的肉身上。父父子子，歷代相生不絕，就是法身常住不絕了。並且指稱現在的世界，就是佛國，另外並沒有別的淨土，也別無光明相好的金色佛身。於是使一般接受相信的人，亡失了以前的信心。竭其身命去歸依他，覺得是從來所未曾有。一般愚昧無知的人，就迷信他是菩薩化身。研究追尋他的心意所喜，破壞了佛所教的戒律和威儀，暗中實行貪慾的事。口裡好說眼耳鼻舌等，都是淨土。男女的兩根，就是菩提涅槃的眞實所在。他們一般無智慧的人，就相信這些謬論。這種境界，是被年老成魔的蠱毒魘勝惡鬼所惱亂。等到魔心滿足討厭了，就離開了他的身體。他自己和弟子們，都會陷於國法王難。所以你應當先知先覺，才不致墮入輪廻。倘若迷惑不知，便會隨之墮入無間地獄。

(5)當受陰清虛靈妙，再不致於被感覺所惑而遭受邪魔。在明朗而圓融的定境中，如果心裡愛好預知與遙遠的感應之妙。精細去周流研究，貪求冥感作用。那時天魔就候得其便，飛精附人。自己不知不覺間，口說經法。而且並不覺得爲魔所著，反自說已經得證無上涅槃（自性圓寂）之境。就到一般有此同好的人那裡，敷座說法。他能夠使一般聽衆，暫時看見他的身體猶如百千歲以上的人。心理就生出愛慕之念，不能捨離。自己願意獻身爲其奴僕，諸般供養，不覺疲勞。特並且會使其在座的各人心裡，覺得他就是前生的先師，本來就是他的善知識。特別生出一種法愛，如膠如漆般黏著不捨，覺得是從來所未曾有的。一般愚昧無知的人，就迷信他是菩薩化身去親近他。破壞了佛所教的戒律和威儀，暗中實行貪慾之事。他的口裡好說我在前世，在某一生中，先度某某人。某某人又是我的妻妾或兄弟，所以我今世再來度他。現在與你相隨不捨，回到某世界去供養某佛。

或者說另外有一個大光明天，佛就住在那裡。一切如來也都長期在那裡休息。一般無知的人，相信他這種虛誑之言，就遺失了自己本心。這種境界，是被年老成魔的癘鬼所惱亂。等到魔心滿足討厭了，就離開了他的身體，他自己和弟子們，都會陷於國法王難。所以你應當先知先覺，才不致墮入輪迴。倘若迷惑不知，便會隨之墮入無間地獄。

(6)當受陰淸虛靈妙，再不致於被感覺所惑而遭受邪慮。在明朗而圓融的定境中，如果貪愛知見，勤苦研究尋求宿命的來源。那時候天魔便候得其便，飛精附人。自己不知不覺間，口說經法。而且並不覺得爲魔所著，反自說已經證得無上涅槃（自性圓寂）之境。就到一般有此同好的人那裡，敷座說法。他能夠使一般聽衆，自知前生的本業。或者就在那裡，告訴某一個人說：你現在雖然還沒有死，但是已經變了畜生。同時又命令另一個人，在他的後面，憑空地可以踏住他的尾巴，前面這個人果然就站不起來了。於是大家都自然而然會衷心敬仰他。或者有人偶然在心裡起了一個心念，他當下就會知道他的意思。他們除了在佛所說的戒律和威儀以外，卻更加多作許多難能的苦行。誹謗出家的比丘，罵詈他的徒衆。揭發別人的陰私，不避任何譏嫌。口裡好說還未發生的禍福事情。到時果然如其所說，毫釐不差。這是被年老成魔的大力鬼所惱亂。等到魔心滿足討厭了，就離開了他的身體。他自已和弟子們，都會陷於國法王難。所以你應當先知先覺，才不致墮入輪廻。倘若迷惑不知，便會隨之墮入無間地獄。

(7)當受陰淸虛靈妙，再不致於被感覺所惑而遭受邪慮。在明朗而圓融的定境中，如果心裡愛求更深的定境，嚴格克制自己，辛勤求道，喜歡住在陰寂的地方，貪求靜謐的境界。那時天魔就候得其便，飛精附人。自己不知不覺間，口說經法。而且並不覺得爲魔所著，反自說已經證得無上涅槃（自性圓寂）之境。就到一般有此同好的人那裡，敷座說法。在他說法的地方，會忽然無端的得到大寶珠。或者在那時候，魔鬼變化成一個畜生，口裡啣着寶珠，摻雜著其他珍寶或簡册符牘等奇珍異物。先將這些東西授與他們，後來再附著在他身上。或者誘惑一般聽衆，令其藏在地下，果然看見地下明月珠在照耀著。使這些聽衆們，覺得是從來所沒有的奇跡。他們多服食藥草。平常不大肯吃常人們的好飲食。或者每天衹吃一麻一麥，可是他的身體，還很强壯。這些現象，都因爲是魔力所支持而形成的。他誹謗出家比丘，隨意駡詈徒衆，不避任何譏嫌。口裡好說各地的礦藏所在，乃至十方得道聖賢潛跡的地方。如果跟著他去看，往往也會看見些奇異的人在那裡。這是被年老成魔的山林土地城隍山嶽鬼神等所惱亂。或者宣講淫穢之行，破了佛的戒律，與一般跟他學習的人，暗中實行五欲的事情。或者也能很精進的修道，完全吃食草木，做事沒有定則。等到魔心滿足討厭了，就離開他的身體。他自己和弟子們，都會陷於國法王難。所以你應當先知先覺，才不致墮入輪廻。倘若迷惑不知，便會隨之墮入無間地獄。

⑻當受陰淸虛靈妙，再不致被感覺所惑而遭受邪慮。在明朗而圓融的定境中，如果心裡愛求神通的種種變化，而硏究變化之元，貪求神力。那時天魔就候得其便，飛精附人。自己不知不覺間，口說經法。而且並不覺得爲魔所著，反自說已經證得無上涅槃（自性圓寂）之境。就到一般有此同好的人那裡，敷座說法。

他或者拿著火把，用手撮弄，將火光分放於在場聽衆們的頭上。這些聽衆們的頭頂火光，都會自長數尺，可是既不覺得熱的難受，也不會焚燒到身上。他或者在水面上行走，如履平地。或坐在空中，安然不動。或鑽入瓶內。或住在囊中。乃至隔着窗戶與墻垣，都可自由出入而沒有障礙。祇有對於兵器，還不能自在不怕。自說已經是佛，身著普通人的衣裳，接受出家比丘的禮拜。誹謗禪靜和戒律，隨意罵詈徒衆。揭發他人的陰私，不避任何譏嫌。口裡常說神通自在。或者也可使人們旁見佛國。這些都是被鬼力所迷惑著的人，其事並不眞實。他們讚歎行婬，並不要你戒掉粗穢的行爲。而且把猥褻的事，做爲傳法之用。這是天地間大力的山精、海精、風精、河精、土精。或是一切草木等的積劫精魅，或是龍魅，或是壽終之仙，復活成魅。或者仙壽將終，自己計算將應死亡，他的形體不化，被其他精怪所附。年老成魔，來惱亂這些人。等到魔心滿足討厭了，就離開了他的身體。他自己和弟子們，都會陷於國法王難。所以你應當先知先覺，才不致墮入輪廻。倘若迷惑不知，便會隨之墮入無間地獄。

(9)當受陰淸虛靈妙，再不致於被感覺所惑而遭受邪慮。在明朗而圓融的定境中，如果心裡愛著寂滅，研究變化之性，貪求入於寂滅深空的定境。那時天魔就候得其便，飛精附人。自己不知不覺間，口說經法。而且並不覺得爲魔所著，反自說已經證得無上涅槃（自性圓寂）之境。就到一般有此同好的人那裡，敷座說法。在大衆之中，他的形體忽然空了，大家都不能看見他。再從虛空裏，突然現出。如此存沒可以自在。有時或顯現出他的身體，空空洞洞的猶如瑠璃一樣。或者垂下他的手足，發出一種旃檀的香氣。或者他的大小便，猶如厚石蜜一般。他誹毁一切戒律，輕賤一般出家人。口裡常說無因無果　一死就永遠寂滅。根本沒有轉世後身的事，更沒有什麼凡夫與聖賢之分。他雖然得到空寂的功力，而仍然在㟀中實行貪慾。並且使一般接受了他共同行慾的人，也能够得到空心的感覺和享受，撥置因果的道理。這是日蝕月蝕的時候。或是植物中的金玉芝草，或是動物中的麟鳳龜鶴，偶然得到日月的天然精氣，經過千萬年而不死。變化成爲精靈，存在於人世之間。年老成魔，來惱亂這些人。等到魔心滿足討厭了，就離開了他的身體。他自己和弟子們，都會陷於國法王難。你應當先知先覺，才不致墮入輪迴。倘若迷惑不知，便會隨之墮入無間地獄。

(10)當受陰淸虛靈妙，再不致於被感覺所惑而遭受邪慮。在明朗而圓融的定境中，如果心裡愛求長壽，辛苦研究，貪求長生永歲之道，想避免轉世的分段生死。希望從變易生死中，使細微的壽命之相常住。那時天魔就候得其便，飛精附人。自己不知不覺之間，口說經法。而且並不覺得爲魔所著，反說自己已經證得無上涅槃（自性圓寂）之境。就到一般有此同好的人那裡，敷座說法。他好說在各方世界，可以往返無阻。或者經歷萬里，瞬息之間，便再轉來。而且果然在那邊取得足資徵信的東西。或者在一個地方，一間屋裏，幾步之內，要你從東邊走到西邊，你就是拚命快走，經年累月也不能走到。因此使人心裡發生信仰，疑心他是眞佛在前。他口裡常說：十方衆生，都是我的孩子。我出生一切佛，我出生這個世界。我是最初的元佛。我的出世，是自然而來。並不是靠修行而得到的。這是住世的自在天魔，使令他的眷屬，如遮文茶（奴神、嫉妬女）以及四天王所管屬的毗舍童子（噉精氣鬼神）等，候得尙未發心的人們利用他的虛明淸淨，盜食他的精氣。或者不因師教，使修行人自己可以親見虛空中有佛現身，與他說法。自稱爲持有如金剛堅固的長生不死之術，可以傳你，使你長命。或現出美女之身，與他盛行貪慾之事。如此不到一年，就會使他肝腦枯竭。祇聽他口裡自言自語，不知說些什麼。旁人聽起來，好像與妖魅對話。這個被魔魅的人，自己根本不知道原因。多半會陷於國法王難。而且不等遭到刑戮，就先已乾死。如此被魔所困惱，以至於殂殞。你應當先知先覺，才不致墮入輪廻。倘若迷惑不知，便會隨之墮入無間地獄。

以上所說的十種魔，時當末世的時候，在我的佛法中，出家修道。或附在人身上，或自己現形。都說已成正徧知覺，讚歎婬慾，破了佛所教的戒律和威儀。先由魔師與魔弟子們，以婬慾爲修持的方法，彼此相傳。都被這些邪精之類，魅惑了他的心腑。近則九生，多至百世。使令一般眞實跟他修行的人，都成爲他的魔眷。等到命終之後，必爲魔民。喪失了正徧知，墮入無間地獄。你現在不須要先取寂滅。卽使得到無學的果位，也應當發願留住世間，入於末法之中，發起大慈大悲之心，救度一般具有正心的深信衆生。使他們不要著魔，而能得到正知見。我現在已經度你跳出生死。你應當依我所教，才是報佛之恩。這十種禪定中的境界現象，都是想陰的欲求太過，與外魔的交感互變，所以顯現這種情形。因爲衆生迷頑無知，不自加忖量，遇到這種現象，就迷不自識。反說已經躋登聖人的地位，實在是大妄語，結果墮於無間地獄。當我滅度以後，要把這種道理，傳示於末法時期。普徧地使大家開悟其中義理。莫使天魔得其方便。保護扶持一般修學的人，使其得成無上大道。」（以上第九卷竟。）

（註九十一）煩惱濁：五濁之一，貪欲、瞋恚、愚痴等諸惑，煩心惱身，謂爲煩惱。

阿難。彼善男子·修三摩提想陰盡者。是人平常夢想銷滅·寤寐恒一。覺明虛靜·猶如晴空。無復麤重前塵影事。觀諸世間大地山河·如鏡鑑明·來無所黏。過無蹤跡。虛受照應·了罔（無也）陳（舊也）習。唯一精眞·生滅根元·從此披露。見諸十方十二衆生·畢殫（音丹盡也）其類。雖未通（知）其各（類受）命（原）由（頭）緒。而見（其各）

（類共）同（受）生（之根）基。猶如野一馬熠熠（音育光不定也）清擾。爲浮根塵（之）究竟樞穴二。此則名爲行陰區宇。若（以）此清擾熠熠（者爲）元性三。（此）性一入元澄・一澄元習。如波瀾滅・化爲澄水・名行陰盡。是人則能超衆生濁。觀其所由・幽隱妄想以爲其本。阿難當知。是得正知奢摩他中諸善男子・凝四明正心・十類天魔不得其便。方得精研窮（究衆）生（各）類（根）本。於一本類（之）中（見其）生（滅根）元（顯）露者（即行陰也）・觀彼幽清圓五擾動元。於圓元中起（邪）計（妄）度者・是人墜入二無因論六。一者是人見本無因。何以故。是人既得生機（行陰）全破（顯也）。乘於眼根八百功德・見八萬劫所有衆生・業流灣環・死此生彼・祇見衆生輪迴其處・八萬劫外・冥無所觀。便作是解・此等世間十方衆生・八萬劫來・無因自有。由此計度・亡正徧知・墮落外道・惑菩提性。二者是人見末無因。何以故。是人於生既見其根。知人生人。悟鳥生鳥。烏從來黑。鵠從來白。人天本豎。畜生本橫。白非洗成。黑非染造。從八萬劫無復改移。今盡此形．亦復如是。而我本來不見菩提。云何更有成菩提事。當知今日一切物象皆本無因。由此計度．亡正偏知．墮落外道．惑菩提性。是則名爲第一外道．立無因論。

阿難。是三摩中諸善男子．凝明正心．魔不得便．窮生類本．觀彼幽淸常擾動元。於圓常中起計度者．是人墜入四徧常論。一者．是人窮心境性．二處無因。修習能知二萬劫中．十方衆生所有生滅．咸皆循環．不曾散失．計以爲常。二者．是人窮四大元．四性常住。修習能知四萬劫中．十方衆生所有生滅．咸皆體恒．不曾散失．計以爲常。三者．是人窮盡六根（正脈作識）末那（七）執受．心意識中本元由處．性常恒故．修習能知八萬劫中．一切衆生循環不失．本來常住．窮不失性．計以爲常。四者．是人既盡想元．生理更無流止運轉．生滅想心今已永滅．理中自然成不生滅．因心所度．計以爲常。由此計常．亡正徧知．墮落外道．惑菩提性。是則名爲第二外道．立圓常論。

又三摩中諸善男子．堅凝正心．魔不得便．窮生類本．觀彼幽淸常擾動元。於自他中起計度者．是人墜入四顚倒見．一分無常一分常論。一者．是人觀妙明心徧十方界．湛然以爲究竟神我．從是則計我徧十方凝明不動．一切衆生於我心中自生自死。則我心性名之爲常。彼生滅者．眞無常性。二者．是人不觀其心．徧觀十方恒沙國土。見劫壞處名爲究竟無常種性。劫不壞處．名究竟常。三者．是人別觀我心．精細微密．猶如微塵。流轉十方．性無移改。能令此身即生即滅。其不壞性．名我性常。一切死生從我流出．名無常性。四者．是人知想陰盡．見行陰流。行陰常流．計爲常性。色受想等．今已滅盡．名爲無常。由此計度一分無常一分常故，墮落外道，惑菩提性。是則名爲第三外道，一分常論。

又三摩中，諸善男子，堅凝正心，魔不得便，窮生類本，觀彼幽淸常擾動元。九於分位中生計度者，是人墜入四有邊論。一者，是人心計生元流用不息。計過去未來者，名爲有邊。計現在相續心，名爲無邊。二者，是人觀八萬劫，則見衆生八萬劫前，寂無聞見。無聞見處，名爲無邊。有衆生處，名爲有邊。三者，是人計我徧知，得無邊性。彼一切人，現我知中。我曾不知彼之知性。名彼不得無邊之心，但有邊性。四者，是人窮行一〇陰空，以其所見心路籌度，一切衆生，一身之中，計其咸皆半生半滅。明其世界一切所有，一半有邊，一半無邊。由此計度有邊無邊，墮落外道，惑菩提性。是則名爲第四外道，立有邊論。

又三摩中，諸善男子，堅凝正心，魔不得便，窮生類本，觀彼幽淸常擾動元。於知見中生計度者·是人墜入四種顚倒·不死矯亂·偏計虛論。一者·是人觀變化元。見遷流處·名之爲變。見相續處·名之爲恒。見所見處·名之爲生。不見見處·名之爲滅。相續之因·性不斷處·名之爲增。正相續中·中所離處·名之爲減。各各生處·名之爲有。互互亡處·名之爲無。以理都觀·用心別見。有求法人·來問其義。答言我今亦生亦滅。亦有亦無。亦增亦減。於一切時皆亂其語。令彼前人遺失章句。二者·是人諦觀其心·互互無處·因無得證。有人來問·唯答一字·但言其無。除無之餘·無所言說。三者·是人諦觀其心·各各有處·因有得證。有人來問·唯答一字·但言其是。除是之餘·無所言說。四者·是人有無俱見·其境枝分也故·其心亦亂。有人來問·答言亦有·即是亦無·亦無之中·不是亦有·一切矯亂·無容窮詰。由此計度矯亂虛無·墮落外道·惑菩提性。是則名爲第五外道四顚倒性·不死矯亂·偏計虛論。

又三摩中諸善男子·堅凝正心·魔不得便·窮生類本·觀彼幽清常擾動元。於無一二盡流生計度者·是人墜入死後一三有相發心顛倒。或自固身·云色是我。或見我圓含偏國土·云我有色。或彼前緣隨我迴復·云色屬我。或復我依行中相續·云我在色。皆計度言死後有相。如是循環有十六相一四。從此或計畢竟煩惱·畢竟菩提·兩性並驅·各不相觸。由此計度死後有故·墮落外道·惑菩提性。是則名爲第六外道·立五陰中死後有相·心顛倒論。

又三摩中諸善男子·堅凝正心·魔不得便·窮生類本·觀彼幽清常擾動元。於先除滅色受想中生計度者·是人墜入死後一五無相發心顛倒。見其色滅·形無所因。觀其想滅·心無所繫。知其受滅·無復連綴。陰性銷散·縱有生理而無受想·與草木同。此質現前猶不可得。死後云何更有諸相。因之勘（音刊）校死後相無。如是循環有八無相（一六）。從此或計涅槃因果·一切皆空。徒有名字·究竟斷滅。由此計度死後無故·墮落外道·惑菩提性。是則名為第七外道·立五陰中死後無相·心顛倒論。

又三摩中諸善男子·堅凝正心·魔不得便·窮生類本·觀彼幽清常擾動元。於行存中·兼受想滅·雙計（一七）有無·自體相破·是人墜入死後俱非·起顛倒論。色受想中見有非有·行遷流內觀無不無。如是循環·窮盡陰界·八（一八）俱非相。隨得一緣·皆言死後有相無相。又計諸行性遷（變）訛（錯）·故心發通悟。有無俱非·虛實失措。由此計度死後俱非·後際昏瞢無可道故·墮落外道·惑菩提性。是則名為第八外道·立五陰中死後俱非·心顛倒論。

又三摩中諸善男子·堅凝正心·魔不得便·窮生類本·觀彼幽清常擾動

元。於一九後後無生計度者．是人墜入七斷滅論。或計身滅。或欲盡滅。或苦盡滅。或極樂滅。或極捨滅。如是循環．窮盡七二〇．際現前銷滅．滅已無復．由此計度死後斷滅．墮落外道．惑菩提性。是則名為第九外道．立五陰中死後斷滅．心顛倒論。

又三摩中諸善男子．堅凝正心．魔不得便．窮生類本．觀彼幽清常擾動元。於二一後後有生計度者．是人墜入五涅槃論。或以欲界為正轉二二依．觀見六欲天上境界圓明生愛慕故。或以初禪．性無憂故。或以二禪．心無苦故。或以三禪．極悅隨故。或以四禪．苦樂二亡．不受輪迴生滅性故。迷二三有漏天．作無為解。計此五處暫時安隱以為便是勝淨轉依。如是循環．五處究竟。由此計度五現涅槃．墮落外道．惑菩提性。是則名為第十外道．立五陰中五現涅槃．心顛倒論。

阿難。如是十種禪那狂解．皆是行陰用心交互．故現斯悟。衆生頑迷．不自忖量。逢此現前．以迷爲解．自言登聖。大妄語成．墮無間獄。汝等必須將如來語．於我滅後．傳示末法。徧令衆生覺了斯義。無令心魔自起深孽。保持覆護．銷息邪見。教其身心開覺眞義。於無上道不遭枝歧。勿令心祈得少爲足。作大覺王淸淨標指。

一【野馬】陽焰也、莊子逍遙游篇野馬也、塵埃也、生物之以息相吹也、案即春日遠望田野中所生之白氣、望之似水、而即之則不可得、

二【樞穴】寶鏡曰樞爲門軸、穴乃門臼、由樞穴故、門得開關、喩由行陰故、根塵妄有生滅也、

三【元性…元澄…元習】元性、即行陰、乃無始生滅之根元性體也、元澄即識陰、元習即爲識陰之種子、言想陰如洪波、行陰如細浪、識陰如流水、本覺如止水、

四【凝明正心】凝則不動搖、明則不疑惑、正則不邪念、如此用心、即爲定慧相資、故外魔不得其便也、

五　【幽清圓擾動元】文句曰、動元即指行陰爲羣動之元也、此之行陰、境界難可了知、故名爲幽、非是粗重前塵、故名爲清、互含互具、故名曰圓、於眞常中妄有流注、故名爲擾也、

六　【二無因論】正脈云、二無因論、乃先世外道修心邪解所立、違理背正之惡見耳、今行現之解、適與彼同、故即墮彼論中、如後車踏前車之覆轍、故即同墮一坑塹也、

七　【末那執受】指掌云、末那即是七識、此云思量、恒審思量故、執受即是八識、執持根器種子、領以爲境、令生覺受故、

八　【一分無常一分常論】憨山大師云、以七識執第八識見分爲我、故或執我能生他、則我常他無常、或執我從他生、則他常我無常、謬執斷常、妄計自他、依後文之四種顛倒而立論也、

九　【分位】溫陵曰、分位有四、謂三際分位、見聞分位、彼我分位、生滅分位、

一〇　【窮行陰空】正脈曰、窮行陰空者、蓋斯人窮至行陰、不了區宇未空、而遂謂爲眞空寂滅之性也、

一一　【不死矯亂偏計虛論】執拗而不順理爲矯、心無主正爲亂、婆沙論云、一外道計天常住、名爲不死、計不亂答得生彼天、若實不知而輒答者、恐成矯亂、故有問時、答言秘密言辭、不應皆說、或不

定答、佛法訶爲此眞矯亂、亡故名不死矯亂虛論也、

一二【無盡流】文句曰、行陰名無盡流、以其無始以來、恒相續轉故也、

一三【死後有相】蒙鈔引融室云、於行陰無窮遷流而生計度、計其身後而流不斷、故落死後有相之十六顚倒也、

一四【十六相】十六相者、一即色是我、二我大色小、色在我中、三離色是我、四色大我小、我在色中、受想行三亦復如是、四陰循環互成十六、煩惱菩提、不相凌奪、兩性並驅、畢竟後有、此則錯解性具圓宗、差之毫釐、謬逾天壤也、

一五【死後無相】長水曰、見前三陰已滅、當知行陰亦應還滅、即計死後斷滅、總名無相、

一六【八無相】慈山大師云、此約四陰現在因亡、未來果喪、故成八無相、由此便計涅槃因果一切皆空、成斷滅見顚倒論也、

一七【雙計有無】即計爲非有非無也、

一八【八俱非相】謂於現存之識陰中、計爲非有非無、過去三陰、亦復如是、前後相望、成四俱非、現在

既爾、死亦必然、故成八俱非、

一九 【後後無】行陰念念生滅處、名後後無、設生七處、後皆斷滅、

二〇 【七際】七際即前之七處斷滅論也、諸家說各不同、文句謂一者人道身死即滅、二者欲天身壽盡即滅、三與四者、初禪二禪苦盡皆歸死滅、五者三禪極樂亦歸死滅、六與七者、四禪雙捨苦樂、四空幷捨色陰、亦歸死滅、故曰窮盡七際皆銷滅也、

二一 【後後有】謂行陰念念生起也、正脈曰、觀見行陰、念念相續、新新成有、故解其當有實果、必不滅無也、

二二 【轉依】轉依者、謂轉有漏之生死、而依於無漏之涅槃也、

二三 【有漏天】諸天皆爲有漏、而妄計爲眞常不滅之涅槃現前、此正於無常苦空無我不淨之中、而悞爲常樂我淨、所謂前四顚倒也、

行陰區宇

佛說：「在修止觀、禪定的止定境界中，想陰已盡者。此人平常的夢想消

心理生理的本能活動與對宇宙心物認識的偏差

滅，寤寐一如，晝夜都住在光明虛靜的境界中。猶如晴空無障，朗然清明，再沒有粗重的前塵影事來往心中。看一切世間的山河大地，猶如明鏡照映物象。來了無所黏，過了也無踪跡。祇是一片清虛，照了一切事物。當下適應，了然無礙，再沒有過去存留的習氣。唯有那至眞之精靈，了了常明。因此一切萬有的生滅根元，都披露無遺。見到了十方世界中的十二類衆生，（見註七十六）都能够了解他的種類。雖然還不能够通曉他的每一個生命根本的由來，但是已經看到了其共通的生命本能。這個生機猶如遊動不定的微明光體，像太陽裡的燄影光照一樣，捉摸不定而又清明存在，有擾擾搖曳的現象。這就是爲生理心理活動本能究竟機樞的竅穴。這種境界，名爲行陰（見註卅一）區宇。如果經由這個既清明而擾擾微明發光的本元性能，再進而入於自性元本澄清之境。元來習性一經澄清，有如波瀾平息，化爲一道清流。這種境界，名爲行陰（見註卅一）盡。這個人就能超越衆生濁（註九十二）。可是若仔細觀察這種來由，還是因爲妄想潛伏爲其根本作用。

(1)在這種正知的禪定境界中的人，凝明正心。以上所說的十類天魔，就不能候得纏繞的機會。因此才能在這種禪定境界中，精細硏究，窮究各類生命的本元。在本類之中，他看到生命的本元，始終是幽淸圓擾，永遠不息地在活動。於是在這圓常之中，妄自生起計（推理）度（想像）。這個人就會墮入兩種無因論：

（一）這個人見到一切萬物，本來是無因而自生的。那是什麼原因呢？因爲他到此程度，生機已經完全破了。由於眼根本來具有的八百功德，看見了八萬劫外，所有的衆生，在生命業力之流中，猶如一灣流水的廻環往復，死於此而後復生於彼。祇見一切衆生，如輪轉一樣廻旋其處。而對於八萬劫外，都渺冥無有所見。因此便有了這種見解，認爲這個世間，十方所有的衆生，八萬劫以來，本來是無因而自有的。由推理想像，忘失了正徧知。墮落成爲外道，迷惑了菩提正覺的眞性。

（二）這個人見到一切結果都是無因而來的。那是什麼原因呢？因爲這個人對於生命的來原，自己認爲既已見到它的根本。知道了人本來生人。鳥本來生鳥。老鴉本來是黑的。鵠鳥本來是白的。人與天人們本來是站立起來的。畜生們本來是橫伏行走的。白的既不是靠洗成，黑的也不是靠染造。自從八萬劫來，根本就沒有改變過。等到這個形體壽命完了，也依舊還是這個樣子。我本來就見不到什麼菩提正覺（見註七十五）之性，那裡更有什麼成菩提的事實呢？他認爲應當知道現在的一切物象，本來都是無因而來的。由此種推理想像，他就亡失了正徧知（註九十三），墮落成外道，迷惑了菩提正覺眞性。像這樣的人，就名爲第一外道，建立無因的理論。（這種理論，認爲宇宙萬有的根本，是冥然無因而自生的。萬有現象，都是自然的規律。起初既無爲什麼目的之因，終亦無有因之果，相同於自然物理論者的一部份理論。）

(2)又在這種正知的禪定境界中的人，凝明正心，外魔不能候得纏繞的機會。因此才能在這種禪定境界中，精細研究，窮究各類生命的本元。他看到生命的本元，始終是幽淸圓擾，永遠不息地在活動。於是在這圓常之中，妄自生起推理和想像。這個人就會墮入四種徧常論：(一)這個人窮究心和心境所生的性能，兩處都是無因的。由此修習心空，能够知道兩萬劫當中，十方空間裏所有衆生的生滅現象，都是死此生彼循環不息的作用，根本未曾散失。因此就推想心境性是經常存在的。（這種理論，相同於精神不滅論。）（二）這個人窮究四大的本元，認爲地、水、火、風，物質四大種類的本元性能是經常存在的。由此修習物元，能够知道四萬劫當中，十方空間裡所有衆生的生滅現象。四大性能之體，本來都是經常存在，根本未曾散失。因此就推想四大的性能，是經常存在的。（這種理論，相同於物質不滅論。）（三）這個人窮究六根（眼、耳、鼻、舌、身、意）、末那（與生命俱生的我執。）和所有身心的執受作用。執著心意識初動之處的本元來元，認爲它的性能就本來經常存在。由此修習此本元，能够知道八萬劫當中，一切衆生都是循環不已。本來就永遠存在，始終未失。因此就推想本元性能是經常存在的。（四）這個人既已滅盡妄想的本元，生理上再沒有流動運轉的作用。生滅的妄想心，已經永遠消滅。所以認爲在理性中，自然也會是不生不滅。因爲他們以爲心的推理，設想一個超越妄想的理性，卻是經常存在的。總之：他們因爲推理想像某一事物的經常存在，而亡失了正徧知，墮落成爲外道，迷惑了菩提正覺的眞性。像這樣的人，就名爲第二外道，建立圓常的理論。

⑶又在這種正知的禪定境界中的人，堅凝正心，外魔不能候得纏繞的機會。因此才能在這種禪定境中，精細研究，窮盡各類生命的本元。他看到生命的本元，始終是幽淸圓擾，永遠不息地在活動。於是對於自他之間，（主觀的我和客觀的外境，）生起推理和想像。這個人就會墮入四種顚倒的見解，生出一分無常，一分常論：㈠這個人觀察自己的靈妙靈明之心，徧滿於十方世界。就以這個澄澄湛湛的便是最究竟的神我。由此推想，我本來徧滿十方空間裡的一切處，無所不在，凝明不動。一切衆生都在我心中自生自死，唯有我的心性，才是常存的。其他一切，則有生有滅的，是畢竟無常性的。（這種理論，是瑜伽學術的根元。）㈡這個人不肯反省觀察自心，祇徧觀十方無數無量的國土世間，見到刼運毁壞的時候，無一物可以存在，名之爲畢竟是無常的種性。那個空界的性能，卻不受刼運影響而毁壞的了，所以就名之爲究竟的常存之性。㈢這個人別自反省觀察自心，確是精細微密，猶如物質的微塵一樣。（相同於物質的原子能，）雖然周流六虛，變動不居。天然的性能，根本沒有移改。它卻能够使這個身體，

即生即滅。它自己本來是不壞的，因此名我性是常存的。那個從我天然之性流出的生死作用，就名爲無常之性。（四）這個人自己知道想陰盡了，見到生命本能活動的行陰的流行不息，就推理行陰就是經常存在的常性。色（心物的光和能）受（感覺）想（思想）現在都已經滅盡，可以就名這些都是無常性的。總之：他們就由此推理想像：一部份無常；一部份是常存的。（這種理論，大體相同於現代自然科學和部分哲學中所說的理論。認爲主觀的物理世界是不存在的，客觀的宇宙是存在的。）由此墮落成爲外道，迷惑了菩提正覺的眞性。像這樣的人，就名爲第三外道，一分常存的理論。

⑷又在這種正知的禪定境界中的人，堅凝正心，外魔不能候得纏繞的機會。因此才能在這種禪定境界中，精細研究，窮究各類生命的本元。他看到生命的本元，始終是幽淸圓擾，永遠不息地在活動。於是對於時間和人我，生起推理和想像。這個人就會墮入四種有邊論：（一）這個人心裡推想生命活動的生元，是本能地流行不息，可以推測到過去和未來的，就名爲有邊。推測現在的心，是念念

相續不斷的，就名爲無邊。㈡這個人可以看到八萬劫初，就有衆生存在。對於八萬劫以前，寂然不聞不見。認爲八萬劫以前無聞無見處，就名爲無邊。當八萬劫開始有衆生時，就名爲有邊。㈢這個人認爲自己徧知一切，已經證得無邊性。其他一切的人，都顯在我的能知性之中。但是我卻不知其他人等能知之性的邊際。於是認爲別人都不能得無邊之心，祇是具有有邊之性而已。㈣這個人窮究行陰的空性，就依他所見到的，自心加以計算和想像。認爲一切衆生的一身之中，都有兩面的作用。一半是生起作用的；一半是空的。因此認爲世界上一切所有，也是一半有邊；一半無邊。總之：他們都由此去推理想像有邊與無邊，墮落成爲外道，迷惑了菩提正覺的眞理。像這樣的人，就名爲第四外道，建立有邊際的理論。

(5)又在這種正知的禪定境界中的人，堅凝正心，外魔不能候得纏繞的機會。因此才能在這種禪定境界中，精細研究，窮究各類生命的本元。他看到生命的本元，始終是幽淸圓擾，永遠不息地在活動。於是在他所知所見的境界當中，生起推理和想像。這個人就會墜入四種顚倒的見解。就矯說另有一不死的存在。隨便建立四種矛盾對立的理論，自己反徧計其所執的謬論：（一）這個人觀察生命本能活動中的變化之元，見到遷流不息的，就名之爲變。見到相續運行的現象，便名之爲恒。見到自己所見之處，就名之爲生。見不到能見的根本，便名之爲滅。在相續運行的基本原因中，認爲另有一個不斷的性能，就名之爲增。正在相續運行之中，其間有空隙隔離之處，便名之爲滅。見到其各個存在處，就名之爲有。見到其各個亡失處，便名之爲無。這些道理，都由用心觀察所得而發生差別的知見。如果有求法的人來問他的義理，他就答說：我現在亦生亦滅。亦有亦無。亦增亦減。在一切時，都亂其言語，模稜兩可。使來問的人，茫然不解，反而遺失其本來要問的問題。（二）這個人仔細觀察其心，都各自沒有固定的存在，認爲自己因無而得證。如果有人來問，就祇答他一個無字。除了無之外，就沒有其他言語可說了。（三）這個人仔細觀察其心，都各自有他動念的起點處所，認爲自己因有而得證。如果有人來問，就祇答一個是字。除了是之外，就沒有其他言語可說了。（四）這個人見到了有與無，但是他的境界，卻陷於矛盾之中，其心也因之而亂。如果有人來問，他就答說亦有就是亦無。亦無之中，不是亦有。一切矯亂其辭，使人無法窮詰。總之：他們都是由推理和想像，矯揉亂立虛無的謬論，墮落成爲外道，迷惑了菩提正覺的眞性。像這樣的人，就名爲第五外道，四種顚倒矛盾性的不死矯亂，自己徧計他的虛謬理論爲是。

(6)又在這種正知的禪定境界中的人，堅凝正心，外魔不能候得纏繞的機會。因此才能在這種禪定境界中，精細研究，窮究各類生命的本元。他看到生命的本元，始終是幽淸圓擾，永遠不息地在活動，運行不息，猶如無盡之流。於是生起推理和想像。這個人就會墜入死後無相，心裡發生顚倒的知見。或者自己堅意固守此身，說四大（地、水、火、風）種性之色就是我。或者認爲我的自性圓融，普徧包含著一切的國土世間。說我之中，本自包括了物理的成分。或者認爲眼前的物理光色，跟著我的運用，起循環往復的作用。又說光色本來就是我的附屬，一切物理的現象，都是我所顯現的。或者認爲我依附在生命本能活動的中間，我就在物理色相之中。總之：這些人都推想死後是有相的。便從這四種循環相對現象中，重重反覆，可以發展爲四四十六種相。或者因此推想，認爲煩惱畢竟就是煩惱。菩提（正覺自性）畢竟就是菩提。菩提和煩惱，兩種性能，可以並駕齊驅，互不相觸。他們都由這種推理和想像，認爲死後有相的原故，而墮落成爲外道，迷惑了菩提正覺的眞性。像這樣的人，就名爲第六外道，建立了五陰（色、受、想、行、識。）中的我死後有相，心裡發生顚倒的理論。

(7)又在這種正知的禪定境界中的人，堅凝正心，外魔不能候得纏繞的機會。因此才能在這種禪定境界中，精細研究，窮究各類生命的本元。他看到生命的本元，始終是幽淸圓擾，永遠不息地在活動。對於先前已經除滅了色受想的陰境中，生起推理和想像。這個人就會墜入死後無相，心裡發生顚倒的見解。他見到色相終歸消滅，心念本來就無所繫。他認領受的感觸作用也會消滅，一切並無所綴。感覺作用的性能消散了，卽使還有生理，如果沒有領受感觸的想念之心，等於草木一樣。現在這個生理實質猶在，尙且無相可得，死後那裡更有相可得。

因此推尋，認爲死後無相。如此循環研探，由色受想行四陰的互相反復，所以有八無相的理論。從此推理，認爲涅槃（自性圓寂）因果，一切皆空。徒有名字，並無實義，都是究竟斷滅的。總之：他們由此推理和想像，認爲死後就什麼都完了，墮落成爲外道，迷惑了菩提正覺的眞性。像這樣的人，就名爲第七外道，建立了五陰（身心的色、受、想、行、識）中，死後根本無相，心裡發生顚倒的理論。

(8)又在這種正知的禪定境界中的人，堅凝正心，外魔不能候得纏繞的機會。因此才能在這種禪定境界中，精細研究，窮究各類生命的本元。他看到生命的本元，始終是幽淸圓擾，永遠不息地在活動。他在行陰還存在的境界裡，見到色受想三陰已經滅了，於是就雙計有無，認爲行陰是有，色受想三陰是無，自體互相矛盾。這個人就會墜入死後一切皆非，生起顚倒的理論。他在色受想的作用之中，看它好像是有。仔細追尋，又是沒有。他在本能活動的行陰遷流不息的境界之中，仔細觀察它好像是沒有，事實上又並不是沒有。這樣循環往復，窮究以上四陰互相對待的八相，都不是固定的現象。祇是隨便把住一點，就說死後也是有相存在，也是無相可得。復又推想一切本能活動的作用，都無固定的性能，都是在虛妄的變遷。因此自己心裡覺得已經通達大道，已經領悟到眞理。認爲有無都不是。以致虛實失措，茫然沒有把握。總之：他們都由此推理想像，死後一切俱非。身後是昏昏渺渺，沒有什麼可把握的，墮落成爲外道，迷惑了菩提正覺的眞性。像這樣的人，就名爲第八外道，建立五陰（身心的色、受、想、行、識）中，死後萬事皆非，心裡發生顚倒矛盾的理論。

(9)又在這種正知的禪定境界中的人，堅凝正心，外魔不能候得纏繞的機會。因此才能在這種禪定境界中，精細研究，窮究各類生命的本元。他看到生命的本元，始終是幽淸圓擾，永遠不息地在活動。卻認爲身死以後什麼都虛無，生起推理和想像，這個人就會墜入七種斷滅的理論。他們或認爲死後身體斷滅，或欲念滅盡，或痛苦滅盡，或極樂滅盡，或極捨滅盡，這樣就是畢竟的無。如此循環推求，窮盡七際。（地、水、火、風、空、識、覺的七種邊際，又有說是四禪和四空天等。）現前一切終歸於消滅，滅了便不會再有。總之：他們都由此推理和想像死後就斷滅完了。墮落成爲外道，迷惑了菩提正覺的眞性。像這樣的人，就名爲第九外道，建立五陰中（身心的色、受、想、行、識）死後都歸斷滅，心裡發生顚倒矛盾的理論。

⑽又在這種正知的禪定境界中的人，堅凝正心，外魔不能候得纏繞的機會。因此才能在這種禪定境界中，精細研究，窮究各類生命的本元。他看到生命的本元，始終是幽淸圓擾，永遠不息地在活動。就認爲身死以後，決定是另有存在。於是生起推理和想像，這個人就會墜入有五種涅槃（寂滅）的理論。或以欲界的天人境界，認爲就是眞正涅槃所依的境界。因爲他們看見天人境界的光明淸淨，就發生愛慕。或以初禪離生喜樂的境界，不受憂慮所逼，認爲就是涅槃的境界。或以二禪定生喜樂的境界，不爲苦痛所逼，認爲就是涅槃的境界。或以三禪離喜得樂的境界，唯有極悅隨順而住，認爲就是涅槃的境界。或以四禪捨念淸淨的境界，苦樂雙亡，再不受輪廻生滅性的影響，認爲就是涅槃的境界。總之：他們迷

於這五種的天人有漏境界，認爲就是眞正淸淨無爲的極致。視這五處是絕對安隱，是最難超勝的淸淨所依之處。這樣循環往復，都以這五處爲究竟，墮落成爲外道，迷惑了菩提正覺的眞性。像這樣的人，就名爲第十外道，建立五陰境中（身心的色、受、想、行、識。）現出五種的涅槃境界，心裡發生顚倒矛盾的理論。

以上所說的十種禪定中的狂妄知解，皆是自心行陰在生命本能活動中的用心交互作用，所以顯現這些狂妄知解的悟境。衆生頑迷不識，自己不肯反省忖量，遇到這種境界現前，就以此愚迷作爲正知解，自稱已經躋登聖人的地位。實在是大妄語，結果墮落無間地獄。當我滅度以後，你們必須將我所說的話，傳示於末法時期。普徧地使一切衆生，覺了其中義理。莫令心魔，自起深孽。保持覆護一般眞正修行的人，銷除此等邪見。使他的身心，開悟眞義，對於求無上正覺之道，不遭受枝節歧路之誤。不要使自心生起得少爲足的偏見，以此做爲大覺法王的淸淨指標。」

（註九十二）衆生濁：五濁之一。（衆生見註七十六）

（註九十三）正徧知：眞正徧知一切法也，即三藐三菩提之舊譯，新譯曰正等正覺。（參看註七十五）

阿難。彼善男子修三摩提行陰盡者。[一]諸世間性。幽淸擾動同分生機。倏然隳裂[二]沈細綱紐。[三]補特伽羅。酬業深脈。感應懸絕。於涅槃天將大明悟。如[四]雞後鳴。瞻顧東方已（現）有精（白之）色。六根虛靜無復馳逸。內外湛明[五]入無所入。深達十方十二種類受命（投胎之）元由。[六]觀由執元。諸類不召。於十方界已[七]獲其同。精色不[八]沈發現幽秘。此則名爲識陰區宇。若於羣召已獲同中。銷磨六門合開[九]成就。[一〇]見聞通鄰互用淸淨。十方世界及與身心[一一]如吠瑠璃內外明徹。名識陰盡。是人則能超越命濁。觀其所由[一二]罔象虛無顚倒妄想以爲其本。（內外湛明長水疏及要解纂注皆作內內湛明）

阿難當知。是善男子窮諸行空。於[一三]識還元。已滅生滅。而於寂滅精妙未圓。能令己身[一四]根隔合開。亦與十方諸類通覺。覺知通溜。能入圓元。若於所歸。立眞常因。生勝解者。是人則墮[一五]因所因執。[一六]娑毗迦羅所歸冥諦。成其伴侶。迷佛菩提。亡失知見。是名第一立所得心。成所歸果。違遠圓通。背涅槃城。生外道種。

阿難。又善男子窮諸行空。已滅生滅。而於寂滅精妙未圓。若於所歸覽爲自體。盡虛空界十二類內所有衆生。皆我身中一類流出。生勝解者。是人則墮[一七]能非能執。[一八]摩醯首羅現無邊身。成其伴侶。迷佛菩提。亡失知見。是名第二立能爲心。成能事果。違遠圓通。背涅槃城。生[一九]大慢天我徧圓種。

又善男子窮諸行空。已滅生滅。而於寂滅精妙未圓。若於所歸有所歸依、自疑身心從彼流出。十方虛空、咸其生起。即於都起所宣流地、作眞常身無生滅解。在生滅中、早計常住。既惑不生、亦迷生滅。安住、沈迷生勝解者、是人則墮常非[二〇]常執。計自在天、成其伴侶。迷佛菩提、亡失知見。是名第三立因依心、成妄計果。違遠圓通、背涅槃城、[二一]生倒圓種。

又善男子、窮諸行空。已滅生滅、而於寂滅精妙未圓。若於所知、知徧圓故、因知立解。十方草木皆稱有情、與人無異。草木爲人、人死還成十方草樹。無擇徧知、生勝解者、是人則墮[二二]知無知執。[二三]婆吒霰(音現)尼、執一切覺、成其伴侶。迷佛菩提、亡失知見。是名第四計圓知心、成虛謬果。違遠圓通、背涅槃城、生倒知種。

又善男子、窮諸行空、已滅生滅、而於寂滅精妙未圓。若(但)於圓融根互用中、(雖)已(略)得隨順。便(謂)於(此)[二四]圓(融變)化一切(皆能)發生、(因之或)求火光明、(或)樂水淸淨、

(或)愛風·周流·(或)觀塵(能)成就·各各〔二五〕(而)崇事。(之)(遂妄)·以此(地水火風之)羣塵·(皆爲)發(生造)作(之)本因·(即)立(此爲塵依)常住解。是人則墮生〔二六〕無生執。諸迦〔二七〕葉波并婆羅門·勤心役身·事火崇水·求出生死·成其伴侶。迷佛菩提·亡失知見。是名第五計著崇事·迷心從物·立妄求因·求妄冀果。違遠圓通·背涅槃城·生〔二八〕顛化種。

又善男子·窮諸行空·已滅生滅·而於寂滅·精妙未圓。若於圓明·計(此)明中(本自)虛·(寂)(遂欲)非滅羣化·以永滅依·爲所歸依·生勝解者·是人則墮歸〔二九〕無歸。執無想〔三〇〕天中(及四空天)諸舜若多·成其伴侶。迷佛菩提·亡失知見。是名第六圓虛無心·成空亡果。違遠圓通·背涅槃城·生斷滅種。

又善男子·窮諸行空·已滅生滅·而於寂滅·精妙未圓。若於圓常(之中)(即欲)固身常住。(使其)同於精圓·長不傾逝·生勝解者·是人則墮貪〔三一〕非貪執。諸阿〔三二〕斯陀求長命者·成其伴侶。迷佛菩提·亡失知見。是名第七執著命元·立固妄因・趣三三長勞果違遠圓通・背涅槃城・生妄延種。
又善男子窮諸行空・已滅生滅・而於寂滅精妙未圓。若觀此三四命元互通・總乃却
留塵勞・恐其銷盡。便於此際坐蓮華宮・廣化七珍・多增寶媛。（音員美女也）恣縱
其心生勝解者・是人則墮三五眞無眞執。三六吒枳迦羅成其伴侶。迷佛菩提・亡
失知見。是名第八發邪思因・立三七熾塵果違遠圓通・背涅槃城・生天魔種。
又善男子窮諸行空・已滅生滅・而於寂滅精妙未圓。於三八命明中分別三九精
麤・疏決眞僞・四〇因果相酬・唯求感應・背清淨道。所謂見苦斷集・證滅修道。
四一居滅已休・更不前進・生勝解者・是人則墮定性聲聞。諸四二無聞僧增上慢
者・成其伴侶。迷佛菩提亡失知見。是名第九四三圓精應心・成趣寂果。違遠
圓通・背涅槃城・生四四纏空種。
又善男子窮諸行空・已滅生滅・而於寂滅精妙未圓。若於圓融清淨覺

明·發研四五深妙·即立涅槃而不前進·生勝解者·是人則墮定性辟支。諸緣四六
獨倫不迴心者·成其伴侶。迷佛菩提·亡失知見。是名第十圓覺㴱心·成
湛明果。違遠圓通·背涅槃城·生覺四七圓明不化圓種。
阿難。如是十種禪那·中塗成狂·因依迷惑·於未足中生滿足證·皆是識
陰用心交互·故生斯位。衆生頑迷·不自忖量·逢此現前·各以所愛先習
迷心·而自休息。將爲畢竟所歸寧地。自言滿足無上菩提。大妄語成·外
道邪魔所感業終·墮無間獄。聲聞緣覺·不成增進。汝等存心秉如來道。
將此法門·於我滅後·傳示末世。普令衆生·覺了斯義。無令見魔自作沈
孽。保綏哀救·銷息邪緣。令其身心入佛知見。從始成就·不遭歧路。
如是法門·先過去世恒沙劫中·微塵如來·乘此心開·得無上道。識陰若
盡·則汝現前諸根互用。從互用中·能入菩薩金剛乾慧。圓明精心·於中

發化。如淨瑠璃．內含寶月。如是乃超十信．十住．十行．十回向．四加行心．菩薩所行金剛十地．等覺圓明．入於如來妙莊嚴海。圓滿菩提．歸無所得。此是過去先佛世尊．奢摩他中．毗婆舍那．覺明分析微細魔事。魔境現前．汝能諳（音庵熟也）識．心垢洗除．不落邪見。陰魔銷滅。天魔摧碎。大力鬼神褫（音馳奪也）魄逃逝。魑魅魍魎．無復出生。直至菩提．無諸少乏。下劣增進．於大涅槃心不迷悶。若諸末世愚鈍眾生．未識禪那．不知說法．樂修三昧．汝恐同邪．一心勸令持我佛頂陀羅尼咒。若未能誦．寫於禪堂．或帶身上．一切諸魔所不能動。汝當恭欽十方如來．究竟修進．最後垂範。

一【諸世間性】憨山大師曰、世間性、謂行陰為世間生死之體也、以眾生生死、皆因行陰生滅、故成同分生機、前言基乃其本、今言機乃機樞也、二【沈細綱紐】綱上大繩曰綱、衣領結處曰紐、皆喻其要也、寶鏡疏曰、以一切世間、十二類生、如綱如衣、而此行陰、生滅相續、始終貫串、如綱衣之綱紐、言沈細者、謂幽沈微細乃行陰之相、故行陰盡、則生機綱紐自必忽然隳壞而毀裂也、

三【補特伽羅、酬業深脈】補特伽羅、爲循業受生之中陰身、義見前解、以生死綱紐、既已揭破、則彼十二類生之酬償宿業、深遠命脈、由業感而受報者、皆懸遠而斷絕也、

四【如雞後鳴】溫陵曰、涅槃性天、爲五陰所覆、昏如長夜、前三陰盡如雞初鳴、雖爲曙兆猶沈二陰、精色未分、此行陰盡、如雞後鳴、惟餘一陰、故將大明也、

五【入無所入】憨山大師曰、行陰既盡、意根已消、則六識無體、故六根虛靜不馳、內照識體、通一湛明、湛入合湛、更無可入、故曰內外湛明入無所入也、

六【觀由執元、諸類不召】召猶牽引也、正脈曰、既已觀見受命由緒、必能執守受生元本、令不流逸、則盡十二類皆不能牽引受生矣、

七【已獲其同】正脈曰、同者空也、言其根塵既盡、惟一空性也、

八【精色不沈、發現幽秘】發現幽秘、即四陰已盡、精色不沈、如曉天可辨色也、

九【合開成就】文句曰、以六根爲一根用、名合成就、以一根爲六根用、名開成就、

一〇【見聞通鄰】此六根以分位言、雖似比鄰、以性體言原無彼此、皆互通而互用也、

一一【如吠瑠璃內外明徹】世界身心、如吠瑠璃內外明徹、唯清淨本然如來藏性、更無他物、此識陰已盡之相也、

一二【罔象虛無】開蒙曰、罔者若無、象者若有、若有若無、名爲罔象、即恍惚不眞識中生滅影子也、執影迷眞、故曰顚倒妄想也、

一三【於識還元】識由行流、故行空則識還元、既空行陰、則已滅生滅、尚依識元、故寂滅未圓也、

一四【根隔合開】漸破識陰、消磨六門、故能令己六知根、溜合無隔、諸類覺性、通融不二、能入元圓、即識元也、

一五【因所因執】若於所歸圓元識陰、而立爲眞因、則墮因所因執、蓋眞因非所有所皆妄也、

一六【娑毘迦羅】娑毘外道、執冥初主諦、從冥生覺等二十五法、故以冥諦爲生法因、非因計因、謬起斯計、故亡正知見、成外道種也、

一七【能非能執】溫陵曰、認識元爲自體、而謂一切衆生、皆自此流出、遂執我能生彼、而實不能、故曰能非能執、

一八【摩醯首羅】摩醯首羅、即色頂天王也、妄計我能生起無邊衆生、亦能非能類也、

一九【大慢天】大慢天、即摩醯首羅天、不能謂能、故曰大慢、

二〇【常非常執】溫陵曰、以識元爲所歸依、故疑彼能生我及一切法、遂計生起流出之處、爲眞常無生之體、此則在生滅中妄計常住、既惑其不生性、又迷現生滅法、以非常爲常、故名常非常執、

二一【倒圓種】溫陵曰、由依識元妄計常住、故曰立因依心、成妄計果、前計我圓生物、此計彼圓生我、故名倒圓種也、

二二【知無知執】溫陵曰、所知即所觀識陰也、謂識有知、而一切法由知變起、因計知體徧圓諸法、遂立異解、謂諸無情、徧皆有知、

二三【婆吒霰尼】婆吒此云避去、霰尼此云有軍、二外道名、妄執一切有情無情皆有覺知者、

二四【圓化】即指隔根合開略具圓融變化之義、

二五【各各崇事】正脈曰、崇、尊尙也、事、供養也、而言各各者、如尊火供地、各隨所見、而徧執也、

二六【生無生執】妄計羣塵爲生物之原、能成聖果、而羣塵實不能生、故曰生無生執也、

二七【諸迦葉波】即指優樓頻螺等、其先事火、後歸佛化、婆羅門則總該事水外道等、

二八【顚化種】因果皆妄、顚倒化理、故曰顚化種也、

二九【歸無歸執】纂註云、觀理不諦、悞墮虛無、故於圓明識性之中、計皆虛無、於是絕滅羣化、歸於永滅、而不知其非、名歸無歸執、

三〇【無想天中】即四空天中諸外道天也、諸外道天、類多窮空不歸、故又以舜若多名之、

三一【貪非貪執】非所應貪而妄貪、故曰貪非貪執、

三二【阿斯陀】阿斯陀、此云無比、長壽仙人名也、彼雖延長、終歸壞滅、

三三【長勞果】虛妄色身全屬塵勞、今欲固而長生、豈非自趣勞果耶、

三四【觀命互通、却留塵勞】以識陰爲十二類生之命元、彼我互通、識陰若盡、衆生命盡、我亦與之俱盡、縱能證得眞常、已無所樂之境、亦何貴乎、遂欲屏出世智、棲心聲色、華宮寶女、五欲自恣、故卒生爲天魔種也、

三五【眞無眞執】妄執命元爲已眞宰、而實非眞也、

三六【吒枳迦羅】溫陵曰、吒枳迦羅、即欲頂自在天類也、

三七【熾塵果】謂以邪思縱欲爲因心、以塵勞熾盛爲果覺也、

三八【命明】要解曰、命明者、因窮識陰、深明衆生受命原由、遂起分別決擇之心、

三九 【精麤……眞僞】以四諦之苦集有漏爲粗僞、滅道無漏爲精眞、

四〇 【因果……感應】以專修道因爲感、求證滅果爲應、

四一 【居滅已休】居於寂滅、心滿志足、更不前進求菩提道、故成定性聲聞之鈍根阿羅漢也、

四二 【無聞僧】無聞僧者不了識陰、迷爲涅槃之一流僧衆也、

四三 【圓精應心、成趣寂果】圓滿也、精專也、正脈曰、滿其專求取証之因心、成其偏趣冥寂之斷果也、

四四 【纏空種】爲空所縛曰纏空、

四五 【發研深妙】謂獨覺則寂居觀化、緣覺則觀十二因緣、皆依識陰、精研窮究以發深妙之悟、即以所悟之境立爲涅槃也、

四六 【諸緣獨倫】倫等也即緣覺獨覺之侶等也、所覺止於圓融、不知回心向慕於大乘也、

四七 【生覺圓明不化圓種】謂見聞覺知已得圓融互用、但其精眞妙明尚不發化以圓照也、住此則障眞寂滅、礙圓通用、終不達於寶所矣。聲聞辟支爲正乘小聖、今皆列之魔數者、正脈曰、此經大定、以順圓通向涅槃爲益、以違圓通背涅槃爲損、二乘宛然違背、非魔而何、然以定性簡之而能迴心者固不墮斯數也、

唯識境界中所生的偏差

識陰區宇

佛說：「當在正定三昧（見註四十八）中的人，行陰已經滅盡者。對於一切世間生命活動的本能，那幽淸擾動的共同生機的根本，已經倏然毀裂。向來爲生命綱紐的中陰身，在輪迴中生生不已的深細命脈，就可以斷除它業力的感應而虛懸不著。對於涅槃寂滅的性天之境，將要得到大徹大悟。猶如鷄鳴報曉之後，瞻顧東方，天色已有精光顯露。光明的曙色，就要展開了。這時六根（眼、耳、鼻、舌、身、意）虛靜之極，再不向外奔馳放逸，內外都是一片湛然淸明，入於無所入之境。因此能够深切明白十方虛空中十二種類的衆生，所以感受生命根元的由來。但是他雖然看到了生命由來所執的根元，自己卻不受一切種類業力的感召。對於十方世界，已經獲得它共同的根元。這種境界，名爲識陰（見註三十二）區宇。如果在一切業力感召之中，已經把握住它共同的根元，自己再不起反應的作用，再加用功，銷磨六根（註九十四）門頭的習氣障礙。要用時，仍可分而爲六。不用時，就可合而爲一。看見與聞聽的功能，可以互相隨意掉換。在互用之中，而又清淨自在。十方世界的物質世間，以及身心，都猶如玻璃一樣，內外透體明澈。這種境界，就名爲識陰盡。這個人就能夠超越命濁（註九十五）。可是若仔細觀察這種來由，還是因爲在虛無無象中的顚倒妄想爲其根本作用。

⑴有人窮盡行陰的空性，返還到唯識（註九十六）的境界。雖然已經滅了生滅的作用，但是對於寂滅精妙，還是未能圓滿。他能够使自己的六根（眼、耳、鼻、舌、身、意）合而爲一，或分而可起多種作用。也能够與十方一切種類衆生的見聞覺知，融通會合於一，都入於一個圓元的境界中。如果他認爲這個還歸唯識的境界，就是至眞常存的本元因地。因此生出自己以爲了不起的見解，這個人就會墮入因有所執之因。等於師事梵天的黃髮外道們，認爲渺渺冥冥的冥諦，就是道的本元，是同樣的錯誤。因此冥諦外道們成其伴侶，迷卻菩提正覺的佛性。這名第一偏差，建立了以有所得的心，成有所歸的果。違背圓通之智，自遠涅槃聖境，生於外道種中。

⑵又有人窮盡行陰的空性，已經滅了生滅的作用。但於寂滅精妙，還是未能

圓滿。如果在這還歸唯識的境界中，觀察萬象，認爲都是我的自體。所有盡虛空界的十二類內的衆生，都是從我一身變化分流而出。因此生出自己以爲了不起的見解，這個人就會墮入能非能執。認爲唯有那個才是全能的主宰，其他就都有所不能。因此大自在天主現無邊各類之身，成其伴侶。迷卻菩提正覺的佛性，亡失了正知正見。這名第二偏差，建立全能有爲的心，成能生萬事的果。違背圓通之智，自遠涅槃聖境。生在大我慢的大自在天主領域，成爲我執偏圓之種。

(3)又有人窮盡行陰的空性，已經滅了生滅的作用，但於寂滅精妙，還是未能圓滿。如果對於這還歸的唯識之境，認爲這個就是我所歸依的本元。並且自疑我的身心，也是從這個境界裡流出。十方虛空，也都從它所生起，就把這個生起萬有的唯識境地，做爲是至眞常住的眞身，以爲他是沒有生滅的。所以在一切有生滅之中，祇有這個是常住不變的。他既不認識不生的實相，同時也不認識生滅的本原。但是他就安住沉迷其中，生起自己以爲了不起的見解。這個人就墮在常非常執。認爲另外有一眞常的存在。其他一切則有生有滅，是不常住的。他的這種推理，同於自在天人的境界。因此成其伴侶，迷卻菩提正覺的佛性，亡失了正知正見。這名第三偏差，建立了因有所依的心，形成虛妄推理的果。違背圓通之智，自遠涅槃聖境，於圓滿中生顚倒之解，名爲生倒圓種。

(4)又有人窮盡行陰的空性，已經滅了生滅的作用，但於寂滅精妙，還是未能圓滿。如果認爲這個所知性，就是普徧圓滿的能知之性。於是就因知立解，認爲十方草木，都是有情，與人無異。草木可以變爲人，人死還成爲草木。十方草樹與人，並無分別，都是有知的。因此發生自己以爲了不起的見解。這個人就墮入知無知執，認爲一切有情的生物，與無情的草木相等，都有知覺的存在。這樣他便和執一切覺的外道們，成其伴侶。迷卻菩提正覺的佛性，亡失了正知正見。這名第四偏差。推測知覺之心是圓滿徧及的，形成虛謬不實的果。違背圓通之智，自遠涅槃聖境，於正知中生顚倒見，名爲生倒知種。

(5)又有人窮盡行陰的空性，已經滅了生滅的作用，但於寂滅精妙，還是未能圓滿。如果在圓融無礙的境界中，可以使六根隨便互相爲用。他在圓融變化之中，對於一切，都發現了它的本能。所以就求火的光明，樂水的清淨，愛風的周流，觀塵的成就。這些四大物能，他都各各崇拜敬事，認爲這四大的物能，就是生成世界的本因，建立本能便是常住不變的見解。這個人就墮入生無生執。認爲世間種種萬象，都由此本能所生。萬象都是無常，唯有這本能常住，以爲那就是造化的眞宰。和一切婆羅門的勤苦煆煉身心，專誠拜火，或者拜水，自求出離生死的人們，成其伴侶。迷卻菩提正覺的佛性，亡失了正知正見。這名第五偏差，執著崇拜物事，迷心從物，建立妄求之因，妄冀求得其果。違背圓通之智，自遠涅槃聖境，認爲可以顚倒化理，名爲生顚化種。

(6)又有人窮盡行陰的空性，已經滅了生滅的作用，但於寂滅精妙，還是未能圓滿。如果在圓明的境界之中，認爲圓明也是子虛，不但羣化幻滅，即使這個虛空，也是永滅無依。就以此理爲其畢竟的歸依。因此生出自己以爲了不起的見解。這個人就墮入歸無歸執。以一切皆空，都無所歸的境界爲其畢竟歸依。和一切空無想天等，成其伴侶，迷卻菩提正覺的佛性，亡失了正知正見。這名第六偏差，認爲圓虛無心，就是道的究竟。因此終究成爲空亡之果。違背圓通之智，自遠涅槃聖境，以一切皆空，斷滅生滅就是正果，名爲生斷滅種。

(7)又有人窮盡行陰的空性，已經滅了生滅的作用，但於寂滅精妙，還是未能圓滿。如果認爲在這個圓滿常住的境界中，勤修堅固色身的法門，使此身形常住，就等於是精靈圓滿，長生常住永不銷逝，因此生出自己以爲了不起的見解。這個人就墮入貪非貪執，以一切皆不可貪著，祇取此精靈不昧以爲究竟，和那些自稱無比仙們，但求長壽的仙道，成其伴侶。迷卻菩提正覺的佛性，亡失了正知正見。這名第七偏差，執著生命本元，建立堅固妄想之因。不辭勞苦，趨修長生之果。違背圓通之智，自遠涅槃聖境，以堅固妄念而延續生命。名爲生妄延種。

(8)又有人窮盡行陰的空性，已經滅了生滅的作用，但於寂滅精妙，還是未能圓滿。如果看到生命的本元，本來都是一體，可以互相通達，祇是殊途同歸。因此不捨世間塵勞等事，反而恐其銷滅淨盡。就在此時，以神通力，坐蓮花宮，多方變化七寶以莊嚴自己。多增美女仙媛，恣縱其心，以圖享樂。因此生出自己以爲了不起的見解。這個人就墮入眞無眞執，以不眞實常住的生命本元，卻認爲眞實常住，和天魔成其伴侶，迷惑菩提正覺的佛性，亡失了正知正見。這名第八偏差，發生邪思之因，成立塵勞熾盛的苦果。違背圓通之智，自遠涅槃聖境，以天魔境界爲至道，名爲生天魔種。

(9)又有人窮盡行陰的空性，已經滅了生滅的作用，但於寂滅精妙，還是未能圓滿。如果在明白生命本來的境界中，由此分別出聖凡，確有精微粗淺的差別，在其中通疏辨決它的眞僞。知道世出世間，都是因果的關係。如果因緣會合，業力感應，猶如磁石吸鐵，互相酬還他們的夙業。衆生一切作爲，都是與清淨大道，背道而馳。所謂見到世間一切皆苦，如能斷除煩惱，不再去積集苦因，祇求滅除煩惱，便是修道的究竟法門。住在已滅生滅心，休止在不生滅的境中，更不再求進步。因此生出自己以爲了不起的見解。這個人就墮入定性的聲聞（見註四十二）乘，和所有不求智慧多聞的僧衆，具有增上慢的人，（自以爲已得無上大道，而生起憍慢心的，叫做增上慢。）成其伴侶。迷惑菩提正覺的佛性，亡失了正知正見。這名第九偏差，以圓明精妙不生滅的心境，做爲趨向寂滅之果。違背圓通之智，自遠涅槃聖境，以空爲究竟，名爲生纒空種。

⑽又有人窮盡行陰的空性，已經滅了生滅的作用，但於寂滅精妙，還是未能圓滿。如果在圓融無礙，淸淨覺明的境界中，發生硏求深妙之心，認爲這樣就是涅槃的境界，再也不求上進。因此生出自己以爲了不起的見解。這個人就墮入定性的獨覺（見註七十）乘，和一切從因緣法而悟聖果的緣覺（見註七十一）等，不肯廻心轉向大乘的人們，成其伴侶。迷惑了菩提正覺的佛性，亡失了正知正見。這名第十偏差，以泯心無念，入於圓覺，成就湛然淸淨的湛明果。違背圓通之智，自遠涅槃聖境，生於自覺圓明境界，執著圓明而不化衆生，名爲生覺圓明不化圓種。

以上所說的十種禪定中的人，都因爲中途偏差而成狂見。自己迷惑無知，在未到圓滿菩提正覺的中途，便發生已經證得滿足的知解。其實，都是識心的用心交互作用，唯識所變，所以就成這些果位。無奈衆生頑迷不識，自己不肯反省忖量。遇到這種境界現前，各自就其多生歷劫以來所愛好的習氣，迷惑了眞心。就此休息，認爲那就是道果所歸的究竟之地，自稱已經滿足了無上菩提，成爲大妄語。或受外道邪魔所感應。等到業果終了，便墮入無間地獄。或者成爲聲聞緣覺二乘之果，不再增進上進。你們要存心秉持吾佛之道，把這種法門，在我滅度以後，傳示於末法時期，普偏地使一切衆生，覺了其中義理。莫令知見之魔，自造沉迷之孽。保護修行的人。他如果在中途偶有偏差，應當哀愍救助其心，消滅他的邪緣，使其身心進入佛的正知見。最好使修行人從開始至於成就，都不走入歧路。這個法門，是過去世無數先佛，都乘此道而心得開悟，由此證取無上菩提的。

如果識陰盡了，你現在的生理心理諸根，就可以互相替代，交換應用。在互用當中，能够進入菩薩道最終的金剛乾慧，圓明精妙的眞心，就能在此中發生變化的妙用。『如淨瑠璃，內含寶月。』這樣才能超越前面所說的十信、十住、十行、十廻向、四加行心，菩薩所行的金剛十地，至於等覺圓明的果地，進入於自性如來的『妙莊嚴海，圓滿菩提，歸無所得』。這就是過去先佛世尊們，在奢摩他（止定）毗婆舍那（觀慧）的如來大定中，圓覺妙明所分析的魔事。若是魔境現前，祇要你能當時認識明白，反求自心，使心垢洗除清淨，自然就不落於邪見。那麼，五陰心魔銷滅了，天魔外境也會摧碎。大力鬼神等，當然褫魄逃逝。魑魅魍魎，也就無法出生。由此而直至菩提，始知本來現成具足，決定不會缺少了那一點。就是下劣淺智的人，由此增進修行，也會進於自性眞心涅槃之境，不再迷悶。」

（註九十四）六根：眼根、耳根、鼻根、舌根、身根、意根。

（註九十五）命濁：五濁之一，謂至末世而壽命短縮也。是爲煩惱與邪見之結果。濁者穢濁，以煩惱與邪見爲濁之根本，命之短縮，爲其結果，故曰命濁。

（註九十六）唯識：唯者簡別之義，簡別識外無法，謂之唯。識者了別之義。（識，五陰之一）

阿難即從座起。聞佛示誨・頂禮欽奉・憶持無失。於大衆中重復白佛。如佛所言五陰相中・五種虛妄爲本想心。我等平常・未蒙如來微細開示。又此五陰・爲併銷除・爲次第盡。如是五重・詣何爲界。惟願如來發宣大慈。爲此大衆淸淨心目。以爲末世一切衆生・作將來眼。

佛告阿難。精眞妙明本覺圓淨・非留死生及諸塵垢。乃至虛空・皆因妄想之所生起。斯元本覺妙明眞精・妄以發生諸器世間。如演若多・迷頭認影。妄元無因。於妄想中立因緣性。迷因緣者・稱爲自然。彼虛空性・猶實幻生。因緣自然・皆是衆生妄心計度。

阿難。知妄所起・說妄因緣。若妄元無・說妄因緣元無所有。何況不知・推自然者。是故如來與汝發明・五陰本因・同是妄想。

汝體先因父母想生。汝心非想・則不能來想中傳命。如我先言心想醋味・口中涎生。心想登高・足心酸起。懸崖不有。醋物未來。汝體必非虛妄通倫。口水如何因談醋出。是故當知・汝現色身・名爲堅固第一妄想。

即此所說臨高想心・能令汝形眞受酸澀。由因受生・能動色體。汝今現前順益違損・二現驅馳・名爲虛明第二妄想。

由汝念慮・使汝色身。身非念倫・汝身何因隨念所使。種種取像。心生形取・與念相應。寤即想心。寐爲諸夢。則汝想念搖動妄情・名爲融通第三妄想。

化理不住・運運密移。甲長髮生・氣銷容皺。日夜相代・曾無覺悟。阿難。此若非汝・云何體遷。如必是眞・汝何無覺。則汝諸行念念不停・名爲幽隱第四妄想。

又汝精明湛不搖處・名恒常者。於身不出見聞覺知。若實精眞・不容習妄。何因汝等·曾於昔年覩一奇物。經歷年歲·憶忘俱無。於後忽然覆覩前異·記憶宛然·曾不遺失。則此精了湛不搖中·念念受熏·有何籌算。阿難當知。此湛非眞。如急流水·望如恬（音甜安也）靜·流急不見·非是無流。若非想元·寧受妄習。非汝六根互用開合·此之妄想無時得滅。故汝現在見聞覺知中串習幾·則湛了內罔象虛無·第五顚倒微細精想。

阿難。是五受陰·五妄想成。汝今欲知因界淺深·唯色與空是色邊際。唯觸及離·是受邊際。唯記與忘·是想邊際。唯滅與生·是行邊際。湛入合湛·歸識邊際。此五陰元·重疊生起。生因識有·滅從色除。理則頓悟·乘悟併銷。事非頓除·因次第盡。我已示汝劫波巾結·何所不明·再此詢問。汝應將此妄想根元·心得開通·傳示將來末法之中·諸修行者。令識虛妄。深厭自生·知有涅槃·不戀三界。

阿難。若復有人・徧滿十方所有虛空・盈滿七寶。持以奉上微塵諸佛・承事供養・心無虛度。於意云何。是人以此施佛因緣・得福多不。阿難答言。虛空無盡・珍寶無邊。昔有衆生施佛七錢・捨身猶獲轉輪王位。況復現前虛空既窮・佛土充徧・皆施珍寶。窮劫思議・尚不能及。是福云何更有邊際。佛告阿難。諸佛如來語無虛妄。若復有人・身具四重十波羅夷・瞬息即經此方他方阿鼻地獄・乃至窮盡十方無間・靡不經歷・能以一念將此法門・於末劫中開示未學。是人罪障・應念銷滅・變其所受地獄苦因・成安樂國。得福超越前之施人・百倍千倍千萬億倍・如是乃至算數譬喻所不能及。

阿難。若有衆生・能誦此經・能持此呪・如我廣說・窮劫不盡。依我教言・如教行道・直成菩提・無復魔業。

佛說此經已。比丘。比丘尼。優婆塞。優婆夷。一切世間天人阿修羅。及諸他方菩薩。二乘聖仙童子。并初發心大力鬼神。皆大歡喜。作禮而去。

卷十終

一【中串習幾】蓋言於見圓覺知性中、能念念串穿幾微習氣、雖罔象虛無、猶爲妙覺湛然中之微細顛倒也、

二【四重十波羅夷】梵語婆羅夷、此云棄、亦云極惡、小乘四重、謂殺盜淫妄、大乘十棄、於四重外、更加五酤酒、六說出家在家人過、七自讚毀他、八慳吝、九瞋恚、十自謗三寶不信因果也、以上十波羅夷、準之佛律爲極重罪、然若一念宏經、亦得前業清淨、轉極苦因成極樂果、蓋七寶盈空、僅止供佛、若此大佛頂法、乃能出生十方諸佛一切如來也、

阿難問：「如果據佛所說的，五陰（色、受、想、行、識）的現象，祇是五種虛妄的作用，都是自性妄想心所生的差別關係。我們平常未蒙佛的微細開示，

解脫五陰和直指明心見性的結論

現在請問：在修行進境中，這五陰是一齊銷除的呢？還是要次第逐漸來滅盡呢？並且這五種陰境，以什麼爲界限呢？希望大發慈悲，再加詳細的開示。」

佛說：「自性眞心的『精眞妙明，本覺圓淨。』本來就不滯留於生死和塵垢之間。你要知道，就是這個無盡的虛空，也都是自性妄想所生的境界。一切物理的器世間現象，元本都是自性本覺妙明精眞中的妄動作用。猶如前面所說的狂人演若達多，自己迷却本來原有的眞頭，妄自認影。發生妄想的本元，根本無所謂爲什麼原因而發生。祇是在妄想當中，建立它的因緣（註九十七）性。迷於這個因緣性者，就稱宇宙間的事物，是自然的法則。其實，那個無盡的虛空，尙且還是幻有所生的現象。何況寄存於虛空間的事物，說它是因緣的，或是自然的，更是衆生妄心的推理想像而已。

「人們可以知道自己妄想所起的法則，由此才說妄想是因緣所生的。如果根本沒有妄想，去說妄想和因緣，也根本元無所有。何況還不知最初的眞諦（註九十八）究竟是個什麼？便推測它說是自然的呢？所以我再爲你發明，五陰的本來原因，都同是妄想所生。

「首先你要了解，你的身體原是因你的父母妄想所生。你的心，如果不是妄想，就不能夠配合他們的妄想而有此身，用以傳續生命。如我以前所說的：想到醋酸的味道，口裡就會生涎。心想登高，足心就會酸起。可是眼前既沒有懸崖，也沒有酸醋，你的身體如果不同於虛妄的妄想一樣，何以口裡會因講說酸性就流涎水呢？所以你應當知道，你現在色身的存在，就名爲第一重極堅固的大妄想。（色）

「就如上面所說的：心想登臨很高的懸崖，就能夠使你的身形眞能感受到酸澀。因爲有了感受，就能夠使你的色身起變化的作用。那麼你現在的順益性的快感與違損性的痛苦，兩種現象互相交換奔騰，就名爲第二重虛而明的妄想。（受）

「由於你有思想念慮，指使你的色身起一切作用。你的身體如果不屬於思慮之類，那麼，你的色身，何以會隨念慮所指使呢？何以會在種種吸取外界境象當中，心裡發生各種作用，形體就會跟著去取得，與你的思念相應配合呢？醒了就成爲思想的心，睡中就形成一切夢境。那麼，你的想念搖動妄情，就名爲第三重融通的妄想。（想）

「生理上的變化，念念不得停住，隨時隨地在運動密移。指甲在長。頭髮在生。氣機在消息往來。容貌在改變衰老。新陳代謝，日夜互相更代，你卻沒有覺察。如果這些變化不是你自己，何以你的身體會變遷？如果那就是你的本來眞心，你何以又不覺不知呢？所以說你的一切行動，都隨念念遷流而不停，就名爲第四重幽隱的妄想。（行）

「你在精明淸淨，湛然不動的境界中，就認這個是永恒不變的心性。那麼，它在身上所起的作用，不外見聞覺知四種現象。如果這個實在就是你精明的眞心，就不應該容它受外界熏習染汚的妄習進來。何以你們在多年前看到一件奇物，經歷若干年後，對於它記憶和遺忘都不存在了。後來忽然重新再看到那件奇物時，就會宛然記憶起來。那個記憶一點也不曾遺失呢？那麼，在這個明白精了，湛然不動的境界中，念念俱受外界外物的熏染，無法可以計算它究竟有了多少。因此你應當知道，這個湛然不動的心境，并不是眞心。它猶如一股急快的流水一樣，從表面粗看起來是很恬靜的，其實祇是流動太急，所以你看不見它在流，並不是眞實不流。如果這個境界，不是妄想的根元，它那裡會受外界事物妄境的熏習呢？除非你的六根，修到隨心所欲，可以互相開合的時候，這個妄想，是無時銷滅的。所以你現在的見聞覺知的作用，其實都是一連串的幾微妄習所生。就是那個湛然明了的境界，也還是虛無無象的一種境界。就名爲第五重顚倒微細的精想。（識）

「這五重感受的陰境，就是五種妄想所形成。你現在要想知道它的原因與界限的淺深關係，必須明白色與空，就是色陰的範圍。感觸與離了感覺，就是受陰的範圍。記憶與遺忘，就是想陰的範圍。生起滅了，滅了還生，就是行陰的範圍。湛然不動，入合於湛然淸淨，就是識陰的範圍。這五陰的本元，是重重疊疊所生起的。生起時，是因爲識陰的作用而先有。滅除時，須先從色陰去除滅，『

理則頓悟，乘悟併銷。事非頓除，因次第盡。』我已經在前面示知你一條華巾上打成六個結的譬喩，何以依然還不明白，再發出這個疑問呢？你應當把這個妄想根元，心得開通的道理，傳示將來末法之中，使一切修行的人們，令其認識一切都是虛妄的作用。對於這個妄想自生深厭，便會知道有涅槃之存在，再不留戀於三界（欲界、色界、無色界）之中了。」（以上第十卷竟。）

（註九十七）因緣：一物之生，親與強力者爲因，疎添弱力者爲緣。例如稻種爲因，雨露農夫等爲緣，此因緣和合而生米。

（註九十八）眞諦：二諦（眞諦、俗諦）之一，眞謂眞實無妄，諦猶義也。對俗諦言，如謂世間法爲俗諦，出世間法爲眞諦是也。

楞嚴法要串珠

當知一切衆生。從無始來。生死相續。皆由不知常住眞心。性淨明體。用諸妄想。此想不眞。故有輪轉。內守幽閑。猶爲法塵分別影事。昏擾擾相。以爲心性。一迷爲心。決定惑爲色身之內。不知色身外泊山河虛空大地。咸是妙明眞心中物。譬如澄清百千大海。棄之。唯認一浮漚體。目爲全潮。窮盡瀛渤。若能轉物。則同如來。身心圓明。不動道場。於一毫端。徧能含受十方國土。離一切相。即一切法。見見之時。見非是見。見猶離見。見不能及。殊不能知生滅去來。本如來藏。常住妙明。不動周圓。妙眞如性。性眞常中。求於去來迷悟生死。了無所得。當知了別見聞覺知。圓滿湛然。性非所從。兼彼虛空地水火風。均名七大。性眞圓融。皆如來藏。本無生滅。一切世間諸所有物。皆即菩提妙明元心。心精徧圓。含裹十方。反觀父母所生之身。猶彼十方虛空之中。吹一微塵。若存若亡。如湛巨海。流一浮漚。起滅無從。背覺合塵。故發塵勞。有世間相。而如來藏唯妙覺明。圓照法界。是故於中一爲無量。無量爲一。小中現大。大中現小。不動道場。徧十方界。身含十方無盡虛空。於一毫端。現寶王刹。坐微塵裡。轉大法輪。滅塵合覺。故發眞如妙覺明性。心中狂性自歇。歇卽菩提。勝淨明心。本周法界。不從人得。隨拔一根。脫黏內伏。伏歸元眞。發本明耀。諸餘五黏。應拔圓脫。不由前塵所起知見。明不循根。寄根明發。由是六根互相爲用。若棄生滅。守於眞常。常光現前。根塵識心。應時銷落。想相爲塵。識情爲垢。二俱遠離。則汝法眼應時清明。云何不成無上知覺。知見立知。卽無明本。知見無見。斯卽涅槃無漏眞淨。於外六塵。不多流逸。因不流逸。旋元自歸。塵旣不緣。根無所偶。反流全一。六用不行。十方國土。皎然清淨。譬如瑠璃。內懸明月。身心快然。獲大安穩。一切如來密圓淨妙。皆現其中。是人卽獲無生法忍。當知虛空生汝心內。猶如片雲點太清裡。況諸世界。在虛空耶。汝等一人發眞歸元。此十方空。皆悉銷殞。圓明精心。於中發化。如淨瑠璃。內含寶月。圓滿菩提。歸無所得。生因識有。滅從色除。理則頓悟。乘悟併銷。事非頓除。因次第盡。

楞嚴法要串珠

當知一切衆生、從無始來、生死相續、皆由不知
(四)常住真心、性淨明體、用諸妄想、此想不真、故
有輪轉、內守幽閑、猶爲法(十三)塵分別影事、昏擾
擾相、以爲心性、一迷爲心、決定惑爲色身之內、
不知色身外洎山河虛空大地、咸是妙明真心
中物、譬如澄清百千大海、棄之、唯認一浮漚體、
目爲全潮、(三十二)窮盡瀛渤、若能轉物、則同如來、(二十七)身
心圓明、不動道場、於一毫端、徧能含受十方
國土、離一切相、(三十)即一切法、見見之時、見非是見、

見猶離見、見（三十一）不能及、殊不知生滅去來、本如來藏、常住妙明、不動周圓、妙真如性、性真常中、求於去來迷悟生死、（三十二）了無所得、當知了別見聞覺知、圓滿湛然、性非所從、兼彼虛空地水火風、均名七大、性真圓融、皆如來藏、本無生滅、一切世間諸所有物、皆即菩提妙明元心、心精徧圓、含裹十方、反觀父母所生之身、猶彼十方虛空之中、吹一微塵、若存若亡、如湛巨海、流一浮漚、（三十三）起滅無從、背覺合塵、故發塵勞、有世間相、而如來藏唯妙覺明、圓照法界、是故於中、一為無量、無

量為一、小中現大、大中現小、不動道場、徧十方
界、身含十方無盡虛空、於一毫端現寶王刹、(六十九)
坐微塵裡、轉大法輪、滅塵合覺、故發真如妙
覺明性、心中狂性自歇、歇即菩提、勝淨明心、本
周法界、不從人得、(七十三)隨拔一根、脫黏內伏、伏歸元
真、發本明耀、諸餘五黏、應拔圓脫、不由前塵
所起知見、明不循根、寄根明發、由是(八十二)六根互相
為用、若棄生滅、守於真常、常光現前、根塵識
心、應時銷落、想相為塵、識情為垢、二俱遠離、
則汝法眼應時清明、云何不成(八十四)無上知覺、知見

立知、即無明本、知見無見、斯即涅槃、無漏真(八十七)淨、於外六塵、不多流逸、因不流逸、旋元自歸、塵既不緣、根無所偶、反流全一、六用不行、十方國土、皎然清淨、譬如瑠璃、內懸明月、身心快然、獲大安隱、一切如來、密圓淨妙、皆現其中、是人即獲無生法忍、(二五三)當知虛空生汝心內、猶如片雲點太清裡、況諸世界在虛空耶、汝等一人發真歸元、此十方空皆悉銷殞、(二八六)圓明精心於中發化、如淨瑠璃、內含寶月、圓滿菩提、歸無(三一〇)所得、由因識有、滅從色除、理則頓悟、乘悟

併銷、事非頓除、因次第盡、(二一三)

庚子仲夏佛弟子楊君小沐手敬書

增補楞嚴法要串珠修證次第

汝坐道場。銷落諸念。其念若盡。則諸離念一切精明。動靜不移。憶忘如一。當住此處。入三摩提。如明目人。處大幽暗。精性妙淨。心未發光。此則名爲色陰區宇。若目明朗。十方洞開。無復幽黯。名色陰盡。是人則能超越劫濁。觀其所由。堅固妄想以爲其本。

彼善男子。修三摩提。奢摩他中。色陰盡者。見諸佛心。如明鏡中。顯現其像。若有所得而未能用。猶如魘人。手足宛然。見聞不惑。心觸客邪而不能動。此則名爲受陰區宇。若魘咎歇。其心離身。返觀其面。去住自由。無復留礙。名受陰盡。是人則能超越見濁。觀其所由。虛明妄想以爲其本。

彼善男子。修三摩提。受陰盡者。雖未漏盡。心離其形。如鳥出籠。已能成就。從是凡身。上歷菩薩六十聖位。得意生身。隨往無礙。譬如有人。熟寐寱言。是人雖則無別所知。其言已成音韻倫次。令不寐者。咸悟其語。此則名爲想陰區宇。若動念盡。浮想銷除。於覺明心。如去塵垢。一倫生死。首尾圓照。名想陰盡。是人則能超煩惱濁。觀其所由。融通妄想以爲其本。

彼善男子。修三摩提。想陰盡者。是人平常夢想消滅。寤寐恒一。覺明虛靜。猶如晴空。無復麤重。前塵影事。觀諸世間大地山河。如鏡鑒明。來無所黏。過無蹤跡。虛受照應。了罔陳習。唯一精眞。生滅根元。從此披露。見諸十方十二衆生。畢殫其類。雖未通其各命由緒。見同生基。猶如野馬。熠熠清擾。爲浮根塵究竟樞穴。此則名爲行陰區宇。若此清擾熠熠元性。性入元澄。一澄元習。如波瀾滅。化爲澄水。名行陰盡。是人則能超衆生濁。觀其所由。幽隱妄想以爲其本。

彼善男子。修三摩提。行陰盡者。諸世間性。幽清擾動。同分生機。倏然隳裂。沈細綱紐。補特伽羅。酬業深脈。感應懸絕。於涅槃天。將大明悟。如雞後鳴。瞻顧東方。已有精色。六根虛靜。無復馳逸。內外湛明。入無所入。深達十方十二種類。受命元由。觀由執元。諸類不召。於十方界。已獲其同。精色不沈。發現幽祕。此則名爲識陰區宇。若於群召已獲同中。銷磨六門。合開成就。見聞通鄰。互用清淨。十方世界。及與身心。如吠瑠璃。內外明徹。名識陰盡。是人則能超越命濁。觀其所由。罔象虛無。顚倒妄想以爲其本。

汝等存心。秉如來道。將此法門。於我滅後。傳示末世。普令衆生覺了斯義。無令見魔。自作沈孽。保綏哀救。銷息邪緣。令其身心入佛知見。從始成就。不遭岐路。

精眞妙明。本覺圓淨。非留死生。及諸塵垢。乃至虛空。皆因妄想之所生起。斯元本覺妙明精眞。妄以發生諸器世間。如演若多。迷頭認影。妄元無因。於妄想中。立因緣性。迷因緣者。稱為自然。彼虛空性。猶實幻生。因緣自然。皆是衆生妄心計度。阿難。知妄所起。說妄因緣。若妄元無。說妄因緣。元無所有。何況不知。推自然者。是故如來與汝發明。五陰本因。同是妄想。

是五受陰。五妄想成。汝今欲知因界淺深。唯色與空。是色邊際。唯觸及離。是受邊際。唯記與忘。是想邊際。唯滅與生。是行邊際。湛入合湛。歸識邊際。此五陰元。重疊生起。生因識有。滅從色除。理則頓悟。乘悟併銷。事非頓除。因次第盡。

中華民國六十七年（西元一九七八年）正月，歲次戊午，適余掩室已過一年之期，老古出版社亦已成立一年，乃發起重印楞嚴大義第五版，決心增排原經文相互對照，便利讀者之研究查證。當經編輯部同仁李淑君、張明真、戴玉娟校定。原文採用慧因法師所編楞嚴經易讀簡註之版本為準，校以臺灣印經處歷年影印昔日上海佛學書局版本，互相資證，然後統由戴玉娟悉心校排，費時三月餘，方蕆其事。

今當其送審之際，有感專事修證佛法者之岐路，特將第九、第十兩卷中，五陰解脫次第之法要，增輯於初譯完稿時所綴串珠之後，以期有利末法時世之依法行者，是所祈願。謹以此誌勝緣。

南懷瑾補記

跋楞嚴大義今釋

南居士懷瑾出示其近著楞嚴大義今釋十卷，屬爲校閱。費十日之力，爲之審讀一過。曰：此佛學歷史上一大貢獻，亦我學術界一大開創事業也。佛教於我國，猶之基督教於歐美，同爲外來之學。經典文學，託命於翻譯，蓋自然之數。佛教自東漢傳入中土，譯經隨之而起。自晚漢迄中唐，凡七百年間，譯經在中國實爲民族學術史上輝煌之階段，譯經極盛於中唐。至宋元僅爲補苴之工作。其在西曆，此一事業之宏揚發達，「蓋在紀元後六十餘年至第八世紀」。故今日吾人所研誦之經文，大抵其譯作在千年以前，少亦在數百年以上。故今日流行之經文，各種譯本卽使盡得信達與雅。則時隔千百年，文義亦隨時空而變遷，其有待於修正與重譯，其理至明。嘗考中國譯經歷史，隋以前諸經主持譯務之人，多爲梵僧。口授經義與涉筆翻譯之人，截然不同。大抵授經者只通梵語，而涉筆者僅諳華文。口筆分歧，不能通會，玄奘傳云：「前代已來，所譯經教，初從梵語，倒寫本文，次乃迴之。順同此俗，然後筆人觀理文句，中間增損，多墜全言。今所翻譯，都由奘旨，意思獨斷。出語成章。詞人隨寫，即可披翫。」由此可知譯經事業，自晚漢至於中唐，中經一大變改。此一變革之樞紐，蓋前於此一時期，則譯事主者爲梵僧。口傳與操筆之人，各不互通其語文。逮鳩摩羅什西來，及於玄奘大師，譯事主者乃爲本國之高僧或梵僧中精通華文者。中唐所以爲中國佛經譯作之最高峯，玄奘大師之造詣實爲其主因。玄奘大師出而佛經之譯述，悉操之於華梵精通之本國高僧，文化事業之發揚，不能依恃外人與外力，此其明證矣。景教流傳中國垂及千年，然耶經中文譯本，其佶屈俚俗，久爲識者所詬病。予嘗深考耶經在中國譯述之史實，乃知耶經在中國之譯述，主其事者悉爲西人，數百年來，彼土無鳩摩羅什其人，遠來中國。而我國亦無玄奘其人，融會中西之精英，舍身於宏揚耶教之述作。此中西文化交流史上莫大之缺陷，至今尙不知何自彌補。英語民族崇奉之耶經，名曰英王傑姆斯欽定本者。自一六一一年以來，英語民族中不僅奉爲聖教之津梁，且視爲文學之典謨。其莊嚴典雅，簡潔威重，與其鏗鏘之音韻，數百年來，其精神交織於英語民族之每個人及其制度，此欽定本聖經至成爲英語民族之瓌寶。若以佛學名辭言之，則此文字般若之力量，其偉大深遠，有不可思議者如此。雖然，自十九世紀中葉以後，歐洲研究耶經之風大盛，考古學上之考證，發現欽定本實質上之錯誤不少，而三百餘年之時境遷易，文字之變化亦多，英格蘭教會於一八七〇年開始從事修正。一八八一至一八八五年聖經英文修正本 The English Revised Version of the Bible 正式刊行。而美國修正本 The American Standard Version 則於一九〇一年印行。美利堅與加拿大兩國教會，聯合成立修訂聖經委員會，從事再修訂一九〇一年之本，費時二十餘年，今日流行之標準修正版聖經，Revised Standard Version of Bible卒於一九五一年經過美國全國教會聯合會之投票通過而正式印行。英國近人斐立浦斯 J. B. Phillips 八年前再取新約全部重譯爲現代之英文。其方法乃將新約各章舊有之節目次序，重爲釐正寫譯。故綱要內容以及文體語句，莫不煥然一新，斐立浦斯先生在自序中反覆重譯之方法有二，一爲盡棄盡忘傑姆斯欽定本美妙莊嚴之原文原句，二爲忠實而自由顯示原文之格調與語意。今日英語世界中，標準修正版聖經與斐立蒲斯重譯新約，幾乎取昔日之欽定本而代之。文化之日新益新，典章文物，乃至語言文字，遷變無常。其世間之共相也歟。南居士懷瑾楞嚴大義今釋之作，綜予所聞於居士及其自序所述，方之西土，其猶傑姆斯欽定本之輾轉而成標準修訂本與斐立蒲斯書之意乎。昔憨山大師有言：「不知法華，則不知如來救世之苦心。不知楞嚴，則不知修心迷悟之關鍵，不知楞伽，則不辨知見邪正之是非。」予嘗謂佛學者，實踐之宗教哲學也，故學佛不僅研究理論，還在苦心修持。楞嚴經爲修心迷悟之關鍵，其在佛典中之重要可知。楞嚴經譯在唐時。據近時印本，均載唐天竺沙門般刺密帝譯，烏萇國沙門彌伽釋迦譯語，淸河房融筆受。揆之本文首段所論譯經史實，本經口筆分歧，不能通會之處，必復不少。何況時歷千載，理解釋喩，完全異趣。苟欲宏揚聖教，實非廣設譯場，取重要經論，重爲迻譯詮釋，蓋無由通曉末學，開示來茲。南居士以一人之力，窮半歲之晝夜，成此今釋十卷。不僅文體盡采語體，即喩釋取譬，亦全用現代事物理則。此書之出，能否使佛學大義，家喻戶曉，雖不敢必，然出陳入新，變古到今。則今日釋經譯經之大勢所趨，蓋無可疑者。居士此書，其將為震旦佛學開一新機，此吾國文化上一大事因緣，百千萬刧中所難遭遇。法華經云：「能為一人說法華經，乃至一句，是人則為如來所遣，行如來事。」南居士今發大心，成此楞嚴大義今釋，到處隨說是經。為如來所遣，行如來事，其法施於衆生，功德寧有涯量！稽首頂禮。敬以此願，普皆廻向。

中華民國四十九年六月滄波程中行於臺北寓廬

後記

芸芸衆生，茫茫世界，無論入世或出世的。一切宗教，哲學，乃至科學等，其最高目的，都是爲了追求人生和宇宙的眞理。但眞理必是絕對的，眞實不虛的，並且是可以由智慧而尋思求證得到的。因此世人才去探尋宗教的義理，追求哲學的睿思。我也曾經爲此努力多年，涉獵的愈多，懷疑也因之愈甚。最後，終於在佛法裡，解決了知識欲求的疑惑，才算心安理得。但佛經浩如烟海，初涉佛學，要求得佛法中心要領，實在無從著手。有條理，有系統，而且能够概括佛法精要的，祇有楞嚴經，可算是一部綜合佛法要領的經典。明儒推崇此經，曾有「自從一讀楞嚴後，不看人間糟粕書，」的頌辭，其偉大價値可以概見。然因譯者的文辭古奧，使佛法義理，愈形晦澀，學者往往望而卻步。多年以來，我一直期望有人把它譯爲語體，普利大衆。爲此每每鼓勵朋輩，發憤爲之。但以高明者既不屑爲，要作的又力有未逮，這個期望遂始終沒有實現。

後記

避世東來，匆匆十一寒暑，其間曾開楞嚴講席五次，愈覺此舉的迫切需要。去年秋末的一個晚上，講罷楞嚴，臺灣大學助教徐玉標先生，與師範大學巫文芳同學，同在我斗室內閒談，又講到這個問題。他們希望我親自動手譯述，我說自己有三個心戒，所以遲延至今。第一：譯述經文，不可冒昧恃才。尤其佛法，首先重在實證，不能但作學術思想來看。即或證得實相，又須仰仗文字以達意。所以古人對於此事，曾有一句名言，謂「依文解義，三世佛冤。離經一字，允爲魔說。」如唐代宗時，一供奉謁慧宗國師，自云要註思益經。國師說：要註經必須會得佛意。他說：不會佛意，何以註經。國師就命侍者盛一碗水，中間放七粒米，盌面安一支箸，問他是什麼意？他無語可對。國師說：你連老僧意都不會，何況佛意？由此可見註經的不易。我也唯恐佛頭著糞，不敢率爾操觚。第二：從前受蜀中一前輩學者囑付云：人心世道，都由學術思想而轉移。文字是表達學術思想的利器，可以利人，亦可以害人。聰明的思想，配合動人的文辭，足可鼓舞視聽，成名一時。但現在世界上邪說橫行，思想紊亂，推原禍始，都是學術思想製造出來的。如果沒有眞知灼見，切勿祇圖一時快意，舞文弄墨。從此我對文字就非常戒懼，二十年來，無論處在何種境遇，總是祇求潛修默行。中間一度，幾乎完全摒棄文字而不用，至于胸無點墨之境。現在前人雖已作古，但言猶在耳，還是拳拳服膺，不敢孟浪。第三：向來處事習慣，既經決定方針，必竭全力以赴。自參究心宗以後，常覺行業不足。習靜既久，就嗜疏懶爲樂。偶或動寫作興趣，就會想到德山說的：「窮諸玄辯，如一毫置于太虛。徹世機樞，似一滴投于巨壑。」便又默然擱筆了。徐巫二位聽了，認爲是唐塞的遁辭，遂說但要我來口述，他們當下記錄，以免我寫作的麻煩。我想這樣可以試而爲之，就隨便答應下來。起初是把每句文辭意義，逐字逐句繙成白話，所以字斟句酌，不勝其繁。過了三天，蕭正之先生來訪，又談到此事。他認爲佛法被人誤解，也正如其他宗教一樣，病在不肯脫掉宗教神秘的色彩，所以不能學術化，大衆化。不如擷取其精華，發揮其要義，「比較容易使人瞭解。我同意他的意見，爲切合時代的要求，就改了方式，但用語體來述說它的大義，而且盡可能純粹保留原文字句的意義，揉合繙譯和解釋兩種作用，定名爲楞嚴大義講話。而徐巫二位，因學校開學事忙，不能兼顧，我祇有自己擔起這付擔子。起初預計三個月可以全部完成，不料日間忙於俗務和賓客酬應，必須到深夜更闌，方能燈前執筆。雖然每至連宵不寐，仍然拖到今年初夏，才得完成全稿。

每一事的成功，卻須仰仗許多助緣。這本書的完成，也不外此例。當我寫了一半的時候，楊管北居士聞知此事，卽發心共同完成此一願望，預定由他集資印出贈送，以廣宏揚。對篇章編排方面，他並且提供了若干意見，這對于本書順利問世，是一有力的助緣。劉世綸（葉曼）也立志襄助此事，在此半年期間，朝夕爲之校閱原經和譯稿，雖風雨而無阻。每因一字一句的斟酌，往返商量數次方定。雖值出國行期匆促，仍于百忙中竟成其事。其他如楊嘯伊夫婦爲之安排稿紙。韓長沂居士爲之謄清全稿，查考註釋，並自動發心負總校對之責。所以在印刷校對方面，我可以省卻許多心力。有這許多自發的至誠，乃益增加我的努力。程滄波先生又爲總閱原稿一遍，並爲文跋其後，且提議改爲今名，在此同誌謝意。此外，去年秋間，張起鈞教授赴美國華盛頓大學講學之先，曾留贈名筆一枝，希望他返國之時，能够看到我一部著作。雖然沒有寫出如他所預期的那本書，但這本書的完成，曾數易其稿，都用這枝筆來寫成，也可說是不負其所望，故誌之以為紀念。張翰書教授、朱亞賢居士、巫文芳小友、邵君圓舫、龔君健羣、有的協助抄寫，有的分神校閱，或多或少，都貢獻過心力，並筆之以誌勝緣之難得。蕭天石、魯寬緣兩位居士，曾提議要附印原經，以便讀者對照研究。但因印刷不便，所以未能依照他的雅教，謹致歉意。最後，接洽印刷事務，多蒙妙然、悟一兩位法師的幫忙，感謝無量。

這本書的譯述，祇能算是一得之見，一家之言，不敢說是完全符合原經意旨。但開此風氣之先，做為拋磚引玉。希望海內外積學有道之士，因此而有更完善的譯本出現，以闡揚內典的精英，為新時代的明燈，庶可減少我狂妄的罪責。這誠是我薰香沐禱，衷心引領企望的。乃說偈曰：

白話出，楞嚴沒。願其不滅，故作此說。

為世明燈，照百千刼。無盡衆生，同登覺闕。

中華民國四十九年（歲次庚子）孟秋南懷瑾記于臺北